哲学视阈下的
信息化战争实质研究

康兰波 等 著

Research on the Essence of Information Warfare
from the Perspective of Philosophy

上海社会科学院出版社
SHANGHAI ACADEMY OF SOCIAL SCIENCES PRESS

图书在版编目(CIP)数据

哲学视阈下的信息化战争实质研究 / 康兰波等著
. — 上海：上海社会科学院出版社，2023
ISBN 978 - 7 - 5520 - 3803 - 3

Ⅰ.①哲… Ⅱ.①康… Ⅲ.①信息战—研究 Ⅳ.
①E866

中国国家版本馆 CIP 数据核字(2023)第 069298 号

哲学视阈下的信息化战争实质研究

著　　者：康兰波　等
责任编辑：包纯睿
封面设计：周清华
出版发行：上海社会科学院出版社
　　　　　上海顺昌路 622 号　邮编 200025
　　　　　电话总机 021 - 63315947　销售热线 021 - 53063735
　　　　　http://www.sassp.cn　E-mail：sassp@sassp.cn
排　　版：南京展望文化发展有限公司
印　　刷：上海龙腾印务有限公司
开　　本：710 毫米×1010 毫米　1/16
印　　张：20.75
字　　数：370 千
版　　次：2023 年 9 月第 1 版　2023 年 9 月第 1 次印刷

ISBN 978 - 7 - 5520 - 3803 - 3/E · 035　　　　　定价：98.00 元

版权所有　翻印必究

国家社科基金后期资助项目
出版说明

　　后期资助项目是国家社科基金设立的一类重要项目,旨在鼓励广大社科研究者潜心治学,支持基础研究多出优秀成果。它是经过严格评审,从接近完成的科研成果中遴选立项的。为扩大后期资助项目的影响,更好地推动学术发展,促进成果转化,全国哲学社会科学工作办公室按照"统一设计、统一标识、统一版式、形成系列"的总体要求,组织出版国家社科基金后期资助项目成果。

全国哲学社会科学工作办公室

目录

绪论 / 1

第一章 马克思主义哲学及其新形式与新形态 / 15
第一节 马克思主义哲学的实质及其多种表现形式 / 15
第二节 马克思主义哲学的信息时代新形态 / 23

第二章 哲学视阈下的"信息" / 49
第一节 信息哲学对信息本质的概括 / 49
第二节 信息哲学对信息形态的分类 / 58
第三节 信息哲学关于信息的特性和功能 / 62
第四节 信息哲学关于信息系统的一般模型 / 68
第五节 邬焜信息本质思想的世界观方法论意义 / 71

第三章 哲学视阈下的"信息化" / 75
第一节 关于"信息化"概念的一般理解 / 75
第二节 标志现实世界系统性变革的"信息化" / 83
第三节 作为哲学世界观方法论范式的"信息化" / 103

第四章 哲学对战争和信息化战争实质初解 / 110
第一节 以往思想家对战争实质的研究 / 111
第二节 信息化战争实质探议 / 123

第五章 关涉"信息化战争实质"的两大哲学问题 / 145
第一节 信息化战争复杂的"主-客体"关系 / 145
第二节 信息化战争全新的"人-物"关系 / 167

第六章 关涉"信息化战争实质"的两大军事问题 / 178
第一节 信息化战斗力体系探析 / 178
第二节 信息化战争"制信息权"辨析 / 197

第七章 全面把握信息化战争实质 / 219
第一节 信息时代的战争终归是信息化战争 / 219
第二节 信息化战争"三大创新层次"探析 / 227
第三节 信息化战争是信息时代的人民战争 / 248

结论 / 266

附录 / 286
附录一 钱学森系统思想与"信息化战争"概念 / 286
附录二 马克思主义哲学经典形态的多种表现形式 / 293

参考文献 / 315

后记 / 321

绪　　论

2015年5月公布的《中国的军事战略》白皮书指出："世界新军事革命深入发展，武器装备远程精确化、智能化、隐身化、无人化趋势明显，太空和网络空间成为各方战略竞争新的制高点，战争形态加速向信息化战争演变。"其实，早在大约20年前，钱学森就提出了"信息化战争"的概念。那是在1995年的国防科工委首届科技学术交流大会上，钱学森在其书面发言中指出："在现阶段和即将到来的战争形式为核威慑下的信息化战争。"[①][②] 习近平指出："面对信息化战争快速发展的大势，我们必须有自己的创造。要学习借鉴他人的成功经验，但也要防止生吞活剥、食洋不化。"那么，什么是信息化战争？如何在准备和应对信息化战争中防止生吞活剥、食洋不化？这都需要对"信息化战争"有既科学合理又独到深刻的理解。

然而，从目前掌握的大量文献资料来看，学者们主要是从军事或技术角度来展开研究。这样的研究固然有助于军事部门的快速转型，但若要摆脱总是跟在别国后边亦步亦趋的被动状态，打破别国在军事领域中的垄断地位，定准"军事斗争准备基点"，就有必要在哲学思想上有自己独到的见解。对信息化战争实质进行哲学反思也就显得尤为重要。

一、关于信息化战争的现有研究成果

目前对信息化战争加以深入研究的代表性观点主要有两类。一类是从现有信息化战争已经表现出来的各种端倪中来描述、刻画信息化战争实质或特点。另一类则是主要从复杂性科学（the science of complexity）入手，来深入探讨信息化战争的复杂性特征，并在此基础上建立相关战争模型。

---

① 汪维余、杨继军、李合生：《信息化战争论研究》，国防大学出版社2008年版，第20页。
② 关于如何更全面理解钱学森的这一定义，本论著主张在钱学森系统思想指导下来加以理解，反对将"信息化战争"仅仅作为一个孤立、抽象的概念来对待。参见本论著附录一。

在军事和技术的视阈下来研究信息化战争,是深入把握信息化战争实质的极其重要方面,也是具体展开信息化战争、实施信息化作战的必要前提。没有从军事和技术方面对信息化战争的深入研究、操作建模,建设信息化军队、打赢信息化战争无疑都将会成为空中楼阁、痴人说梦。

(一)军事视阈下的信息化战争

从军事视阈研究信息化战争,主要表现为从现有几场被公认为属于信息化战争的外在表象出发,即通过介绍、分析海湾战争(1991年)、科索沃战争(1999年)、阿富汗战争(2001年)、伊拉克战争(2003年)等,来深入探讨信息化战争实质和特征,并由此形成以下观点:

第一,信息化战争是信息时代的崭新战争形态。它是继木石器战争、冷兵器战争、热兵器战争和机械化战争形态之后的一种全新战争形态[①]。

第二,信息化战争与信息战是两个不同的概念。信息化战争是战争形态,而信息战则是战争形式。二者关系是"在信息化战争中,不仅有信息战,而且有火力战"等作战形式。而信息战既存在于信息化战争中,也存在于机械化等战争中[②]。

第三,信息化战争的主要特点:一是信息化战争以信息化武器装备系统为其物质基础[③]。二是信息化战争的主要目的是"争夺信息优势,抢占信息高地,夺取制信息权"[④],而这似乎已成为"敌对双方对抗的焦点"[⑤]。三是信息化战争的作战时间"迅疾短促";作战空间"超大无形、领域广阔"[⑥],甚至是"全维立体的"[⑦]。四是在信息化战争中,各作战单元行动一体化,甚至还要综合运用心理战、军事欺骗、电子战,以及摧毁敌方信息系统等多种手段,直至"控制敌人的思想和行动"[⑧]。五是借助 C^4ISR 系统,开辟非接触交战[⑨]、高精准打击[⑩]等多种作战行动样式。六是"信息化战争具有'软''硬'化互为促进的发展趋势",二者"竞相发展,难分主次"[⑪]。伴随信息化战争实践的全面推进,新的发展趋势是"信息化装备构成复杂,信息化作战样式多变,装备与战法的结合奥妙无穷"[⑫]。

---

① 汪维余:《信息化战争哲理》,国防大学出版社2011年版,第19~20页。
② 刘伟:《信息化战争作战指挥研究》,国防大学出版社2009年版,第9页。
③⑤⑨ 程勤:《信息化战争的基本形态》,《决策和信息》2008年第6期,第44页。
④ 巨乃岐、王建军:《信息作战的本质探析》,《求实》2006年第1期,第200页。
⑦ 郭若冰、邹鹏、李景卫:《信息化战争的新特点及启示:由实体摧毁变为体系破击》,《学习时报》2013年6月3日,第7版(军事国防版)。
⑧ 曲磊:《信息化战争的特点及其要求》,《国防资料信息》2009年第5期,第30页。
⑩ 于峰:《信息化战争复杂性初探》,《战术导弹技术》2011年第6期,第106页。
⑪ 王辉:《信息化战争是"软"战争吗?》,《国防科技》2002年第6期,第78页。
⑫ 王握文:《用工程化方法解析未来战争》,《解放军报》2010年7月8日,第12版。

(二) 技术视阈下的信息化战争

这方面的研究主要是从复杂性科学入手,深入探讨信息化战争的复杂性特征,并在此基础上建立相关战争模型。主要观点有:

第一,复杂性科学对深入研究信息化战争具有指导意义。复杂性科学是认识或处理复杂性问题的知识体系,主要包括各门学科的复杂性研究、各种跨学科研究、复杂系统理论等[1]。在信息化战争形态下,"军事理论的基本概念中增加了两个来自复杂性科学的概念群,一个以信息概念为核心,一个以系统为核心概念",而基本的军事原理都需要用这两个概念来阐释[2]。

第二,信息、信息科学技术的广泛渗透,不断放大着战争复杂性。战争系统本身就是复杂系统,但信息科学技术却极大地增加并强化了"战争系统的多样性、异质性、关联性、非线性、不确定性,也就是战争的复杂性"[3]。而信息化战争的复杂性主要表现在"非线性、涌现性和流动性"[4]等多个面向。

第三,以复杂性科学为指导,对信息化战争复杂性及其具体作战形式进行建模研究。在复杂性科学指导下,构建出合理的信息化战争系统模型,通过引入涌现性、混沌、非线性等新概念,以新的建模和仿真方法,在计算机中用战争系统的"基因"构建起模拟战争实验系统,为研究信息化战争奠定基础[5]。

第四,以系统思维扬弃非系统思维。与复杂性科学相对应的是还原论科学。尽管还原论科学并未直接成为机械化战争系统的构成要素,但还原论却深刻影响着军事理论[6]。像机械化战争的"要素型军事思维正是还原论的典型代表,其他的如单向型、封闭型等也跟还原论密切相关"[7]。而信息化战争所表现出的"非线性、涌现性和流动性"等特有形式迫使人们"不能简单地采用传统还原论方法",而是要以系统思维扬弃非系统思维[8]。

二、从军事和技术视阈研究信息化战争的意义

以上两大视阈下的信息化战争研究,其实是互为前提、相互支撑、互为补

---

[1] 苗东升:《复杂性科学与战争转型》,《首都师范大学学报》(社会科学版)2009年第1期,第66页。

[2][3] 苗东升:《复杂性科学与战争转型》,《首都师范大学学报》(社会科学版)2009年第1期,第70页。

[4] 赵晓哲、郭锐、杜河建:《复杂适应系统理论与信息化战争研究》,《军事运筹与系统工程》2005年第2期,第5页。

[5] 胡晓峰:《战争复杂性与信息化战争模拟》,《系统仿真学报》2006年第12期,第3572~3573页。

[6][7][8] 苗东升:《复杂性科学与战争转型》,《首都师范大学学报》(社会科学版)2009年第1期,第71页。

充的。军事视阈下的信息化战争研究,往往借用复杂性科学的相关术语和思维方法,像对信息化战争中"信息系统"的描述、对信息化战争"复杂时空结构"的分析等,都蕴含着复杂性科学的思维方法。而复杂性科学视阈下的信息化战争研究,也离不开军事视阈对战争、信息化战争的刻画。即便是对信息化战争的模拟,也无法离开对已经演示过几场信息化战争的美军及其军事动态的高度关注①。在信息化、网络化等技术基础上,根据复杂性科学来对未来信息化战争发展趋势加以前瞻性预测,更是离不开军事的视野②。事实上,不管是从军事还是从复杂性科学视阈来研究信息化战争,对于全面把握和积极应对信息化战争都具有十分重要的意义。

第一,澄清了信息化战争与信息战的层次关系。军事和复杂性科学角度不仅定义了信息化战争概念,还指出了信息化战争虽以信息战为作战形式,但二者却具有战争形态与战争形式的层次关系。这在很大程度上克服了只注重对战争具体形式加以分析研究的经验主义倾向。

第二,揭示了信息化战争的大体样貌特征。认为信息化战争的主要作战力量是信息化军队;主要作战工具是信息技术、信息系统、信息化武器装备;主要战场是具有复杂时空结构的信息化战场,并在全时空条件下展开较量;主要作战形式是围绕争夺"制信息权"而展开的包括信息战在内的多种作战形式及其现实匹配。此外,信息化战争还开辟了非接触交战、高精准打击等作战行动样式,将软性化打击与硬性化摧毁紧密结合,以复杂多变的作战形式展现出一种体系化、一体化、联合式,注重战略控制的战争新形态。这些对信息化战争样貌特征的揭示,有利于人民军队的信息化转型,也为深入思考信息化战争提供了依据。

第三,确立了打赢信息化战争应具备的基本思维方式。将复杂性科学引入信息化战争及其相关模拟研究,揭示出战争,特别是信息化战争本身所具有的非线性、涌现性和流动性等复杂性特征,要求在准备、应对信息化战争中扬弃还原论思维方式,树立与信息化战争相适应的,具有整体性、开放性、非线性和动态性等特征的系统思维。

第四,为打赢信息化战争提供了军事和复杂性科学支撑。信息化战争属于前瞻性、设计谋划型战争。过去的战争经验、别人已经打过的信息化战争,尽管可供借鉴,但无法为下一次战争提供固有的作战模式或具体方

---

① 胡晓峰:《战争复杂性与信息化战争模拟》,《系统仿真学报》2006 年第 12 期,第 3572、3576 页。

② 袁秀丽、周谷、翟志国、彭翔:《信息化战争的发展趋势》,《信息化研究》2014 年第 1 期,第 8～9 页。

法。而从军事和复杂性科学视阈直接研究别人打过的信息化战争,从中发现这种战争的特点,所依据的科学技术理论和所运用的思维方式特征等,最起码也为了解这种战争奠定了一个初步基础。有了这样的基础,也就有了透过现象深入本质的切入点。随着相关领域更深入的研究,定会形成具有人民军队特色的独到理论和实践,从而打出能够诱敌深入的真正意义上的信息化战争。

第五,为人民军队由机械化向信息化转型提供了理论指导。落后就要挨打。在强国军队迅速向信息化转型的大背景下,人民军队也必须加快自身的信息化转型。在辩证法看来,军队的信息化转型,并非在信息化战争总体设计、信息化武器装备、信息化人才配备等一切都成熟的条件下才能进行,而是如同在水中学习游泳一样,是在边学习、边谋划、边设计、边摸索、边磨合、边领悟等的综合实践过程中来实现的。所有这些"水中学游泳"的实践活动,都离不开从军事和复杂性科学视阈对信息化战争的深入研究和指导。

三、现有研究成果的局限性及其深层次哲学问题

以上从军事和技术视阈对信息化战争的研究,虽然对信息化战争做了深入刻画,对指导人民军队的信息化转型和积极应对信息化战争也有巨大的推动作用,但要使人民军队真正摆脱其他军事强国对信息化战争的创新垄断,摆脱总是紧跟在这些强国后面亦步亦趋的被动局面,就有必要超越单纯从军事和技术视阈来理解信息化战争。

(一)单纯从军事和技术视阈理解信息化战争所具有的不彻底性

单纯从军事和技术视阈理解信息化战争,虽然有助于把握信息化战争及其特点,对打赢信息化战争也有较大的指导意义,但从哲学的最高普遍性上看,似乎还存在着某种不彻底性。

1. 难以为打赢信息化战争确立起全新的世界观方法论

信息化战争既然是一种全新的战争形态,那么其"新"就绝不会仅仅新在武器装备、军队样式、作战方式、战场面貌等外表。它的"新"应该是由内而外的,否则它怎能被称为全新战争形态?而这种由内而外的"新",不是别的,正是支撑起这种战争形态的哲学基础之新,即全新的世界观方法论。

近代以来支撑机械化战争的哲学基础,除了建立在牛顿经典力学之上,将世界理解为"物质和精神"二元对立的哲学之外,"人是机器"这一哲学观念,更是不容忽视。在这样的哲学中,信息几乎没有其独立的位置,人和世界及其相互关系主要在决定论或还原论思路中被理解。至于"人是机器",正如哲学家福柯曾分析的,把人还原为机器,并以操作管理机器的思路和方式来

加以操练,使之发挥出大工厂般的作战效力,这对于机械化战争的发展可以说是功不可没①。当然,不管是近代以来的"物质和精神"二元对立哲学,还是"人是机器"这类哲学观念,它们在很大程度上都反映了人对自身及其本质力量的觉醒,即试图通过对自身与世界关系的理解和把握,来有效开掘自己的本质力量。然而,受当时认识条件限制,人们将自己的这种本质力量主要理解为某种需要由某些机械化规范来加以整合的"体力性"活动,而没有真正看到其中所蕴含的巨大信息创造活力。

当今,飞速发展的信息科学技术不仅构成支撑信息化战争的科学技术基础,而且为扬弃近代以来支撑机械化战争的哲学基础提供了条件。随着"信息"在哲学中的显著地位日益明朗,人的本质力量越来越集中地体现在信息创造上面,确立"物质和信息"双重世界复杂相互作用的最彻底的唯物主义世界观新图景,正日益成为人们以新的眼光看世界、以新的思路理解信息化战争的世界观方法论前提。在这样的唯物主义新世界观图景中,信息依赖着物质,精神属于信息的高级形态,人则通过实践活动以创造新信息来展示和确立其本质力量,并由此证明他是最杰出的信息创造者。这些哲学思想和观念对打赢信息化战争来说已极具启发性。相反,如果仅仅局限在军事和复杂性科学视阈,而不对近代以来支撑机械化战争的哲学基础加以扬弃,那么人们对待世界、对待人、对待战争等的根本态度就不会发生大的改变,在军事实践中就会自觉不自觉地以应对机械化战争的思维逻辑来应对信息化战争,致使"打赢"成为虚幻。

2. 难以为军民深度融合奠定最坚实的理论基础

信息化战争并不仅仅就是信息化武器装备、信息化军队、信息科学技术等的对抗,而是涉及全社会每个部门、每个领域,甚至每个人的殊死较量。要应对这样的战争,一定要有打赢信息时代人民战争的大战略、大谋划。因为新的世界观已经告诉我们,"人是最杰出的信息创造者和信息实现者"。人的信息创造活力是最宝贵、最用之不竭的战略资源。只有以人民战争的形式,才能用好这一鲜活战略资源,也才能持续不断地探索出形式多样、深刻高效的军民融合深度发展的一体化机制,使全社会各层次、各方面的力量得以充分发挥。相反,单纯局限在上述两大视阈理解信息化战争,无形中让人误以为打赢信息化战争只是军事或国防科技等部门的任务职责,与社会生活的其他部门没有关系,与普通百姓更是毫无关联。这样一来,即便党和国家已经

---

① [法]米歇尔·福柯:《规训与惩罚:监狱的诞生》,刘北成、杨远婴译,生活·读书·新知三联书店 1999 年版,第 154~155 页。

将军民融合上升到国家发展的战略层面,但存在上述这种"无形误解",以致人们难于打破传统的部门利益与部门意识等桎梏,于是在现实实践中便会给军民融合带来"貌合"而"神不合"等"融"不自然、"合"不自在等问题。

3. 难以跳出信息化军事强国预设的信息战圈套

信息化战争确实离不开信息化武器装备和信息科学技术的强力支撑,但单纯的信息化武器装备和信息科学技术,以及对这些装备技术的运用,却并不能全面反映这种战争。如果看不到这一点,就很容易将信息化战争还原为运用信息科学技术、信息化武器装备的战争,甚至以为掌握了这些科学技术知识,能够运用这些武器装备作战,就是具备了信息化战争能力。其实,这样的认识很有可能陷入信息化军事强国所预设的信息战圈套。因为,其一,对于信息科学技术、信息化武器装备,如果没有自己独立的知识产权,很大程度上意味着它们依然是属于别人的。依靠购买、仿制、模仿别人的技术和装备,极有可能被别人暗中预设攻击或控制等后门,从而达到对这些技术和装备的更高层次控制和使用。伊拉克战争、对伊朗武器库的攻击等都说明了这一点。其二,信息化军事强国不断创造出一些新装备、新技术、新战法等,似乎其总是领先,于是,相对落后的国家和军队不断追赶,从而造成人力、物力和财力的巨大占用和浪费。这在某种程度上已经意味着某种战争的失利,更何况当落后国家还没有追赶上这些信息化军事强国之时,这些军事强国又有了更新的"花招"。正如《环球时报》曾报道的,当人们正忙于转型、追赶、准备、应对信息化战争之时,美国等军事强国又接连研发出并转而大力试验和运用多种无人化、智能化作战平台与武器,从而拉开"智能化战争"的帷幕[①]。为什么这些军事强国会如此把握战争主动权?单纯是技术领先、财力雄厚吗?显然不是,因为在其心目中,信息化战争也好,智能化战争也罢,它们最实质性的东西都并不单纯地投射在科学技术、武器装备等"器物"上,而是更主要地投射在人及其信息创造的活力上。而这恰好反映出其在对待、开掘、组织"人"的哲学思想上的信息化战争实力,以及对那最终极"制信息权"的掌握。

(二)单纯从军事和技术视阈理解信息化战争所暴露出的哲学问题

上述单纯从军事和技术视阈理解信息化战争,也暴露出一些更加深层次的哲学问题:

第一,在哲学观上,长期蔑视哲学,导致对信息化战争缺乏深入的前提性反思。

大量的文献资料是从技术和军事视阈来理解信息化战争的。这一方面

[①] 李杰:《"智能化战争"正扑面而来》,《环球时报》2014年11月20日。

是由于信息化战争首先表现在这两大领域,但另一方面,也不得不承认中国在哲学上的保守落后。长期以来,不少人从"科学救国""技术救国"发展到后来的"学好数理化,走遍天下都不怕",最终陷入对科学技术的极度迷信之中。对于哲学,人们的普遍心态是不实用,因而尽可能地加以回避和蔑视。在一些人的心目中,哲学被等同于某种僵化的政治性说教,甚至以为哲学就是哲学教科书上的那些原理和知识点,而这些原理和知识点仅有应付考试的功效。在现实实践中,用哲学来思考问题,至多也就是套用上相关的"词句"和所谓"要辩证地看某问题"等固有模式。出于这样的潜在思想和意识,面对信息时代的新战争形态,人们自然不屑于对信息化战争展开更深入的哲学性思考,而是尽可能地对其进行军事或技术上的深入研究。

当然,信息化战争确实首先是通过军事和技术领域上的成功表现出来,并为世人所知晓的。它使人们认识到这样的战争就是通过信息对机动、打击、升降行动实施高精准控制的战争,就是利用信息科学技术及其相关理论展开的战争形态。但是,这种战争形态能够被设计并大规模实施,除了军事和技术的设计之外,其背后还有更深层次的前提,而这个前提正是能够支撑起这种战争形态的雄厚强大的信息创新活力。而且这种创新活力还在不断地突破现有界限,不断地突破其设计者自身的界限,并以加速更新的态势演变着。可以说,这背后的推力恰恰是一种自我超越的力量。这样的力量是单纯从军事和技术上难于组织起来的,它要靠全社会每个人的内生力量来凝聚和喷发。

呼唤、激发出每个人的内生力量,需要从哲学世界观层面上来为每个人的这种内生力量及其合理合法性奠定最坚实的信念基础。这就需要哲学站在"形上"的高度,展开大量的批判反思性工作,否则这个信念基础便是不牢靠的。

亚里士多德曾说:"有一门学术,它研究'实是之所以为实是',以及'实是由于本性所应有的禀赋'。这与任何所谓专门学术不同;那些专门学术没有一门普遍地研究实是之所以为实是。"①这表明哲学所关注的问题,其实是人所面临的最终极性的问题:实是为什么为实是。这里的"实是",按照译者的注释,又可以被理解为"存在"或"有"。由此可见,哲学实际要研究存在之所以为存在的问题。不解决这样的问题,人在世界中的生活就没有根基,人的一切活动就显得毫无道理。哲学的这种问题意识是其他学科不具备的,它表现了哲学所独有的追求纯粹、为一切奠基的精神。

---

① [古希腊]亚里士多德:《形而上学》,吴寿彭译,商务印书馆1983年版,第56页。

沿着哲学的这种精神，面对信息化战争这种全新战争形态，哲学的批判反思自然要深入"信息化战争之所以为信息化战争"之类的问题。只有较为完满地解决了这类问题，并在此基础上来应对这样的崭新战争形态，方能打出独具自身个性的信息化战争，否则，仅仅在技术、军事层面上应对这样的战争，难免陷入被人牵着鼻子走的局面。

第二，在世界观上，多数学者尚未超越"物质-精神"二元对立的传统世界观模式。

在技术和军事视阈下理解信息化战争，也折射出多数学者在思考信息化战争时，自觉不自觉地在"物质-精神"二元对立世界观中来看待这一新型战争形态。也就是说，在理解信息化战争问题上，人们自觉不自觉地在沿用这种自古希腊时代起就一直被奉为信条的前提立场和思维框架，即世界万物最终可划分为物质和精神两大现象。物质现象具有客观实在性，精神现象具有主观不实在性。除此之外，再不存在别的现象。至于信息现象，多数学者其实并没有去考虑它在整个世界中的位置，因为仅仅从技术和军事视阈理解信息化战争是根本不需要去做如此深入细致的思考的。在他们看来，信息化战争尽管改变着以往战争的时间空间结构，改变着以往战争的所有战法和样式，但是这些改变都仅仅是由科学技术带动的军事理论、军事实践的变革，这些变革至多也只是带来人们关于战争观念的深刻变革。至于思考信息化战争的思想前提、出发点或者立场等，除了极少数学者之外，多数学者其实并没有对其提出大的疑问。

然而，要真正理解这样一种区别于以往人类一切战争形态的全新战争，需要打破以往的世界观格局，对以往思考战争的世界观前提加以反思批判，构筑崭新的唯物主义世界观立场，理解信息的深刻本质、信息化的独特性质，以及信息化战争的深刻意蕴等。

第三，在信息观上，几乎所有学者都将信息理解为一种现成存在，没有看到信息与人的内在联系。

学者们普遍认为，信息化战争就是围绕信息而展开的战争，其中信息科学技术对于研发信息化武器装备、创新信息化军事理论、培养信息化军事人才等都具有极其重要的意义。从美军已经给世人展示过的几场信息化战争来看，好像也确实如此。可细加分析，信息化战争所要发现、利用、传递、贮存、攻击等的信息，究竟是从何而来呢？类似这类问题，似乎在军事和技术视阈下是无须深入考虑的问题。然而，从哲学视阈看，这类问题似乎属于深入探讨信息化战争的"元问题"。因为信息化战争中的信息有可能是在战争中自身显露出来的，但更多更复杂的信息，甚至包括信息科学技术的知识信息、创新信息等,都很有可能是人们创造、挖掘或发掘出来的,甚至还有可能是人们虚构出来的。这些都紧密地和人的信息创造内在相关联。

如果仅仅把信息看成一种现成的东西,信息化战争就是围绕这种现成东西来组织,那么人在信息创造、信息开掘、信息利用等方面的内生力量将难于被呼唤激发出来。这样,即便掌握了再先进的武器装备、再先进的科学技术理论,终将难于维持打赢信息化战争的不竭动力。信息化战争因信息本身的复杂多样及其快速流变,而成为最善变、最复杂多样的战争。那种静态地模仿其外在表现形式的做法,只不过就是在以传统机械化战争的思路,来仿效信息化战争,其"形似"而"神不似"的状态,不仅会消耗掉自身的大量力量,而且会中了别人信息战的圈套,即以某一看似合理的信息,来诱导并消耗掉敌方的大量军力,从而达到制胜目的。冷战时期的星球大战计划,不就是诱导苏联将大量军力和国力消耗在了投入巨大、收效漫长的太空军备竞赛之中吗?而美国却在这一过程中开辟出了信息网络的全新空间,并迅速占据垄断地位。不仅如此,它甚至还为全世界演示出种种信息战的新打法,如同一场场商业广告秀,让全世界为之眼红。苏联不仅国力被耗费,引发严重的民生问题,最终在多因素作用下走向解体,而且在准备和应对高技术战争中还被美国远远地甩在了身后。

可见,信息化战争绝不单局限在军事和技术的视阈,对信息的创生、把控、操纵、散布、加工、传递、使用等,其背后都有着人的信息创造及其质量与效能,而这恐怕是打赢信息化战争最不可忽视的。

基于上述理解,本论著试图在军事和技术研究基础上,在哲学视阈下来深入思考信息化战争,目的并不是要去取代或否定军事学家、军事专家、技术专家们的卓越成就,而只是力图为这些专家的积极探索,特别是为他们关于未来战争的谋划、设计、构想等艰辛的创造性实践活动奠定较为坚实、动态开放的哲学基础,让他们在打赢信息化战争最前沿的冲锋陷阵、浴血奋战不仅具有新时代现实实践的价值蕴含,还具有信息时代哲学理论支撑的理性蕴意。

本论著包括绪论和七章基本内容,以及最后的结论部分。除了绪论和结论部分,其余七章,前三章主要是信息化战争的哲学世界观理论分析,以及在这样的世界观理论基础上对信息、信息化等相关问题的探讨,以便为深入探讨信息化战争做出某种哲学理论上的铺垫。第四、五、六、七章是论著的重点,主要从不同方面、不同进路来理解信息化战争及其实质。除此之外,还有两个与本论著主题直接相关的附录,分别对论著中的某些问题做出补充。

绪论部分正如其已经呈现出来的内容,实际上就是对目前有关信息化战争研究现状的一个基本梳理,指出绝大部分的研究仅局限在军事和技术视阈,而这样做的致命局限便是难于实现以新的眼光看世界,以新的思维方式理解战争或信息化战争,为此提出从哲学世界观高度来进一步审视信息化战争。

第一章：马克思主义哲学及其新形式与新形态。要从哲学世界观高度审视信息化战争,必然面临以什么样的哲学世界观来理解当今世界及发生在这一世界中的战争的问题。众所周知,建立在实践基础上的马克思主义哲学,达到了对人和世界及其相互作用关系的最深刻、最全面的理解,用这样的世界观方法论审视信息化战争,定能达到对信息化战争实质的全面深刻理解。然而,正因为马克思主义建立在实践基础之上,其世界观理论必然会随实践的发展而发展,并由此呈现出不同的创新形态。这也正是马克思主义哲学在根本思维方式上区别于其他哲学的一大特征。当今世界,在信息科学技术推动下,早已不同于马克思、恩格斯的时代,如果依然采用马克思、恩格斯创立的经典形态来分析问题,那么面对既不是物质,也不是能量,还不能完全归结为精神的"信息",将难于做出合理解答,更难于对信息时代的现实世界做出合理理解。唯有继承发扬马克思主义哲学立足实践看问题的根本思维方式,创建新理论、解决新问题,才能既坚持和发展好马克思主义,又为信息时代全面理解人和世界及其相互关系,以及在这些关系中爆发的信息化战争等奠定最坚实的世界观基础。为此,本章重点讨论了马克思主义哲学立足实践对待人和世界及其相互关系的思维方式实质,即实践的哲学思维方式,讨论了在这样的思维方式下,马克思主义经典形态及其多种创新形式,以及在马克思主义实践的哲学思维方式下,中国学者对马克思主义哲学信息时代新形态的初步探索和所取得的领先成果。本章认为这样的成果对于全面深刻理解信息化战争及其实质,具有世界观方法论意义。

第二章：哲学视阈下的"信息"。本章主要通过对中国学者创立的信息哲学的初步介绍,阐明站在马克思主义哲学立场、结合信息科学相关理论,信息哲学对信息本质的揭示,并在此基础上进一步介绍了与全面理解信息本质直接相关的一些理论,如信息形态的分类、信息哲学对信息特性和功能的揭示、信息系统的一般模型等理论。本章认为信息哲学关于"信息"本质的这些基本理论,对于全面深刻理解信息化战争及其实质具有世界观、方法论意义。由于本章重在介绍邬焜信息哲学的观点,其中免不了要引用信息哲学相关理论的论述,其"复制比"有可能相对较高。但如果不对信息哲学的这些基本观点加以较为精确的陈述,本论著的创新之点就会显得没有理论根据。为此,只能尽最大努力既陈述好信息哲学的理论或观点,又不至于过多地纠缠于有关信息哲学的细节性论证。

第三章:哲学视阈下的"信息化"。审视信息化战争、探索这种战争的实质,除了要对信息及其本质有全面深刻的认识之外,还有必要从哲学层面对"信息化"做出深刻全面理解。在日常语境中,"信息化"往往包含多重含义,人们甚至将其与"数字化""网络化""智能化"等并列使用。从哲学角度看,"信息化"则是现实世界的系统性变革,它不仅使人的现实生活、现实世界、存在方式等发生巨大变化,还进一步衍生为人认识世界、改造世界的世界观、方法论范式,并由此引发科学的信息科学化、技术的信息技术化、实践的信息实践化。

第四章:哲学对战争和信息化战争实质初解。研究战争实质,必然要对前人的主要工作进行反思。从克劳塞维茨对战争实质的刻画,到马克思主义战争观对战争实质的深刻揭示,其中最本质的区别在于理解战争的不同思维方式。前者尽管提出了战争是政治的继续,但对整个人类社会经济政治的理解,仍停留于静态、抽象的观念层面,其背后的哲学理论基础是以黑格尔为杰出代表的德国古典哲学。后者则是彻底扬弃德国古典哲学,将理解战争实质的整个哲学思维方式建立在人及其实践活动基础之上,并由此建立起全面深刻理解人类社会及其各种现象的根本理论,即唯物史观。以唯物史观剖析战争及其实质,就会发现战争本质上是政治的继续,而政治又是经济的集中体现。经济的背后是关涉到人生命生存及其质量提升的物质利益。当人们的根本性物质利益发生不可调和的冲突时,在现有社会历史条件下,战争不可避免。为了赢得这种关乎人生命生存的战争,人们必然会投入其全部的本质力量。从这个意义上说,战争又是人本质力量的全面比拼与较量。人本质力量发展到哪里,战争所涉及的内容、表现形式以及其边界就会触及哪里;人本质力量发展到什么程度,战争较量的复杂性、残暴性、破坏性等就将相应达到什么程度。信息化战争尤其如此。伴随人类生产实践活动进入信息时代,战争也同时跃升到这样的时代。信息世界的建构让人类生产实践活动得以在"物质和信息"双重存在复杂相互作用的现实世界中展开,信息化战争同样会在这双重复杂世界中爆发,而不实在的信息在其广泛渗透于人的生产生活的同时,在非线性地放大着现实世界的复杂性。这同时非线性地放大了战争所依据的科学技术本身的复杂性,以及引发战争的政治、战争所表现出来的暴力等的巨大复杂性。这意味着绝不能以某种决定论思路和眼光来理解信息化战争实质。只有在唯物史观基础上,以系统整体复杂演化的思路,才能大体窥得其中的奥秘。

第五章：关涉"信息化战争实质"的两大哲学问题。与全面理解信息化战争实质紧密相关的是如何理解战争，特别是信息化战争的"主-客体"关系和"人-物"关系。这两大关系看似相同，可对于信息化战争来说，都大有文章。战争本已具有极其复杂的"主-客体"关系、主体间关系，信息化战争更是在"物质和信息"双重世界中放大着这些关系，特别是"主体间""主体系统间"的复杂、非线性对抗较量关系。在这些超级复杂的关系中，包括单个官兵在内的不同层次信息系统，都必须在上述复杂相互作用关系中发挥出其极强的主体性。从"人-物"关系变化上看，整个信息化战争，伴随信息主导作用的全面深入发展，其"人-物"关系其实都在发生根本性变化，即它正由以往的"重心在物"或"人随物而机动"（包括机械化战争在内），逐步转化为"重心在人"或"物随人而机动"。只因人是最杰出的信息创造者，也是最杰出的信息开掘、实现者。

第六章：关涉"信息化战争实质"的两大军事问题。打不同的仗，自然要围绕打赢而配置不同的战斗力体系。要打赢信息化战争，更离不开构建灵活多样、便于配置、便于迅速出击的信息化战斗力体系。在马克思主义实践的哲学思维方式下，以系统思维方式为具体指导，积极构建具有信息化"新质"内涵的多维多向、立体互动、优化协同的信息化战斗力体系，揭示其基本特征已显得极为必要。另一个关涉"信息化战争实质"的大问题便是信息化战争制权问题，特别是"制信息权"问题。由于战争，特别是信息化战争，是人本质力量的最全面、最深刻较量，因此"制信息权"就绝不是某种单一的、存在于人之外的制权，而是要由人在多方面、多层次的实践中来具体开掘和创造。信息化战争中的信息终归来源于人的开掘和创造。"制信息权"可以分别来自对自在信息世界（信息世界1）、主观精神世界（信息世界2）、人所创造的具有文化内容的世界（信息世界3）等的信息创造与控制，并在现实世界以及军事战争中发挥出综合制权作用。人本身就是最杰出的信息创造者、开掘者、实现者。拥有这样丰富不竭的新信息创造与实现活力，便能取得更高层次、更高质量、更高效能的综合性制胜权。

第七章：全面把握信息化战争实质。信息时代将人生活其中的现实世界整个提升为"物质和信息"双重存在复杂相互作用的世界。在这样的世界中所发生的一切，无不为信息所渗透和纠缠。信息时代的战争亦是如此。伴随信息、信息科学技术的深入推进，这个时代的战争必将广泛、普遍地属于信息化战争。带动这种战争不断变幻形式、涌现新样式的将是两大车轮，即"信息技术"创新与"信息内容"创新。也正是在这两大创新车轮的共同驱动下，信息化战争至少呈现出三大相互联系、相互支撑、共同发挥作用的结构层次：

基础层次的武器装备、作战样式、人员组织结构、管理方式等的信息化创新，中间层次的军事领域各理论的信息化创新，最高层次的整个军事哲学理论的信息化创新。在三大层次之间既存在某种意义上的"构成关系"，又存在某种意义上的"上下因果链"关系。较高层次的创新都必须关照相应较低层次的创新；而与此同时，较高层次的创新又在某种意义上，以特定方式影响、规定或制约着较低层次的创新。正因为信息化战争本身所具备的如此深刻全面的创新，战争的传统界限、传统时空结构、传统样式、传统经验和理论等全都因人实践活动内容创新及其侧重点的根本性改变而被拓展、放大、丰富、发展。这些带有根本性的改变不仅将所有与人本质力量相关的因素或方面卷入战争对抗或较量关系之中，而且将所有人卷入看得见或看不见的战争之中。要打赢这样的战争，预先的准备总显得那么有限和确定，可实际战争的较量却时常超越预先的构想，暴露出其无限性和不确定性。要应对这样的有限与无限、确定性与不确定性矛盾，唯有动员和组织广大人民群众的力量。信息科学技术的普及发展，其实早已造就了具备多方面才能的新型人民群众，在他们中实际储备着能打赢信息化战争的各种力量。发掘、凝聚这些力量，践行信息时代"兵民是胜利之本"，必然要求走好军民深度融合一体发展之路，从而让人民群众发挥出出其不意的作用。

  结论研究如何打赢信息化战争。从哲学角度看，首要的就是以全新的眼光看世界，因为信息时代的现实世界已由以往单一的物质世界跃升为"物质和信息"双重存在复杂相互作用的世界。世界的变化要求人们认识、理解世界的眼光、思维方式或逻辑也应相应改变，否则便不是马克思主义唯物主义的态度。其次，伴随人的新信息开掘、创造和实现等作用在战争中的日益显露，再加上信息化战争主体系统间多层次、多样化、时时加速变动的复杂对抗较量关系，战争中全新的"人-物"关系，灵活、多样、多变的战斗力体系生成关系，全面的"制信息权"关系等，以及信息主导与人的新信息开掘创造的紧密联系，信息化战争所蕴含的信息技术创新与信息内容创新，乃至这种战争本身所具有的三大创新结构层次等，所有这一切都要求改变对待人的根本态度，否则便难于将唯物辩证法贯彻到底。最后，要在备战中将这些新的眼光、新的待人态度灌注于现实实战的各项工作中，确立打赢信息化战争的面向未来、开放动态的大战争观便是必然。

第一章　马克思主义哲学及其新形式与新形态

从哲学视阈探究信息化战争实质，一个首要问题就是其所依据的哲学究竟是什么哲学，即探究信息化战争实质的根本哲学立场究竟是什么？在现实生活中，不同时代、不同阶级、不同民族由于其生存状态不同，产生了各种不同的哲学。如古希腊罗马哲学、教父哲学、经院哲学、欧洲大陆哲学、英美哲学、中国哲学、印度哲学、德国古典哲学、马克思主义哲学等。本论著所依据的哲学是马克思主义哲学，即以马克思主义哲学的根本立场、态度和思维方式来深入思考信息化战争。

第一节　马克思主义哲学的实质及其多种表现形式

马克思主义哲学是由马克思、恩格斯创立，经列宁、毛泽东及其后继者继承发展的哲学思想理论。由于马克思主义哲学是建立在实践基础上的哲学，因而，随着人类实践的不断发展，马克思主义哲学也在实践推动下不断生成新的形式。但不管这些形式如何发展变化，实践的根本的立场、观点和方法始终是其保持一脉相承关系的内在纽带。

一、马克思主义哲学的经典形态及其实质[①]

马克思主义哲学首先通过马克思、恩格斯这两位创立者的诸多论著展现出来。这就是马克思主义哲学的经典形态。像马克思《1844年经济学哲学

---

① 该部分内容曾以《"实践"与"现实的人"》为题，发表在《理论与改革》2011年第6期，第5～8页。其中部分内容已根据本论著需要而做出修改。

手稿》《关于费尔巴哈的提纲》《哲学的贫困》《资本论》,马克思、恩格斯合著的《共产党宣言》《神圣家族》《德意志意识形态》,恩格斯的《反杜林论》《自然辩证法》《路德维希·费尔巴哈和德国古典哲学的终结》等,都从不同侧面展示了马克思主义哲学以现实的人的实践活动为逻辑基础和根本思维方式的独特魅力。其中,写于1845年的《关于费尔巴哈的提纲》和《德意志意识形态》展示了马克思、恩格斯实践的哲学思维方式的确立,标志着马克思主义哲学的正式创立,而1847年《哲学的贫困》和1848年《共产党宣言》的公开出版,则标志着马克思主义哲学的公开问世。

以现实的人的实践活动为哲学思考问题的逻辑基础和根本思维方式,是马克思主义全新世界观的实质所在。最早对这种哲学思维方式加以陈述的就是马克思的《关于费尔巴哈的提纲》。对此,恩格斯有过这样的评论:"这是匆匆写成的供以后研究用的笔记,根本没有打算付印。但它作为包含着新世界观的天才萌芽的第一个文件,是非常宝贵的。"[①]那么,马克思主义哲学的新世界观和其他哲学世界观相比,究竟是新在哪里呢?其理论实质究竟是什么?这就要看马克思主义哲学究竟解决了哲学上的什么难题。

(一)哲学上的重大理论难题

马克思说:"从前的一切唯物主义(包括费尔巴哈的唯物主义)的主要缺点是:对对象、现实、感性,只是从客体的或者直观的形式去理解,而不是把它们当作感性的人的活动,当作实践去理解,不是从主体方面去理解。因此,和唯物主义相反,唯心主义却把能动的方面抽象地发展了,当然,唯心主义是不知道现实的、感性的活动本身的。费尔巴哈想要研究跟思想客体确实不同的感性客体,但是他没有把人的活动本身理解为对象性的活动。因此,他在《基督教的本质》中仅仅把理论的活动看作真正人的活动,而对于实践则只是从它的卑污的犹太人的表现形式去理解和确定。因此,他不了解'革命的''实践批判的'活动的意义。"[②]哲学是系统化、理论化的世界观,世界观是人们对世界的根本看法,反映着人们对整个世界的认识和理解。马克思主义产生之前的哲学,在认识理解世界的过程中遇到的最大难题,就是对活动在这个世界中的"人",究竟该如何理解。这个难题从古希腊苏格拉底"认识自己"的思索开始,便一直困扰着哲学家。可是,如果不解决这个问题,那么世界观对世界的理解就难于深化到"根本"二字,哲学追求最高普遍性的"形上"精神也无法充分体现出来。

---

① 《马克思恩格斯全集》第21卷,人民出版社1965年版,第412页。
② 《马克思恩格斯文集》第1卷,人民出版社2009年版,第499页。

为了解决这个问题,柏拉图、亚里士多德为人下了定义,即人是无羽毛的两脚直立的动物。然而,人虽是动物,却无处不比动物聪明高贵,也无处不比动物贪婪凶残。面对这样的矛盾,巴门尼德以感性与理性,柏拉图以肉体与灵魂、现实与理想等的对立来加以描述和思考,并力求以高扬理性、灵魂、理想等来将人引向聪明高贵。但直到欧洲的中世纪,人也终归没有摆脱"一半魔鬼一半天使"的命运。近代以来,文艺复兴对自然的发现和对人的发现,以及自然科学取得的辉煌成就,哲学取得的深入发展,所有这些不但没有在理论上调和人自身所包含的如此尖锐的矛盾,相反,这些矛盾还表现得更为突出、更为广泛。像必然与自由、物质与精神、有限与无限等矛盾都更深刻、全面地表现出来。于是,在人身上,人们能够看到和体会到的是这样一种矛盾的状态:

人来自自然,却又力图"为自然立法"(康德语),力争成为自然的主宰;人的肉体生命极为有限,可人却在其灵魂或精神的支配下,对自己极有限的生命不仅自知,而且不满,非要以炼丹、著书立说、信奉神灵等各种方式来追求永生,以达到生命的无限;人的物质性的肉体和来自自然的生命属性,使其只能过上现实的物质性生活,衣食住行和生老病死成为其无以逃离的生存内容,不管其如何超越,总免不了要受自然必然性的支配,可是人却在理性或精神的推动下,永不停歇地在追求自由,谋划并实现着他的理想。这就是现实生活中活生生的人。

面对人自身包含的如此尖锐的矛盾,马克思主义之前的哲学发生了严重分歧。一派力图以人的肉体、感性、现实、必然、物质、有限等方面为基础,来统一人自身包含的这些矛盾,并以世界统一于物质来说明人和世界及其二者的关系,由此形成唯物主义的哲学思维方式。这种哲学思维方式尽管承认了世界的物质性,也承认了人的感性、物质性等现实特性,但是其对人的理解却是以降低人的理性、精神超越性等为代价的。例如,唯物主义者霍布斯将人看作钟表一样的机器,拉美特利则专门写了《人是机器》的著作,爱尔维修将人理解为"肉体感受性",费尔巴哈则干脆将人还原到感性。他们都力争从唯物主义立场上来理解人,把人的精神最终归结到物质方面,但他们的还原归结却并不成功。因为,尽管按照唯物主义物质决定精神、物质第一性精神第二性、世界统一于物质的哲学思维方式,能够很好地理解人之外的客观世界,但这样的哲学思维方式却难于让人满意,从而理解人的社会关系及其历史演变,不仅如此,如果简单直观地以这样的思维方式来对待现实生活中的人,那么势必会让人以为人的肉体、感性、自然有限生命等就是人的最根本的属性,满足这些属性,人就获得了人的活法。这样一来,不正是把人的生活引向俗气,把人对自己的认识和理解引向庸俗、低俗甚至媚俗的境地吗?

面对人自身包含的如此尖锐的矛盾,另一派则力图以人自身包含的灵魂、理性、自由、精神以及理想、无限等方面为基础,来统一人身上的这些矛盾。如康德、黑格尔都将人看成理性动物,为了能给人类理性奠定最坚实的哲学基础,黑格尔甚至不惜建立起庞大的"绝对精神"概念体系,以"绝对精神"的辩证运动来证明人的理性不仅是"绝对精神"辩证运动的产物,还能够达到对"绝对精神"的认识和理解,人因此才比动物更显高贵。这种将人身上包含的矛盾,最终归结到精神方面的做法,同样不成功。它首先面临自然科学最新成果的挑战,特别是每当自然科学取得突破性进展时,唯心主义都免不了以最积极、最活跃的方式,力图从中找到最能支持其观点的有力证据,像电子、放射性元素的发现等,否则其迟早都会被自然科学以坚实可靠的事实依据而驳倒。其次,如果将人身上的这些矛盾归结到精神方面,以为只有精神在对人和世界及其关系起决定性的作用,那么以这样的思维逻辑来待人待事,难免会陷入脱离人现实生活的抽象境地。原因很简单,人如果是理性动物,他的精神对他起决定作用,那么面对他的不良行为,只需加大对他精神的道德启迪即可,即当他的精神中被注入了足够多的道德观念时,这些观念就会决定他的行为,从而使他的行为变得良善,而这不正是现实生活中道德教育万能论者的思维逻辑吗?马克思在《关于费尔巴哈的提纲》第三条中早已对这样的思维逻辑进行了批判。马克思指出,"教育者本人一定是受教育者"[1],而"这种学说必然会把社会分成两个部分,其中一部分凌驾于社会之上"[2]。这种把教育者凌驾于社会之上,并寄希望于他们来教育、引导、拯救社会的想法,不正是空想社会主义者的思维逻辑吗?事实上,如果单凭精神的道德启迪就能解决现实问题,还要政治、法律、社会变革、无产阶级革命等干什么呢?

二元论者也发现了人自身包含的种种矛盾,发现了将这些矛盾对立面归结到物质或精神的任何一个侧面,都无法全面地认识和理解人、世界以及二者的关系。于是他们不得不承认世界具有物质和精神两个实体(笛卡儿)。但哲学追求最高普遍性的本性,往往迫使二元论者必须对物质和精神谁更为根本做出回答。为此,笛卡儿不得不在物质、精神两个实体之上,再安一个"上帝"实体,并认为"上帝"实体才是最真实可靠的实体,从而陷入唯心主义。

(二)马克思、恩格斯对哲学理论难题的合理解决

马克思主义哲学正是在对以往哲学唯物主义、唯心主义的扬弃和批判中

---

[1][2] 《马克思恩格斯文集》第 1 卷,人民出版社 2009 年版,第 500 页。

产生的。马克思主义哲学承认人自身包含着肉体与灵魂、感性与理性、物质与精神、必然与自由、有限与无限、现实与理想等种种矛盾。但马克思主义哲学却并没有简单、直观地采用传统哲学的静态化、平面化、一方决定另一方的两极化思路来思考问题,而是通过具体分析人生命活动的性质,从生命层面来思考人和动物的区别,并在重新确立实践范畴的含义内容基础上,确立实践的哲学思维方式,从理论上将人自身包含的上述种种矛盾,动态、鲜活地统一了起来,使哲学理论上理解表达的人,同现实生活中活生生的人统一了起来。

在马克思主义哲学产生之前,哲学家们就在广泛使用"实践"这个概念,但不太重视。在他们看来,实践不过是从精神或物质派生出来的专指人的道德活动,或者政治活动,或者日常生活活动的一个较低层次的概念,根本无法上升到哲学思考问题的立场和出发点的层面。但马克思却从人的生命层面对这个概念进行了彻底改造,从而使这个概念成为马克思主义哲学思考对待人和世界及其关系问题的基本立场、出发点和基本思维方式。

首先,实践活动是人的生产生活,是人的第一历史活动。马克思说:"劳动这种生命活动、这种生产生活本身对人来说不过是满足一种需要即维持肉体生存的需要的一种手段。而生产生活就是类生活。这是产生生命的生活。"①这意味着人是自己生产自己所需要的生活资料来维持自己生命的。这和动物单纯依靠自然的恩赐完全不同。这样的生产生活是人得以产生的第一历史活动,也是人猿揖别的根本标志。所以马克思、恩格斯讲:"可以根据意识、宗教或随便别的什么来区别人和动物。一当人开始生产自己的生活资料,即迈出由他们的肉体组织所决定的这一步的时候,人本身就开始把自己和动物区别开来。人们生产自己的生活资料,同时间接地生产着自己的物质生活本身。"②人们生产自己所需的生活资料而走出动物界,也建构着自己的社会关系,使人的社会及其历史演化因生产的进行和发展而深化。因此马克思说:"社会生活在本质上是实践的。"③

其次,实践活动是人自由而有意识的生命活动,是人追求和确定自己本质的活动。马克思说:"一个种的整体特性、种的类特性就在于生命活动的性质,而自由的有意识的活动恰恰就是人的类特性。"④他紧接着还指出:"动物和自己的生命活动是直接同一的。动物不把自己同自己的生命活动区别开

---

①④ 《马克思恩格斯文集》第1卷,人民出版社2009年版,第162页。
② 《马克思恩格斯文集》第1卷,人民出版社2009年版,第519页。
③ 《马克思恩格斯文集》第1卷,人民出版社2009年版,第505页。

来。它就是自己的生命活动。人则使自己的生命活动本身变成自己意志的和自己意识的对象。他具有有意识的生命活动。"①在马克思看来,理解人和动物的区别,在逻辑上不应该像传统哲学那样仅仅停留在"人是理性动物"或者"人是感性动物"的层面,因为不管人们怎样强调人有高于动物的理性、感性等属性,终归脱离不了是动物这个层面,摆脱不了以动物的逻辑来看待理解人,而是应该从比动物层面更高的逻辑层面来分析这个问题。比动物层面更高的逻辑层面正是生命的层面。在这个层面可以发现,不同生命物质的生命活动在性质上是完全不同的。对于人来说,他的生命活动和动物完全不同的就是"自由的有意识的活动""生命活动本身变成自己意志的和自己意识的对象",即动物对于自己的生命活动是不加反思的,它就是它的生命活动本身,对动物来说,活着就是一切。对于人来说,人却总是在思考、判断他的生命活动是不是真正属于人的活动。这样的思考、意识是自由的,它不受任何外在力量的支配,完全是在自己的生产生活中对自己生命活动的自觉评价、反思、设定与追求。正因如此,人才总是在生产实践活动中设定人自己的本质,在追求、在谋划真正属于人的活法。又由于生产实践活动的发展、人和人的关系在生产活动中的不断拓展、每个人在生产实践中具体展开的活动内容的不同,因而,每个人的具体本质也就不相同。因此马克思说:"人的本质不是单个人所固有的抽象物,在其现实性上,它是一切社会关系的总和。"②这里所说的"社会关系的总和"不是一种静态的社会关系的简单相加,而是要从人生产生活的现实性上来加以考虑。也就是说,人的本质究竟怎样,要看人们在不同的社会关系中是怎样展开他们的生产实践活动的。对此,马克思、恩格斯进一步指出:人们用以生产自己的生活资料的方式,在更大程度上是这些个人的一定的活动方式,是他们表现自己生命的一定方式。因而"个人怎样表现自己的生命,他们自己就是怎样。因此,他们是什么样的,这同他们的生产是一致的——既和他们生产什么一致,又和他们怎样生产一致"③。

最后,实践活动是人改造世界的活动,是人"按照美的规律来构造"的创造性活动。马克思说:"通过实践创造对象世界,改造无机界,人证明自己是有意识的类存在物。"④也就是说,人追求创造自身本质的实践活动,同时就是人创造自己的世界、改造无机界的生产活动,而这样的生产活动和动物的生产活动是有本质区别的。马克思说:"动物只生产它自己或它的幼仔所直

---

① ④ 《马克思恩格斯文集》第 1 卷,人民出版社 2009 年版,第 162 页。
② 《马克思恩格斯文集》第 1 卷,人民出版社 2009 年版,第 501 页。
③ 《马克思恩格斯文集》第 1 卷,人民出版社 2009 年版,第 519~520 页。

接需要的东西；动物的生产是片面的，而人的生产是全面的；动物只是在直接的肉体需要的支配下生产，而人甚至不受肉体需要的影响也进行生产，并且只有不受这种需要的影响才进行真正的生产；动物只生产自身，而人再生产整个自然界；动物的产品直接属于它的肉体，而人则自由地面对自己的产品。动物只是按照它所属的那个种的尺度和需要来建造，而人懂得按照任何一个种的尺度来进行生产，并且懂得处处都把内在的尺度运用于对象；因此，人也按照美的规律来构造。"①正因为人的实践活动使人超越了自身肉体需要的限制，超越了动物物种对生产眼界或尺度的限定，人才能按照自己内心理想的尺度，按照美的规律来生产、重塑自然界。所以实践这种生命活动也才是人积聚其创造性的最为自由的活动。正因如此，"自然界才表现为他的作品和他的现实"②，并映照着他的本质和力量。

马克思、恩格斯通过对实践概念的全新理解，确立了全面理解人和世界及其相互关系的全新的立场、出发点和他们整个哲学的思维方式，即实践的哲学思维方式。在他们看来，正是因为人的实践活动同时就是人的生命活动、生产活动、社会活动、本质活动、创造活动，这种活动才能在其动态的展开过程中将人身上包含的上述种种矛盾动态地统一于现实的、活生生的、从事生产实践活动的人身上。不可否认，自然界及其演化在人产生之前早已存在，成为人走出动物界的基础。但自从人通过实践活动把自己打造为人，人就成为自然界的对立面，并在此基础上形成改造与被改造的实践关系，正是在这种实践关系的辩证运动过程中，自然界从蛮荒演变到了今天人们生活其中的人化、属人自然界，而人也在改变这种自然界的过程中从野蛮走向文明，从远古走向现代。

由于人类实践活动在内容和形式上的日益复杂，伴随自发性分工和私有制的产生发展，人类社会出现了阶级及其分化演化，并在此基础上生成国家等更为复杂的社会关系。人的实践活动、人的本质、人的自由等也在复杂阶级关系、国家关系的具体展开过程中发生分化。马克思、恩格斯说："在过去的种种冒充的共同体中，如在国家等等中，个人自由只是对那些在统治阶级范围内发展的个人来说是存在的，他们之所以有个人自由，只是因为他们是这一阶级的个人。从前各个人联合而成的虚假的共同体，总是相对于各个人而独立的；由于这种共同体是一个阶级反对另一个阶级的联合，因此对于被统治的阶级来说，它不仅是完全虚幻的共同体，而且是新

---

① 《马克思恩格斯文集》第1卷，人民出版社2009年版，第162～163页。
② 《马克思恩格斯文集》第1卷，人民出版社2009年版，第163页。

的桎梏。"①但是,如果没有这种共同体关系,个人的发展也不可能。这正如马克思、恩格斯所说:"只有在共同体中,个人才能获得全面发展其才能的手段,也就是说,只有在共同体中才可能有个人自由。"②只有更深入发展人类实践活动,在生产实践活动中激发扬弃分工的自发性,并在此基础上建立起真正的共同体关系,人的实践活动、人的本质、人的自由才能得到全面的复归。所以马克思说:"在真正的共同体的条件下,各个人在自己的联合中并通过这种联合获得自己的自由。"所以,在马克思主义实践的哲学思维方式下,共产主义不是应该确立的状态,不是现实应当与之相适应的理想,而是"那种消灭现存状况的现实的运动"③,是"通过人并且为了人而对人的本质的真正占有;因此,它是人向自身,也就是向社会的即合乎人性的人的复归,这种复归是完全的复归,是自觉实现并在以往发展的全部财富的范围内实现的复归。这种共产主义,作为完成了的自然主义,等于人道主义,而作为完成了的人道主义,等于自然主义,它是人和自然之间、人和人之间的矛盾的真正解决,是存在和本质、对象化和自我确证、自由和必然、个体和类之间的斗争的真正解决"④。

总之,马克思、恩格斯通过确立实践的哲学思维方式全面解决了困扰哲学家的理论难题,并在此基础之上确立了他们理解人、人的社会及其历史演化的唯物史观。在此值得注意的是,马克思主义唯物史观的"唯物"基础,并不是简单直观地设定在与人毫无关系的抽象"物质"层面上的,而是建立在人的实践活动的客观性层面上的。这样的客观性与人的生命生存、人的本质规定内在地紧密联系着,是关乎人生死存亡的内在的客观性。

二、马克思主义哲学经典形态的多种表现形式

人类历史的变迁,从具体内容上看,就是人类实践活动的现实而具体的展开和演化。其中包括不同民族、不同阶级、不同群体、不同个人为了求生存、谋发展,通过实践活动建立特定社会关系,并在这样的社会关系下,具体地展开其实践活动。当然,由于具体社会关系的不同,不可否认,那些被剥削阶级的成员,他们的实践活动甚至是以异化劳动的方式呈现出来的。其中的矛盾、抗争,以及对社会关系的变革等,无不充满着血与泪、情与仇、悲与愤等丰富内容。

---

①② 《马克思恩格斯文集》第 1 卷,人民出版社 2009 年版,第 571 页。
③ 《马克思恩格斯文集》第 1 卷,人民出版社 2009 年版,第 539 页。
④ 《马克思恩格斯文集》第 1 卷,人民出版社 2009 年版,第 185 页。

作为建立在实践基础之上,并以实践的哲学思维方式来理解对待人和世界及其关系的哲学,在人类实践活动的不断变化发展中,其理论自然也会随着实践的变化发展而变化发展,并表现出不同的理论形式或形态,否则,其理论在逻辑上就是自相矛盾的。这也正是马克思主义哲学区别于其他哲学的一个重要特征,即马克思主义哲学的理论必然要随实践的发展而发展。相反,如果面对人们实践活动的变化发展,死守或照搬照套马克思、恩格斯的现成理论或思想,而不去分析新情况、解决新问题、提出新理论,这样的做法恰好背离了马克思主义实践的哲学思维方式,当然也就不属于马克思主义哲学了。

马克思、恩格斯创立了马克思主义哲学,他们的理论和概念逻辑系统构成了马克思主义哲学的经典形态。随着实践的发展,大量新情况、新问题需要马克思主义深入回答,在这样的历史条件下,马克思主义的后继者们在马克思主义实践的哲学思维方式下,在马克思主义哲学经典形态的概念逻辑框架下,围绕他们各自时代现实的人的自由解放,展开了一系列的理论和实践创新,使马克思主义经典形态在实践基础上表现出多种理论形式(详见附录二)。

第二节 马克思主义哲学的信息时代新形态[①]

马克思主义哲学从创立至今,已经经历 170 余年的历史。结合不同民族、国家、时代人的实践活动及其发展变化,马克思主义哲学也相应呈现出不同的新形式和新形态。这正如教育部马克思主义理论研究和建设工程重点教材《自然辩证法概论》一书指出的那样,伴随 20 世纪以来科学技术和社会的不断发展,"系统自然观、人工自然观和生态自然观是马克思主义自然观发展的当代形态,是中国马克思主义的重要内容"[②]。这说明,在当代科学技术实践推进下,单就马克思主义自然观而言,就已经发展出了系统自然观、人工自然观和生态自然观等当代新形态。而从马克思主义哲学的整个发展历程来看,面对当代突飞猛进的信息科学技术及人类实践活动的深刻变化,马克思主义在信息时代的全新形态必将以新的面目、新的概念逻辑体系或话语方

---

① 该部分内容曾以《探索马克思主义哲学信息时代新形态》为题,入选"第五届中国社会科学院马克思主义哲学论坛",论文被收录于《马克思主义哲学在当代中国的创新之路论文集》(上册),第 328~334 页。
② 郭贵春:《自然辩证法概论》,高等教育出版社 2013 年版,第 42 页。

式、新的内容等展现出来。

一、信息科学技术的深入发展呼唤马克思主义哲学新形态

信息科学技术的深入发展和广泛渗透,使"信息"逐渐进入人类视野,使人类的实践活动从内容到形式都发生着巨大的变化,信息经济、信息社会、信息世界相继进入人们的日常生活。然而,"信息"的不实在性、可共享性、对物质的依附性等却意味着它和以往人类所理解的"物质"并不是同一个东西。这正如控制论创始人维纳所说的:"信息就是信息,不是物质也不是能量。"① 在实际生活中,人们也能感到精神可以被看成一种信息。可是,信息却又不能够被完全归结为"精神"。如果"信息"作为一种独立存在,那么我们的哲学(包括马克思主义哲学)必将在内容和概念系统的表达形式上发生质的飞跃。

(一)信息科学技术的发展突破了经典马克思主义的科学基础

众所周知,马克思主义哲学产生于 19 世纪中叶。其自然科学基础是 19 世纪著名的三大发现,即细胞学说、能量守恒和转化定律、生物进化论。除此之外,在 19 世纪还有其他一些辉煌的科学成就,这些成就突破了 18 世纪以来的形而上学思维方式,如康德的星云假说、赖尔《地质学原理》中的渐变论思想、拉瓦锡的氧化理论、门捷列夫的元素周期表,以及热力学理论、电磁场理论等。这些自然科学成就,可以说几乎都是建立在单一物质世界基础上的。换句话说,在这些科学理论背后,折射出的是科学家们对整个世界的理解和信念,即相信世界是物质的,精神是对物质的反映。这就是唯物主义的基本信念。在这个信念中,整个世界实际是被理解为"物质和精神"的二元对立。

相信世界是物质的,或者说相信世界统一于物质。这即便在信息被广泛使用和迅速传递的今天,依然难于动摇。不过以往对世界的这种"物质和精神"二元对立的理解,在今天看来却并非没有瑕疵,因为"信息"既不是物质又不是能量,还不能够被完全归结为精神,它究竟是什么?它在世界图景中究竟处于什么位置?对于这些问题,以往的唯物主义,包括马克思主义哲学经典形态的辩证唯物主义,恐怕是难于合理解释的。

唯心主义相信世界统一于精神。面对信息,它可以说精神就是某种信息。可是正如前文所说,信息不能被完全归结为精神。原因是:其一,除了精神这类信息之外,在现实生活中,还存在着大量脱离了精神的信息。例如,

---

① [美] N. 维纳:《控制论》,郝季仁译,科学出版社 1963 年版,第 133 页。

存放在别人手机中的信息,很大程度上并不由我们来理解或注解,可它们对于我们来说依然属于信息。我们不会因为这些信息脱离了我们的精神,而认为它们已不再是信息了。再如,在现实生活中,像那些水中月、镜中花、DNA双螺旋结构所承载的具体内容等现象,它们的呈现和对自然世界的展示,并不依赖人的主观精神。它们虽然客观,可并不实在,又无法被归结到精神的范畴。

其二,如果将信息等同于精神,那么在这两个语词之间,必有一个是多余的。可是,若去掉它们中的任何一个,似乎又都无法完美地表现现实生活。如果将唯心主义的基本信条"世界统一于精神",置换为"世界统一于信息",那么,信息的产生,以及不实在的信息怎样产生出具有实在性的物质,类似这些问题,在现有科学理论和模式下,显然难于获得满意的答案。

在信息时代到来之前,人们的确仅仅能够理解一维的物质世界,许多像水中月、镜中花之类的信息现象,在人们当时的生产生活条件和认知能力下,不得不被还原到人们更能理解和把握的物质现象和精神现象中。于是,西方哲学自古希腊产生时起,就一直是在"物质和精神"的二元对立中讨论问题的。这样的传统一直延续到20世纪中期以后。

马克思、恩格斯虽然在人的实践活动基础上,将物质和精神的二元对立统一了起来,可他们依然是在"物质和精神"二元对立与统一的世界观前提下讨论问题的。信息根本没有真正进入他们的视野。我们不能因此认为马克思、恩格斯创立的哲学理论已经过时。因为,他们的哲学理论恰恰要求理论要随实践的发展而发展。对于他们来说,他们的哲学只能成为表现他们那个时代的精神精华。作为马克思主义哲学的继承者,就应当继承发扬马克思、恩格斯的实践精神,在新的历史条件下,创新发展他们的哲学理论,而不是不顾时代特点,慵懒地躺在他们的现有理论体系中不思进取。因为,马克思、恩格斯毕竟不属于我们的时代。

(二)马克思主义哲学深化发展:从量的积累到质的飞跃

马克思主义自产生到现在,随着实践的发展,相继产生了列宁主义、毛泽东思想、邓小平理论、"三个代表"重要思想、科学发展观和习近平新时代中国特色社会主义思想等不同的新表现形式,以及在马克思主义哲学自然观基础上产生的系统自然观、人工自然观、生态自然观等自然观的当代形态[1]。可以说,这些新表现形式和自然观的当代新形态,正是马克思主义在其自身的发展过程中所呈现出的量变和部分质变。因为,这些理论虽然创造性地提出

---

[1] 郭贵春:《自然辩证法概论》,高等教育出版社2013年版,第16页。

了许多新概念、新理论,以及新逻辑体系,可是其中最关键之点,就是它们依然是在"物质和精神"的世界观图景这一大前提下来思考和解决问题的。其概念逻辑框架并没有从根本上突破"物质和精神"这样的世界观大前提。因此,从这个意义上说,这些理论依然属于马克思主义经典理论的延续,其中的理论变化其实是在新的实践基础上所实现的量的积累和部分理论的部分质变。

在信息时代,人的实践活动借助信息科学技术已经或正在大规模开掘、建构和利用信息世界,人们生活的现实世界已经和以往理解的单一的物质世界大有不同。在信息时代之前,人们的现实世界可以说是和物质世界大体一致的。在唯物主义者看来,人们的精神世界最终是统一于物质世界的。但现在,人们生活的现实世界是一个由实实在在的物质世界与不实在的信息世界共同交织构筑起来的复杂世界。在这样的复杂世界中,人的精神世界可以依托、创生、构造出丰富多样的信息世界甚至是智能世界,但信息世界却未必能够被完全还原为精神世界。因为,这正如信息不能被归结为精神一样,信息世界是由当今高度发展的信息科学技术支撑着的、正被不断地开掘和建构的世界。这样的世界尽管离不开人的精神建构,可它一旦被开掘、建构出来,在很大程度上又会成为脱离人主观精神世界的客观世界,成为人们在实际生活中不得不严肃对待的现实世界。正因如此,那些试图在信息世界为所欲为的"黑客"之流,终归会遭遇愿望的落空。其实,信息世界的发现和呈现对信息科学技术及其发展水平高度依赖,而与此同时,就信息世界本身而言,它又可通过自身的发展状态和水平,高度表征信息科学技术的发展水平,以及活动在这样的世界中的人的生活面貌、存在状态。而人的精神世界则在这样的"物质和信息"双重世界的相互作用关系中,获得更加快速而刺激、耀眼而充满风险的发展。

身临这样一个因信息而日益变得复杂的现实世界,人的整个生存状态、生产生活方式,特别是人自身的存在方式等全都大为改观。与此同时,面对这样一个"物质和信息"非线性交互作用的复杂现实世界,哲学思考与反思的最大逻辑前提开始发生巨大变化,即世界观图景正由以往的"物质和精神"的二元相互作用,迅速发展到"物质和信息"(精神属于信息,同时加工、创造信息)的非线性相互作用。这意味着一种全新的唯物主义世界观图景正在开启。而建立在实践基础上的马克思主义唯物主义,其发展到今天,也正面临这样一个发展的新节点。是不顾实践发展的新时代条件,固守以往延续数千年的"物质和精神"的世界观图景,还是在实践中大胆地进行理论创新,实事求是地建构崭新的唯物主义世界观图景,并在这样的世界观新图景下来解决人们在现实世界中面临的新问题,这兴许应该是在信息时代的实践中区分教条主义和马克思主义的一大关键。

如果要在如此复杂的现实世界坚持好马克思主义,使马克思主义实践的哲学思维方式得以淋漓尽致发挥,显然,突破以往哲学思考问题的最大逻辑前提,即"物质和精神"二元相分的世界观图景,已是势在必行。否则,充斥在现实世界、主导着人的现实生活的"信息",便很难得到合理理解,而马克思主义实践的哲学思维方式,包括马克思主义的辩证唯物主义,也难于得到酣畅淋漓的发挥。事实上,马克思主义哲学一旦突破以往哲学的这一世界观前提,将信息纳入新的世界观图景之中,那么以往哲学的概念逻辑体系、基本范畴,包括马克思主义哲学的现有体系和范畴关系等,统统都会被新的哲学成果所扬弃。于是,整个马克思主义哲学概念逻辑架构、范畴关系等也必将发生全面彻底的改变,从而使马克思主义呈现出一种全新的辩证唯物主义理论形态。

这样的新理论形态将很有可能提出许多新的概念、逻辑、范畴,建构许多新的逻辑关系,说出许多经典马克思主义者完全不曾说出的新话语。同时,这样的新形态能够更好地继承发扬马克思主义实践的哲学思维方式,并为这样的哲学思维方式的深入发展开辟新的道路,使得辩证唯物主义获得更加广阔的发展空间。因此,有理由说这样的马克思主义哲学新形态与经典马克思主义哲学形态一脉相承。

二、在马克思主义实践的哲学思维方式下创建信息哲学

信息哲学作为信息时代精神的精华,将对"信息"范畴加以最深刻、最普遍的哲学思考,并对物质、信息、精神三者关系进行全新梳理;同时,信息哲学还将在"物质和信息"非线性复杂相互作用范式下全面反思人和世界及其关系,反思人自身及其存在和演化,并为人的现实生活探索提供更加全面的生存智慧。

如果将"信息"范畴引入哲学,这必将引发整个哲学界前所未有的大讨论,并在这样的大讨论中形成诸多信息哲学流派。因为,任何人只有在学习、批判前人思想的基础上,才能有所创造,否则也只是重复前人的错误或走过的弯路。人们总是在特定的哲学传统下来思考新的哲学问题,而这些不同的哲学传统,实际上就是看待问题的不同的哲学思维方式,即哲学思考问题的最基本的出发点和思维逻辑。像马克思主义哲学,就是以人的实践活动为最基本的出发点和思维逻辑的。而其他哲学,如分析哲学,则以语言分析为基本出发点和思维逻辑。至于现象学,更是离不开意向性这一基本出发点及其

合逻辑的展开。

时至今日,最有影响的信息哲学流派至少已有两个:一个是中国学者邬焜于 1982 年创立,并于 1985 年、1986 年分别以论文和著作形式公开的"信息哲学"(Information Philosophy);另一个则是英国牛津大学的卢西亚诺·弗洛里迪(Luciano Floridi)教授于 1996 年提出的具有分析哲学传统和后现代哲学色彩的"信息哲学"(Philosophy of Information)。对于这两种信息哲学,前者在马克思主义哲学基础上已经形成完整的理论体系;而后者到目前为止,从公开的资料看似乎更加注重信息以及由此带来的相关问题研究[①]。关于这两种信息哲学的共同点和各自研究的侧重点,详细观点可参见《信息哲学与信息时代的哲学——从两个"信息哲学"范式说起》一文[②]。在此,主要谈谈中国学者邬焜在马克思主义的辩证唯物主义哲学背景下所创立的信息哲学。

(一)邬焜信息哲学的产生和发展

20 世纪 70 年代末,席卷全国的"真理标准"大讨论,为整个社会带来了解放思想的新气象。而现实生活中"文化大革命"的结束、改革开放的兴起,都使得全社会呈现出一派积极向上的新景象。整个 80 年代,对于中国思想学术界来说,各种新思想、新理论相继涌现。特别是国外的一些最新科学技术成果和新思想、新理论等,被大量地介绍到国内,其中阿尔文·托夫勒(Alvin Toffler,1928~2016 年)的《第三次浪潮》、丹尼尔·贝尔(Daniel Bell,1919~2011 年)的《后工业社会的来临》,以及约翰·奈斯比特(John Naisbitt,1929~2021 年)的《大趋势》等,都让当时通过高考进入大学之门的"天之骄子"们激动万分。系统科学理论、信息科学技术及其相关理论等当时世界的一系列最新科技成就,也无不在国内思想学术界掀起巨大波澜。以新的眼光看世界,以新的思维逻辑思考问题,几乎成为那个年代整个思想学术界的一大倾向。邬焜信息哲学便是在这样的社会历史背景下产生的。

面对以电子计算机为杰出代表的信息科学技术,面对托夫勒等未来学家们对信息社会的种种遐想,中国学者对"信息"产生了极大兴趣,不少人开始关注"信息"究竟是什么的问题。因为,在信息论创始人 C. E. 香农(C. E. Shannon,1916~2001 年)那里,信息论主要被看成通信信息论,而"通信的基本问题是在通信的一端精确地或近似地复现另一端所挑选的消息"[③]。基于

[①] 参见郭贵春、殷杰:《爱思唯尔科学哲学手册·信息哲学(上)》,殷杰、原志宏、刘扬弃译,北京师范大学出版社 2015 年版,第 136~152 页。

[②] 康兰波:《信息哲学与信息时代的哲学——从两个"信息哲学"范式说起》,《天府新论》2008 年第 3 期,第 19~22 页。

[③] 转引自邬焜、李琦:《哲学信息论导论》,陕西人民出版社 1987 年版,第 7 页。

通信的这一目的需要,香农更加注重对通信"信息量"的研究,并给出了著名的信息量公式:

$$C = B \log_2(1+S/N)$$

(其中,C:信道容量;B:频带宽度;S/N:信噪比)

根据香农的信息量公式,信息就是用符号传送的报道,报道的内容是接收符号者预先所不知道的。这意味着信息在香农的语境中,可以被理解为"用来消除随机不确定性的东西"。然而,就"信息"本身是什么,香农并没有加以说明。可对于20世纪80年代的中国学者来说,他们都更加渴望知道信息本身究竟是什么。特别是控制论创始人维纳的那句名言"信息就是信息,不是物质也不是能量",更是激起了大批深受辩证唯物主义思想影响的中国学者的兴趣,于是,探讨信息的本质、建立信息哲学几乎成为20世纪80年代中国学术界的一大热门话题。在这股探究信息本质、建立信息哲学热潮中,涌现出大批有学术影响力的学者及其研究成果。如钟义信、沈骊天、黎鸣等人,他们都对信息及其本质展开了卓有成效的研究,"'其成果中呈现出的呼唤信息哲学的强烈时代意识和大胆创新的开拓精神'给人以振奋、令人敬佩"[1]。

在以上学者的影响和鼓舞下,作为恢复高考以来首批大学生一员的邬焜,在学习辩证唯物主义基本理论时,面临一个他百思不得其解的难题,即哲学基本问题得以成立的前提是否科学。在他看来,哲学把世界划分为物质和精神这样对立的两极,似乎是忽略了某种中介环节,从而使得哲学理论在阐述"物质转化为精神、精神作用于物质"时过于笼统。而一旦找到这个中介环节,物质和精神的相互作用关系也就变得十分明晰起来。从哲学的传统来看,"谁找到了这个中介,并能科学地阐明它,谁就会给哲学带来整体性的变革"[2]。正是在这样的问题意识和信念基础上,邬焜展开深入思考,并很快发现"信息"似乎可以充当这个中介,并对信息展开深入研究。

1980~1981年,他先后完成了三篇与信息哲学相关的论文:《思维是物质信息活动的高级形式》《信息在哲学中的地位和作用》《哲学信息的量度》。头两篇在1981年举办的甘肃省自然辩证法研究会首届学术年会交流,作为大会报告,引起较大反响。第三篇论文作为兰州大学1981年秋季科学论文报告会哲学分会报告,同样引起了与会者的较大反响。在这三篇论文基础上,他进一步深入研究,于1982年4月完成了《哲学信息论导论》一书初稿,并以此作为其大

---

[1] 邬焜:《信息哲学——理论、体系、方法》,商务印书馆2005年版,第16页。
[2] 邬焜:《信息哲学——理论、体系、方法》,商务印书馆2005年版,第594页。

学本科毕业论文。在其大学毕业后,该初稿中的部分章节,又分别以《哲学认识论的信息中介论》《哲学信息论要略》为题,发表在《兰州学刊》1984 年第 5 期和《人文杂志》1985 年第 1 期。这两篇论文的发表,特别是《哲学信息论要略》在当时具有较大学术影响力的《人文杂志》的发表,标志着邬焜信息哲学正式登上了国内学术界的权威舞台,并在国内产生重大学术影响。而《哲学信息论导论》则在反复修改扩充之后,以与李琦合作的名义于 1987 年 6 月正式出版。该著作的出版不仅宣告了一种崭新时代哲学——信息哲学的诞生,而且意味着马克思主义哲学在信息时代的一种新表现形态的正式公开问世。

《哲学信息论导论》是在马克思主义哲学的基本立场观点和方法基础上,较为系统地建立起一种区别于具体科学实用信息论的哲学信息论。它在存在论意义上将信息范畴作为哲学的基本范畴之一引入马克思主义哲学,系统全面地提出并探讨了信息的哲学本质、哲学分类、信息的三个不同性级的质。在与英国哲学家卡尔·R. 波普尔(Karl R. Popper)"三个世界"理论的比较基础上,该书提出了"一个物质世界和三个信息世界"的"四个世界"理论,探讨了绝对信息量、相对信息量等问题,讨论了信息与相关哲学范畴的关系,提出了哲学本体论的概念层次论、哲学认识论的信息中介论、社会的信息进化论,深入探讨了信息在哲学变革中的作用,由此将马克思主义哲学推进到信息时代的新发展阶段。这正如国内自然辩证法界的一些知名学者评价的那样:"该书的全部结论都以其独特的信息定义这一'点'作为立论前提。其定义既摆脱了实用信息的种种束缚,也跳出了以往哲学概念的重围,既坚持运用本体描述的直接性方法,又坚持了信息本质的唯物论立场,立意不俗,体现了鲜明的理论特色。"[1]"《导论》一书的可贵之处,在于它尝试性地给出了一种辩证唯物主义现代哲学框架。"[2]

自信息哲学问世以来,邬焜一直致力于对信息哲学的更加深入透彻的研究。他除了给学生们开设"信息哲学概论"课程之外,还发表了数百篇信息哲学方面的论文,并相继出版了《信息哲学——一种新的时代精神》《自然的逻辑》《信息世界的进化》《信息与社会发展》《知识与信息经济》《信息认识论》《哲学的比附与哲学的批判》等著作。特别是在 2005 年,由商务印书馆出版的长达 70 余万字的《信息哲学——理论、体系、方法》,可以说是对他信息哲学多年研究成果的比较全面的理论梳理和对信息哲学各个理论的综合集成。

---

[1] 刘啸霆:《简介〈哲学信息论导论〉》,《自然辩证法报》1989 年第 16 期。
[2] 丛大川:《建立信息哲学的大胆尝试——〈哲学信息论导论〉评价》,《情报·科研·学报》1990 年第 3 期。

该书在马克思主义基本立场、观点、方法基础上，更加系统、全面、深刻地阐述了信息本体论、信息认识论、信息进化论、信息价值论、信息思维论，以及信息的度量，并对多年来人们关于其信息哲学的重大质疑进行了深入分析和理性回应。该著作的出版，标志着邬焜信息哲学的进一步体系化和成熟化。

信息哲学自产生以来，已在国内获得包括黄顺基、许国志、苗东升、钟义信等在内的众多著名专家学者的极高评价。对此，可分别参见黄顺基为邬焜《自然的逻辑》一书所作序言、许国志主编的《系统科学大辞典》、苗东升所著的《钱学森系统科学思想研究》、钟义信的《从信息科学视角看〈信息哲学〉》(《哲学分析》2015年第1期)等。类似的好评非常之多，在此不一一叙说。值得一提的是，由于邬焜信息哲学思想的革命性和原创性，多年来，他的研究也得到国家和省部级多个基金项目的支持。其中包括国家教委"八五"人文、社会科学研究规划项目"信息科学与唯物辩证法的发展观"(1993年2号)，国家社会科学基金一般项目"信息哲学的理论体系和方法"(2002BZX027)，2007年度教育部985工程Ⅱ期资助项目"社会信息科学的理论和方法"(985hust-13003)，教育部人文社会科学研究一般项目"信息哲学、哲学基本问题与哲学的根本转向"(2011YJA720027)，国家社会科学基金一般项目"现代科学革命、信息哲学与辩证唯物主义新形态研究"(2012BZX020)，国家社会科学基金重点项目"信息哲学的基础理论研究"(2013AZD096)，国家社会科学基金重大项目"信息哲学的历史、现状与未来"(2018ZDA027)。

如果说信息哲学自诞生到2005年进入发展的成熟期，还只是在国内学界产生重大学术影响的话，那么2010年8月，第四届国际信息科学基础大会(FIS 2010)之后，邬焜信息哲学便开始在国际学界产生重大影响。在FIS 2010会议交流中，俄罗斯科学院信息科学问题研究所首席研究员、国际信息科学学会(ISIS)主席康斯坦丁·科林(Константин Колин)教授，法国国际跨学科研究中心资深研究员、现实逻辑(LIR)提出者、著名学者约瑟夫·布伦纳(Joseph Brenner)研究员，西班牙生命科学院阿拉贡研究所(IACS)佩德罗·C.马里胡安(Pedro C. Marijuan)教授，以及奥地利的沃尔夫冈·霍基奇奈尔(Wolfgang Hofkirchner)教授等都对邬焜信息哲学产生了极大兴趣，在他们看来，"西方学者提出信息哲学概念的时间仅有14年，其标志性成果的发表仅有8年，并且至今未能形成系统化的信息哲学理论，而邬焜教授的信息哲学研究已有30余年，并且在20世纪80年代已成体系，二者相比，相差巨大"[①]。因此，他们在会议期间便纷纷要求与邬

---

① 李国武：《邬焜信息哲学思想研究》，中国社会科学出版社2015年版，第34页。

焜教授建立学术联系,并提出希望与邬焜合作研究。到目前,一些相关的国际合作研究已经有序展开,邬焜的多篇信息哲学英文论文也已经或即将在国外相关刊物发表。①

与此同时,国际学界也开始对邬焜信息哲学做出相应评论②。例如,俄罗斯的康斯坦丁·科林教授,在2012年出版的中译学术专著《信息科学中的哲学问题》"中文版序言"中就称邬焜教授为"信息哲学的创始人"③。

法国国际跨学科研究中心资深研究员、现实逻辑(LIR)提出者、著名学者约瑟夫·布伦纳在第九届国际一般信息理论研讨会(2011年,瓦尔纳)上提交了一篇题为《邬焜和信息元哲学》("Wu Kun and the Metaphilosophy of Information")的长达10万余英文字符的论文,具体介绍并高度评价了邬焜教授独创的信息哲学④。该文后来已经以英文和中译文的形式公开发表⑤。在文中,他认为,"邬焜提出的信息哲学的出众之处在于它的独特性和普遍性,在于它的新世界观",邬焜的研究"提供了一个关于信息的复杂本体论性质的重要的新视角"⑥,让人看到"一种新的信息范式的操作的开端,并且它既导向又由所述的一种信息元哲学和信息姿态所构成"⑦。

在"第十届《哲学分析》论坛:信息时代的哲学精神全国学术研讨会"(2014年,西安)上,丹麦哥本哈根大学教授、著名符号信息学家索伦·布赫尔(Søren Brier)和他的中国学生周理乾合作提交了一篇题为《具有中国特色的信息哲学——评邬焜教授的信息哲学体系》的论文⑧。他们还合作发表过两篇英文文章,一篇评价邬焜的著作《信息哲学——理论、体系、方法》,另一篇评价邬焜的信息哲学。他们指出,"在欧洲信息科学基础学术圈(Foundation of Information Science Group,FIS Group)看来,邬焜迥异的运思方式让他们感到惊讶与好奇,在这种文化震惊(cultural shocking)中很多人给

---

① 李国武:《邬焜信息哲学思想研究》,中国社会科学出版社2015年版,第34页。
② 该部分内容主要根据邬焜学术讲座课件《信息哲学的兴起和发展历程》和李国武《邬焜信息哲学思想研究》中"国外学者对邬焜教授信息哲学思想的评价"而作。其中部分内容有所删减。
③ [俄] K. K. 科林:《信息科学中的哲学问题》,邬焜译,中国社会科学出版社2012年版,中文版序言,第1页。
④ Joseph E. Brenner, "Wu Kun and the Metaphilosophy of Information", *International Journal "Information Theories and Applications"*, 2011(2):103~128.
⑤ [法]约瑟夫·布伦纳:《邬焜和信息元哲学》,王健、刘芳芳译,《西安交通大学学报》(社会科学版)2012年第3期,第6~21页。
⑥⑦ [法]约瑟夫·布伦纳:《邬焜和信息元哲学》,王健、刘芳芳译,《西安交通大学学报》(社会科学版)2012年第3期,第6页。
⑧ 周理乾、[丹]索伦·布赫尔:《具有中国特色的信息哲学——评邬焜教授的信息哲学体系》,《哲学分析》2015年第1期,第4~16页。

出了相当高的评价"[1]。

德国德累斯顿工业大学的格哈德·卢恩(Gerhard Luhn)教授在读了约瑟夫·布伦纳的文章后评论说："这是邬焜的一个非常有趣和重要的成果，当然，这是从我们的'直觉'感受来看，这意味着经典现象学的终结，我们认为有必要对所有的事物重新进行认识……这似乎是一个重大的成就或努力，我们不得不从一开始就这样做。我们不得不从一开始就把关于'本体'和'现象'（或主观和客观的维度）的辩证关系的争论（现实逻辑，LIR 的讨论）作为核心范式。约瑟夫，我们研究的最困难的部分在于必须用我们的方法解释清楚那种以人为核心的理论的随意性和危害性，它只是在某种特定的场合才具有一定的合理性。"[2]他还在论文中写道："在我知道的科学家和哲学家中，只有邬焜从哲学的高度揭示了信息的世界本体的意义，并建立了一个关于世界各领域之间复杂性关系的理论。"[3]在他发表的另一篇论文中，他还写了这样的"题记"：本文献给邬焜和中国的信息研究(This paper is dedicated to Wu Kun and the Chinese approach to Information)[4]。

除此之外，乌拉圭州立大学信息学院的拉斐尔·卡普罗(Rafael Capurro)教授，在其为研究生开设的"信息理论研究"的专业课程中也有专节内容介绍邬焜的信息哲学理论。该课程的课件已公开发布在乌拉圭州立大学的网站上[5]。

在邬焜信息哲学于国内外引起强烈反响的同时，经西安交通大学批准，报国家教委通过，国际信息哲学研究中心也于 2010 年 12 月在西安交通大学正式成立，由邬焜出任中心主任，同时有诸多国家和相关著名学者加盟。这个研究中心"是中国首个信息哲学研究中心，也是世界上第一个国际性信息哲学研究机构"[6]。自 2013 年以来，在该中心的组织下，已分别在西安、奥地

---

[1] Liqian Zhou and Søren Brier, "Philosophy of Information in Chinese Style", *Cybernetics and Human Knowing*, 2014, 21(4): 83～97; Liqian Zhou and Søren Brier, "The Metaphysics of Chinese Information Philosophy: A Critical Analysis of Wu Kun's Philosophy of Information", *Cybernetics and Human Knowing*, 2015, 22(1): 35～56.

[2] 摘自约瑟夫·布伦纳于 2012 年 2 月 5 日与邬焜交流的电子信件（邬焜提供）。

[3] Gerhard Luhn, "The Causal-Compositional Concept of Information—Part I: Elementary Theory: From Decompositional Physics to Compositional Information", *Information*, 2012, 3(1): 151～174.

[4] Gerhard Luhn, "The Causal-Compositional Concept of Information—Part II: Information through Fairness: How Does the Relationship between Information, Fairness and Language Evolve, Stimulate the Development of (New) Computing Devices and Help to Move towards the Information Society", *Information*, 2012, 3(3): 504～545.

[5] 参见 http://eva.universidad.edu.uy/mod/resource/view.php? id=148712。

[6] 邬焜、成素梅：《信息时代的哲学精神——邬焜信息哲学思想研究与讨论》，中国社会科学出版社 2016 年版，总序，第 1 页。

利维也纳、瑞典哥德堡、美国加州大学伯克利分校成功召开了四届"国际信息哲学大会"。2021年9月,原计划在日本东京召开的第五届"国际信息哲学大会"因受新冠肺炎疫情影响,改为采用线上会议与线下会议全球同步交融互动的形式举行。线下会议地点设在中国的西安交通大学,线上会议同步面向全球学者开放。会议围绕"为了创造人类更好的明天,迎接信息与智能社会的挑战,建构和发展体现全新时代精神的哲学"主题展开了全方位、多领域、多层次深入研讨。会议收到来自全球的论文100余篇,会议举办期间同时吸引了全世界学者的广泛关注和参与。

目前,在西安交通大学国际信息哲学研究中心支持下,已至少有7部学术专著被编入西安交通大学信息哲学丛书,并由中国社会科学出版社出版发行。除此之外,该中心还成功举办了全国性的学术研讨会和国外专家讲座及小型研讨会数十次。而该中心的多名博士生也已到瑞士、奥地利、美国等国大学深造。总之,信息哲学正被国内外广大学者高度关注和讨论,并在国内外产生较广泛的影响。

(二)邬焜信息哲学的马克思主义哲学品质

邬焜信息哲学是在马克思主义实践的哲学思维方式下创立起来的。其马克思主义哲学品质主要表现在以下几个方面:

1. 在实践的哲学思维方式下创立并坚守信息哲学

马克思在其早年的《第179号〈科伦日报〉社论》中对哲学家和哲学有过这样的论述。他说:"哲学家的成长并不像雨后的春笋,他们是自己的时代、自己的人民的产物,人民最精致、最珍贵和看不见的精髓都集中在哲学思想里。"[①]紧接着马克思还指出,"哲学不是世界之外的遐想"[②],"任何真正的哲学都是自己时代精神的精华",是"文明的活的灵魂"[③]。马克思的这些思想表达了哲学家、哲学思想以及真正的哲学与自己的人民、自己的时代的内在关系。马克思主义哲学正是在以实践为基础的思维逻辑中来最精致地表达人民的思想、时代精神的精华的。

然而,时代在发生变化,人民的思想、时代精神的精华必然也会随着时代的发展而发展。今天,信息科学技术(包括智能科技等)广泛渗透于人的现实生活,为人们构筑起了一个前所未有的信息世界,也深刻改变了人们的社会生活。在这样的时代,先前的计算机、信息网络、信息经济、虚拟实践等几乎成为这个时代到来的最初敲门砖。伴随手机的普及和高度智能化,手机成了

[①][②] 《马克思恩格斯全集》第1卷,人民出版社1956年版,第120页。
[③] 《马克思恩格斯全集》第1卷,人民出版社1956年版,第121页。

人们"无机的身体",信息时代的帷幕正式拉开。今天,支付宝、共享单车、微信朋友圈等,几乎颠覆了人类世代坚守的世界观图景,也几乎宣告着人类世代培养起来的生产生活习惯和感受经验的过时。可以说,在这个新的时代,人们的生产生活几乎要被全部托付给"信息"及其相关产品了。这样的一个时代,不仅马克思、恩格斯、列宁未曾拥有,就连毛泽东、邓小平也未曾完全遭遇,可它却如此迅速地朝我们走来。

信息科学对信息的描述、对信息技术的推动,既让人激动,又让人迷惑:在信息网络空间传递的信息,为什么威力如此巨大?它究竟是什么?它将给人类的生产生活带来怎样的结果?人们对此的窃窃私语、大胆猜想,必然激起哲学家们的批判激情,也会引发马克思主义哲学工作者的极大兴趣。

20世纪80年代,国内众多的马克思主义哲学理论工作者,正是在马克思"任何真正的哲学都是自己时代精神的精华",是"文明的活的灵魂"的思想激励下,热衷于对信息本质、信息哲学的研究。通过"中国知网"2017年6月8日的期刊查询可以发现,这股热潮到1987年进入最高峰。在所有期刊论文中,从1980年开始就有了与"信息本质"主题相关的论文,1987年论文数最多,达到13篇。1984年出现了与"信息哲学"主题相关的论文,而与该主题相关的论文数也是在1987年达到最多,共有9篇。以后数年,对"信息本质""信息哲学"的研究进入低潮。直到2002年,情况才有所改观,相关主题的论文数量开始超过1987年,并在以后十几年内逐渐增加,到2014年,与"信息本质"相关的论文达到峰值24篇,与信息哲学直接相关的论文也有32篇。

20世纪80年代末及整个90年代,伴随中国政治和经济所发生的一系列重大变化,一些学者没能长期坚持对信息本质、信息哲学的研究,而始终坚守在这片阵地上的研究者也所剩不多。在这为数不多的研究者中,邬焜当属旗帜最鲜明的一个,而支撑他坚持研究下去的基本信念,还是马克思的那句话,"任何真正的哲学都是自己时代精神的精华",是"文明的活的灵魂"。在他看来,马克思、恩格斯创立的哲学世界观只是他们"那个具体的历史时代的产物",具有与他们"那个历史相一致的特点,我们不能强求马克思、恩格斯所创立的哲学,从形式到内容都与我们这个时代相符,因为他们并不拥有我们这个时代"。[①] 面对新的时代发展,我们只有不断创新,才能坚持好马克思主义的哲学世界观。

在上述信念基础上,邬焜提出要从哲学上全面理解信息的本质,就必须达到哲学对信息科学和传统哲学的双重批判和超越,即一方面"剔除具体科

[①] 邬焜:《信息哲学——理论、体系、方法》,商务印书馆2005年版,第10页。

学给信息解释所带来的种种狭隘性的局限,由此使哲学对信息的把握从具体科学的阈限中超越出来";另一方面,则是要"克服传统哲学的旧有框架和理论对信息本质解释的局限,由此使哲学对信息的把握从传统哲学的旧有体系的阈限中超越出来"。① 要实现这样的双重超越,并非易事。除了学术上的争论之外,一些人还存在这样的顾虑,即创新发展马克思主义,那是党和国家领导人或者大牌教授们的专利,作为一个西部地区工科院校的教授,怎么有资格和能力来创新发展马克思主义呢? 基于这样的顾虑和学术上的问题,多年来,邬焜信息哲学一直面临着诸多争论。其中包括霍有光教授对"客观不实在"的质疑。但不管这些质疑有多么尖锐,邬焜始终积极回应,严谨、理性地对待这些争论,并在这样的争论中扩大着信息哲学的影响,直到在国际国内引起强烈反响。

事实上,包括本论著的作者在内,起初都是在上述"顾虑"中抱着怀疑、挑剔,甚至是抵触的心境来接触邬焜信息哲学的。但在深入了解其理论之后,无不被其中所充满的马克思主义哲学精神和严谨的理论论述,以及广博的自然科学和社会科学知识等所打动。尽管邬焜信息哲学在某些问题上依然值得商榷,但其对信息本质的理解、对复杂现实世界的揭示、对人认识本质的梳理、对人类生产实践活动本质的揭示、对人类社会的理解和对信息思维的总结,都为当今全面理解和表达我们的时代提供了一个崭新的视野,有助于我们以新的思路、新的眼光看问题、看世界。

2. 以崭新的概念逻辑框架和丰富的理论内容,使马克思主义哲学焕发出信息时代的风采

邬焜信息哲学始终以马克思主义实践的哲学思维方式对待分析现实问题。其主要理论的建构,也都以马克思主义理论作为其出发点和理论根据。它从经典马克思主义某些具体理论在信息时代的现实实践中所面临的深层次理论问题出发,深入分析、大胆创新,最终使马克思主义实践的哲学思维方式与马克思主义某些具体理论在信息时代的现实实践中获得统一。

例如,邬焜"存在领域的分割"理论从哲学上揭示了信息本质。这一理论不仅没有抛弃马克思主义"世界统一于物质"的基本论断,还使这一论断在信息时代更加坚实,更加深刻。邬焜给出的信息定义,也是从分析列宁物质定义出发,揭示其中存在的前提性问题,即自古希腊起人们就相信的"整个存在世界可以分割为物质和精神两大领域"②。用哲学话语表述,即存在＝物

---

① 邬焜:《信息哲学——理论、体系、方法》,商务印书馆2005年版,第44页。
② 邬焜:《信息哲学——理论、体系、方法》,商务印书馆2005年版,第35页。

质+精神。列宁物质定义正是基于这一信念。邬焜认为，这样的信念基础恰恰是"传统哲学中未经证明但已被公认"的信条。而这一信条在信息时代暴露出了其遗漏"信息"的缺陷，使信息世界难于进入哲学的视野。为此，邬焜通过大量逻辑的分析论证，结合现有的信息科学知识，最终揭示出信息在整个存在领域中的位置，即存在=物质+信息（精神属于信息）。与列宁物质定义相对应，他给出的信息定义是：信息"是标志间接存在的哲学范畴，它是物质（直接存在）存在方式和状态的自身显示"①。在他看来，"我们面对的世界是一个双重存在的世界"，即"在这个物质世界中载负着另一个显示着这个物质世界多重规定性的信息世界"②，意味着"一切存在物都只是直接存在和间接存在的统一体，都既是物质体，又是信息体"③。

邬焜对信息的理解，不仅使信息进入马克思主义哲学的论域，也使马克思主义"世界统一于物质"的基本观点得到更加彻底的捍卫。邬焜说，物质作为客观实在，同时是万物的"直接存在"，而信息只是物质存在方式和状态的自身显示，是"间接存在"。信息离不开"直接存在的载负"，"无论从内容上，还是从存在方式上都具有以直接存在为根据、为条件的特性"④。所以，"直接存在是第一性的存在，而间接存在则是第二性的存在"⑤。

再比如，邬焜的"认识发生的信息中介说""认识过程的信息建构或虚拟说"尽管从表面上看似乎是在强调认识是一个有着多重信息中介的复杂信息活动，是认识主体与客体之间"凭差异而辨识""依中介而建构""借建构而虚拟"的信息相互作用的过程，但其明确指出："'认识发生的信息中介说'，以及'哲学认识论的信息中介论'就是按照辩证哲学的过程论的理论来恰当地建构哲学认识论体系的一种尝试。"⑥而马克思通过确立实践的哲学思维方式，克服了黑格尔辩证哲学过程论的唯心主义缺陷，为辩证哲学过程论奠定了坚实的唯物主义基础。邬焜通过研究恩格斯对黑格尔过程论的评价，以及列宁的《哲学笔记》，不仅继承了马克思主义哲学的基本思维逻辑，而且在这样的思维逻辑下接受了黑格尔"中介"思想的合理因素，并由此将他的"认识发生的信息中介说"和"认识过程的信息建构或虚拟说"建立在了马克思主义哲学的基本立场之上。这主要表现在：

第一，始终强调"具有客观实在性的物质"在认识发生发展中的重要作用。在他看来，认识虽然是一个复杂的信息过程，但离开物质，离开人脑及其

---

① 邬焜：《信息哲学——理论、体系、方法》，商务印书馆2005年版，第44～45页。
②③ 邬焜：《信息哲学——理论、体系、方法》，商务印书馆2005年版，第39页。
④⑤ 邬焜：《信息哲学——理论、体系、方法》，商务印书馆2005年版，第41页。
⑥ 邬焜：《信息哲学——理论、体系、方法》，商务印书馆2005年版，第167页。

神经系统，以及离开物质性的手段和工具，信息便无法被载负、传递、把握、加工、改造和创造。单就"认识发生的信息中介说"来看，邬焜实际上是抓住了"同一信息可以在不同的载体中传递"①这一基本事实，并由此认为"那些直接刺激人感官的、各具特色的物质粒子或波场，即信息场，它们发挥着载负客体某些方面信息的作用。当它们刺激到人的感官，并由此完成某种能量转换时，也同时将它们负载的信息，通过神经元的电脉冲以及神经元之间相互联系的突触间的化学递质活动等（这也是一个物质过程），传达到各类感受器。于是，真正进入人感知系统的已是客体的信息，而不再是客体本身"②。由此可见，在邬焜信息认识论中，离开具有客观实在性的物质及其运动过程，认识同样会成为无源之水、无本之木。

第二，辩证理解实践活动在认识中的作用。毛泽东曾经指出，"实践的观点是马克思主义认识论之第一的和基本的观点"③。基于此，不管是"认识发生的信息中介说"，还是"认识过程的信息建构或虚拟说"，对于以马克思主义为基本思维逻辑的认识论来说，实践活动究竟在认识中发挥怎样的作用，都是绕不开的重大理论问题。为此，邬焜指出："实践活动是一个主体信息向客体运动的过程，同时也是客体信息向主体运动的过程；是主体信息在客体中实现的过程，也是客体信息在主体中实现的过程。"④不过，实践活动这个过程在邬焜看来却"不仅是一个物质性运动过程，而且还是一个信息运动的过程"⑤。在这个过程中，既有物质的运动和转化，又有物质所载负的信息的传递和转化，意味着没有这样的运动过程，即便物质能够并且载负着信息，信息的传递、转化，特别是由客体方面传递并转化到主体方面，或者由主体方面再传递或转化到客体方面也是无法实现的。所以，"那种仅仅把实践看成是能动的物质性活动的观点，是远远不能把握实践的深刻本质的"⑥。只有深刻理解实践活动的信息创造本质，才能全面把握实践和认识的辩证关系，并在这样的辩证关系中，深刻理解实践对于认识的重要作用。

第三，在多重中介中揭示认识的能动性。马克思主义认识论是革命的能动的反映论。可是，除了实践活动是其基础之外，这种革命的能动的反映论是怎样具体生成的？对此问题，马克思主义认识论主要还是宏观性论述。邬焜则借助其"认识发生的信息中介说"和"认识过程的信息建构或虚拟说"，在

---

①② 邬焜：《信息哲学——理论、体系、方法》，商务印书馆 2005 年版，第 158 页。
③ 《毛泽东选集》第一卷，人民出版社 1991 年版，第 284 页。
④⑤⑥ 邬焜：《信息哲学——理论、体系、方法》，商务印书馆 2005 年版，第 166 页。

一定程度上给出了可接受的答案。在邬焜看来,人的认识过程是一个"凭差异而辨识""依中介而建构""借建构而虚拟"的信息相互作用过程。所以这种革命的能动的反映论蕴含着极其复杂的信息转换、传递、创生、再现等环节。他说:"在人的成熟的、完整的,从感性到理性的认识活动中,它实质上是以客体信息、主体神经系统的生理结构、主体内在凝结的信息认识结构、主体认识的物化手段为此认识过程产生和展开的中介环节的。"①而认识过程的这种多极中介的性质充分显示了主客体相互作用的间接性和认识过程产生的复杂性。又由于这些多极的中介环节本身也复杂多变,这样一来,每一个中介环节中的信息选择、变换与建构都是一种信息匹配、重组与综合意义上的再造,其中"必然会发生种种不可遏制的信息扭曲、变态、畸变、失真、丢失或彰显"②。人们认识的主观能动性、创造性等,正是在这样的复杂中介环节中,通过信息选择、变换与建构而得到实现的。如果没有人借助身体所实现的主观努力,没有人在实践活动中将自己的大脑和神经网络运动等所产生的注意力高度集中于认识对象,没有人对认识对象的极度好奇与认识愿望,单靠物质运动与转化所实现的信息转化、畸变、失真或彰显等,是难于最终生成认识的主观能动性的。

事实上,邬焜信息哲学的各个理论在马克思主义经典理论基础之上,结合信息时代特征,以新的信息化的概念将马克思主义哲学精神表达得淋漓尽致,由于篇幅所限,在此也就不一一叙说了。

3. 面对当代西方社会的各种时髦哲学,始终坚持马克思主义基本立场观点不动摇

在信息时代最困扰人的哲学问题,莫过于对信息的哲学阐释问题,以及在人与世界及其关系中,物质、信息、精神这三者的关系了。只有从哲学的最高普遍性上把握好信息本质,才能厘清物质、信息、精神三者的关系,也才能深刻表达信息时代的哲学精神。

要解决这些问题,必须在人类已有的智慧基础上来寻求新的答案。人们完全有理由从不同的哲学传统出发,来分析、研究最让信息时代的人困惑不已的哲学问题。1996年,英国牛津大学的弗洛里迪教授就是从分析哲学传统和后现代主义哲学思潮出发,提出了信息哲学概念,并在此基础上阐发他的观点。尽管弗洛里迪信息哲学的观点更加注重提出问题,对问题的解决方案也较为松散,但依然在国际学界引起很大反响。国内也高度

---

① 邬焜:《信息哲学——理论、体系、方法》,商务印书馆2005年版,第173页。
② 邬焜:《信息哲学——理论、体系、方法》,商务印书馆2005年版,第179页。

重视对弗洛里迪信息哲学的引进和评价。在这样的背景下,一些学者甚至将弗洛里迪的信息哲学奉为绝对权威。自21世纪初,弗洛里迪信息哲学被介绍到国内起,邬焜信息哲学就面临更巨大的压力。可是,邬焜依然坚持他的信息哲学观点不动摇,还明确以信息时代辩证唯物主义新形态来称谓他的信息哲学。

与此同时,一些学者从现象学传统出发来对"信息"做出现象学解释。例如,肖峰就认为信息不能以任何方式归结为物质。信息不是物质内在既成的东西,也不是纯粹自然的现象,更不是可以离开主体而独立存在的纯客观现象或无处不在的普遍现象。哲学含义上的信息"是一种非物质的存在,是信宿或广义的反应者对对象意义的辨识和感知,也是广义的控制系统的一种机能,尤其是神经系统的一种机能,是辨识和控制活动中的一种主体性建构;信息是主体赋义的结晶,也是信宿的释义所得;狭义地讲,信息是一种属人的认识现象,从而是一个认识论范畴"[①]。所以,"不存在什么'本体论信息'"[②],只存在认识论意义的信息。在他看来,"属人的信息就是全部信息;离开人来谈信息是不可想象的"[③]。信息的哲学含义还应该与信息的日常用法有连续性,不能简单地移植具体科学关于信息的定义。

针对肖峰的观点,邬焜依然是站在马克思主义哲学的立场来展开回应。邬焜首先在继承马克思主义哲学的彻底批判精神中来阐明其信息本体论,认为肖峰以不能把信息归结为物质为由,而否认客观信息的存在是站不住脚的。邬焜说,不能把信息归结为物质,并不等于客观信息就不存在,也并不意味着没有本体论信息。客观信息世界的揭示、本体论信息的确立,使信息哲学有了一种全新的存在领域分割模式,从根本上改变了哲学基本问题的具体表述方式,所以,信息哲学实现了人类哲学的第一次根本转向,因而导致了人类哲学的全方位的根本性变革[④]。这充分体现了邬焜信息哲学中所蕴含的马克思主义哲学所具有的那种最彻底的哲学批判精神,即对哲学思考问题的最原初前提的批判和建构。

其次,在马克思主义唯物论的根本立场中来批判现象学的主观主义倾向。邬焜认为,肖峰对信息的认识论定义,是在"物质和精神"的传统世界图景中,以现象学还原方式定义的。而在"物质和信息"的世界图景中,"意识并不是信息的原生形态,而是在多重信息的复合、匹配、综合建构和虚拟中生成

---

① 肖峰:《信息主义及其哲学探析》,中国社会科学出版社2011年版,第241~242页。
② 肖峰:《信息主义及其哲学探析》,中国社会科学出版社2011年版,第241页。
③ 肖峰:《信息主义及其哲学探析》,中国社会科学出版社2011年版,第242页。
④ 邬焜、肖峰等:《信息哲学的性质、意义论辩》,中国社会科学出版社2013年版,第154页。

的信息活动的高级形态"①。在物质、信息、精神的三者关系中,物质是根本,信息是由物质派生的,而精神只不过"是在多重信息的复合、匹配、综合建构和虚拟中生成的信息活动的高级形态"②。因此,"相对于信息本质的揭示,肖峰对信息的认识论定义是多余的"③,而"把信息和'意义'看作同等尺度的范畴,实际是用主观化方式对信息所具有的独特而新颖的革命性价值的消解,是把信息哲学归结为胡塞尔的现象学"④。

最后,在马克思主义唯物辩证法的当代理论基础上认为现象学还原的方法,是一种"单维度、单极化的"简单化方法。邬焜指出,"作为一种复杂性的'涌现',对于意识成因的还原性分析,应该采取多维度、多极化还原解读的方法,而不是像胡塞尔的现象学还原那样将其简单归结为单维度、单极化的主观意向活动的构造"⑤。在此,邬焜实际上是以发展了的马克思主义辩证法,即系统科学哲学复杂性理论的方法,来阐述其信息哲学关于意识成因的观点。这些方法,在今天的自然辩证法教科书中,已作为"科学研究的一般性方法而被纳入马克思主义科学技术方法论"⑥之中。在这种发展了的马克思主义辩证思维方法看来,胡塞尔的现象学还原方法,尽管在强调某种整体性的"意向性",但其维度、路径、方向依然显得单一、笼统、简单。

总之,面对各方质疑与挑战,邬焜尽管突破了经典马克思主义关于"物质和精神"的世界图景,但他始终不忘以马克思主义实践的哲学思维方式和根本的立场观点和方法来创建其学说,回应各方质疑和挑战。这一点在当今越来越开放的学术环境中,在一些学者沉迷于国学话语或西方哲学话语的背景下,能如此旗帜鲜明而又充满激情地坚持和发展马克思主义哲学,在笔者看来,是难能可贵的。

三、邬焜信息哲学对于揭示信息化战争实质的意义

2017 年 7 月在"第三届国际信息哲学研讨会团队归国报告会"上,邬焜就对当代中国哲学实际存在的两个主要倾向,即固守传统和崇洋,展开严厉批评。在他看来,这两大倾向一个难于反映时代精神的精华,一个难于在精神实质上真正坚持和发展好马克思主义,特别是中国当代的马克思主义。为此,他提出哲学工作者应该为构建能够体现时代精神的全新哲学而努力奋斗。其实,邬焜信息哲学正是实现这一奋斗目标的有效尝试。他的信息哲学

---

①②③④⑤ 邬焜、肖峰等:《信息哲学的性质、意义论辩》,中国社会科学出版社 2013 年版,第 154 页。

⑥ 郭贵春:《自然辩证法概论》,高等教育出版社 2013 年版,第 160、166 页。

和当今其他哲学相比,不仅具有其自身的优越性,而且用这样的哲学思想和方法来深入探究信息化战争及其实质,具有极大的启发意义。

(一)邬焜信息哲学突破了哲学理解世界的传统模式,为全面理解信息化战争提供了信息时代新唯物主义世界观立场

信息化战争是不同于以往一切战争形态的全新战争。其"新"就新在其信息主导作用正迫使人们不得不以全新的眼光和视野来看待战争,以全新的思路或逻辑来思考战争,以全新的实践活动方式来应对或实施战争。正因为这种战争形态的独特性,从哲学上来理解或思考这样的战争,必须有与这种战争形态相匹配的全新的哲学工具。否则,这种战争新形态依然有可能被还原为传统的战争形态来加以理解。而要打造与这种战争形态相匹配的哲学工具,关键点便是"信息"在哲学世界观中究竟处于怎样的位置。

回顾以往各种战争形态,"信息"几乎就是以"消息""情报""知识""战斗精神"等具体形式孤立分散地在起作用,在这样的情况下,战争的信息形态很大程度上是潜藏于战争的物质形态之中,并通过物质形态而发挥作用的。从哲学上理解这样的战争,无须改变先哲们理解世界的最初前提,因为这些战争形态都是在一维的物质世界中实施和拓展开来的,信息世界还没有真正发育为人们生活的现实世界。于是,先哲们理解世界的最初前提,即"存在＝物质＋精神",同样适用于在哲学上理解这类战争及其最初的逻辑出发点。而在唯物主义看来,物质第一性,精神第二性,物质决定精神,精神统一于物质,理应成为理解这类战争的唯物主义基本立场。

然而,信息时代对信息世界的全面建构,也将人类战争推进到信息化战争的新形态。"信息"不仅在人类生活的现实世界独立而普遍地出场,而且全面渗透,甚至主导着战争的各个要素、环节和方面,并对整个人类战争形态加以全面提升与再创造。所有这些无不意味着它实际已突破了以往哲学家们理解世界和战争的哲学工具的阈限,即"存在＝物质＋精神"这一最初的逻辑前提或条件。只有改变这一哲学的最初前提,从哲学世界观图景中确立"信息"的独立位置,才能为现实世界"信息"的独立出场、现实战争形态中的信息化提升与再创造等提供理论依据,也才能从哲学的最高普遍性和彻底性上全面把握信息世界,以及在这样的世界中生成、展开的信息化战争。

邬焜的信息哲学恰好在上述这些方面做出了开拓性的工作。它不仅在哲学上打破了以往哲学理解世界的固有前提或模式,而且为"信息"的独立出场探索出了可让人接受的新世界观图景。特别是在阐述"物质与信息"双重世界复杂相互作用中,进一步阐明了"物质"对信息的基础性作用,将马克思主义的唯物主义基本立场推进到信息时代的新高度,为全面理解信息化战争

提供了以全新的眼光看世界、全新的视野理解新战争形态的世界观,以及在信息时代更好地坚持马克思主义哲学的唯物主义基本立场。

相反,其他一些哲学理论,在信息时代,面对扑面而来的信息问题,它们要么回避对信息的哲学思考,要么将信息还原到"物质"或者"精神"上去理解。它们从来没去想过要突破自古以来老祖宗们思考哲学问题的固有前提,而不突破这样的固有前提,信息时代人们普遍遭遇的信息问题就无法在哲学上得到最深刻全面的理解。

显然,在哲学上回避"信息"的问题,这在信息时代其实是和马克思主义哲学本身所固有的表现"时代精神精华"的实践精神和特点相背离的。而将"信息"最终还原为"物质",则明显地忽视了信息不实在的最显著特征。同样,将信息最终归结到"精神",则明显地忽视了信息表现形态的多样性,将信息的较高级表现形态(精神)看成信息的唯一存在,忽视了在现实生活中通过大量物物相互作用所载负和显现出来的信息现象。不仅如此,将一切信息现象都归于精神现象,并从精神方面来阐明信息的生成,这样一来,面对当今现实生活中信息的普遍存在和其在战争中所发挥出的主导作用,即便这样的哲学大声宣称坚持马克思主义的唯物主义立场,但其逻辑发展的必然路径便是深深地陷入唯心主义,从而使其自身暴露出"理论宣称"与"理论逻辑"的自相矛盾。

(二)邬焜信息哲学很好地保持了与科学技术的内在统一关系,为哲学视阈下信息化战争实质研究提供了正确对待科学技术的方法论指导

邬焜信息哲学既与当代自然科学(包括信息科学)内在统一,又从哲学上批判性超越了自然科学对信息本质、现实复杂世界等理解的种种阈限,为从哲学视阈全面理解信息化战争提供了正确对待科学技术(包括信息科学技术、军事科学技术)的方法论指导。

从哲学视阈上来理解信息化战争及其实质,确实可以从不同的哲学观点入手。包括当代西方哲学中的各流派哲学观点,它们都可以延伸拓展出不同的哲学信息论观点,并在这些观点基础上深入探讨信息化战争及其实质。为此,哲学家们为了各自观点,也不乏借用科学技术的相关理论,包括信息科学技术的理论。不过,他们要么将科学技术某些理论和方法不加分析批判地直接引入其哲学理论中;要么未能真正实现哲学对科学技术的彻底超越,如弗洛里迪信息哲学可以说在较大程度上尚未真正实现哲学对信息科学技术的批判超越,这使得他提出了很多问题,但却无法解决他所提出的这些问题[①]。

[①] 郭贵春、殷杰:《爱思唯尔科学哲学手册·信息哲学(上)》,殷杰、原志宏、刘扬弃译,北京师范大学出版社 2015 年版,第 139 页。

还有些哲学论点一接触到信息科学技术问题,就泛泛而谈,缺乏对科学技术理论本身的深刻批判和超越。

与之形成鲜明对比的是,邬焜信息哲学除了在马克思主义实践的哲学思维方式中来坚持和发展马克思主义哲学的基本立场观点和方法之外,它与当代科学技术的诸多成就(包括系统科学复杂性理论,特别是当代信息科学技术等),不仅在逻辑上贴切相容,而且这些科学技术理论本身还构成邬焜实现哲学对科学技术(包括信息科学技术)批判超越的前提和逻辑出发点。换句话说,在邬焜信息哲学中,既看不到对科学技术及其成果的盲目照抄照搬,也看不到为了证明其理论的合理性而对科学技术理论与成果的肤浅使用或泛泛而谈。在对待科学技术理论及其成果问题上,邬焜信息哲学所展现出来的就是对这些理论与成果的深入理解及其在此基础上的批判超越。这从邬焜"科学的信息科学化"理论、"信息本质"理论、"信息系统的一般模型"理论、"信息思维"理论,以及信息认识论、信息进化论、信息价值论,甚至是"信息生产"理论等中都能清楚地看到。在建立这些理论的过程中,除了立足马克思主义哲学的基本立场观点和方法之外,像香农、维纳等的信息科学理论,系统科学及其复杂性理论,甚至整个科学技术的其他理论等也都顺理成章地成为邬焜建构其理论的出发点和理论批判的现实依据。

例如,在其"科学的信息科学化"理论中,邬焜首先就分析了信息科学在现代科学中的特殊地位,紧接着阐述了信息科学的发展史和信息科学的整个体系,然后全面梳理信息科学与传统科学之间的关系。如果对信息科学及其发展缺乏深入研究,那么信息科学相对于传统科学如此巨大的"科学范式的转型"便难于被揭示出来,"科学的信息科学化"理论也就难于成立①。同样,在有关"信息本质"的理论中,邬焜深入分析了香农"信息是消除了的不确定性"观点,认为香农对信息的定义只是"从信息对信宿的作用的角度对信息所做的一种相对性的量上的功能性定义"②,并没有从内容上揭示出信息究竟是什么。

同样,维纳曾集中对信息的负熵含义进行了解释,邬焜指出,在物理学中熵值(与热力学第二定律有关)是标志系统的不确定性程度或混乱程度的概念。不确定性的消除就意味着熵值的减少。所以,信息就可以被称为负熵。维纳正是通过这样的思路派生出"信息是系统组织程度(或有序性、秩序性)的标志"等说法③。

---

① 邬焜:《信息哲学——理论、体系、方法》,商务印书馆2005年版,第30页。
②③ 邬焜:《信息哲学——理论、体系、方法》,商务印书馆2005年版,第43页。

邬焜认为,信息科学中影响最大的这两个关于信息本质的理解,其实都具有"相对性、功能性和量化特征"。这种对信息的规定在实用信息论范围里具有较大的实用价值,但它们却"很难揭示出信息所具有的普遍性品格的本质和意义"①。因此,要从信息本身的内容方面来理解信息本质,既要立足信息科学的基本理论,还要从这些实用信息科学理论中超越出来,实现哲学对具体科学的批判性超越。

(三)邬焜信息哲学深刻揭示了人的实践活动的信息创造本质,开阔了理解"制信息权"的眼界

信息及其相关科学技术的普遍化,揭示了人实践活动的信息创造本质。邬焜信息哲学在深入研究信息的哲学本质基础上,通过对信息的分类、信息不同性级的质的把握,特别是通过信息的社会进化论和信息生产论等的详细论述,揭示出了人类实践活动的本质,即人的实践活动并没有创造或生产出真正意义上的物质,而是创造出了新的信息,并通过人实实在在的身体活动,将其外化为新的物质形态。

邬焜信息哲学的这些思想,为理解人及其实践活动提供了新的视野,也为全面理解信息化战争中所谓"争夺'制信息权'"提供了新的启示。战争总是由人来设计、谋划和实施的。信息化战争更不例外。这也就是人们通常所说的,决定战争胜负的关键因素是人不是物。然而,该如何来发挥好"人"这个决定性因素的作用呢?显然,这里的最核心问题便是"该如何来理解和对待人"。因为,这样的问题直接关系到一个国家、一个社会、一支军队、一个政党,乃至一个团体等对待现实个人的根本态度。如果这样的根本态度不端正,人的激情、智慧与力量就难于被充分调动和凝聚起来,现实的个人就会成为只顾眼前个人利益、素质低下、俗不可耐的一盘散沙,其在战争中的战斗力自然丧失。

以何种态度来正确对待"人"?各门具体科学对"人"从不同角度进行过深入认识,但这样的认识,只能提供认识人某方面具体属性的科学知识,并不能解决理解人、对待人的根本态度问题。而要解决这种对待"人"的根本态度问题,只能从哲学的"形上"层面来着手。马克思之前的传统哲学就曾试图解决这样的问题,但没有彻底超越自然科学认识人之外的"物"的思维逻辑,试图通过自然科学给"物"下定义的方法来定义人,结果使哲学对"人"的理解陷入抽象,人要么被理解为不食人间烟火的道德"理性之物",要么被看作仅仅由其"肉体感受性"或情感意志支配的"感性之物"。以这样的理解来作为对

---

① 邬焜:《信息哲学——理论、体系、方法》,商务印书馆 2005 年版,第 43 页。

待人的态度基础,显然,其对待人的态度不会好到哪儿去。抽象的道德理性说教、片面物质刺激和外力强制,便是这种哲学理论带来的现实结果。

唯有马克思、恩格斯在实践基础上实现了对人的动态、历史的和全面、深刻、彻底的理解。马克思主义认为实践是人的存在方式。这意味着理解人必须紧紧围绕人的实践活动而进行。以实践的根本态度来对待理解"人",就是以符合人本性的态度来对待理解"人"。按照这样的态度不难发现,实践的动态发展是人动态发展的现实依据。实践活动的现实历史的展开及其水平、实践活动的丰富而具体的内容等,都规定着现实个人在其现实社会关系中通过实践活动的具体展开,来展现其本质,建构其新的具体社会关系,生成发展其理想、信念和价值追求,发挥其工作激情和智慧。

当今,人类实践已经进入一个全新的信息实践阶段,实践的信息创造本质不仅充分显现,而且通过自由而有意识的实践活动,自由而有意识地紧紧围绕"信息"而展开。当今的实践活动正创造、开掘、加工、传递、贮存着信息。不仅如此,当今的实践活动还外化、投射着信息,即通过智能化运动,力图将人自身独有的信息创造活力和智能甚至智慧,赋予外物,使"物"不仅被赋予人一般的灵性,而且以人一般的智能与状态而存在。

如果站在这样的哲学高度再来看待信息化战争,包括信息化战争中的"制信息权"问题,是否会获得更加深刻的启示呢?不可否认,信息化战争终归是由人来设计、谋划、实施的战争。人的信息创造活力及其所生成信息的质量与数量等,实际上都已经通过信息的全面渗透而深入战争的各个方面、环节,乃至各个层面、细节。这样一来,可以发现,所谓"制信息权",完全可以从不同方位、诸多层次上来加以理解、布局和争夺。因为"制信息权"并不是固定地存在于人之外,并在某处高悬着。它完全不是像传统战争的山顶或高地之类的东西。它其实就在人本身之中,但又可以通过知识、理论、技术、管理等的领先而表现为某种外在于人的东西。所谓"争夺'制信息权'",说白了就是要创建自己的信息权,或者说就是要创建自己的信息高地。知识、技术、管理等一件都不可少,可在这一系列努力的背后,其一定是对现实每个人激情、智慧、力量的凝聚,是对信息创造活力的激发、开掘与有效利用。这兴许才是争夺"制信息权"的最高境界。因为,只有人才是最杰出的信息创造者、信息实现者。人在实践中的这种信息创造活力是人实践活动的最本质性的东西,它是人在实践活动过程中自由而有意识地持续生成出来的,绝不是靠某种外力强制、逼迫而产生。外力的强制与逼迫,即便一时能够有所推进,但这样的推进终归不可持续。

以上这些启示兴许正是以邬焜信息哲学探究信息化战争实质的最优越

的地方。而其他一些哲学虽然没有少提人的实践活动在人类历史演进中的重要作用,但是在人类进入信息时代的今天,它们却没有更深入一步地揭示出人类实践活动的最本质的东西,依然固守着传统,难于为打赢信息化战争提供最深刻的智慧支撑。其他一些学者所推崇的西方当代哲学,由于没有在认识理解人的思维逻辑上彻底打破近代哲学的桎梏,看不到人的实践本质,虽然在认识人的具体属性方面不断深入,但始终无法揭示人的信息创造活力的最终来源和持续深化的动力。如果以这样的理论来作为对待人根本态度的理论根据,那么即便是在信息时代,人们依然会走不出近代哲学所带来的现实困境——抽象的道德理性说教、片面物质刺激和外力强制。

四、以马克思主义的态度坚持发展马克思主义

正如诸多马克思主义基本原理或哲学教科书所指出的,马克思主义最本质的特征就是在实践基础上的科学性和革命性的高度统一。这意味着马克思主义的科学性、马克思主义的革命性统统都要建立于实践这个现实基础之上。"实践"不是某种抽象的概念,而是现实的人的存在方式。以实践为基础,其背后正是以现实的人及其现实的生产生活为基础。这里所说的"现实的生产生活"是指现实个人在其所遭遇和新建构的现有生产关系和其他社会关系中所展开的具有丰富具体内容的生命活动。这样的生命活动不仅包括人的自然生命活动,而且包括人为了赋予其自然生命活动以价值,而不断去追求塑造的自为生命活动。因此,"实践"这一显露马克思主义本质特征的基础,会因人的现实生命活动的追求与推动,而成为一个包含着积极向上价值指向的、动态演化过程的历史范畴。

实践的发展决定了马克思主义只有在顺应实践发展的过程中,通过对自身理论的不断创新,才能实事求是地反映好社会历史发展的规律,表达好自己时代精神的精华,也才能由此真正捍卫好其科学性。与此同时,其自身理论的不断创新,特别是要真正做到实事求是地表现自己时代精神的精华,就要有无私无畏的精神,勇于突破以往的各种权威,甚至包括其自身这一权威。没有这样的勇气与精神,马克思主义的革命性也就必然会大打折扣。而要发扬好这样的无私无畏精神,必然要求马克思主义哲学站在无产阶级的立场来对待和思考问题,进行理论创新。因为这个阶级演化到今天,已成为最能为人类社会创造财富、最能推动社会向前发展、最能及时掌握和推进信息科学技术并展开信息实践活动的阶级。可他们同时是在当今封建专制主义、资本霸权主义及其二者合谋下所衍生出来的各种复杂生产关系中受剥削与压迫最深重的阶级。站在这个阶级的立场上来进行理论创新,正如马克思在《共

产党宣言》中所说,"失去的只是锁链"①,包括思想、精神的锁链,"获得的将是整个世界"②,包括当今的信息世界。这才是信息时代的马克思主义革命性所在。

马克思主义哲学对人及其实践活动的全面揭示,对由实践活动生成推进的人类历史及其演化规律的揭示,都深刻显示出马克思主义是以实践的哲学思维方式来思考现实问题的。立足人的现实的实践活动及其展开、演化、发展,是马克思主义哲学世界观方法论的基本立场或思维逻辑。而这样的世界观方法论或思维逻辑,必然也要求其后继者们必须按照这样的世界观方法论或思维逻辑来坚持和发展马克思主义的理论。这就是以马克思主义的态度来坚持和发展好马克思主义。

此外,以马克思主义的态度坚持发展马克思主义,不应该被看作某些权威的专利,而是马克思主义本身赋予每一个马克思主义信仰者或理论工作者应有的职责和使命。在信息时代,这样的职责和使命更为艰巨。邬焜信息哲学仅仅是这个时代坚持发展马克思主义的初步尝试或一家之言,它并没有穷尽马克思主义哲学,也没有穷尽反映信息时代精神精华的哲学探索。这一理论成果只是相对于当今其他一些理论成果更具有启发意义,更能表现马克思主义实践基础上科学性与革命性的统一。正是出于这样的理解,从哲学视阈下探索信息化战争实质,才以邬焜信息哲学理论作为可参照的哲学工具。

---

①② 《马克思恩格斯文集》第2卷,人民出版社2009年版,第66页。

第二章 哲学视阈下的"信息"

什么是"信息"？这是研究信息化战争或者信息战首先必须回答的问题。从哲学视阈研究信息化战争实质，更是应当对"信息"做出哲学上的深刻理解。否则，便达不到对信息化战争最高普遍性上的哲学把握。

第一节 信息哲学对信息本质的概括[①]

目前，关于信息的概念界定非常多，信息科学、信息哲学以及其他相关学科等，都从各自研究的需要，对"信息"做了不同的界定。

一、关于"信息"概念的不同理解

信息论创始人香农将信息理解为"用来消除随机不确定性的东西"。在他看来，"信息是指用符号传送的报道，报道的内容是接收符号者预先不知道的"。[②] 香农的理解虽然说明了信息的作用，却没有说明信息本身。香农也给出了一个信息量的公式，但这个公式由于舍弃了信息在质上的内容，只是纯粹从概率统计的角度，对信源信息的语法结构进行了定量，所以"香农的信息量概念是不可能揭示出信息本质的"。[③]

[①] 该部分内容曾分别从不同侧面以不同主题内容和题目被发表。一是以《信息哲学与信息时代的哲学——从两个"信息哲学"范式说起》为题，发表在《天府新论》2008年第3期，第19～22页。二是以《对邬焜和肖峰两个信息哲学观的比较研究——读邬焜〈信息哲学——理论、体系、方法〉和肖峰〈信息主义及其哲学探析〉》为题，发表在《重庆邮电大学学报》（社会科学版）2014年第1期，第74～78页。三是以《邬焜"存在领域的分割"理论及其意义》为题，发表在《重庆邮电大学学报》（社会科学版）2016年第1期，第87～93页。为适应本论著主题需要，对其中部分内容进行了全面补充、修改、完善。

[②] 转引自刘伟：《信息化战争作战指挥研究》，国防大学出版社2009年版，第4页。

[③] 邬焜、李琦：《哲学信息论导论》，陕西人民出版社1987年版，第8～9页。

控制论创始人维纳认为,"信息的本质是负熵",而熵是标志系统有序度的量度,所以,他将信息理解为"系统组织程度(或有序性、秩序性)的标志",但他同时认为"凡是在一种情况下能减少不确定性的任何事物都叫信息"。这样的看法不仅暴露了"对通信信息量实质理解的混乱",而且把通信信息量概念完全等同于信息的概念,也暴露了"概念的混乱"①。

有遗传学家认为,信息就是一种"DNA 的结构形式"。但是 DNA 只是遗传信息的载体,并非遗传信息本身,二者是不可混淆的。

爱德华·沃尔兹(Edward Waltz)在《信息战原理与实战》一书中,对信息的含义做了大量描述,先是用"信息等级结构"定义了"信息的三个层次",即"数据、信息和知识"。他认为数据是"观察与测量的结果",信息是"经过分门别类、索引和组织的数据",知识则是"被理解与解释的信息"。② 如果从数据、信息和知识三者的结构关系中来理解信息,那么,信息不过是经过分门别类、索引和组织的数据。然而,数据虽然可以反映信息,但是数据本身却并不是信息,它只是信息的一种载体。人们可以通过这样的载体来获取信息,却不能认为载体本身就是信息。

安永庆等学者在《军事理论概要》中指出:"信息,是事物存在方式及有关事物运动状态的描述,是事物的内容、状态和运动特征。"③对信息的这一理解,虽然反映了信息与事物内容、运动状态或特征的关系,但存在两大问题。一是信息本身并不是"事物的内容、状态和运动特征",否则,单凭信息网络是根本无法容纳如此繁多的事物内容的,更不用说还要传输了。信息本身也不仅仅是人的"描述",尽管这样的"描述"肯定属于信息,但离开了人的描述,信息依然能够表现出其独立的存在,像"水中月、镜中花"等。二是逻辑上的不一致,即前半句是说信息是"事物存在方式及有关事物运动状态的描述",意味着信息不是事物存在方式、运动状态本身,而是对这些方式、状态的描述。但后半句却是说信息是"事物的内容、状态和运动特征",似乎"事物的内容、状态和运动特征"本身就是信息。

伍仁和在《信息化战争论》中认为:"消息是信息的外壳,信息是消息的内核;一条消息可能含有很大的信息量,也可能含有极少的信息量。"④这里只是描述了信息与消息的关系,并没有阐释信息的内容本身。

---

① 邬焜、李琦:《哲学信息论导论》,陕西人民出版社 1987 年版,第 10 页。
② [美]沃尔兹:《信息战原理与实战》,吴汉平等译,电子工业出版社 2004 年版,第52 页。
③ 安永庆、田安平、张军:《军事理论概要》,解放军外语音像出版社 2007 年版,第 177~178 页。
④ 转引自刘伟:《信息化战争作战指挥研究》,国防大学出版社 2009 年版,第 4 页。

刘伟在《信息化战争作战指挥研究》中,不同意伍仁和关于信息和消息关系的描述,他把信息界定为:"信息是客观事物存在、联系、作用和发展变化的反映,是一种特殊的消息。信息的特殊性在于它具有预先未知性、消除未知性和相关联系性。"[1]这样的界定虽然在一定程度上表达了信息和事物之间的密切联系,但没能进一步说明信息与人类认识或者精神、意识等的关系。因为人类的认识或者精神、意识等也是对事物存在、联系、作用和发展变化的反映。把信息仅仅看成一种能消除未知性的消息,固然可以解释信息的作用,但无法圆满回答当今在信息网络或各种信息终端中实际传递、储存的东西究竟是什么这一问题。如果这些东西不是信息,那么它们又会是什么?

吴彤、张昌芳等认为,信息是事物存在及其运动或发展变化所发出的某种声、光、电、磁、热、力等信号的表征。[2] 这只是从信息的外在表现形式上对信息做了一个粗略的说明,并没有从内容上明确"信号的表征"究竟是什么。而对信息的理解,只有把握住其最根本性的内容,才能真正理解其本质。

二、哲学对信息本质的概括

近年来也有人从哲学上来探索信息的本质。西方学者弗洛里迪认为:"什么是信息这个问题是信息哲学最困难和最核心的问题。"他说:"各个不同领域都对此问题做出了各种回答,但是意料之中的是,这些研究甚至没能总结出哪怕一条取得共识的信息定义。"[3]人们从不同领域对信息加以概括梳理,从中展示出通信理论方法、算法方法、概率方法、模态方法、系统方法、推理方法、语义方法等"具有哲学旨趣或影响的定义"方法立场。而这些方法立场有可能"会显得更加彼此兼容"。[4] 但是,"信息仍然是一个难以表述的概念。这种难堪不是由于信息本身引起的,而是在科学和哲学中,许多基础理论工作都要依赖于对信息本质及其同源概念的清晰把握"[5]。于是他开始主张对这个问题暂时加以"悬置"。他说:"在维特根斯坦家族类似理论的建议

---

[1] 刘伟:《信息化战争作战指挥研究》,国防大学出版社2009年版,第6页。
[2] 吴彤、张昌芳、吴东坡、匡兴华:《军队信息化建设的几个基本理论问题》,《国防科技》2010年第3期,第17~18页。
[3] 郭贵春、殷杰:《爱思唯尔科学哲学手册·信息哲学(上)》,殷杰、原志宏、刘扬弃译,北京师范大学出版社2015年版,第140页。
[4] 郭贵春、殷杰:《爱思唯尔科学哲学手册·信息哲学(上)》,殷杰、原志宏、刘扬弃译,北京师范大学出版社2015年版,第142~143页。
[5] 郭贵春、殷杰:《爱思唯尔科学哲学手册·信息哲学(上)》,殷杰、原志宏、刘扬弃译,北京师范大学出版社2015年版,第141页。

下,需要我们承认问题存在而不是解决这个问题。"①但是,当他后来看到迈克尔·达米特(Michael Dummett)承认埃文斯(Evans)关于信息概念比知识概念更加本质且更加基本的观点和论述后,弗洛里迪转变了态度,认为"信息这个概念可能是值得研究的"。他说:"在读到埃文斯的著作之前,我从没有想到过信息概念,但它很可能会产生卓有成效的研究结果。"②

应该看到弗洛里迪的信息哲学思想可以说在西方学界以及在中国学界都有相当大的影响。他对西方学界理解信息概念的不同方法立场的梳理总结,大大开阔了人们理解信息概念的眼界。但是,这些方法立场总的来说,并没有实现哲学对具体科学的超越,因而才出现了弗洛里迪所指出的"没能总结出哪怕一条取得共识的信息定义"。他本人由于先前受"维特根斯坦家族类似理论的建议"的影响,只是将信息概念加以"悬置",而没有深入思考,后来才承认研究信息概念的重要性。对于这一点,我们应该清醒地认识到:第一,弗洛里迪对信息概念没有从哲学上进行深入思考,并不意味着其他学者就无权对此提出新的想法。弗洛里迪本人就提出了各种理解信息概念的可能方法和思路,以供大家共同来思考。第二,对信息本质的哲学把握绝不能采取"悬置"的态度。西方后现代主义的反本质主义思潮,很大程度上是西方经验主义的再次呈现。西方当代经验主义一定程度上是适应英美文化传统及其当代发展与反思的现实实际的。但这些思潮对于理性逻辑比较欠缺的中国文化来说,恐怕未必合适。特别是当今英美信息化程度极高,他们的信息创造活力远远高于我们。对"信息"本质的学理研究,他们是有资本、有底气来加以"悬置"的,但对于试图由机械化跨越进信息化的国家、军队来说,信息的哲学本质是无论如何都不应该简单地加以"悬置"或不加重视的。因为,对信息本质的理解以及理解的程度,不仅直接关系到信息创造活力的提升程度,还直接关系到掌握"制信息权"的广度和深度。

中国学者肖峰在《信息主义及其哲学探析》中认为:"信息是一种非物质的存在,是信宿或广义的反应者对对象意义的辨识和感知,也是广义的控制系统的一种机能,尤其是神经系统的一种机能,是辨识和控制活动中的一种主体性建构;信息是主体赋义的结晶,也是信宿的释义所得;狭义地讲,信息是一种属人的认识现象,从而是一个认识论范畴。"③他主张"属人的信息就

---

① [意] L. 弗洛里迪:《信息哲学的若干问题》,刘钢编译,《世界哲学》2004 年第 5 期。
② 郭贵春、殷杰:《爱思唯尔科学哲学手册·信息哲学(上)》,殷杰、原志宏、刘扬弃译,北京师范大学出版社 2015 年版,第 152~153 页。
③ 肖峰:《信息主义及其哲学探析》,中国社会科学出版社 2011 年版,第 241~242 页。

是全部信息;离开人来谈信息是不可想象的"①。在肖峰看来,信息是和人这个主体及其主观性分不开的。离开了人这个主体及其主观性,就根本不可能有信息。

不可否认,"主体赋义"肯定是属于信息的,但对于主体还没有赋义的那些东西,像贮存于电脑中的文件内容,信息网络中传输的东西的内容,DNA双螺旋结构中负载的内容,水中月、镜中花呈现出来的东西等,它们又属于什么呢?试想,人们发到微信朋友圈中的文字、图像、声音等内容,如果手机未被机主打开,或者机主没有去关注微信朋友圈中的这些文字、图像、声音等内容,即没有对这些内容"赋义",那么这是否意味着这些文字、图像、声音等内容就根本不是信息呢?如果不是,人们发往微信朋友圈的这些内容又是什么呢?人们发这些内容的意义是什么呢?可见,肖峰的这种看法,实际是以人的主体性或主观性消解了信息的普遍性。

事实上,维纳曾试图以一种全新的哲学视角来进一步讨论信息。他认为:"信息是我们适应外部世界,并且使这种适应为外部世界所感到的过程中,同外部世界进行交换的内容的名称。"②这意味着哲学对信息本质的研究,不应当仅仅满足于信息科学对信息量和信息传递的直观描述,还应当从信息内容方面来加以规定。但维纳却并没有深入这项工作之中,他只是提出"信息就是信息,不是物质也不是能量"③。不过他的这句名言却暗示着要揭示信息的本质,不仅要超越具体信息科学对信息的理解,而且要超越哲学以"物质""能量"理解世界的传统视野或思维方式。因此要从哲学上阐明信息本质,不仅要剔除具体科学给信息解释所带来的种种局限,实现"哲学对具体科学的批判",而且要使哲学"从传统哲学的旧有体系的阈限中超越出来",实现"哲学对自身的批判"④。在这双重批判中,到目前为止,比较有说服力的应该是邬焜信息哲学对信息本质的揭示。

三、邬焜信息哲学对信息本质的理解⑤

邬焜在"存在领域的分割"理论中比较详细地介绍了他对信息本质的理解。在他看来,在以往的哲学信条中存在着一个极其重大的问题。这个问题

---

① 肖峰:《信息主义及其哲学探析》,中国社会科学出版社2011年版,第242页。
② [美]诺伯特·维纳:《维纳著作选》,钟韧译,上海译文出版社1978年版,第4页。
③ [美]N.维纳:《控制论》,郝季仁译,科学出版社1963年版,第133页。
④ 邬焜:《信息哲学——理论、体系、方法》,商务印书馆2005年版,第44页。
⑤ 本部分内容曾以《邬焜"存在领域的分割"理论及其意义》为题,发表于《重庆邮电大学学报》(社会科学版)2016年第1期。部分文字有所修改。

就是相信世间万物最终归结起来无外乎就是物质和精神两大类现象,可以用物质和精神两个范畴来表征。用哲学的话语说,就是"存在＝物质＋精神"①。

邬焜这里所说的存在,其实是继承了黑格尔的传统,认为存在即"有","是世界上所有事物和现象的统称"②。在哲学上,"存在"是最高范畴,它表征着哲学思考问题所达到的最高普遍性。从逻辑上看,"存在"也是外延最大的概念,它本身不可再还原,更无法将它归结到别的概念范畴之中。但"存在"极为广泛的外延,却构成了一个在逻辑上可以按特定标准来加以划分的"存在领域",即"世界上所有事物和现象"。以往的哲学正是在对"世界上所有事物和现象"加以归结还原基础上,最后形成了两个仅次于"存在"的范畴——物质和精神,即"世界上所有事物和现象"最终可分为两类:一类为物质现象,可由物质概念来指称;另一类则为精神现象,由精神概念来标志。就这两类现象或者两个概念谁更为根本,形成了唯物主义和唯心主义的尖锐对立。

邬焜指出,上述信念几乎成为以往所有哲学探讨问题的基本前提。即便是列宁站在唯物主义立场给"物质"下的定义,也是以承认"整个存在领域是由物质和意识(精神)这两大领域分割着"为前提的。然而,这样的前提恰恰是"未经证明但已被公认的一个基本信条"③,由这一基本信条所做出的推论同样是难于成立的。因为根据整个存在领域可以被划分为物质(质量与能量)和精神两大领域,如果精神被看成"主观存在"的话,那么物质就只能被理解为"客观存在",而列宁的物质定义分明是讲"物质是标志客观实在的哲学范畴"。这样一来,便可得出"客观实在＝客观存在＝物质"④的判断,而这个判断在信息时代,面对一些客观而不实在的信息现象显然已站不住脚。

仔细分析列宁的物质定义,"物质是标志客观实在的哲学范畴,这种客观实在是人通过感觉感知的,它不依赖于我们的感觉而存在,为我们的感觉所复写、摄影、反映"⑤。这里的"客观实在"包括两方面的含义:一是"客观",二是"实在"。"客观"是相对于"主观"而言的,"实在"是针对感觉能够复写、摄影、反映而言的。在人通过眼、耳、鼻、舌等感觉器官所形成的各种感觉中,身体所获得的触觉,可能是最能印证实在的。这正如陈嘉映所说:"感官印证实

---

①③④ 邬焜:《信息哲学——理论、体系、方法》,商务印书馆 2005 年版,第 35 页。
② 邬焜:《信息哲学——理论、体系、方法》,商务印书馆 2005 年版,第 34 页。
⑤ 《列宁选集》第二卷,人民出版社 1972 年版,第 128 页。

在的力量不是并列的,触觉更多印证实在。"①在信息科学技术高度发达的今天,人们也能体会到有些东西未必一定要通过身体触觉才能感知到,通过其他感官,特别是眼、耳等同样能够获得某些感觉,从而实现复写、摄影、反映。像这些东西有可能是客观的,也有可能是主观的,但它们对于人的身体触觉来说,则显然是不实在的。由此可以发现,世界上所有事物和现象也可以通过以下四个基本概念来描述,即客观、主观、实在、不实在。客观、主观涉及是否在人精神之外,实在、不实在则涉及人身体触觉的感知情况。如果将这四个概念分别组合起来,就会得到客观实在、客观不实在、主观实在、主观不实在。这四个概念组合分别表征着世界上所有事物和现象与人的精神和身体触觉之间的关系。像列宁物质定义中的"客观实在",正是"客观"和"实在"的组合,表征着这类事物现象既在人的精神之外,又能为人的身体触觉所感知。

按照以上思路,邬焜分别对客观实在、客观不实在、主观实在、主观不实在进行了分析。他说:"'客观实在'是有明确所指的,列宁说它就是物质。"②"主观实在"是没有什么东西和现象可以指谓的,因为主观的东西归根结底是主体对客体的反映,反映着的内容不是被反映的客体本身,所以,"它也就不可能是实在的"③。至于"主观不实在",则是指意识、精神之类的现象,是主体对客体的主观反映和虚拟性建构,是主观的、不实在的。④

对于"客观不实在",邬焜则花了较大的精力来加以详细叙说。在他看来,列宁在《唯物主义和经验批判主义》中曾表达过这样一个思想,即"一切事物间都具有类似于反映的特性"。对于列宁的这段论述,邬焜专门加了一段较长的注释,以便将列宁在该著作中就相关议题的论述较为完整地呈现出来,以展示列宁这段论述的严谨性。⑤ 在此基础上,邬焜进一步分析了反映的实质。他说:"反映的实质就是某物的内容、特性等在另一物中映现出来,这种映现着的某物的内容、特性显然并不等同于某物本身,也并不等同于映现着这些内容、特征的另一物。"⑥像水中月、镜中花,既是客观的,又是不实在的。而树木年轮中凝结的树木所经历的多年寒暑状况及其他相关关系的内容、DNA中编码的生命种系发生的历史关系的内容,以及个体发育的一般程序的关系的内容、地层结构中凝结的地质演化的历史关系的内容、宇宙结构状态中凝结的宇宙起源与演化至今的相关关系的内容等,"都具有客观不

---

① 陈嘉映:《哲学 科学 常识》,东方出版社2007年版,第212页。
②⑥ 邬焜:《信息哲学——理论、体系、方法》,商务印书馆2005年版,第36页。
③④ 邬焜:《信息哲学——理论、体系、方法》,商务印书馆2005年版,第37页。
⑤ 参见邬焜:《信息哲学——理论、体系、方法》,商务印书馆2005年版,第36页。

实在的性质"。所以,邬焜认为:"'客观不实在'正是对客观事物间的反应(类反映)内容的指谓。在客观世界中普遍映射、建构着的种种自然关系的'痕迹'正是储存物物间的种种反应内容的特定编码结构。"①要理解邬焜的这段论述,对反应内容的把握也许是至关重要的。若忽略了这一点,单从外在表现形式上来看树的年轮、DNA结构、地层或宇宙结构等现象,往往就会否认"客观不实在"或"客观信息"的存在。也正是从反应内容上来考虑问题,邬焜才坚持:"'客观不实在'与标志物质世界的'客观实在'的存在方式具有本质的区别。"②

通过以上分析,邬焜认为那个标志"世界上所有事物和现象"的存在范畴,其实应该划归为"客观实在、客观不实在、主观不实在"三大领域,而客观存在的范围大于客观实在,所以,"在物质和精神之间还有一个传统科学和哲学未曾予以足够重视的'客观不实在'的领域"③。如果不考虑反映,或者不考虑将某物的内容、特性等映现在另一物上,单从"实在"这一角度看,那么事物的存在就是一种"直接存在"。因为它不需要"映现、反映"等为中介,人的身体触觉一般能够和其他感官一道直接感知它。这正像列宁所说的"客观实在"或"物质"。相反,如果必须考虑反映、映现,或者事物内容、特性等是通过"映现、反映"等中介而呈现出来的,它们对于人的身体触觉来说不实在,但通过其他感官同样能感知,那么这些内容、特性等便是事物的"间接存在"。像客观不实在、主观不实在,它们都需要以"映现、反映"等为中介才能表现出其真实的内容、特性,因而它们都属于"间接存在"的范畴。

基于以上认识,邬焜进一步认为,哲学上那个最高的"存在"范畴,其外延又可被划分为"直接存在"和"间接存在"。邬焜说:"把实在和直接存在看成是同等程度的概念,把不实在和间接存在看成是同等程度的概念。从间接存在的角度看,间接存在是直接存在的反映(广义的),从直接存在的角度看,间接存在是直接存在的显示。"④为了更好地表达以上概念之间的逻辑关系,邬焜给出了四个逻辑表达式:

物质=客观实在=实在=直接存在

不实在=客观不实在+主观不实在(精神)=间接存在=信息

客观不实在=客观间接存在=客观信息

主观不实在=主观间接存在=主观信息

---

①②③ 邬焜:《信息哲学——理论、体系、方法》,商务印书馆2005年版,第37页。
④ 邬焜:《信息哲学——理论、体系、方法》,商务印书馆2005年版,第38页。

同时，为了更鲜明地表达出他不同于以往哲学对存在领域的划分，邬焜专门以一个图示来表达他的新思想：

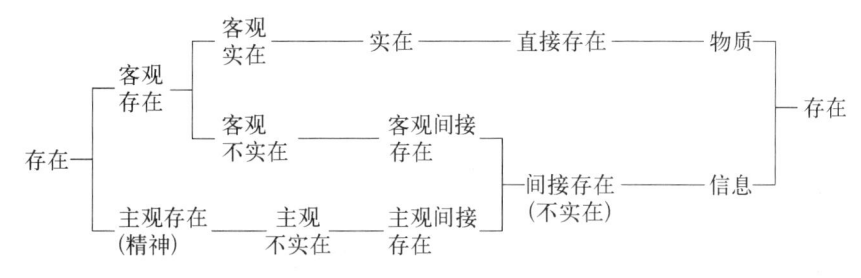

图 2-1　邬焜"存在领域的分割"示意图

为了从哲学上进一步论证"不实在＝客观不实在＋主观不实在（精神）＝间接存在＝信息"，邬焜对"直接存在""间接存在"展开了进一步的分析说明，认为这两大概念都是哲学的抽象，既不可简单归结为某种具体的直接存在物或间接存在物，又不能脱离这些具体的存在形式的共同本质。因此，必须对这两个抽象哲学概念所涉及的外延加以探讨。他经过一系列分析认为，"直接存在"在外延上至少包括三个具体层次：一是作为直接存在物的实体和场，二是作为直接存在方式或状态的运动、时空、差异、层次、结构等，三是作为直接存在关系的相互作用、功能实效、物物转化、流变生成等。①

"间接存在"的外延则大体上可从"历史、现实、未来三个相互联系的方面"来加以把握："一是关于事物自身历史的反映（包括曾经发生过的与他物之关系）；二是关于自身性质的种种规定，这些规定在其展示的时刻是一种直接存在的过程，但是在其未曾展示的时候还只能是一种现实的间接存在；三是关于自身变化、发展的种种可能性。"②

至此，问题的关键已转化为"间接存在"这个概念与"信息"这个概念在内涵、外延上是否相通。为了解决这个问题，邬焜通过将"间接存在"概念与日常经验理解的信息概念、实用信息科学中的信息概念，以及其他哲学学说所给出的信息概念等加以认真比较③，并在比较基础上最终认为"间接存在"的概念和"信息"的概念在哲学上是相通的。如果认为物质是标志客观实在的哲学范畴，同时是标志直接存在的哲学范畴的话，那么信息便是标志不实在、间接存在的哲学范畴。在此基础上，邬焜从哲学的层面，从对"物质"范畴的比较分析中，对信息的哲学本质做了如下概括："信息是标志间接存在的哲学

---

① 邬焜：《信息哲学——理论、体系、方法》，商务印书馆 2005 年版，第 40 页。
② 邬焜：《信息哲学——理论、体系、方法》，商务印书馆 2005 年版，第 46 页。
③ 参见邬焜：《信息哲学——理论、体系、方法》，商务印书馆 2005 年版，第 42~45 页。

范畴，它是物质（直接存在）存在方式和状态的自身显示。"①

在邬焜看来，物质和信息虽然也是二元，但它们却并不对立，因为间接存在与直接存在相比，并不具有绝对的独立性。"间接存在是由直接存在派生出来的，是对直接存在的显示或反映。""直接存在才是间接存在的根据。"②作为直接存在的物质从世界的本原或本性意义上说始终是第一性的③，而作为间接存在的信息，它是由直接存在（物质）派生出来的，是对直接存在（物质）方式或状态的显示。"一切存在物都只能是直接存在和间接存在的统一体，都既是物质体，又是信息体。"④这意味着，物质在直接存在的同时，就以各种方式，借助各种载体映现、反映着自己的存在，这些映现、反映的内容是物质的间接存在，它以物质直接存在为基础，灵活多样、精彩纷呈、生动活泼地表现着物质的存在状态和存在方式。所以，直接存在与间接存在的关系不是非此即彼、相互排斥的关系，而是一种有你有我的共生协同关系。所以邬焜才说："我们面对的世界是一个双重世界的世界。"物质世界中载负着另一个显示着这个物质世界多重规定性的信息世界⑤。

由此也可以看出，像前面提到的吴彤、张昌芳等所主张的信息是事物存在及其运动或发展变化所发出的某种声、光、电、磁、热、力等信号的表征，这些被表征的具体内容，实际上应该是事物的间接存在。

第二节 信息哲学对信息形态的分类

邬焜将信息本质理解为"标志间接存在的哲学范畴，它是物质（直接存在）存在方式和状态的自身显示"⑥。间接存在以直接存在为基础，但就信息作为具有本体论意义的存在而言，它同时具有自身运动和发展的历程。因此，邬焜从这一视角出发，将信息划分为自在信息、自为信息、再生信息和社会信息四种哲学意义上的基本形态。

一、自在信息与自为信息

（一）自在信息

根据邬焜的理解，自在信息是"客观间接存在的标志，是信息还未被主体

---

① 邬焜：《信息世界的进化》，西北大学出版社1994年版，第26页。
②③ 邬焜：《信息哲学——理论、体系、方法》，商务印书馆2005年版，第41页。
④⑤ 邬焜：《信息哲学——理论、体系、方法》，商务印书馆2005年版，第39页。
⑥ 邬焜：《信息哲学——理论、体系、方法》，商务印书馆2005年版，第47页。

把握和认识的信息的原始形态"①。因此,这个阶段的信息是"纯自然"的信息存在状态,是"自身造就自身、自身规定自身、自身演化自身"而展开其"自身纯自然起源、运动、发展的历程"②。自在信息通过信息场与信息的同化和异化等形式表现出来。

信息场是从信息的哲学本质角度来理解"物质场"。在邬焜信息哲学看来,物理学中的"物质场"是从其直接、具体存在形式来表达这种场的结构、功能、特性的,属于"直接存在"的范畴。但是"这个物质场又不是一个简单的直接存在物,在这个场的直接存在的结构、状态、特性中已经间接地映射着它由以产生的那个物体本身的某些状态"③。因此,在"场"的直接存在形式中,其以相对差异的结构编码形式间接携带着产生这个场的物体本身的信息。"正是在这个间接存在的、确定的信息意义上",可以把物质场"从信息论的角度规定为信息场"。④可见,"场其实正是一个直接存在和间接存在的统一体"⑤。

信息的同化和异化则是在信息场自身运动基础上所实现的信息"相互传递和接收所引起的结果"⑥。邬焜认为,作为信息自身运动、发展、演化的开端,信息场只有在直接存在相互作用时才能表现出来,也就是一物在向它物转化时所表现出来的某种"规定性",即"某物在它物中的间接存在"。某物在向它物转化过程中,信息场会以自身运动的形式作用于它物,在这一过程中"物物之间的相互信息传递和接收"即为信息的同化和异化。具体说来,某物A(信源)扩散的信息被另一物B(信宿)接收,这对于某物A来说就是信息的异化过程,而对于另一物B来说则是信息的同化过程。

自在信息通过信息场与信息的同化和异化过程而将直接存在物的种种属性特征外化、传递出来,储存起来,由此也将自然的历史和现状呈现了出来,为人们认识这些信息提供了可能。"这就从自然的本质上规定了世界的可知性。"⑦同时,自在信息在自身的复杂演化过程中,也为形成具有"高度自组织、自调节能力的信息体"⑧奠定了自然基础。而人自己生产自己所需生活资料的实践活动及过程,也就是某种信息接收、信息储存、信息改造、信息创生的活动及过程。人通过这种与自然及其自在信息交互作用的活动与过程,便同时将自己打造为"具有高度自组织、自调节能力的信息体",并在自在

---

①② 邬焜:《信息哲学——理论、体系、方法》,商务印书馆2005年版,第47页。
③ 邬焜:《信息哲学——理论、体系、方法》,商务印书馆2005年版,第48页。
④⑤ 邬焜:《信息哲学——理论、体系、方法》,商务印书馆2005年版,第49页。
⑥ 邬焜:《信息哲学——理论、体系、方法》,商务印书馆2005年版,第50页。
⑦⑧ 邬焜:《信息哲学——理论、体系、方法》,商务印书馆2005年版,第51页。

信息自我演化和实践主体自我造就过程中,达到最高度的自我意识。整个过程,从自在信息本身的不断深入演化角度看,则是自在信息"使自身从自在走向自为"①,再到再生信息和社会信息的过程。

(二)自为信息

"自为信息是主观间接存在的初级阶段,是自在信息的主体直观把握的形态。"②自为信息必须借助信息控制系统(主要是人体神经系统)而产生,表现为两种基本形式,即"信息的被识辨(感知)和可回忆的储存(有感记忆)"③。

人的神经系统从本质上讲是人类大脑等神经组织在漫长历史进化过程中所形成的、具有基本信息处理功能的实体。这一实体本身就是信息不断同化和异化的产物。其信息处理过程是典型的链式结构,即由"信息接收系统(感受器及传入周围神经)、信息主干传输系统(脊髓和脑部)、信息控制系统(大脑皮质)和信息输出系统(效应器和输出周围神经)等几个部分组成"④,分别用来"识辨、把握、加工、改造信息",由此具有了凌驾于信息之上的能动性,从信息的产物变为信息的主体。

自为信息的第一种形式是感知(信息),即可通过人的感觉、知觉获得的信息形态。这一过程由人的感知觉生理系统完成。显然,这是信息同化的过程,而且,所同化的信息的质和量不完全由自在信息的质和量决定,而是"主体仅仅把同化的一小部分信息通过感知予以识辨"。选取这部分能够辨识的信息也"依赖于主体感官、神经,脑的内在结构状况,亦即依赖于主体信息控制系统中凝结着的信息的质和量"⑤。特别是在知觉阶段,神经中枢系统会对感觉系统所辨识的某一事物的个别信息进行综合认识,由此而上升到具有整体性、抽象性的知觉信息,但这一过程不是神经中枢系统的简单机械相加,而是主体能动性的极大体现。因此,邬焜认为,这一阶段的信息运动过程,虽然有其客观物质性(即直接存在)表现,但信息的形态已经由于主体的主导性而演化为自为信息。

当信息在感知的基础上进入主体存储阶段,其自为演化的特性就更加清晰明确。而所谓"主体存储过程",其在人体神经系统中主要表现为有感记忆。在这种有感记忆的过程中,主体充分发挥出其能动性,这就是人类认识的高级阶段。目前的研究表明,记忆过程的生理过程具有类似于信息处理过程的机制。因此邬焜认为:"任何记忆'痕迹'的建构,都首先是一个信息自在

---

①②③ 邬焜:《信息哲学——理论、体系、方法》,商务印书馆2005年版,第51页。
④⑤ 邬焜:《信息哲学——理论、体系、方法》,商务印书馆2005年版,第52页。

同化的过程。感知、思维、情绪、动作的活动信息,只有化为神经系统的内在结构和状态的特定'痕迹'才能被储存,但是,这些'痕迹'却并不为我们的意识明确把握,它所把握的只是呈现着的信息的内容。"①

二、再生信息与社会信息

(一)再生信息

再生信息简单说来就是人们在思维过程中所产生的区别于自在、自为信息的新信息。也就是说,人脑对感知、记忆的信息进行进一步的加工改造,并由此创造出新信息,而这种被人脑新创造出来的信息,便是再生信息。这也是信息的"主体创造性"形态,主要通过概象信息和符号信息等形式表现出来。

概象信息即表征表象的信息。表象信息是思维对大脑直接感知的信息再生、加工的成果。思维这时已经完成了"形象思维"再创造的过程,因此邬焜认为:"概象信息已经不是个别外界认识对象的直观反映,而是诸多同类认识对象共同本质特征的形象反映(称类概象),或是不同类认识对象不同特征的硬性组合的形象反映(称幻概象)。"②从信息自身运动发展的角度来看,概象信息是自为信息借助人脑内部机能"再生"的过程,而能够产生"概象",当然离不开作为主体存储"记忆"的过程。由于"记忆"过程是大脑中一定质和量的信息的凝结,其必然与概象信息发生同化和异化关系。因此,思维的信息"再生"过程,同时是"信息自在同化和异化的过程"。

相比于概象信息,符号信息的产生则是由人的抽象思维过程完成的,是人脑运用高等智慧的逻辑思维能力在特有的第二信号系统基础上推演信息的结果。其所得到的则是高度抽象的"再生信息"。这种信息是更高层次的理性认识。如果进一步运用人脑的抽象思维能力对符号信息进行推理和判断,则可以产生更为高度抽象的"由某些相关的符号信息的合乎逻辑的特定排列组合组成的新的符号链信息,即通常所说的结论"③。邬焜称之为"复合符号信息"。这一成果专属于人,是人的能动性和创造性的最深刻体现。

邬焜同时指出,"潜在思维"作为一种再生信息的存在形态,表现为"灵感、直觉"。"灵感、直觉"在人类的认识过程中往往被看作偶然性、突发性的

---

① 邬焜:《信息哲学——理论、体系、方法》,商务印书馆2005年版,第54页。
② 邬焜:《信息哲学——理论、体系、方法》,商务印书馆2005年版,第55页。
③ 邬焜:《信息哲学——理论、体系、方法》,商务印书馆2005年版,第56页。

成果,甚至被神秘地认为是人类不可控的因素。但是随着科学对人脑生理机制的深入研究发现,"灵感、直觉"的产生具有客观物质性基础,其是大脑对所接收处理的信息进一步进行"潜在"处理而涌现出来的结果。这一部分"潜在信息"虽然不会明确地被人们认识、觉察到,但是客观地存在于人脑的信息加工改造过程中,虽然看似主体无意识、不经意,甚至没有主观参与思维的过程,但正如人们常说的,"机遇偏爱有准备的头脑",潜在思维过程必须"依赖于长期积极的有明确意识思维的成果,依赖于意识思维中信息的大量积累"①,这是"信息借助于人体神经系统内部结构的相互作用展开的一种信息同化和异化的客观过程"②。

(二) 社会信息

社会信息是信息在哲学意义上的第四种形态。严格来讲,社会信息并不是一种全新的信息形态,而是自在信息、自为信息和再生信息三种信息形态相互关联,统一于一体的现实表现形式。但它之所以被称为社会信息,是因为在社会这个大系统中,现实信息世界正是自在信息、自为信息和再生信息这三种信息形态内在统一的最典型形态。邬焜认为,就人类社会本身的存在方式来看,可以将其分为三个层次,即"人们所认识和改造了的那部分自然(包括人本身),及其自在显示的信息世界;人所认识了的动物和人的主观认识世界;人所创造的文化世界"③。因此,社会信息也包括"人所认识和改造了的那部分自在信息""人所认识了的自为、再生信息本身的活动""再生信息的可感性外在储存"三个部分。

邬焜对信息形态的这种详细分类和阐释,表面看无非是以全新的概念模式,重新描述了人的认识运动规律,即从感性认识到理性认识再到实践的具体细节与信息加工创造机制,似乎没什么大的新意。但事实上,透过这些细节性描述,可以从信息加工、创造的机制上,十分清楚地得出人是最杰出的信息接收者、信息开掘者、信息创造者、信息实现者的结论。

第三节　信息哲学关于信息的特性和功能

自在信息、自为信息、再生信息三种形态最后都统一于社会信息,从而展

---

① 邬焜:《信息哲学——理论、体系、方法》,商务印书馆 2005 年版,第 57 页。
② 邬焜:《信息哲学——理论、体系、方法》,商务印书馆 2005 年版,第 57~58 页。
③ 邬焜:《信息哲学——理论、体系、方法》,商务印书馆 2005 年版,第 58 页。

示出信息的特性和功能。

一、信息哲学对信息特性的概括

在对信息进行全面分析研究基础上,邬焜认为,信息具有十个方面的主要特性。

(一)对直接存在的依附性

这一信息特性的分析是基于信息本体论而做出的,虽然信息作为具有本体意义的"间接存在"而存在,其自身不具有实在性,其必须依赖于具有"客观实在性"的直接存在,因此任何信息都具有对直接存在(物质)的依附性。这反映了在物质和信息相互关系中,物质第一性,信息依附于物质,物质是信息之源,对信息具有基础性作用。

(二)存在范围的普遍性

由于信息"生成、传递、交换、变换"等现象会伴随物质相互作用的普遍存在而普遍发生,"信息便无处、无时不在同化和异化的过程中生成、传递、交换、变换着"①。同时,信息的同化和异化会使相互作用的物质的结构和状态发生改变,使物质本身"普遍信息体化",所以,信息具有其在存在范围上的普遍性特性。

(三)载体的可替换性

作为间接存在的信息与直接存在并不一定完全一一对应,"同样内容的信息可用不同性质的载体来载负",但应注意到载体变换时信息的差异性。

(四)内容的可储存性

所谓"可储存",即直接存在作为载体所负载的间接存在(信息),具有一定的稳定性表现。邬焜认为,这种稳定性可以通过物质特定的"质—能结构模式"来实现。"如果这种与特定信息内容相关的特定质—能结构模式在一定的时间段上保持稳定的持存,那么,这一时间段上相应的信息便可以被储存。"②

(五)内容的可传输性

这一特性说明了信息作为间接存在的灵活性和流动性,借助物质的运动,信息可以"向远距离传递"。

(六)内容的可复合性和可重组性

作为依赖于直接存在的信息,同时具有相对的独立性,"复合信息"的

---

① 邬焜:《信息哲学——理论、体系、方法》,商务印书馆 2005 年版,第 65 页。
② 邬焜:《信息哲学——理论、体系、方法》,商务印书馆 2005 年版,第 66 页。

存在和产生正是说明了这一点。对于物质的相互作用来说,虽然具有多种多样相互影响的方式,但复合或组合为新事物的方式并不多见,而对于信息来说,"同质的信息内容"通过相互的"匹配"可以产生新的复合信息,例如声音的混杂和图像的叠加。邬焜认为,人的认知过程正是体现了信息的可复合性和可重组性。"人的认知形象的产生就是一个内部先有的认知模式信息与所接收的外部对象信息相匹配而产生出来的一种复合信息。"①而"信息复合其实是以信息重组为前提的",因为要进行信息复合,既要对"同一对象的整体信息模式"以特定方式进行重新分解组合,又要对"不同对象的信息要素"重新"分离和拼接",这些都表明了信息"可重组"的性质。

(七)内容复合和重组中的畸变性和创新性

邬焜指出,在信息复合和重组的进程中,原有信息可能无法完全保持稳定,甚至会发生"扭曲、变态、失真"等现象,这就是信息的"畸变"。在"畸变"过程中,信息的新模式会随之生成,这就是"信息的创新"。可以这样讲,作为改变信息原有态势的创新过程,必然会伴随"畸变"发生,也只有在"畸变"过程产生的前提下,创新的信息模式才会突现。例如生物学中变异进化的产生,必然会伴随遗传信息传递过程中的"畸变",而畸变性和创新性是信息复合性和重组性的表现。

(八)内容的可共享性

邬焜指出,信息交换和材料或能量的交换不同。在材料或能量的交换中,"付出者将会丧失与接收者所得到的具有同等数量的材料或能量"②,而在信息交换中,情况却完全不同。其中"付出者并不因为接收者收到了某一内容的信息而丧失掉对该内容信息的拥有性"③,相反,信息体之间会因为信息的相互交换而同时拥有信息内容,体现出信息的共享性。

(九)对内容理解的歧义性

所谓"歧义性",即认知信息时所发生的偏离和差异。邬焜认为这种"歧义"的产生源于信息的"畸变性和创新性",可以理解为人类自有信息认知模式与外部信息匹配认知时,"对于同一对象的同一信息,不同的观察者可能会由于观察能力、理解方式、关注角度的不同而形成不同的理解"④。

(十)内容的可耗散性

信息依赖于直接存在,直接存在的物质又以其特定的"质—能结构"来负载信息,那么,在物质相互作用发展的过程中,如果"质—能结构"发生改变,

---

①②③ 邬焜:《信息哲学——理论、体系、方法》,商务印书馆 2005 年版,第 66 页。
④ 邬焜:《信息哲学——理论、体系、方法》,商务印书馆 2005 年版,第 67 页。

其负载的信息必然会出现"改变、模糊或丢失"。邬焜将这种"特定信息的部分或全部"改变甚至消失的现象称为信息的可耗散性。可耗散性是信息的本质属性,也是"历史信息的模糊、失真、丧失",文本信息的"缺失",人类记忆的"遗忘"等现象存在的原因。

二、信息哲学对信息功能的理解

邬焜在对信息的哲学本质、信息的形态、信息的特性等分析阐述的基础上,归纳总结出了信息诸多方面的功能:

一是显示功能。这是信息作为本体存在的最基本的功能,是信息作为间接存在对直接存在的本质规定性的"终极性、本原性"体现。但是由于信息自身存在形态的多级性,信息的显示功能也具有多级性。

二是启示功能。信息显示的多级性为人们深入挖掘破译信息的更深刻内容奠定了基础。这从信息本身来看,便是信息所具有的启示功能。如果没有这一功能,即便人们加工、创造信息的实践能力再强,要挖掘或破译出信息本身所具有的更深刻内容恐怕也只能陷入虚构,难于构筑起原有信息本身与人们虚构信息的内在关联。对此,邬焜曾用信息的第一性级的质和第二性级的质的关系及其理论,来加以具体说明,即信息直接呈现着第一性级的质,该质本身在内容上具有启示功能,以便能够被人们把握为信息的第二性级的质。他举例说,宅院中半夜狗吠的声音信息本身已暗示着可能有陌生人接近宅院这一更深层次信息。

三是代示功能。所谓"代示"是指人们约定规则的信息具有代为展示内容的功能。信息第一性级的质的内容是直接呈现的,而"人为约定的主观关联"可以赋予它另外一些特定的内容,例如人类约定创造出的语言文字,具有图形、声音等直接关联着的第一性级的质的内容;同时,由于人们约定了它的内容规则,因此语言文字可以具有同样的信息所代示的第二性级的质或者第三性级的质的内容。这里所说的第三性级的质,其实就是"人类认识赋予信息的一个崭新的创造性的主观关系的质"[①],这种"质"使"人们有可能在认识中将外界信息普遍抽象化、符号化,从而纳入普遍的相互作用和关系之中"[②]。

四是联系功能。所谓"联系",就是事物之间的相互作用和相互影响,辩证唯物主义认为物质是普遍联系的,各种物质之间都具有"质量、能量和信息的传递和交换",这种联系的实质是普遍存在的信息伴随着物质的"质量、能

[①②] 邬焜:《信息哲学——理论、体系、方法》,商务印书馆 2005 年版,第 63 页。

量的传递和交换"而产生的自身"传递和交换",也正是通过这种信息的传递和交换,直接存在(物质)之间的联系才会普遍发生,信息也由此发挥出联系功能。

五是消除不确定性(或解惑)功能。邬焜对信息这一功能的认识来源于香农的通信信息论,香农认为"消除不确定性"是信息的基本功能。这一功能的发挥伴随着信息的处理过程展开,在信息接收者没有收到信息源所发来的信息时,必然会对信息源产生疑惑或不确定性,一旦信息的运动过程展开,特别是接收者收到信息并对信息进行处理,由此对原先不确定性的认知进行甄别和比较,从而消除疑惑。这从另一个侧面来讲,也是信息对人们认知事物所发挥出的作用。邬焜还指出,对信息的获取接收也可能"引起不确定性或增加不确定性",这是由主体自身的认知情况影响决定的。

六是组织功能。邬焜在分析信息的功能时,认为以系统方式存在的事物,其整体相关性、统一性是由特殊的"信息结构"来维持的,也就是说,正是信息结构具有组织功能,才使信息相互交换和沟通,使各个不同要素和组成部分能够整合为一个统一的系统。同时,信息的结构具有动态和静态两种不同的"关系模式","如果把某种既定的信息结构看作一种相对静态的组织整合过程的话,那么,这个既定的信息结构的改变便可以理解为某种动态组织整合的过程"①。信息结构的组织功能可以改变接收者的"不确定性状态"。邬焜借用"熵"的概念,将这一功能描述为减少接收者的无序度,增加有序度;"减少自由度、无规性或随机性,增加约束性、秩序性或组织性",或者,信息的传递接收也会使其组织程度降低,出现"退化"。

七是传播功能。"信息的联系功能、消除不确定性的功能,以及组织功能,都是通过其传播活动来实现的。"②信息的传播是信息动态存在的基本方式,它包括无意识的自然传播和有意识的人为传播两种情况。

八是宣传与教化功能。信息进行传播,同时对接收者进行"宣传与教化"。"宣传是从使人知晓传播的信息内容的角度来说的,而教化则是从通过传播知晓了信息内容之后,信息接收者产生相应的认同或顺应的变化而言的。"③邬焜认为,"宣传与教化"可以说是信息传播的目的,因为信息源总是希望通过"有意识"的信息传播过程对接收者产生一定的影响,甚至使接收者"认同或顺应"。

九是探测与监控功能。某些信息体自身不具备自发显示功能或者对于

---

① 邬焜:《信息哲学——理论、体系、方法》,商务印书馆2005年版,第69页。
②③ 邬焜:《信息哲学——理论、体系、方法》,商务印书馆2005年版,第70页。

自身携带信息显示不够充分,对这些对象的"探测和开发"就需要发挥"作用信息"的功能。邬焜认为这是"智能性"的动物、机器或人能够完成的行为,用主动发出的"作用信息"来"激发对象显示信息",由此达到认知对象的某些性质或功能的目的。同时,这一过程通过信息的反馈机制实现,并完成对对象的"有目的的监控"。

十是评价功能。评价是信息接收者的主体性体现,是主体对"所探测到和监控着的实际内容予以合理性的评价"。邬焜认为,信息的评价功能体现在三个方面:第一,真伪性评价,需要接收者通过对信息的甄别"辨明真相,剔除假象"。第二,质量精粗评价,需要接收者通过对信息的"搜集和探测"判别其"精确度"。第三,效用评价,需要接收者结合自身需要,对信息会为自身带来的"意义、性质或程度"等"实际价值"进行评价。

十一是保持功能。信息具有可储存的特性,因此邬焜认为,"可以通过对特定信息的储存,将某些事件的内容作短时或长时的保持"①,这就是信息的保持功能。这一功能,使得无论是信息源消失还是其质—能结构改变,其特定"信息结构模式"仍可以"稳定化"存在,可将事物的信息内容以"间接存在的信息形态的方式长期保持"。这种保持可以是"纯自然的特定信息结构",也可以是"人为设计的某些主观记忆、符号代示、形象再现或机械性编码储存"②。

十二是模拟功能。基于信息与事物的直接同一性,邬焜认为,可以利用对信息的再造过程,完成对原事物的模拟。这种模拟主要可表现为两个方面:第一,可以再现"原有过程或物体的原貌";第二,对某些较为复杂或不便甚至无法直接进行研究的事物或过程进行选择性模拟,以完成认识过程。

十三是建构功能。建构是主体创造力的集中体现。信息具有组织功能、模拟功能,那么在信息发挥这些功能所完成的异化和同化过程中,有可能会引起相互作用之物的"物质结构"或"信息结构"改变。对于这种结构的改变,邬焜称之为"新结构的建构"。这种建构以主体的创造力为动因,在分析把握原有信息结构的基础上,再造出具有崭新结构的"客观物质结构",而这时,信息自身的结构也发生着改变,转化成为具有同样"建构"意义的"再生信息"。

十四是预见功能。信息的预见功能是主体(信息接收者)思维能力的体现,与直接存在的客观事物不同,间接存在的信息的活动领域更加灵活和宽

---

① 邬焜:《信息哲学——理论、体系、方法》,商务印书馆2005年版,第71页。
② 邬焜:《信息哲学——理论、体系、方法》,商务印书馆2005年版,第72页。

泛,其中一个重要的表现就是人类在获取信息的基础上,可以将信息的存在状态推至更远的未来世界,以做出各种不同层次上的"假定、预测与决策"。当然,邬焜也指出,这个"信息形态的假定的未来世界还只能是一个不确定的未来,它可能有多种信息结构的模式",也正因为如此,人们才会对"未来世界"的信息模式进行"选择、决策和创造"①。

第四节　信息哲学关于信息系统的一般模型

　　迄今为止,学者们对于信息的传播、作用过程提出了几种较为成熟的系统模型,其中最有影响力,也是在信息论中建立较早的模型,要数香农的信息接收系统模型和西蒙的物理符号系统假设模型。邬焜在分析信息本质,特别是信息特性和功能的基础上,也提出了信息创生系统和信息实现系统两大模型。这两大模型能够较好地通过信息的获取、加工、输出、反馈等过程,进一步说明人是最杰出的信息开掘者、创造者,以及新创造信息的实现者。

　　香农的一般信息系统模型以信源、编码器、信道、噪声、译码器、信宿为基本环节和单位,描述了一个信息传播、处理的过程,由于其作为早期信息论的基础理论,虽然在一般通信过程的研究中可以直观再现信息的流动过程,但是其缺陷也是十分明显的。邬焜认为这种模型首先未能注意到重要的信息反馈过程,其次忽略了"信息创生系统"和"信息实现系统"的重要作用。

　　其实,香农的模型仅仅是对信息的运动过程做了线性、串行性的描述,而实际信息的传递处理还具有非线性、并行性等模式和过程,甚至具有更高程度的复杂性。

　　西蒙的物理符号系统假设在邬焜看来已经具有了信息创生系统模型的价值。西蒙所描述的具有输入符号、输出符号、存储符号、复制符号、建立符号结构、条件性迁移六种功能的"物理符号系统"之所以"能表现出智能活动",是因为其在信息创生过程中完成了信息的接收、识辨、储存和阐释。但是,"信息的创生和实现过程更加复杂,更加体现出主体的创造性和'建构'过程"②。

　　邬焜的研究力求真实而全面地对一般信息活动的过程予以描述,由此建立起信息创生系统和信息实现系统的一般模型。

---

① 邬焜:《信息哲学——理论、体系、方法》,商务印书馆 2005 年版,第 73 页。
② 邬焜:《信息哲学——理论、体系、方法》,商务印书馆 2005 年版,第 76 页。

一、信息创生系统

所谓"信息创生系统",其着眼点不同于一般信息的传递和接收过程,而是强调信息系统的创造性建构过程。信息通过"复合和重组",可以对已有信息系统重新进行建构,产生出新的信息。在此,邬焜实际上是描述了一个信息系统非决定论的加工过程。人的思维作为多重信息"子系统"复合加工的典型的信息创生系统,具有内在随机性。也就是说,建立一个人脑功能模型,最起码应当由9个功能性子系统通过网络式联结而构成。这9个子系统是:信息接收子系统、信息储存子系统、信息选择子系统、信息编码子系统、信息阐释子系统、信息监控子系统、信息评价子系统、信息建构子系统、信息输出子系统[①](如图2-2)。

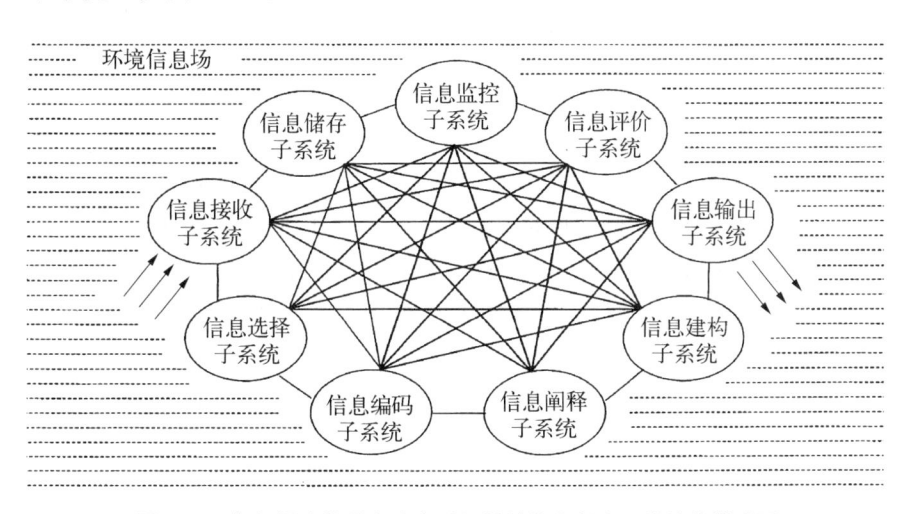

图2-2 邬焜提出的具有内在随机性的信息创生系统结构模式图

这9个功能性子系统之间存在着极其复杂的相互协同、相互支持,甚至互为背景条件的非线性相互作用关系。"无论是哪一层级上的信息加工活动,也无论是哪一个子系统的活动的展开都需要所有的子系统作为一个整体来动作。"[②]这种整体性、综合性、复杂性的网络式联结构,在其"各子系统间协同动作,以及内部储存信息的选择、匹配、建构、处理等",其在内容和方式上可能普遍出现的具体差异性,都往往引发出信息创生系统的内在随机性,从而使新信息的创造不仅有可能变为现实,而且以灵感直觉等突发式、直接式、多样式等形式显露出来。

---

① 邬焜:《信息哲学——理论、体系、方法》,商务印书馆2005年版,第78~79页。
② 邬焜:《信息哲学——理论、体系、方法》,商务印书馆2005年版,第80页。

二、信息实现系统

信息实现系统是一种具有目的性的行为系统。这类系统在现实中的最好例子便是人的实践活动。邬焜认为,以往某些哲学教科书,将人的实践活动理解为某种纯物质性的活动,并将其完全归结到"客观实在"的范畴之中,这种观点的最大困难就在于它无法解释"实践活动中的目的指向性"①,而这种目的指向性是人的实践活动区别于动物本能活动的"最为本质的规定"②。不可否认,人的实践活动确实具有客观现实性或物质性等特点。但是同时,人们在实践过程中,又通过极为明确的目的指向性,有计划有步骤地展开其实践活动,从而使实践活动表现出鲜明的主观能动性。因此邬焜认为:"实践在本质上是一种人的精神活动控制下的,为实现目的的设计而展开着的活动。目的、计划的设计不同,实践活动展开的方式和可能达到的结果也会有所差异。"③因此,不能简单地只将实践描述为"独立于人的意识之外""不以人的意志为转移",而应该更为具体地考察实践作为从主体目的性出发且具有主客体双向建构过程的属性及其本质。这从信息处理的角度来看则是:主体的目的性、计划性、倾向性是作为预设于主体思维中的"再生信息"而存在的,是为"实现目的的设计"而展开的活动,"主体创造的一种信息(目的性)通过主体创造的另一种信息(计划性)实施的中介潜入客体,化为客体的特定信息结构被生产出来了"④。(如图2-3)

对于(目的性、计划性)信息在实践中具体的传播处理过程,根据邬焜的

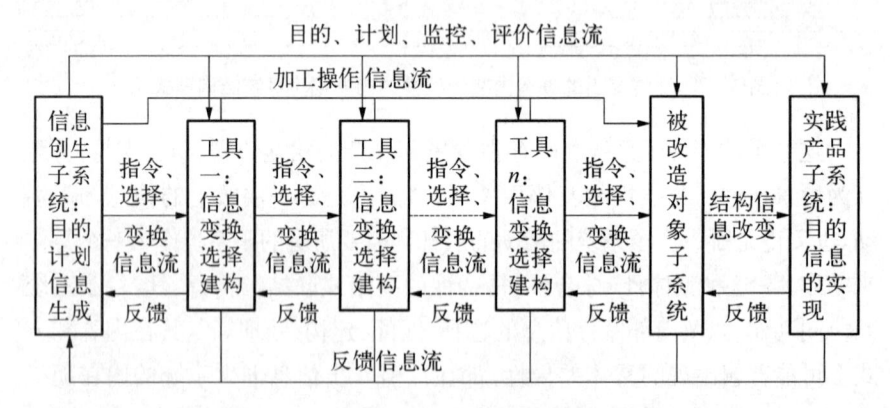

图2-3 邬焜给出的一般信息实现系统图示

---

① 邬焜:《信息哲学——理论、体系、方法》,商务印书馆2005年版,第80页。
②③ 邬焜:《信息哲学——理论、体系、方法》,商务印书馆2005年版,第81页。
④ 邬焜:《信息哲学——理论、体系、方法》,商务印书馆2005年版,第82页。

描述,实际上是这样一条通路,即主体在思维中首先形成具有目的性、计划性的再生信息,再通过人的神经系统激发运动器官,以规定的实践方向、设计的实践程序和方式、选择的实践手段工具和对象,以及有控制的实践进度、程度等加以展开。因此,从这个意义上说,实践的全过程都具有"信息活动的意义"。实践过程完成之后,人们已经通过"目的设计"将这些信息贯穿于信息处理的实践过程中,并且信息的"特定结构"已经被重新生产出来,实践的对象也被改造成了事先设想的状态。

分析邬焜的信息创生模型和信息实现模型可以发现,在现实生活中,人们实际感受到的信息都是由自在信息(客观间接存在)、自为信息(信息的主体直观把握)和再生信息(信息的主体创造)有机统一而成的社会信息。而使这三类信息有机统一的,不是某种神秘力量,恰恰是人通过其实践活动对信息所进行的不断加工、提炼和创造。所以,人对信息的创造,不仅要综合上述三类信息,还要超越由这三类信息有机统一所形成的现有界限。在这样的界限超越中,人信息创造的复杂性、艰巨性和超越性,是其他任何事物或力量难以达到的,但人却真正实现了,并且正在进一步实现这番超越。可见,人之伟大、精神之力量,尽在这种复杂而艰巨的信息创造之中。从这个意义上说,人真不愧是最杰出的信息开掘者、最杰出的信息创造者和实现者。也正是在这一点上,邬焜信息哲学充分表现出了其为人的实践创造开辟道路的马克思主义哲学秉性。

第五节 邬焜信息本质思想的世界观方法论意义

邬焜对信息本质的理解和在此基础上对信息形态的分类,对信息特征、功能的独特理解,以及对信息系统一般模型的描述等,为从哲学的最高普遍性上来全面理解信息本质及其功能特点,以及人及其信息实践活动提供了新的视野和图景,也为深刻理解信息化战争实质提供了新的思路。

在哲学上将信息理解为"标志间接存在的哲学范畴,它是物质(直接存在)存在方式和状态的自身显示"[1],具有非常重大的理论和现实意义。首先,它打破了自哲学产生以来在物质和精神二元对立模式下来理解现实世界的传统格局,进一步突出了现实世界客观实在的物质基础,即世界归根结底是物质和信息的世界。具有客观实在性的物质是第一位的,信息只是物质存在方式或状态

---

[1] 邬焜:《信息世界的进化》,西北大学出版社1994年版,第26页。

的显示。没有物质,也就没有可显示的内容,信息也就不存在。而人类的精神作为对物质的反映,实际已属于信息的特殊类型,即通过人的实践活动加工、创造的信息。当然,不可否认,物质和信息也是一种二元关系,但这样的关系与物质和精神二元对立关系根本不同。它是二元共生关系,即物质和信息不是非此即彼、相互排斥的,而是一种有你有我的共生协同关系。没有物质的直接存在,信息就是无源之水、无本之木。但只要物质存在,它就会以各种方式,借助各种载体映现、反映自己的存在。其中映现、反映的内容是物质的间接存在,它以物质直接存在为基础,以多种载体、多种形式、多重路径表现着物质的存在方式和状态。所以邬焜说:"一切存在物都只能是直接存在和间接存在的统一体,都既是物质体,又是信息体。"[1]这不仅从哲学本体论意义上论证了信息的客观基础即物质,而且更加彻底地坚持和捍卫了唯物主义一元论。

其次,它更加突出地展示了精神的超越性,为全面把握信息时代的特征提供了理论根据。在以往物质和精神二元对立的哲学模式中,物质决定精神,精神反作用于物质。这似乎都是在一个平面上展开的。人的实践活动似乎也仅仅具有连接物质和精神的平面化桥梁作用。但在加入信息之后,特别是将信息理解为"标志间接存在的哲学范畴,它是物质(直接存在)存在方式和状态的自身显示"[2],情况就完全不同了。物质和精神的对立,变成了物质和信息的协同共生,精神仅仅是信息的一个特殊形态。这意味着,在逻辑结构上,精神的位次低于信息,精神对物质要发生反作用,就必须具有超越其较低逻辑位次的力量。只有这样,它才能够和物质发生反作用关系。而精神的这种超越其较低逻辑位次的力量,不是来自神灵,而是来自人类实践活动对信息本身的不断搜集、储存、加工、创造。这从邬焜对信息形态的哲学分类、信息的特征和功能,以及他对信息创生系统和信息实现系统等的详细分析和论证中都能看出。可以说,人的实践活动本质上就是信息的搜集、传递、储存、创生和实现活动。这一点正如邬焜在信息生产论中所认为的那样,人类在实践活动中,没有创造出真正意义上的物质,而是创造了全新的信息,并通过对物质的重新组合或编码,使这些全新的信息在历史的长河中不断从其所在的现实世界中被呈现出来[3]。同时,不同历史时期所呈现出来的现实世

---

[1] 邬焜:《信息哲学——理论、体系、方法》,商务印书馆2005年版,第39页。
[2] 邬焜:《信息世界的进化》,西北大学出版社1994年版,第26页。
[3] 关于这一点,邬焜在其"信息生产论"中有过详细叙述。笔者也在"信息实践"的相关论述中进一步探讨了调整社会关系实践、科学探索实践的信息创造实质。详情请参见邬焜:《信息哲学——理论、体系、方法》,商务印书馆2005年版,第326~328页;康兰波:《人的实践本性与信息时代人的自由》,中国社会科学出版社2013年版,第163~169页。

界,又无不反映出当时人们的信息创造水平,以及在这样的信息创造水平下的实际生存样态。

当然,人通过实践活动,展示出精神的巨大超越力量,这在信息时代之前,就有所体现,唯心主义者由于不懂得人类实践活动是这种精神的巨大超越力量的基础,因此他们总认为精神的超越力量来自某种神秘东西。直到马克思,这种成见才被打破。人自己的实践活动赋予其精神以巨大超越作用,才彰显于世。也正是从这个意义上说,人在这个世界上才成为最杰出的信息创造者和实现者。其信息创造与实现的能力和水平,映照着其实际的存在状态。正是基于这样的认识,信息时代的特征也就更鲜明地展现了出来,即这个时代,不仅是信息科学技术被广泛使用,一切生产生活都可以通过信息、信息科学技术来加以改造的时代,而且是比以往任何时代都更加呼唤、彰显、开掘人的信息创造力、信息实现力的时代。一方面,这个时代的科技发展、思想解放为呼唤、彰显、开掘人的信息创造力和实现力提供了各种技术手段和社会生活基础;另一方面,人的本质力量,已越来越体现在人自身信息创造力和实现力的提升和展现等方面。

最后,它更鲜明地展示出现实世界的复杂性,破除了决定论、还原论的思想藩篱。以往在物质和精神二元对立的世界图景中,理解世界的维度要么是单一的物质维度,要么是单一的精神维度。在单一物质维度下,物质决定精神,精神最终要被还原为物质。而在单一精神维度下,则是精神决定物质,物质最终要被还原为精神。唯物主义、唯心主义尽管理解世界的结论不同,甚至相互对立,但是其理解世界的逻辑思路是一致的,即一个必须决定另一个,一个必须最终被还原到另一个。似乎只有这样,世界才能得到最终的理解。这种逻辑思路充斥着一股较为强烈的决定论、还原论气息。按照这样的逻辑思路来思考问题,必然将复杂现实世界还原为简单抽象世界,从而远离人的现实实践。

从物质和信息协同共生的双重世界及其复杂相互作用来理解现实世界,现实世界的复杂性便尽显其中。由于承认了"信息是物质(直接存在)存在方式和状态的自身显示",而信息本身又呈现出不同的形态、特征、功能,再加上人在实践活动中不断推进着信息各形态等的动态统一与转化,由此构成了一幅生动、丰富、复杂的现实世界图景。这由此要求人们理解现实世界,就既要立足物质的维度,又要考虑信息的维度。由于作为间接存在的信息可以多方面、多角度、多方向、多极化地显示物质的直接存在,再加上信息本身具有不实在性、普遍性、可复制共享性,可借助特定载体以光的速度跨地域传播,甚至还可重组、畸变、创新等,因此物质和信息这两大"存在维度"在人实践活动推动下的相互作用,必定也蕴含着极大复杂性。

　　用这种蕴含着极大复杂性的双重维度来理解现实世界,特别是浸润着信息、信息科学技术,包括智能科技的现实世界,世界的复杂性不仅不会被还原丢失,而且会被进一步地以更加具体深刻的方式揭示出来。从这个意义上说,这种理解现实世界的思维逻辑,既是物质和信息双重世界复杂相互作用的思维逻辑,也是系统整体、非线性相互作用的复杂思维逻辑。这样的思维逻辑彻底超越了以往唯物主义和唯心主义一个决定另一个,一个被直接还原到另一个的简单线性决定论的思维逻辑,是突出物质基础性、决定性作用的最彻底的唯物主义新逻辑。

第三章 哲学视阈下的"信息化"

"信息化"在当今可以说是最热门的一个概念。通常与信息化一起出现的,还有数字化、网络化、智能化,以及大数据、云计算等伴随新技术、新思想的不断涌现而相继生成的新概念、新语词。通过上一章对"信息"概念的哲学理解,可以发现,"信息化"相比数字化、网络化、智能化等概念,其普遍性程度更高,在社会生活中所发挥的作用也更基础。至于大数据、云计算等,则更是相关信息科学技术在某方面的具体发挥。

第一节 关于"信息化"概念的一般理解

在日常生活语境中,信息化更直观地被理解为对信息的广泛深入使用和普及。在不同学科,关于"信息化"又有不同的学科描述,但不管怎样,都突出了信息对社会现实生活、人的现实世界具有广泛的渗透性和改造作用。

一、"信息化"与"信息社会"的相互规定关系

众所周知,"信息化"概念最早是由日本学者于20世纪60年代为谋划或引领未来社会发展而提出的。它和"信息社会"概念几乎同时产生,并且带有设计、建构和引领人类信息社会发展的前瞻特性。

早在1963年1月,梅田忠夫就在《朝日放送》杂志发表了题为《论信息产业》的论文,首次从信息产业的角度研究和预测了日本未来社会的发展,由此引起日本学者对未来信息社会的广泛关注和热烈讨论。1967年,日本政府研究机构"科学、技术和经济研究小组"在《人类发展影响因素与日本未来发展策略》咨询报告中,首次提出了"信息社会"和"信息化"的概念。该报告指出:"信息社会是信息产业高度发达且在产业结构中占据优势的社会,而信息化则是由工业社会向信息社会前进的动态进程,它反映了从有形的可触摸的

物质产品起主导作用的社会到无形的难以触摸的信息产品起主导作用的社会的演化和转型。"①

由于"信息社会"与"信息化"概念及其相互关系较好地反映了自系统论、信息论、控制论问世以来，人类科学、技术、生产等一体化新变化，再加上日本当时在世界经济、科技、文化交流等方面的领先地位，因此由日本学者提出的这两大概念，很快在国际学界传播开来。1977年，法国的西蒙·诺拉和阿兰·孟克在为法国政府撰写的经济发展报告《社会的信息化》中，使用了法文的信息化语词，随即该语词的英文单词（informatization）也被广泛使用和传播②。

1986年12月，"首届中国信息化问题学术报告会"在北京召开，"信息化"概念被中国学界正式使用。在与会学者看来，信息化作为对社会形态发展变化的一种描述，是指"人类社会从以物质和能量为重心的工业社会，向以信息与知识为重心的信息社会的转变过程"③。

"信息化"概念在今天已被人们普遍使用，在对这一概念的理解上，也几乎是在以上三方面基础上做进一步的发挥。例如，中国制定的《2006—2020年国家信息化发展战略》就指出："信息化是充分利用信息技术，开发利用信息资源，促进信息交流和知识共享，提高经济增长质量，推动经济社会发展转型的历史进程。"这实际上就是突出了信息化是一个历史进程，也强调了信息化促进经济社会发展的作用。

张占军在《论信息中心战》一书中，对信息化的基本方面和实现途径、方法、基本目的等都进行了描述。他说："信息化是一个把信息因素全面渗透到社会生活的各领域，推动社会由工业社会向信息社会转变的过程；在社会生活中，当信息技术居于主导地位、信息资源居于核心地位、信息网络居于基础地位、信息产业成为社会支撑、信息人才成为主导人才群体、法规、政策、标准实现系统配套之时，就是信息化实现之日；信息化的基本途径是信息的全面渗透、融合，主要方法是系统集成，基本目的是提高生产力，改变生产生活方式，最终把人类带入信息社会。"④

刘伟在《信息化战争作战指挥研究》中，对信息化这一概念的产生、运用和含义有过专门梳理。在他看来，目前关于信息化的概念至少有三种理解：

---

① 王磊、吕彬、程享明等：《美军武器装备信息化建设管理与改革》，国防工业出版社2016年版，第1页。

②③ 王磊、吕彬、程享明等：《美军武器装备信息化建设管理与改革》，国防工业出版社2016年版，第1~2页。

④ 张占军：《论信息中心战》，国防大学出版社2007年版，第3页。

第一种观点认为信息化是一个过程,第二种观点认为信息化是一个体系,第三种观点认为信息化是一种状态。刘伟更主张信息化是一个过程,即信息化就是"信息技术向社会各领域渗透、融合,使事物走向全新状态的过程"①。而这一过程的完结,就是全新的信息化状态的产生。

吴彤、张昌芳等指出,信息化是一个非常广义的概念,类似于工业现代化、农业现代化、国防现代化和科学技术现代化等,可以理解为以信息化为本质和核心的现代化建设事业。而且信息化包括社会各个领域和各个方面的信息化,如国家信息化、经济信息化、产业信息化、国防和军队信息化、地区信息化、城市信息化、社会生活信息化等②。尽管这一描述不乏循环论证的嫌疑,即以"信息化为本质和核心的现代化建设事业"来说明"信息化"概念,可"信息化为本质和核心"这本身就是需要说明的。不管怎样,这一描述仍然是在"信息化"与"信息社会"的相互规定关系中来理解"信息化"概念的。

从以上关于"信息化"概念的产生和人们对这一概念的通常理解来看,主要可以归纳出以下几点:

第一,"信息化"概念的问世和以往"农业化""工业化"概念的问世其实是不同的。从字面上看,信息化与农业化、工业化确实有相似之处,都具有使某方面产业成为主导产业,并全面渗透于社会生活,从而引起社会生活发生改变之意。但"信息化"概念的产生却是先于信息社会的。这一概念的提出,具有强烈的设计、谋划、引领人类社会生活的目的性。以往农业化、工业化概念的产生,往往落后于相应社会生活的变革。一般是在人类社会生活已经经历了农业社会,或者已经完全进入工业社会,人们在理解、反思这一社会生活状况和特点时,才以"农业化""工业化"来概括自己时代社会生活的特征。而"信息化"概念,却产生在人类真正进入信息时代的前夜。因为,当时的信息科学技术和信息产业,还仅仅主要以信息论、电子计算机,以及较为初级的网络技术及其运用等为支撑,其水平根本无法和今天如此高级的且即将由 5G 技术来全面支撑的信息科学技术、信息智能产业等相比拟。从今天的科技和产业发展水平看,当时的技术和产业完全可以说是处于刚刚起步的萌芽阶段。但即使是这样,"信息化"概念依然被提了出来。因此,如果说以往人类进入农业社会、工业社会,实现农业化、工业化,还属于比较盲目不自觉的状态的话,那么"信息社会""信息化"等概念的问世,实际上已显现出人类借助

---

① 刘伟:《信息化战争作战指挥研究》,国防大学出版社 2009 年版,第 7 页。
② 吴彤、张昌芳、吴东坡、匡兴华:《军队信息化建设的几个基本理论问题》,《国防科技》2010 年第 3 期,第 17～18 页。

科学技术,并通过技术预测、产业经济结构预测等理性思维活动,来有意识地构筑现实社会生活,并自觉地引领未来发展。从这个意义上说,"信息化"又比"农业化""工业化"等概念更深刻,它意味着人类通过有意识发展信息科学技术,来设计、谋划、构造"信息社会"等现实生活,从而克服了以往人们在社会生活演进方面的盲目性。

第二,"信息化"概念与"信息社会"不仅同时产生,而且在逻辑上具有相互规定关系。从日本学者给出的最初定义看,"信息社会是信息产业高度发达且在产业结构中占据优势的社会,而信息化则是由工业社会向信息社会前进的动态进程"。信息产业在信息社会中占据优势,这是从产业经济角度来理解人类社会变化的。这种优势产业的逐渐转移和新产业的不断涌现,使社会面貌特点发生变化,而这样的优势产业的转移变化及其所引起的社会面貌特点的变化过程,就被称为"信息化"。可见,离开了"信息社会"的概念内容,"信息化"便无法被充分理解,而离开了"信息化"的概念内容,"信息社会"也将丧失其概念本身所包含的动态演化的生动内容,从而成为孤立抽象的语词。因此,理解"信息化"概念,必须与信息社会的生产生活紧密地联系起来。

第三,"信息化"概念是一个标志社会生产生活在信息科学技术推动下演进的过程。在"信息化"概念下,社会已不仅是某种静态、简单的关系实体,而且是在科学技术推动下不断演进的动态、复杂的关系集合。这意味着理解"信息化"必须根植于社会生产生活在信息科学技术推动下的现实演化,以及由这些现实而具体的演化所呈现出的动态的、历史的进程。伴随这些生产生活内容的不断变化,"信息化"的实际内容也会发生变化,如由最开始的计算机化发展到后来的网络化,再到后来的大数据化,以及当今的智能化等。这些"化",绝不是后者取代前者,而是在前者基础上,后者快速不断地涌现,并将前者迅速融合于自身之中。

二、"信息化"之"化"

刘伟在讨论"信息化"概念时认为:"信息化的关键是一个'化'字。"[1]这值得高度关注。众所周知,"信息"的英文单词是"information",其中,"inform"是动词,可作通知、告知或告发、告密之解。其后缀"-ation"则表示某种"动作""状态""结果"等。而将"information"的后缀"-ation"变为后缀"-atic",然后再将其中的"c"变为"z",再后缀"-ation",则有了名词

---

[1] 刘伟:《信息化战争作战指挥研究》,国防大学出版社2009年版,第7页。

"informatization"。其中,后缀"-atic"表示"……的""……性的"。从英文的这些变化中不难看出,"informatization"可以被理解为使事物具有信息的某些"动作""状态"或"结果"。当然,这样的意思,用中文来表达,"信息化"一词也就再恰当不过了。因为,在《辞海》中,"化"字至少有 10 种用法①。其中,"变、改""转变成某种性质或状态""教化、感化"等解释,大致上都能反映"信息化"之"化"的含义,那就是以信息来改变事物性质或状态,并以信息来"教化""感化"人的思想。

如果说单从字面上来理解"信息化"之"化"的含义,还有些抽象的话,那么,用毛泽东对"化"字的解释,也许就更加通俗易懂了。毛泽东曾经针对延安许多人提倡的"民族化、科学化、大众化",而对"化"字有过这样的解释:"'化'者,彻头彻尾彻里彻外之谓也。"②这意味着:

一方面,彻头彻尾之"化",反映了事物演化发展的彻底的过程性,即事物自产生到灭亡的整个过程,包括事物演化或发展的具体各阶段、各环节、各节点等。这对于"信息化"而言,就是自信息科学技术产生之日起,伴随它自身的不断演化或发展,它对人现实生产生活所起到的广泛渗透和引领作用等不会停息。不管是各种先进计算机、手机等的相继问世,还是信息网络的多网归一或遍布全球;不管是各种大数据的被开掘,还是各种新信息的被创造;不管是将人类获取、储存、加工、传递、创生信息的能力赋予机器,还是将这些能力尽可能地赋予现实万物,等等,信息及其科学技术始终发挥着主导作用,直至其因自身发展的自我扬弃,而将人的生产生活带入某种更新、更复杂的境地,"信息化"也由此才会如同"农业化""工业化"那样,成为人类历史发展的过去,而被其他全新的什么"化"所取代。

另一方面,彻里彻外之"化",反映了事物演化发展的彻底的普遍性,即事物内外各要素及其关系的各个方面,包括构成事物内部的各要素及其相互作用关系和事物与其所处环境各要素及其相互作用关系等的所有方面。这对于"信息化"来说,就是信息、信息科学技术不仅广泛渗透于事物自身内部各要素及其相互作用关系中,成为推动事物演化发展的内在动因,而且包括事物所处环境的各要素及其相互作用关系,也都统统被信息及其科学技术所渗透,并由此构成事物演化发展的外部条件。人的生产生活紧紧围绕信息、信息科学技术而展开,社会化大生产及与之相适应的各类生产关系、社会关系等,无不由信息、信息科学技术而普遍地重新组合、适时变幻。信息社会、信

---

① 《辞海》(上),上海辞书出版社 2010 年版,第 1612 页。
② 《毛泽东选集》第三卷,人民出版社 1991 年版,第 841 页。

息世界由此生成、演化、发展,直至在这样的广泛渗透、中介下,信息、信息科学技术因人的实践发展而进入新的自我扬弃阶段,从而为更新、更普遍、更全面、更美好的某科学技术所取代。

可见,"信息化"这个概念无论是在事物历史演化的时间上,还是在事物存在和相互作用的空间关系上,都反映并同时规定了信息、信息科学技术对当今人们生产生活、现实世界,人本身的存在方式、状态、面貌等的全面渗透或中介。正因如此,像手机、Wi-Fi 成为人"无机的身体"等现象,才既普遍又正常,既真实又生动,既时尚又自然。

三、"信息化"与"数字化""网络化""智能化"等的关系

当今,除了"信息化"概念被大量使用之外,人们还常常使用"数字化""网络化""智能化"等概念。这些概念,看似分别在突出其数字数据、网络、智能等不同"化"之内容,但其内在的关系却又都与信息相关,甚至可以说,"数字化""网络化""智能化"正是"信息化"的具体实现方面和更高级的阶段。

(一)数字化

数字化是将现实生活中的各种复杂信息,通过特定模式转变为二进制代码,再引入计算机系统,以实现对这些复杂信息的储存、加工、处理、传递等。更具体一点说,就是用二进制的两个数 0 和 1 来识别、加工、传递、处理现实生活中内容丰富、形式多样的信息。通常人们把二进制数的一个位称为一个"比特"(bit)。这样,"计算机中所有信息对象,如数字和运算、字符、声音、颜色、图形、图像,以及计算机指令等,便都可用'比特'来表示",而这一关键性的技术便被称为"数字化"(digitalization)[①]。

数字化是计算机和网络技术深入发展的基础。没有数字化的理论和实践支撑,也就没有当今的计算机和网络技术等的迅猛发展。而信息化又在较大程度上依托于计算机和网络的全面普及和发展。因此,从这个意义上说,数字化又属于信息化的某种技术层面的表达。当然,这样的表达主要突出的是对信息的技术性加工处理,以及在此基础上与计算机、网络等的相互关联。相对于"信息化"概念来说,"数字化"概念也就更为具体,更为强调其中的逻辑运算理论和技术操作理论。

(二)网络化

网络化可以被理解为信息网络在社会生产生活中实现全域覆盖的状态或过程。在这样的状态或过程中,像手机、计算机等各种不同的通信电子终

[①] 蔡曙山:《论数字化》,《中国社会科学》2001 年第 4 期,第 33 页。

端或设备,可以通过信息网络实现各类信息资源的共享。目前,这种网络可以是有线的,也可以是无线的,甚至伴随量子计算机等技术的成熟,这种网络本身还可以是无形的。但不管怎样,信息网络的不断拓展和深化,不仅为人们构筑起了能够突破传统地理、文化、宗教、政治等边限的新型空间,而且其至少以光的速度实现信息传递,也让人们体会到了某种以"秒"或"微秒"为计量单位的新型时间。在这种全新的时空结构下,人们的生产生活、社会交往、行军作战等都因此而发生系统整体性的变化,特别是在信息网络基础上逐渐发展起来的网络购物、网络支付、网络视频对话、网络媒体,以及各种建立在信息网络基础上的共享经济形式,乃至今后可能出现的其他各种新型生产生活方式等。可以说,网络化正是信息化得以支撑起整个信息社会的极其重要的方面。正因如此,也才有学者将信息时代具体地表述为网络化时代。

不过,网络化尽管是信息化的极其重要方面,但从学理上看,"网络化"概念却不能完全等同于"信息化"。因为,"网络化"之重点在"网络",而网络更主要的是承担着信息传递、接收、加工和储存的功能。至于在网络中实际输送信息的内容、功效,以及在传输这些信息之后带来怎样的结果等,单就网络本身来说是不会去深究的。网络化之"化"也主要是通过有线、无线,甚至无形的网络的普及和普遍覆盖,方便人们在生产生活中对信息的获取、加工、储存、传递,方便人们的即时交往。从这个意义上说,"信息化"的概念则要普遍得多,它不仅包括了网络化,而且包括了为便于信息的网络传递、终端接收而实现的数字化,对信息内容的分析(如数据化、大数据化)、加工制造(如虚拟化),以及利用信息网络及其中的各方面信息和人们在此基础上新创造的信息,而对整个人类现实世界(包括现实社会的生产生活)所进行的全面设计和改造,特别是将这些信息和信息能力综合集成于现实事物的智能化。

(三)智能化

信息化发展到一定程度必然进入智能化阶段。智能化是信息科学技术深入发展的必然趋势。它是在计算机数字化技术、信息网络技术、人工智能技术等诸多技术的内在融通基础上,实现对信息的再创造和再外化的复杂过程,以及由此逐渐形成的新型生产、生活方式。

在信息时代的实践过程中,在现实具体的生产生活中,人们一方面借助信息科学技术开掘、传递、储存大量信息,包括各方面的知识信息等;另一方面利用已经获得和掌握的信息,来获取并创造量大质优的新信息,包括新知识等。与此同时,人们在实践中利用这丰富多彩的信息,赋予机器乃至万物以信息感知、信息加工、信息传递、信息储存和信息处理,甚至是某种程度上的信息创造等能力,让万物具有人一般的认知能力、智能水平,并按照人的方式和行为来变幻和运动,参与人的生产与生活,这便能在更大程度上使人的现实生产、生活发生前所未有的大改观。当然,不可否认,大量新创造的信息会有优劣良莠之分,甚至存在有害有毒的冗余垃圾,客观上会造成信息辨别、信息筛选、信息择优等困难,但谁也阻挡不住信息时代人的存在以如此之方式而展开,即人们将自身的信息能力,甚至包括自身的信息创造能力,通过某些科技手段"外赋予物"。

也就是说,实践是人的存在方式,这样的存在方式在信息时代的具体展开过程,便是通过对新信息的不断开掘、创造,将这些新信息以及人类自身搜集、传递、开掘、创造这些新信息的能力赋予万物。这样的过程既是人类生产实践活动的展开和发展过程,也是人类进行信息搜集、储存、加工、传递、创造,以及将信息赋予万物,乃至于还要将人自己的信息搜集、开掘、创造等能力赋予万物的历史演进过程。这样的过程是人类劳动创造史发展的必然,并且将继续深化发展,谁也无法阻挡。唯有对这样的新信息开掘与创造及其"外赋予物"加以有利于人类社会健康发展方向的合理引导,才可能在一定程度上将一些有害有毒信息的不利影响降到最低,也才能将信息能力的"外赋予物"引向正途。

事实上,信息化是智能化的基础。没有计算机、网络科技等信息科学技术的飞速发展、快速普及,人工智能的发展可能仍局限在自动控制、对人部分行为功能的简单模拟等孤立状态。正是信息科学技术的全面渗透和深入发展,打开了人们思考、理解人工智能的思路和视野,从而为人工智能的发展插上了展翅高飞的翅膀。智能化由此成为一种现代生产生活发展的趋势和现实。

智能化是信息化深入发展的一个极重大前景或趋势,属于信息化的更高阶段。或者可以说,智能化就是信息化的升华。智能化不仅能够将人从繁重的脑力、体力劳动中解放出来,而且能够进一步体现人的实践本质:智能化让人进一步地意识到,人的实践创造不仅是在头脑中创造出新信息,而且要力争将这种新信息及其创造新信息的能力再"外赋予物",以实现真正意义上的"物以人的方式而存在",人与物真正内在统一的"自为"目的。

从人类认识与实践辩证规律看,通过信息时代的实践活动,借助信息科学技术等手段,从万事万物中发现、开掘、创造信息,类似这一过程,总的来说不过是实现由实践到认识的第一次大的飞跃。而只有实现认识的第二次大的飞跃,认识的目的、价值等才能得以最终实现。从这个意义上讲,人们发展信息科学理论和技术,其目的除了发展人的生产生活之外,更重要之点还在于力图将人们获取或创造的新信息以及这种创造新信息的能力赋予万物,使万物能够真正"以人的方式而活动",从而使人真正拥有轻而易举支配万物的"神力"。只有这样,才可以说人们在智能化这个问题上初步实现了由认识到实践的第二次飞跃。

当然,是人自己控制自己所拥有的这般"神力",还是自己被自己的这般"神力"所控制,则是另外的问题。它涉及人自己对自己的超越,需要从人对自然、人对自身出发,在智能化这一更高平台上来加以更深刻的反思。正如马克思所说:"只有当对象对人来说成为人的对象或者说成为对象性的人的时候,人才不致在自己的对象中丧失自身。"①只有当被人赋予智能的物(像机器人、智能机、智能生物等)真正成为人的本质的展现和实现,而不是成为赚钱工具、压榨人手段、资本霸权的武器时,人才不致在追求智能化中,在机器智能、生物智能的竞赛中,丧失自己。

总之,"数字化""网络化""智能化"等都从不同侧面反映着"信息化"及其发展水平,但它们中任何一个概念都不能完全反映"信息化"的完整内容,更不能以它们中任何一个概念来取代其他概念甚至"信息化"概念,否则将很容易陷入以具体生动的局部侧面或片段为主,而忽视、掩盖整个浪潮的整体演化趋势(紧紧围绕信息而展开的各个方面、各个环节等的实践创造活动)的迷思。同样,要完整表达"信息化"的丰富深刻内容,更不能脱离"数字化""网络化""智能化",以及将来还会出现的"某某化"等具体方面或环节,否则"信息化"也就会因失去丰富生动的现实内容和实现途径,而成为抽象的概念或口号。

第二节 标志现实世界系统性变革的"信息化"

在当代社会生活中,"科学-技术-生产"早已走向一体化,甚至这种一体化趋势越来越强烈,从而使信息化日益表现出对人的生活、人的世界、人本身等"以信息或信息科学技术而化之"的哲学意蕴。于是,对信息化的理解也至少还应考虑以下三个逐渐深化的层次。

一、人们现实生活的彻底改观

当今信息、信息科学技术正"彻头彻尾彻里彻外"地改变着人们的现实生

---

① [德]马克思:《1844年经济学哲学手稿》,人民出版社2000年版,第86页。

活。不管这种现实生活是人的物质生活、精神生活，还是人的文化生活。

在物质生活方面，信息、信息科学技术早已被广泛运用于各类物质资料的生产过程之中。那些为人类衣食住行服务的传统行业，无不在大力推进信息网络覆盖、信息（大数据）发掘、智能化生产与管理等过程中，改变着以往的生产、经营形式。而那些在信息、信息科学技术推动下出现的各类新兴行业，更是你追我赶地争相开掘、研发最新知识信息、最新技术信息，以抢占这个时代的战略领先地位。所有这些努力，客观上都带来了人们物质生活的巨大改观。由信息网络串联起来的生产与生产、生产与管理、生产与交换、生产与消费、生产与服务等，一方面重新整合了生产的各个环节，另一方面重新塑造了人的需要和消费。所有这些还将更为深刻全面地发生在每个人的身边。

在精神生活方面，信息、信息科学技术同样以其方便、快捷、安全、舒适、开放、共享、创造、包容等特点，潜移默化地塑造着现代人的精神世界。当手机越来越成为人"无机的身体"，成为人精神、情感、心理的依托之时，人的精神世界便自觉不自觉地深受其影响。而以手机为核心的信息网络技术，其本身所追求的方便、快捷、安全、舒适，既迫使人们日益依赖于它，又将这样的价值追求普遍化，使人以为这样的价值追求就是唯一美好的追求。充斥于手机中的海量、异质、异类的信息，不仅显示出开放共享、多元多样、包容凌乱、瞬息万变等特征，也将这些特征深深地镌刻在人的精神深处，使之成为影响人进行价值认知和判断的心灵因素。

在文化生活方面，信息、信息科学技术正重新塑造着人类的整个文化世界。借助信息网络，涌现出大量媒体平台，从而打破了以往长期形成的信息自上而下加以传播的垄断格局。人人都可以借助信息网络而搭建出属于自己的媒体平台，并通过这样的平台发出自己的声音；也可以通过他人的媒体平台，了解他人的思想和文化。这种看似更加开放自由的文化生活，一方面为人们思想的解放、精神的自由提供了有效手段，可另一方面为人在精神生活中丧失自我，无所适从埋下隐患。

尤其值得注意的是，这种对人现实生活的大改观，并非由信息、信息科学技术的盲目自发运用而引发，而是由人们自觉开掘利用这样的信息内容和科学技术而造就。它在先前有可能只是个别人的行为，可伴随在使用信息、信息科学技术过程中人们所尝到的利益和好处的不断增加，它逐渐成为某种全社会的有目的的行为。这从目前推进的"互联网＋"行动计划中就能看出。

最早提出"互联网＋"概念的是易观国际集团董事长于扬，他在"2012 易观第五届移动博览会"上发表了"互联网+"的主题演讲,认为互联网应该成为下一个社会的基础设施,并且世界上的任何传统行业和服务行业都应该被互联网改变①。2013年,腾讯公司的首席执行官马化腾在其"通向互联网未来的七个路标"的主题演讲中,也将"互联网+"作为其第二个路标②。如果这些都还是个别公司、个别人物关于各自企业发展谋划的个别看法的话,那么,2015年3月5日召开的第十二届全国人大三次会议上,李克强总理的政府工作报告,其中所提到的"制定'互联网+'行动计划,推动移动互联网、云计算、大数据、物联网等与现代制造业结合,促进电子商务、工业互联网和互联网金融健康发展,引导互联网企业拓展国际市场"③,可以说是非常典型的力图实现全社会"互联网+"的有目的的行为。而一旦这类有目的、有计划的全社会行为被普遍推进,人们的整个社会生活就将发生翻天覆地的大改变。

二、"物质-信息"双重存在复杂相互作用的新型现实世界

信息、信息科学技术正"彻头彻尾彻里彻外"地改变着人的世界,并由此带来哲学世界观的大变革。

人的世界究竟是怎样一个世界?传统哲学一直以"物质-精神"的二元对立来描述这一世界,这样的描述不仅符合人们的生活经验,而且衍生出长达数千年的哲学世界观理论。其中,"物质-精神"的二元对立几乎成为以往所有哲学得以展开的逻辑前提。直到20世纪中期,英国哲学家波普尔才提出了"三个世界"的不同看法,认为人的世界至少应分为世界1、世界2、世界3。其中,"世界1是物理世界,如物质、能量、一切生物的机体,包括动物的躯体和头脑,等等。世界2是人的心理现象,包括意识、感觉等心理状态和过程,这是哲学中所说的主观世界。世界3是思想的内容,思想的内容可以被物质化,成为人造产品和文化产品,如语言、艺术品、图书、机械设备、工具、房屋建筑,等等"。统而言之,"世界3是客观知识的世界"。④ 然而,无论是以往的

---

① 刘金婷:《"互联网+"内涵浅议》,《中国科技术语》2015年第3期;于扬:《所有传统和服务应该被互联网改变》,2012年11月14日,http://tech.qq.com/a/20121114/000080.htm,访问时间:2015年3月20日。
② 刘金婷:《"互联网+"内涵浅议》,《中国科技术语》2015年第3期;《腾讯15周年,马化腾指明7条"未来之路"》,2013年11月11日,http://www.cy-zone.cn/a/20131111/246910.html,访问时间:2015年3月20日。
③ 李克强:《推动产业结构迈向中高端》,2015年3月5日,http://www.gov.cn/guowuyuan/2015-03/05/content_2826438.htm,访问时间:2015年3月20日。
④ 赵敦华:《现代西方哲学新编》,北京大学出版社2001年版,第203页。

哲学,还是波普尔的"三个世界"理论,其都是在人类进入信息时代之前对当时世界的总体把握。信息还没有完全暴露出其复杂而真实的面目,尽管它早已存在,并被人们以消息传递的形式大量使用。因此,哲学家们也只能在信息这个存在维度缺位的情况下,以一种简单线性的方式来刻画世界图景,即世界要么是物质决定精神或者精神决定物质,要么是物质、精神二元并列或者物质、精神、客观知识的三元并列。这样的理解在人类进入信息时代之前,总的来说是可行的,但在信息、信息科学技术广泛渗透的今天,这样的世界观理论显然已经过于简单和绝对。

事实上,信息、信息科学技术的广泛渗透,早已使人生活其中的现实世界变得异常复杂。以往个人的一些微不足道的、分散的言论或行为,对现实世界有可能根本构不成大的影响,但在信息网络的搜集、储存、整理、放大作用下,却能够以宏观数据等形式对现实世界产生重大影响。以往的个人总是生活在一个实在可感的现实世界之中,但在信息科学技术支撑下,人们已不仅生活在实在可感的世界之中,而且正越来越生活在虚拟生动的信息世界之中。微信、微博、网络游戏中的人自己,已然成为其现实存在的不可或缺的另一侧面。以往人们只能通过物与物的相互作用,来制造出能够帮助人类完成某项具体任务的工具、机器,以使人类实实在在的肉体能力被放大,从而将人从繁重的体力劳动中解放出来,但在信息科学技术广泛发挥其作用的今天,人们早已在"物质"和"信息"复杂相互作用的关系中,研发制造出了能够进一步高效提升人类各种信息能力的崭新信息处理机和智能机,从而使人从纷繁复杂的信息搜集、信息传递、信息储存、信息加工、信息创造等劳动中解放出来。

与此同时,人的哲学世界观有了新的突破,即哲学开始从"物质-信息"的双重世界及其协同共生、复杂相互作用等思路中来理解现实世界,并由此认为现实世界已是由四个世界复杂相互作用而构成[1]。这四个世界是:"一个标志直接存在的物质世界和三个标志间接存在的信息世界,即世界1——直接存在的物质世界(以物质体的形式存在);世界2(信息世界1)——自在信息的世界(以自在信息体的形式存在);世界3(信息世界2)——自为、再生信息本身的活动(主观精神的世界);世界4(信息世界3)——再生信息的可感性外在储存(人所创造的文化内容的世界)。"[2]这四个世界,简单说来就是"一个物质世界和三个信息世界"。

---

[1] 邬焜由此提出四个世界的理论。以下部分内容便是对邬焜"四个世界"理论的简要介绍。
[2] 邬焜:《信息哲学——理论、体系、方法》,商务印书馆2005年版,第94页。

这四个世界在人的实践活动推动下,发生极为复杂的非线性相互作用关系,并由此综合集成为人们当今深处其中的现实世界。其中,物质世界是世界的直接存在,具有不以人的意志为转移的客观性和实在性,它基本上属于波普尔所说的世界 1,即物理世界,如物质、能量、一切生物的机体,包括动物的躯体和头脑,等等。而三个信息世界则是通过具体的相互作用关系,来映现、反映、再生着物质世界(世界 1)。具体说来也就是:

信息世界 1 是由物质世界及其具体形式在具体相互作用关系中派生出来的,映现物质世界直接存在方式和状态的自在信息世界,包括自然信息体中编码的内容(如信息场、信息的无感觉的同化和异化体、有刺激感应性的信息自调系统、有感知能力的信息控制系统、有思维能力的信息控制系统),人造信息体中自然编码的信息内容(如工具、机器、书本、艺术作品、声乐波长、建筑结构中自然编码的不同内容等)。

信息世界 2 则是生命有机体对信息世界 1 的把握和改造,属于自为、再生信息本身的活动,包括信息识辨、信息可感储存、表象信息、概象信息、符号信息的逻辑推演、幻觉信息、梦觉信息、情绪信息、意向信息等。

信息世界 3 是信息世界 2 的相关内容的外化,属于再生信息可感性外在储存,特别是人类创造的文化世界,包括哲学、神学、科学、历史、文学、艺术、工艺、虚拟现实、交谈、讨论,以及人工制品(如工具、建筑物、日用消费品、人工合成物、人工智能物等)中编码的人的精神性信息内容等。

在这所有的复杂相互作用关系中,三个信息世界都必须以物质世界(世界 1)为自身运动、变化、内容储存的载体。物质世界始终是最根本、最基础的世界。因为,其一,正如前面已经探讨过的,在"物质"和"信息"的相互关系中,"物质"是事物的"直接存在",而"信息"只不过是由直接存在的"物质"所派生出来的"间接存在",是对直接存在状态或方式的显现。所以,从这个意义上说,物质对信息的决定作用实际已规定了"物质世界是第一性的世界,信息世界是第二性的世界"[①]。其二,信息对物质的依赖性规定了不管是哪个层级的信息世界,它要对人的生产生活产生实实在在的影响,都终归要通过物质世界来载负和体现。

除此之外,在四个世界的复杂相互作用关系中,还应当看到:物质世界和自在信息世界之间存在着直接的相互作用关系,具体表现为两大世界之间"或相互规定,或内容派生,或结构转化"等复杂关系;而物质世界与主观精神世界之间,主观精神世界与人类文化世界之间,则不存在直接的相互作用关

[①] 邬焜:《信息哲学——理论、体系、方法》,商务印书馆 2005 年版,第 102 页。

系。它们之间要发生相互作用关系，必须以自在信息世界为中介①。

三、信息实践与人存在方式的变化②

信息、信息科学技术正"彻头彻尾彻里彻外"地改变着人的存在方式，并诱发人本身的改变。马克思主义认为实践是人的存在方式。人存在于世，依实践而谋得生存，以实践而塑造本质，据实践而确立社会关系，随实践而发展。实践对人具有决定性的意义。在信息、信息科学技术渗透下，实践不仅彻底显露出其信息创造的本质，而且围绕着信息的加工、传递、储存、搜集、实现等而展开。可以说，信息、信息科学技术正"彻头彻尾彻里彻外"将人类实践活动推进到以自由自觉的新信息开掘、新信息创造、新信息实现为实质、核心，并围绕这一实质、核心而全方位、多层次深入拓展的信息实践阶段，由此也带动了人本身及其面貌的大变化。

（一）信息时代前人类在单一物质世界中的实践状态

实践活动是人自由的有意识的生命活动。这种生命活动的具体展现，必然会因不同时代人所面临的具体社会条件、技术发展水平或生产力状况等的不同，而呈现出具体的状态或面貌。在信息时代到来之前，信息世界尚未被开掘、建构起来，人们对信息的理解还处于盲目自发状态，消息、知识、精神等概念兴许是人们对信息的最简单、最直观的理解。在这样的现实条件下，人们更主要关注单一存在维度的物质世界，以至于人们的实践活动也往往集中在对这样的物质世界的开掘建构之中。物质资料的生产活动、协调人与人社会关系的政治活动、探索自然奥秘的科学文化活动等是人类实践活动的主要类别。不管这些类别的实践活动多么独特，多么依靠知识或精神，它们都无法超越单一物质世界的界限，因而其实践活动及其各个环节依然要受到物质世界直接、客观、实在性的制约，人们也更主要地从实践活动的物质方面来看待和理解自己的实践活动。

作为实践活动主体的人，以其直接、客观、实在的血肉之躯，全身心地直接投入同样直接、客观、实在的生产活动、变革社会关系活动、科学技术研究活动等之中，并通过这些在不同历史条件、不同生产力水平、不同分工条件下

---

① 邬焜：《信息哲学——理论、体系、方法》，商务印书馆2005年版，第94～95页。
② 该部分内容最早以《信息实践·实践复杂性·价值智慧》为题，在陕西省"改革开放30年与价值哲学发展学术研讨会"上交流，并被收录到周树智主编的《价值哲学发展论》（陕西人民出版社2009年版）第70～81页。相关内容在修改之后也曾发表在《人的实践本性与信息时代人的自由》（中国社会科学出版社2013年版）第163～166页的"实践的信息本质与'信息实践'"中。为进一步把握信息化战争的前提性要义，阐明信息时代人的实践活动本身所发生的巨大变革，再次对相关内容进行修改，以求达到对信息化的更全面理解。

的具体而实在的活动,创造出他们不同的本质、不同的人生,塑造出他们不同的生命,乃至他们对自身生命有限性的具体超越。这种实践主体的直接性、客观性和实在性通过无数不同历史条件、不同阶级阶层、不同民族文化特征的现实个人及其生命而展示出来。

作为实践活动的客体,它本身就受到人实践能力、认识水平等的限制。单一存在维度下的物质世界是人类在进入信息世界之前不得不面对的一大界限。在这个界限内,世界既是自然界演化的结果,也是人走出自然界通过自身实践活动改造生成的结果。其直接性、客观性和实在性在于:一方面,这种世界不用任何中间环节,就直接构成了人们展开其实践活动的不以其意志为转移的客观现实条件。另一方面,这样的世界又是由先前无数代人为解决吃饭穿衣等最现实、最无法回避、最实在的生存问题,而构筑的世界。由于吃饭穿衣等生存问题本身又在"生产与需要"矛盾运动的推动下发生着巨大的变化,因而,伴随实践的发展,在解决吃饭穿衣等生存问题基础上,又会衍生出诸多复杂而尖锐的利益问题,这样一来,这种单一存在维度的物质世界,也就在人的实践活动推动下变得不仅直接、客观、实在,而且复杂、生动、深刻,时时处处都能够透过人的生命机体,而深入人的灵魂。但不管怎样,在单一存在维度的物质世界中,人们将自己的实践活动作用于这样的世界,总的来说,人们的感受是踏实而充满希望的,因为由实践活动所引起的世界变化,其风险还相对可控,通过实践活动来变革现实世界所带给人的希望依稀可见。于是,马克思才会指出:"在实践上,人的普遍性正表现为这样的普遍性,它把整个自然界——首先作为人的直接的生活资料,其次作为人的生命活动的对象(材料)和工具——变成人的无机的身体。"[①]这也才有数千年来"以自然方式理解自然"的理性哲学的大发展。

作为实践活动的手段、工具,因其仅仅是实践活动得以顺利展开的辅助性因素,其直接、客观、实在等特性必然根源于实践活动赖以展开的现实条件和该活动所要实现的目的。不管是人类早期用以耕作的木质农具、用以作战的木石兵器,还是后来的青铜器、铁器、铜铁质兵器,乃至工业时代的机器、设备和用以作战的枪械、装备等,它们均直接来源并服务于以往物质世界中的人类实践活动,其客观性取决于人类当时实践发展水平的客观性,而其实在性则因其构成成分的不同,给予人们不同的身体感受,如坚硬的农具、冰冷的机器、沉重的枪械等。

作为实践活动的成果,其直接性、客观性、实在性一方面表现在客观现实

[①] [德]马克思:《1844年经济学哲学手稿》,人民出版社2000年版,第56页。

世界的实实在在改变,另一方面则表现在其以各种不同的方式满足着人们生产生活的需要,而这些需要本身的直接性、客观性、实在性,则最终落实在人肉体生命的代代延续和外化出的精神生命的永续等现实实在的方面。不可否认,在这些实践成果中,确实有一些在今天看来是属于信息的东西,如各种书籍、文字、符号中所承载的知识、思想理论与精神,商品品牌中所蕴含的商品生产与质量内容等。但是这些属于信息的内容,在以往条件下,它们终归是分散独立地被人们所理解,完全无法被统一地纳入"信息"这个范畴。当然,这些内容在信息时代的今天,则完全可以从信息的角度来加以把握。

至于实践展开的具体过程,其直接、客观、实在的性质,更是通过不同时代现实个人的血肉之躯及其有组织的具体行动而体现得淋漓尽致。那些被组织起来进行大规模劳作的奴隶,那些散布在田间地头的农夫,那些在高度分工协作中身着统一工装、过着高度同步化生活的工厂员工,他们各具特色的组织形式,他们实实在在的身体活动,所有这些都让实践活动的直接性、客观性、实在性以最为生动的物质演化景象展示出来。

然而,由于人们关注的焦点在具有直接、客观、实在性质的"物质"上面,因此,人们对自身实践活动本质的理解也更局限于物质的直接性、客观性、实在性方面,于是,在哲学理论上,人们往往面临两方面的问题:

一是无法解释"实践活动中的目的指向性"[①]。正如第二章第四节在介绍邬焜关于信息创生系统和信息实现系统时所涉及的,一些哲学教科书由于是在单一物质维度上,立足单一物质世界来看待人类的实践活动,因此它们将实践活动完全归结为某种纯粹物质性的活动。尽管这些教科书也承认实践活动要发挥人的主观能动性,而且这种主观能动性是以实践活动的目的指向性、计划性等表现出来,但人的这种主观能动性是怎样在实践中生成发展起来的?其生成机理大体怎样?这种主观的目的指向性和计划性究竟是怎样在控制支配实践活动的具体展开,以便使人的实践活动与动物本能活动区别开来?类似这些问题,这些教科书则没有加以深入说明,由此导致人们对自身实践活动的理解过于肤浅,看不到其中实践主体所具有的新信息创造、新信息实现等突破性作用。当然其结果自然是无法启发人们在实践活动中自由自觉地、有目的有意识地开掘、激发自己的新信息创造和实现活力。于是,充分发挥人的主观能动性也就成了一句没有实在意义的空口号。

二是无法和自然科学物质守恒定律在逻辑上协调一致。长期以来,人们总是直观地认为自己通过实践活动,特别是生产活动创造了自然界不曾具有

---

① 邬焜:《信息哲学——理论、体系、方法》,商务印书馆 2005 年版,第 80 页。

的全新的物质。表面上看,事情也似乎就是这样。人们吃的、穿的、用的,哪样不是人自己全新的创造? 特别是工业时代以来,人造的食物、衣物、工具、机器、房屋几乎越来越难于看到自然的痕迹。可自然科学物质(质量和能量)守恒定律却也在不断告诫人们,"世界上的物质既不能消灭也不能创造"①。那么,人通过实践活动究竟在创造什么? 这样一个重大的理论问题,恐怕也是信息时代之前,思想家们不得不"悬置"的一大难题。

总之,在单一存在维度下的物质世界中,信息虽然被广泛使用,但不被人们所理解。人的精神及其活动,是作为与物质相对立的存在而被理解的。为了解决在实践中回避不了的物质和精神的关系问题,唯物主义和唯心主义展开了长时期的斗争。唯物主义力图将精神统一到物质,以便能够更加真实地体现出人们的现实生活;而唯心主义则力图将物质统一到精神之中,以便能够更加深刻地揭示出人们现实生活的精神超越性。但不管怎样,解决人类吃饭穿衣等现实问题,终归要靠人们脚踏实地的实践活动来解决。整个人类实践活动的各个环节和过程,无不是在物质世界中展开;实践主体、客体,实践中介、过程,以及实践结果等,也无不相应地具有物质世界的直接性、客观性、实在性等特点。于是,鸿雁传书、烽火报边关、书籍印刷、电报电话、报刊、电视传播、品牌竞逐等在直接、客观、实在的物质形式掩盖下,只能以消息、知识、信号、理论、精神等形式发挥出其应有的作用。一句话,这种基于物质直接性、客观性、实在性的实践活动,以及对这种活动的单纯物质性直观理解,是信息时代之前人类实践活动的基本样态,也是人类实践活动的第一阶段。

(二) 信息时代人类的"信息实践"样态

信息科学技术对信息社会、信息世界的建构将人类的实践活动引入一个以往从未涉足的崭新疆域,呈现出全新的实践样态,而在其中人类实践活动的本质得以显示。人类的实践活动也由此进入一个全新发展阶段。对此,为方便起见,大体可以用"信息实践"来加以初步概括。

所谓"信息实践"大体可以从三个相互作用的方面来理解。一是信息时代人类实践活动基本样貌的根本性改变,即"信息实践"是信息时代人们自由而有意识地紧紧围绕信息(特别是新信息)的加工、储存、传递、创生、显示、实现(包括物化)等而展开的实践活动。二是人类实践活动本质的显示,即"信息实践"全面显示出人类实践活动的信息创造本质,并由此显示出人存在方式的大变革。三是人类实践活动深入发展的新阶段,即"信息实践"是对以往

---

① 邬焜:《信息哲学——理论、体系、方法》,商务印书馆2005年版,第326页。

以物质形态显示的实践的积极扬弃。

1. "信息实践"是信息时代人类实践活动的基本样貌

"信息实践"首先表现为信息时代在信息科学技术支撑下,人类实践活动已紧紧围绕信息、新信息的加工、储存、传递、创生、显示、实现(物化)等而展开。在信息哲学看来,"信息"是物质的一种"间接存在方式",是对物质"直接存在方式和状态的自身显示"①。因此,信息实践首先表现在紧紧围绕物质的这种"间接存在方式"而展开,并在这一展开过程中,使实践活动的各个构成要素及其活动机理发生深刻变化,从而使实践的整个样貌发生改变。

从实践主体看:信息、信息科学技术的广泛运用,正潜移默化地塑造着能够从事"信息实践"活动的信息化主体。主体是处于特定社会关系之中,从事实践活动的人。首先,在信息时代,人们的社会关系正逐渐从以往单一的物质世界社会关系,演化为"物质和信息"复杂相互作用、实在与不实在交相辉映的状态。人们只有学会同时处理或协调好人与人的面对面或者微博、微信等非面对面交往,甚至学会人与机器(人)或者其他智能物的交往,才能顺利应对信息时代的生活。其次,随着信息手段的大量普及,实践主体在从事实践活动的过程中,也由以往单纯的肉体之身,逐渐发展到将手机、笔记本电脑,以及其他智能工具或智能机器人等作为自己丝毫无法分离的"无机的身体",从而介入实践活动。随着信息科学技术的进一步发展,一些智能芯片、量子化载体,或者一些智能化生物组织、智能化生命系统等,都将很有可能成为人身体的内在有机部分而投入围绕信息而展开的实践活动之中。实践的主体这时将更加综合,更加呈现出某种"复合体""一体化"样貌。最后,实践主体也将更注重提升自己"新信息创造""新信息实现"等能力,来彰显自身的本质力量。

从实践客体看:信息、信息科学技术的深入发展,使实践活动的客体正逐渐由原来单一的物质性客体拓展到信息性客体。这从各类信息挖掘、信息显示、新信息创造等具体实践活动的作用对象就能看出。此外,更不容忽视的则是"物质和信息"交互作用的复合性客体。因为,信息、信息科学技术本身离不开实在物质的载负,所以要将信息及其技术作为实践活动开掘、利用、创生的对象,也就必须对能够载负相应信息及其技术的物质客体进行变革,否则再领先的知识或技术等信息,也都难于实际地被显现出来。而能够载负信息的物质,不仅有传统的电子、光子,还有某些量子手段等,以及其他能够载负信息及传递、储存、创生的手段。此外,不管是传统物质性客体,还是已

---

① 邬焜:《信息哲学——理论、体系、方法》,商务印书馆2005年版,第45~46页。

被信息科学技术渗透改造的物质性客体,它们在信息时代人类实践的持续改造中,都将不断地被最新的信息科学技术改造、升级。信息不断地被赋予物质性客体,而物质性客体的信息化又反过来更好地支撑信息的发展,从而实现信息客体与物质性客体的内在交融。当前的智能化发展趋势,正是这种信息客体与物质性客体内在交融的初步印证。

从实践手段工具看:信息时代人类实践活动所借助的手段、工具日益信息化、智能化。对手段、工具的改造,同样会成为人们实践活动的目的和对象,在信息时代人的实践活动中,借助信息科学技术改造传统机器设备,创造信息化、智能化的实践工具、手段及其设备,正成为信息时代人类实践活动的一大常态。于是,手机、电脑、网络、无人机、智能机、智能机器人、智能化设备等,成为人们展开各类实践活动的新装备,并将传统单一物质性机器、设备、工具等批量、加速淘汰进各种工业、农业、交通运输业、商业、国防等博物馆之中,成为人类生产力发展的历史见证。

从实践成果看:信息时代人类实践活动的成果正逐渐成为充满信息化、智能化的成果。当人们的实践活动有目的有意识地、直接或间接朝向信息及对信息加以开掘利用的科学技术之时,人类实践活动的成果便会自然而然地充满信息、信息科学技术等智慧。当今,越来越多的实践成果成为信息化、智能化的成果。传统的农副产品正越来越成为信息化、智能化制品。即便是人们的食物,也越来越充满着人类对生命物质进行信息加工的气息。一些所谓"化学食品、转基因作物、克隆之物",很大程度上都是在对食品信息、生命体信息加以重构和开掘利用。传统的工业品也日益成为智能化产品,更别说被信息化、智能化改造的高速公路、高铁运输、大型航空运输,以及在互联网、物联网、金融网等网络支撑下早已发生巨大变化的商务往来、金融服务等现实成果。

从实践过程看:当今,实践活动展开的具体过程正日益受到信息运动过程的全面渗透与优化组合。尽管实践活动依然是人的感性活动,依然显露出感性活动的展开过程,但其中信息的中介作用越来越大。大量艰辛、劳累、高强度的传统实践活动,被信息化、智能化机器设备所取代,人们的实践活动样式正在变成轻松舒适地在电脑终端、手机终端点击鼠标、手机屏幕。大量借助物质运动过程而组织起来的生产、运输、销售等活动,被信息化、智能化地重新组织、整合,即在生产—分配—交换—消费的各个环节中,由以往的以实在物质产品为主导,逐渐演变为以相关内容的信息为主导。信息在生产—分配—交换—消费链条中逐渐发挥出其基础性、主导性作用,以至实践活动的展开过程大大缩短,分、秒、微妙等逐渐成为人们展开其实践活动过程的时间计算单位;而实践活动的空间也大大扩张,以往实践活动时常受到的地域、疆界限制,正被全面突破。

2."信息实践"全面显露出人类实践活动的信息创造本质

"信息实践"使人类实践活动的信息创造本质得以显露。以往在单一物质世界中展开的实践活动,其主要显露出的是实践活动的物质性或客观实在性,活动本身也主要侧重于对事物直接存在方式和状态本身的开掘和利用。同时,该实践活动本身也更表现为某种"直接存在",即活动本身及其过程、内容几乎无须借助相关中介而直接呈现出来。为表达方便,暂且可以将这样的实践简称为"物质实践"。"信息实践"则属于实践活动的信息方面,它侧重于对事物存在方式和状态在自身显示中所发出的各种信息的开掘、创生、传递、利用和实现(物化),以及借助某些中介对人们整个实践活动本身的显示、反思、加工和创造。从这个意义上可以说,在信息时代的今天,"物质实践"和"信息实践"实际上是人类同一个实践活动的两个不同侧面,即实践活动本身的"直接存在"和"间接存在"方面。这两大方面,在信息科学技术的推进中,都以更加鲜明生动的形式全面显露了出来。

对于前文提到的一些教科书关于"实践"所面临的问题,显然也可做出新的回答。在人类实践活动中,人的主观精神发挥着积极主导的作用。这正如第二章第四节在介绍邬焜关于信息系统的一般模型时对人的实践过程的分析那样,人的目的意识,包括人的世界观、价值观等,都是对"物质直接存在方式或状态"的反映,属于"不实在"的主观精神信息[①]。其中,很大部分需要人在实践活动中,投入大量精力、情感和意志,全神贯注地加以思考构思,从而创造出全新的"主观精神信息",并以"再生信息"形式预设于人的思维之中。而恰恰是人的这种预设的主观精神信息,在实践活动中发挥着极其重要的组织、导向作用。没有这样的作用,人的实践活动和动物的本能活动或物的运动等,也就没有本质上的区别。因为,从实践活动的"物质"和"信息"这两方面关系来看,实践活动的物质方面,构成了实践活动展开的客观物质(质料)基础。没有这样的基础,人的目的意识指向再强烈、再明确,实践活动也难于进行。实践活动的信息方面,即信息实践,则起到了赋予实践活动物质方面以"序"或"结构"的作用,并规定着实践活动物质方面的构成和展开方向,以及实践结果的样态及其呈现。相反,如果没有人主观精神信息对人的活动加以规范、引导,如果没有"信息实践"使活动成为"有序""有结构"的展开过程,那么这样的活动至多也只能成为毫无目的意识的感性盲动。可见"信息实

---

① 对此问题,邬焜在他的诸多信息哲学论著中都有大量论述,在此无须再加累述。

践"规定着实践活动的物质方面,即物质实践的具体指向和展开过程与方式。

不仅如此,实践活动本身也是一个信息的搜集储存、加工传递、生成创生的过程。在其中,尤其值得重视的就是实践活动对信息的创生。邬焜认为,从人类生产的角度看,不管是人类的物质生产、精神生产还是人自身的生产,它们在本质上都是信息生产。邬焜说,在生产实践活动中,受自然科学物质(质量和能量)守恒定律的支配,"人类在生产活动中是根本不可能创造出物质的"①。因为这个定律告诉我们,"世界上的物质既不能消灭也不能创造"②。人们能够通过自己的生产实践活动来加以创造的只能是信息,即"复制、创造特定物的结构信息,以及人所设计的目的信息在实物产品中"的实现。生产实践的展开过程实际"是人类改变和建构物的结构信息的信息生产过程"③,而"创制和复制观念信息是精神生产的实质"④。至于人类自身的生产归根结底仍然是信息的生产,即通过对人类遗传信息的复制产生出人的个体生命;同时通过对"人类社会文化信息的同化,将具有个体生命的人培养教育成社会化的人"⑤。由此可见,物质生产、精神生产、人自身的生产归根结底是信息生产,其实质就是"复制、改变和创造观念信息、人的遗传信息、社会文化信息、物的结构信息,以及将劳动主体的目的信息转化为实物产品的结构信息"⑥。

不可否认,人们的实践活动除了最基本、最主要的物质资料生产活动之外,还有其他各种形式的实践活动,如调整人与人社会关系的活动(包括阶级关系的实践活动,如激烈的阶级斗争),探索自然界奥秘的科学文化活动,以及其他形式的活动,等等。所有这些活动,其实都是信息的创造活动。

调整或变革社会关系的活动确实是通过人与人之间的相互沟通、具体交往,而达到对人与人之间关系的改变。可这样的改变恰恰是人主观信息与社会关系结构信息相互选择、相互制约、相互作用的结果,是人将自己的主观信息(目的、意识),通过感性的、具体的、批判性的活动,灌注于社会现实生活,使社会关系的结构、秩序以新的编码方式展开,社会生活中人与人的生产和其他社会关系以新的编码方式呈现出结构性变化,社会结构、社会生活秩序展现出新的信息样态,从而使人和人的关系更加协调融洽,更好地发挥出其实践创造的本质力量。当然,人们都是生活在现实社会关系之中的。其改造社会的主观信息(目的、意识等),对社会关系的新设计、新编码,并不是随心

---

①② 邬焜:《信息哲学——理论、体系、方法》,商务印书馆2005年版,第326页。
③ 邬焜:《信息哲学——理论、体系、方法》,商务印书馆2005年版,第327页。
④⑤⑥ 邬焜:《信息哲学——理论、体系、方法》,商务印书馆2005年版,第328页。

所欲地任加创造，而是"在批判旧世界中发现新世界"（马克思语），即在批判现有社会关系不合理状况中，发现合理的东西，从而以主观目的信息的形式形成理论，指导社会实践活动，并通过这样的活动，将这些目的信息贯穿于社会生活，从而引起社会生活中人和人关系的重新建构。

同样，探索世界本质或规律的活动也是一种信息活动。它是人在特定目的、意识等主观信息支配下，获取现实世界各方面信息，并对这些信息进行分类、加工、储存、传递和创生。分类、加工、储存、传递和创生信息，的确离不开作为"质料"的"实在"物质存在方式，像人或人脑、手机、电脑、信息网络、智能化设备等，也离不开"人-机-网"复杂相互作用的实在过程，但在这些实在环节和过程中，真正能够被分类、加工、储存、传递和创生的，依然是信息。换句话说，世界的本质和规律，就其本身而言，并不是作为"直接存在"的物质世界本身，而是在人实践的特定历史条件下，在人改造世界的具体历史过程中，现实世界向人显示出来的客观状态、联系、结构、秩序等内容及其在人类头脑中所形成的"理性认识"。而这样的"理性认识"，其内容是客观的，但其以知识、理论等所表现出来的形式，则归根结底属于人新创造出来的信息，因而是主观的。

3. "信息实践"是对以往"物质实践"的积极扬弃

其实，从实践活动的发展历程上看，"物质实践"与"信息实践"又可以被看作人类实践活动的两个不同的历史阶段。"物质实践"阶段是信息时代之前的人类实践阶段。在此阶段，人类实践活动中所包含的"信息实践"，由于缺乏必要的知识、技术作为支撑，而被还原、掩蔽在"物质实践"之中，属于尚未显露出来并被人们自觉意识的方面。当信息时代的知识、技术足以支撑起实践活动对信息的大规模深度开掘利用之时，实践活动中的"信息实践"方面便充分显露且发挥出其巨大的信息创造作用，并由此将人类实践活动推进到要由"信息实践"方面来充分发挥其主导作用的新的实践阶段。

但是，"物质实践"和"信息实践"在信息时代也绝不是毫无联系。一方面，从"物质"和"信息"的相互作用关系看，"物质"标志着事物的"直接存在"，而"信息"仅仅是物质这种直接存在方式、状态的自身显示，属于事物的"间接存在"，只有通过各种"中介"才能显现出来。所以，"信息"依赖着"物质"，并以"物质"为基础。同样的道理，"信息实践"要充分发挥出其在实践活动中的主导作用，也必须以"物质实践"为基础和现实依托，否则，"信息实践"也将难于充分实现和顺利展开。特别是在当今智能化浪潮下，要将新创造的信息赋予实在物质，更是离不开物质实践的大力协同。

另一方面，以往的物质实践活动为信息时代信息实践活动的产生、发展提供了物质基础和物质手段，没有工业时代实践活动对机器、能源等物质形态的追求,哪有信息时代自觉开掘、创造信息的现实。而当今的信息实践则赋予以往物质实践活动以更新、更广阔的信息化、智能化空间。可以说,信息实践活动之所以能够不断深入地顺利展开,归根结底是因为人类以往物质实践的不懈追求与高度发展。没有物质实践的长期积累和在物质实践层面上逐渐成长的信息科学技术,当代意义的信息实践就不会产生,人们以往的一些在今天看来属于信息活动的行为,仍将被还原为物质实践来加以理解。

"信息实践"的出现标志着人类实践活动在其自身的发展中,分化出了自己的"对立面",即以往局限在单一物质世界、紧紧围绕具有客观实在性的物质而展开的实践活动,已逐渐分化出了不仅依托物质,而且紧紧围绕信息,甚至还要由信息来协调、优化物质的"信息实践"活动。这样的活动既在形式、内容上与以往人们所从事的"物质实践"活动相区别,又伴随信息科学技术的不断发展和人们对"信息"开掘利用的高度自觉,不断地在升级、改造、选择、重建着以往人们习以为常的"物质实践"活动,从而使人的实践活动因其整体面貌的改变,而进入新的发展阶段。

唯物辩证法认为,事物内部对立面的统一,是推动事物不断向前发展的内在动力。实践的信息方面,即信息实践的充分显现,恰好构成了进一步推动实践获得全新发展的内在动力,意味着信息时代人的实践活动将在"物质实践"与"信息实践"的既对立又统一,既相互排斥又相互渗透、相互规定、相互依存、相互补充、相互交织、相互促进中,不断展开,甚至走向将新创造的信息重新赋予外物的智能化实践阶段,预示着人类的实践活动从此将在更加复杂、更加迅速、更加广阔的层面上大放异彩。从这个意义上说,实践的"信息实践"阶段,是对以往"物质实践"阶段的积极扬弃。

以上关于信息实践的三大方面,它们之间实际存在着某种复杂的三螺旋相互作用关系。信息实践的新样貌,充分显示人类实践活动的信息创造本质,同时让人类实践活动进入新的"信息实践"阶段。而实践活动信息创造本质的充分显露,又激发人们更加充满激情地开掘出信息实践的新样貌,也大为推进信息实践的新阶段。特别是在当今,在某种具体而丰富的非线性相互作用关系下,某种更为高级的智能化实践已经萌芽。在这信息实践的新发展阶段,人类信息实践的新样貌,不仅将更加优美动人,还将更加深刻地展示出人类实践活动的信息创造本质。

(三)"信息实践"建构着物质和信息交相辉映的双重复杂世界

人的现实世界,既不同于科学的无人世界,更不同于神学的理想世界。它是一个不断与人发生对象性关系的世界。人自身所包含的自然与超自然、肉体与灵魂、有限与无限等矛盾,通过人的实践活动投射到这个世界之中,使现实世界成为充满自然与属人、潜在与理想、主观与客观、必然与自由等矛盾的复杂世界①。然而，这个充满矛盾的复杂世界，在被信息科学技术渗透之前，还只不过是一个由"原子""广延性""线性运动"等隐喻的物质世界，和当今交织着信息的世界相比，的确是一个相对简单的世界。

在物质世界中，对于现在看来属于信息的东西，像"水中月、镜中花"，以及那些既不客观又不实在的精神现象，它们虽然大量存在，并着实影响着人的生活，成为人的现实世界的重要部分，但是在不借助信息科学技术的情况下，它们只能被还原为具有客观实在性的物质现象，以及对这种物质现象加以反映的精神现象。人的现实世界由此被理解为物质与精神相互作用的二元结构体系，也就不足为怪。在这样的体系中，现实世界虽有运动变化，但它的客观实在性不仅成为人们与世界打交道的基本处境，也成为人们的基本信念，让人感到异常安全、踏实与可靠。

物质实践正是在这样的物质世界中展开的。也正是在这样的世界之中，科学技术的不断发展，孕育出了信息科学技术，并将人的实践活动带入信息实践新疆域。信息实践的诞生与发展，为我们开掘出了信息世界这片新天地。信息世界是以信息方式存在的世界，是物质世界存在方式和状态的自身显示。对这个世界的开掘，的确让人的现实世界在时间与空间上大为拓展。由于信息可以在相应科学技术支持下，脱离它所直接存在的物质形态，因此在时间上，信息可以极其方便自如地借助某些物质载体，以光的速度运动、传递。在单一物质世界，兴许只有光子、电子或其他基本粒子才能如此运动，更不用说普通人对这种"高速运动"的方便自如利用了。在空间上，信息传递的范围可以说是信息网络能够延伸到何处，信息就可以传递到何处；信息网络能够扩展到多大范围，信息传递就能达到多大范围。除了信息科学技术本身或人为限制之外，一般地域性限制，对信息传递是不起作用的。信息世界的这种时空特性，一方面进一步展现了现实世界因人实践深度和广度的不同而不断变化的属人性质；另一方面意味着它将对现实世界中人的经济、政治、思想、文化等产生深远影响，甚至使以往建立在物质实践基础上的经验知识、科学理论失效，哲学思想过时。

借助信息实践活动，人们可以站在信息的角度重新审视自己的现实世界，并对精神现象及像"水中月、镜中花"等以往被归结到物质世界的现象统统进行信息解释，使人关于世界的图景由波普尔的三个世界扩展为"一个物质世界和三个信息世界"②的恢宏画卷。透过这样的画卷，可以进一步发现

---

① 高清海：《哲学的奥秘》，吉林人民出版社 1997 年版，第 45～47 页。
② 参见邬焜：《信息哲学——理论、体系、方法》，商务印书馆 2005 年版，第 93～105 页。

的是：

第一，与人们发生对象性关系的现实世界不仅是一个由"原子""广延性""实在性""线性运动"隐喻的物质世界，还是一个由"比特""数字化""云计算""不实在性""非线性运动""智能化"等加以表征的信息世界。物质世界与信息世界是同一个现实世界的两种不同性质的存在方式或两个不同的存在维度。如果说物质世界体现的是世界的"实在方面""实在维度"，属于世界的"直接存在"的话，那么信息世界则反映了世界的"非实在方面""非实在维度"，属于世界的"间接存在"。如果说以往人们对物质世界的改造，只是直接从正面对现实世界加以变革的话，那么当今人们对信息世界的开掘建构，则是直接或间接地从正面、侧面甚至是背面对现实世界的再变革。

第二，信息世界只是物质世界在自身显示中显现的世界，物质世界的客观存在才是信息世界得以成立的前提条件。如果没有物质世界的客观存在及其客观实在，那么信息世界就将失去表征、显示的具体内容，成为无源之水、无本之木。当然，在信息实践中，物质世界也只有通过信息世界的再熔铸，才能获得更加丰富、鲜活的内容。人们在信息世界创造出的丰富财富、丰硕成果，也只有最终转化到物质世界之中，才能成为实实在在的、可积淀下来的永久性财富或成果。可见，信息实践正推动着人的现实世界发生重大变化，并分化出物质世界与信息世界这两大"对立面"。这两大"对立面"之间的对立统一，将不仅为人的现实世界带来更加丰富的内容，而且很有可能在极短时间内，使人的现实世界取得前所未有的高速发展。同时，作为人的现实世界，其自身所包含的，由人自身的矛盾所引起的自然与属人、潜在与理想、主观与客观、必然与自由等矛盾，也将完全在物质世界与信息世界的双重维度下加以展开。于是，人的现实世界将越来越丰富多彩、变化万千，并呈现出非线性的复杂局面，以致很有可能让人失去以往那种对现实世界的安全踏实感。

第三，信息实践使人与世界的矛盾在更高层面、更复杂背景下展开。实践是人与世界相分化又相统一的基础。实践导致了人与世界的矛盾，又在具体地、历史地解决着这样的矛盾。人类能够从远古走到今天，由农业社会走向信息社会，应当说，无不是在实践中实现的。信息实践并没有改变人和世界的这种对立统一关系，但是这一关系的展开方式却和以往有所不同。一方面，作为实践主体的人比以往任何时候都更强大，但也比以往任何时候都更脆弱。说其强大，是因为他不仅有增强体力的机器，还有增强脑力的计算机及信息网络、智能机器人等。他可以在极短的时间内集结起大量的物质财富、科技知识或信息，以战胜各种各样的危机。说其脆弱，则是因为人极有可能因对信息科学技术的过分依赖而成为一个在自然方面不断衰退的物种，甚至还有可能在错误价值观支配下对信息科学技术加以滥用,从而导致其社会在极短时间里走向瘫痪毁灭。另一方面,作为实践对象的世界,也比以往单一物质世界复杂得多。在物质和信息构筑的双重复杂世界里,任何对世界的变革作用,都绝不会简单地局限在"大小相等、方向相反"的线性相互作用范围中。遭遇"非线性"困惑,也许是人在信息时代变革世界时的正常处境。所有这些,都将人在实践中应当承担的价值选择责任置于显著位置,使人和世界的关系在物质实践的单一生存关系基础上进一步拓展,包括信息实践中的价值关系,乃至审美关系。

(四)"信息实践"改变着人本身的面貌,并对人成其为人提出了更高要求

"人",既是一种现实存在,更是一种价值理想。信息实践的复杂性或风险性恰恰凸显出这种价值理想与人的现实存在,特别是人的生死存亡之间的内在关系。

人的生命活动不是单一生存活动,而是蕴含价值追求的实践活动。这种活动使人能够突破自然生命有限性,开创出富有人独特个性的"自为生命"。正因如此,人才总是不能忍受仅仅满足于活着,总是试图赋予自己生命以某种意义。人的这种自然与自为的双重生命,已经从生命层面展现了人的复杂性。不过,在物质实践中,人的生命复杂性只被简单投射在物质世界之中。人们只能以物质性眼光来审视自己的生命。于是,人们更多关注的也只是具有物质形式的肉体生命。在不少人看来,人的肉体生命就是人生命的全部。而这恰恰在生命层面上将人降低成了动物,使人生命的复杂性遭到遮蔽。当然,也有人意识到自为生命的存在,但在物质实践中,人们更多留意的是伟大人物在历史上留下的以"实在"形式显现的丰功伟绩,即便是精神的东西,也要以"实在"记载为依据。这反过来说明人要创造自己的自为生命,证明自己的存在、能力和本质,只能通过实在的物质形式来实现,这对普通人来说是比较困难的。

人也有多重、多维的自我。近代哲学对自我意识的确立和反思,就是对这种复杂自我的理性表达。像笛卡儿"我思故我在",康德"理论理性"的最高原则,费希特自我与非我的正、反、合关系,黑格尔主观精神的重要内容和实现理性的重要环节等,无不是在确立和表达这种自我。不过受物质实践的制约,人们相互交往的直接动因更主要在于生存需要和对物质利益的追求。为此,人们掩饰自我而以非我,甚至是"他我"的面目来与他人交往,使自我不得不被束缚在个人生存意义的"小我"之中。当人以这种被掩饰、被束缚的"小我"来对待自己和自己之外的世界时,也就不由自主地陷入自我中心主义之

中。弗洛伊德以"本我、自我、超我"的三重关系,萨特以"自我意识不具有超越性"①等观点,道出了现代哲学对自我走出狭隘"小我"、建立广阔"大我"的渴求。不过,在物质实践中,这样的渴求终归缺乏迫使"小我"走向"大我"的推动力。

从实践方面看,实践是有风险的,但物质实践的风险却主要受制于物质的实在性、物质具体运动形式的常规性。从这个意义上说,物质实践面临的风险属于常规风险,在一定条件下,有的可以通过人所拥有的知识和技术来加以规避化解。即使有的风险,人们凭借已有的知识和技术不能加以规避化解,它对人造成的损失也是局部的,绝对不至于给整个人类带来灭顶之灾。正是基于这样一种实践风险状况,人们才有可能更直观地从自己之外的客观方面来理解风险的来源,而对人错位的自为生命铸造、日益膨胀的自我中心主义等引发的风险,采取忽略不计的态度。在这种"眼睛朝外"的风险意识下,人们往往更直观地将实践主体应当承担的风险责任简单归咎于人的知识和技术,并天真地坚信只要掌握更多知识、研发更多技术,人就一定能够控制自然、规避风险,获得自由和解放。基于这样的信念,人们才"一往情深"地对实践抱以极其乐观的态度;对自己身处其中的物质世界,抱以极大的安全感和踏实感;而对于实践风险之源的人自己,怎样在实践中提升自己,使自己的实践动机、实践愿望能够和实践活动相协调,则几乎被淹没在"拒斥形而上学"的吆喝声中。

信息实践围绕信息而展开。在香农的信息论中,信息可以被理解为"消除了的不确定性"②,意味着信息对人规避实践中的风险具有重要作用。但是,"信息就是信息,不是物质也不是能量"③,它只是"物质存在方式或状态的自身显示",属于物质的"间接存在"④。在同样条件下,物质只有单一的实在形式,尽管它具有运动的属性,但物质显示的信息却是多重、多维的。信息虽然归根结底来源于物质,可借助信息科学技术,却可以脱离它所直接存在的物质形态,借助光子、电子等载体以光的速度传递,网络能够延伸到何处,信息就可以到达何处。信息在传递过程中所产生的信息与信息之间的相互叠加,还很有可能涌现出全新的信息。从这个意义上说,信息本身就蕴含着巨大的复杂性,而围绕"信息"展开的实践活动,其复杂性也将大大高于以往的物质实践。

在信息实践中,当信息复杂性遭遇人的复杂性时,如果人对自己自为生命的铸造没有超越物质实践的眼界,对自我的领悟没有超越自我中心主义的

---

① 赵敦华:《现代西方哲学新编》,北京大学出版社2001年版。
② 熊先树、邬焜:《信息与社会发展》,西南财经大学出版社1998年版,第94～95页。
③ [美] N. 维纳:《控制论》,郝季仁译,科学出版社1963年版,第133页。
④ 邬焜:《信息哲学——理论、体系、方法》,商务印书馆2005年版,第46页。

狭隘,那么信息实践很有可能因此而面临超常规的巨大风险。从人的生命层面来看,信息实践不仅使人的自然生命有望在医学的信息科学化过程中获得改善,而且更为重要的是,人的自为生命将被方便、快捷、舒适、自主、自由地投射在物质和信息交相辉映的双重世界之中,有机会成为超越其自然生命有限性的真正生命,从而带动人整个生命的升华。然而,当人的生命复杂性与信息复杂性相叠加,"非线性放大"的实践局面就很有可能出现。这一方面的确开辟了人生命创造的新境界,但另一方面,人在实践中怎样铸造自己的自为生命也将与实践风险性直接相连。如果人对自己生命的铸造抱以无所谓的态度,局限于自然生命的眼界,从而放松对自己的要求,那么人的一些微不足道的疏忽大意、无意识行为等就会被信息复杂性放大为灾难性后果;如果人放弃对自己自为生命的提升,以为自己占有或挥霍掉的"物"越多、越丰富,自己的肉体越能得到各种满足,自己的生命也就越有意义,那么人利用信息科学技术对自己自为生命的铸造就会堕落为变本加厉攫取物质财富的强盗行径,或寻求肉体刺激与快感、发泄肉体欲望的本能活动。这样的堕落对整个人类的健康发展都将是毁灭性的。

从人的自我层面看,信息科学技术确实为人超越生存和物质利益的交往创造了技术条件,也为促进"小我"走向"大我"提供了一种技术上的推动力,但这种超越了生存和物质利益的交往和自我的"大我"情怀,能否由可能转化为现实,关键还在于人在信息实践中的价值选择。马克思说:"个人怎样表现自己的生活,他们自己也就怎样。"[①]在信息实践中,人们越是以信息化手段来表现自己的现实生活,他们也就越是处于信息化的状态,不仅在实践中处处依靠信息科学技术的理论和手段,而且自觉或不自觉地将自己加以信息化处理。当人自我的复杂性与信息复杂性相碰撞时,同样的"非线性放大"的局面就会产生。如果说费希特在物质实践中初步领略到"自我与非我"的矛盾关系的话,那么信息实践则直接将这样的矛盾关系鲜亮地呈现了出来。借助本身没有道德和价值规范设定的信息网络空间,自我获得了全新的设计、鲜活的生命和形象,甚至表现出非我的性质和面貌,而在这样的设计中,自我内在包含的"自我与非我"的矛盾得以全面展开,并呈现出信息时代的本真面貌和无限内容。如果说弗洛伊德的自我还只是一个为了顺应物质实践,而不得不隐藏、防备、驾驭"本我",设定、追求"超我"的线性决定论之我的话,那么身处信息实践中的自我,将彻底扬弃"自我"的线性决定论性质。人们可以毫不费力地使自己的本我、自我、超我同时游荡、跳跃于信息网络构筑的空间,以

---

① 《马克思恩格斯文集》第 1 卷,人民出版社 2009 年版,第 520 页。

光的速度迅速传递到世界的任何角落,并与其他本我、自我、超我相互撞击、相互纠缠,而原来自我对本我承担的隐藏、防备、驾驭责任,却可以在虚拟性、隐匿性极强的信息网络空间被大为消解;原来自我对超我的设定与追求,也很有可能由此而变形、扭曲。这种复杂、多样、多变的自我,虽然是信息时代的真实自我,但也成为信息实践的首要风险之源。因为,在道德和价值规范不起作用的纯粹技术化网络空间,如果自我不能在主观上自觉改变对待自己的传统态度,仍然习惯于以物质实践时养成的"小我"情怀和自我中心主义立场来参与信息实践,如果自我还不能在与他人平等对话、信息交融中树立"大我"风范,那么人们在信息实践中展示、开掘、表达自我的活动,就将堕落为不负责任地宣泄欲望、攻击他人、消解社会规范、谋取私利等下流行径,而在这种状态下生活的人,只能是颓废、萎靡、走向衰落的人,这对整个人类来说同样是灾难性的。

由此可见,人的存在方式正在由侧重知识的物质实践,变革到不仅重视知识,更关注人自为生命铸造、"大我"情怀培养的信息实践新阶段。在这一阶段,人能否将自己提升为"人",不仅关系到信息实践的成败,而且关系到人自身的生死存亡。

第三节 作为哲学世界观方法论范式的"信息化"

"信息化"不仅是关于信息、信息科学技术广泛、深入、持久地渗透并改变人们现实生活、现实世界以及人本身的事实描述,还是身处信息时代的人们积极抓住机遇、迎接挑战,全面展开其实践活动的全新世界观方法论"范式"。

"范式"(paradigm)这一概念,是由美国科学史家、科学哲学家托马斯·S. 库恩(Thomas S. Kuhn)提出的。他在研究科学发展史过程中,在批判英国哲学家波普尔关于科学发展模式基础上,认为科学发展不是匀速向前的知识累积过程,而是某种带有科学革命性质的"范式"转换。其中,"范式"就是科学家共同体公认的"模型或模式""范例""惯例"等[1],是科学家共同体"共同的信念、传统、理性和方法"[2]。如果某个学科,其基本"范式"发生了转变,

---

[1] [美]托马斯·库恩:《科学革命的结构》,金吾伦、胡新和译,北京大学出版社 2003 年版,第 21 页。
[2] 黄顺基:《自然辩证法概论》,高等教育出版社 2004 年版,第 176 页。

那么科学革命便在这一学科爆发,像早在16世纪于天文学领域发生的哥白尼革命、19世纪末20世纪初物理学由危机发展到革命等,实际上都是科学研究"范式"的大转换。

尽管库恩的"范式"理论主要是针对科学研究不同发展模式而言的,但是"科学—技术—工程—生产—产业—经济—社会—环境"已日益形成"一体化双向交叉"的发展过程①。而这一发展过程在信息及其科学技术的推动下,其中各个环节或方面更是呈现出某种内在的有机统一状态。如果立足这种"一体化双向交叉"发展状态,再运用库恩有关"范式"的思想来思考"信息化",兴许"信息化"本身这种"范式"转化的方法论意义便会呈现出来。

一、科学的信息科学化

如果单纯根据库恩的"范式"理论来看待当今信息科学的广泛渗透和普遍发展,那么就会发现,信息科学不仅能够改造现有的各门具体学科,而且今后大量新学科的问世,也将不得不以信息科学为中介。对此,邬焜就曾做过非常全面的论述。他指出:"信息科学的最一般的、最普遍的理论和方法乃是一种全新的科学范式,这一新的科学范式具有极强的渗透力、贯穿力和改造力。当把相关的一些信息科学的原理和方法拓展开来应用到已有的传统学科时,便会立即赋予这些传统学科以某种崭新意义的全方位改造。到目前为止,还没有发现哪一个传统学科是信息概念、信息科学的最一般性的品格、理论和方法所绝对不可涉入的。"②针对这一现实,邬焜将这种具有极强"渗透力、贯穿力和改造力"③的崭新科学范式及其广泛运用称作"科学的信息科学化"。这意味着在信息时代的科学研究及其各学科发展中,运用信息科学及其最一般、最普遍的理论与方法,完全可以对以往基于单一物质世界的各学科,特别是军事学科,加以信息化改造和创新,以便赋予这些传统学科以信息时代的崭新意蕴。

围绕"科学的信息科学化",苗东升则进一步指出,信息科学对其他科学的冲击和影响主要表现在三个层面:一是从"××学"到"信息××学",比如从"经济学"到"信息经济学";二是从"××学"到"××信息学",比如从"生物学"到"生物信息学";三是信息科学本身的发展④。李宗荣也认为:"当信息科学原理和方法被用来解决传统科学技术中的问题时,就是信息科学范式进

---

① 郭贵春:《自然辩证法概论》,高等教育出版社2013年版,第116页。
②③ 邬焜:《科学的信息科学化》,《青海社会科学》1997年第2期,第53~59页。
④ 苗东升:《申论作为四论之一的信息科学》,《北京大学学报》(哲学社会科学版)2000年第6期,第89~95页。

行渗透、贯穿、扩展的过程,也是改造和重构传统学科的概念、方法和知识体系的过程。"[1]在他看来,在传统科学信息化的过程中,"信息科学的范式逐步地取代了物质科学的范式"[2]。

从这些学者的观点来看,信息化之"化",实际就是信息科学范式不断向各门学科渗透、贯穿、扩展,使传统学科创生出新的知识、新的观念、新的方法,从而焕发出新的活力,并获得崭新的学科意义。因此,这样的以信息科学而"化"之,实际上已经是在"科学—技术—工程—生产—产业—经济—社会—环境"的最基础环节、最基本理论的源头上实现着信息、信息科学技术的全面渗透或中介,这为今后新的学科的诞生,为技术、工程、生产的信息化,为整个产业、经济乃至社会生活的信息化,直至为整个人类及其所赖以生存的现实世界的信息化等,都奠定和提供了最坚实的基础和"化"之动力。

其实,"科学的信息科学化"不仅是信息时代各门学科或者新兴学科在各自的发展中回避不了的现实,还是指导今后各学科发展的基本方法论原则。因为,信息的广泛渗透和人们对信息的深入理解,已经成为人们生活的现实和人们理解现实生活的基本"范式"。

二、技术的信息技术化

在"科学—技术—工程—生产—产业—经济—社会—环境"的"一体化双向交叉"过程中,科学与技术的内在联系在当今几乎已让人看不出二者在本质上的区别。马克思、恩格斯曾在《神圣家族》中认为,自然科学和工业体现着"人对自然界的理论关系和实践关系"[3],而技术恰恰是连通这种理论关系与实践关系的中介或桥梁。

"科学的信息科学化"必然会引发"技术的信息技术化",即信息科学理论或信息科学技术作为某种技术范式,广泛深入地渗透到各类技术理论、技术方法、技术规范,以及各类具体的技术活动之中,以实现对以往各类技术的改造升级,并带动整个技术思想、技术理论、技术方法、设计思路、设计理念乃至具体技术产品的技术原理构思等的大变革,在此基础上生成大量已经高度渗透着信息科学技术的全新技术及其技术门类。

从目前的状况来看,信息科学技术也确实正在以人意想不到的广度和深度迅速渗透到各类技术之中。即便是最为古老的农业技术、畜牧技术,在当

---

[1] 李宗荣:《理论信息学概论》,中国科学技术出版社2010年版,第262页。
[2] 李宗荣:《理论信息学概论》,中国科学技术出版社2010年版,第263页。
[3] 《马克思恩格斯文集》第1卷,人民出版社2009年版,第350页。

今也大规模地渗透着信息科学技术甚至智能技术，像利用信息技术所实现的田间管理，大棚栽培中的温度、湿度控制及其信息传输与综合管理，以及利用无人机进行的放牧数据收集、分析、传输、管理等，更别说基因技术所实现的对生物基因信息，包括农作物基因信息的采集、加工和操作。试想，像如此传统古老、如此远离信息科学技术的技术门类都能够被信息科学技术深度渗透，尽管这样的渗透让人对食物的安全性大为怀疑，但从客观上来看，还有什么技术门类是信息科学技术完全不能涉足的呢？

在这一点上，军事、作战等技术，以及与之相关的装备技术可以说是对信息科学技术最为敏感的领域了。不仅信息论本身的问世就与两次世界大战的军事作战技术密切相关，而且可以说军事、军事装备等涉及作战的技术领域直接就是信息科学技术的孵化器或摇篮。像计算机、网络、无人机等的诞生，都是军事技术发展的杰作。从这一点来看，"技术的信息技术化"对于军事、作战及其相关装备技术等，可以说早已是不言而喻的内在范式。从这个意义上讲，当今作为一种带有方法论性质的"技术的信息技术化"范式，也无非是这些在军事作战及其装备中早就被研发出来的先进技术及其理论方法的民用性推广和升华。

当然，应该进一步指出的是，如果"技术的信息技术化"范式进一步深化发展，各类技术的研发、运用不仅围绕信息的获取、加工、储存、传递等不断推进，还在工业时代人工智能技术基础上，进一步围绕信息识辨、信息控制、信息综合，乃至信息创造、信息创造能力创生等发展下去，技术的信息技术化也必将深化到技术的智能技术化，以及技术的"人与'非人'"内在协同、一体共生化等高级复杂阶段。初见端倪的"脑控技术""人-机对接共生"等技术可以说已预示着技术范式在这方面的发展趋势。

例如，"脑控技术"就是在人工智能和神经工程等技术基础上，通过"解码大脑活动信号获取思维信息，再利用人工智能相关技术实现人脑与外界直接交流的技术"[①]。目前这类技术正引起人们的高度重视，并已经取得可喜成果。在2017年世界机器人大会上，测试员在没有进行任何敲击键盘的动作情况下，仅仅依靠其头上戴的与屏幕相连的"黑头罩"，运用其"脑电波"就在电脑屏幕上精准打出了"C-H-I-N-A"的字样。同样，利用该技术，坐在

---

① 《"脑控"技术：会重塑未来战争图景吗》，2017 年 9 月 25 日，http://mp.weixin.qq.com/s?_biz = MzAwMzk1MzYxMw = = & mid = 2247483985 & idx = 1 & sn = 6900550ec0143b90754452ef0cccb272 & chksm = 9b3204f3ac458de5bb7a5d94c8a95adaba7e99f5b3e3682f6465c933293e1b6028c71361df71 & mpshare = 1 & scene = 5 & srcid = 0925a3VoGTYNigcFqYfGRR8t♯rd。

电动轮椅上头戴黑色脑电帽的测试员,也没有进行任何操作,只凭其"意念"就完成了轮椅的行进、转弯操控。

这种紧紧围绕"信息"的有效开掘、利用与创生,这种力图实现不同信息体之间的信息交流、信息创生,如消除人和机器、人和"非人"(动植物、微生物)等各类看似无法进行信息交流的信息体之间的隔阂,将很有可能成为技术的信息技术化发展的重要方面和未来发展趋势。

三、实践的信息实践化

所谓"实践的信息实践化",简单说来,就是"信息实践"在当代人类实践活动中的普遍化和深刻化。具体而言,就是在信息科学技术支撑下,在信息时代"物质和精神"双重世界复杂相互作用的新世界观支配下,人们自由自觉地、有目的有意识地将信息、信息科学技术全面渗透进人的整个实践活动之中,使实践活动的各种具体形式、各个具体环节和方面都建立在"物质和信息"双重存在复杂相互作用基础上,在紧紧围绕信息的开掘、利用、生产、创造中,再将实践新创造的信息赋予万物,使万物具有人一般的灵性和信息的再创生能力,从而开创出人类实践的全新境界。以往的物质(质料和能量)主导,转向信息科学技术支撑下的信息主导,并由此塑造出人类生活的更新更复杂样态。通过这样的新型实践活动,人们也将塑造出更加复杂多样的世界和人自身崭新的面貌与存在状态。

作为一种崭新实践范式的"实践的信息实践化",它之所以可能,就在于前面对"信息实践"的分析中已经阐明的,人类实践活动本身包含着"物质实践"与"信息实践"这两个对立面及其辩证运动。也就是说,人类的实践活动,不仅仅是一种感性、直接的物质性身体活动,也是极其复杂的信息活动。这种信息活动,一方面表现为人们依靠头脑获取各类外部信息,并由此生成各种形式的主观信息,以便对人们的感性活动加以有效指导;另一方面,人们在实践活动中建立各种社会关系的同时,建立起了更加丰富多样的信息交流关系,并借助语言、文字、符号等物质形式,进行着信息的交流、传递。当今,信息科学技术对"信息"的全面彰显,不仅将信息的广泛渗透性、可共享性、广泛联通性、时空结构复杂性等全面展示出来,而且揭示出人们实践活动的信息创造本质。人的实践活动不仅包含着创造新信息的主观脑力活动,而且力图将这些新信息再通过人物质性的感性活动赋予万物,以达到改造现实世界的目的。其中,物质性的感性活动与非物质性的信息创造活动相互交织、并行不悖。物质性的感性活动承载着非物质性的信息活动,即"物质实践"中渗透着"信息实践",而非物质性的信息活动控制、支配、连通、组织着物质性的感性活动，即"信息实践"控制、支配、连通、组织着"物质实践"。实践活动这两大方面的相互交织，使"实践的信息实践化"得以在具体的物质实践与信息实践相互作用关系中自由选择、匹配和转换，从而使"实践的信息实践化"得以顺利展开。

"实践的信息实践化"作为一种实践范式，在现实生活中正日益被人们高度重视。由于信息的创生、储存、接收、传递等在实践活动中发挥着越来越大的作用，因此，通过信息科学技术来发掘、有效利用实践活动中的这种信息力量，也就成为信息时代人类实践活动具体展开的内在要求。同时，由于人类实践活动的具体展开要通过高度的社会化分工协作而进行，因此，这种实践的信息实践化也就很自然地表现在现实生活中各行各业的信息化大渗透和大改造中。不仅如此，这种将整个人的实践活动尽可能全面深刻地加以信息化改造的浪潮，也正在由个别盲目的行为，演化上升到全社会，甚至国家民族的战略行动。这正如本章在第二节中已经提到的，从技术上看，互联网作为一种信息技术，就是"由多个计算机网络相互连接而成，而不论采用何种协议与技术的网络"①。利用这样的网络，人们可以实现信息的获取、交流、存储、加工等，以便更好地展开其具体的物质生产或信息创生等实践活动。最早提出"互联网＋"概念的，正如前文已经提到的，并非在国家民族的战略发展层面上，而是在个别企业的具体实践活动中。当时是易观国际集团董事长的于扬在思考企业发展战略时率先提出此概念，以后才被其他企业跟进。大公司提出的发展目标，实际上也就是其实践目标。由于"互联网＋"体现了信息及其科学技术与人类实践的内在关系，因此，这一概念一经提出，便很快受到政府重视，并最终出现在2015年李克强总理的政府工作报告中。

从经济产业发展等角度看，"互联网＋"就是要充分发挥互联网这个信息与信息科学技术平台在生产要素配置中所具有的优化集成作用，把互联网的创新成果与经济社会的各领域都深度融合起来，并产生出全新的放大效应，以便提升"实体经济的整体创新能力和整个生产力"，从而进一步形成"更加广泛的、以互联网为基础设施和实现工具的经济发展新形态"②。从整个人类实践活动的发展来看，这实际上就是从经济产业结构等出发，自由自觉地

---

① 转引自刘金婷：《"互联网＋"内涵浅议》，《中国科技术语》2015年第3期；全国科学技术名词审定委员会：《通信科学技术名词》，科学出版社2007年版。

② 转引自刘金婷：《"互联网＋"内涵浅议》，《中国科技术语》2015年第3期；国家发改委办公厅：《关于做好制定"互联网＋"行动计划有关工作的通知》，2015年3月31日，http://www.Jushihuichina.com/a/xinwenju-jiao/xingyezixun/2015/0331/258.html，访问时间：2015年4月25日。

将人类的实践活动由原来的物质主导,提升到更加能够彰显出实践活动本质的信息主导。

事实上,由以往物质主导转向信息主导的"实践的信息实践化",自20世纪90年代以来,不仅发生、发展在经济社会的各个领域,而且更加深刻全面地发生在军事、战争领域。海湾战争(1991年)、科索沃战争(1999年)、阿富汗战争(2001年)、伊拉克战争(2003年)等,不仅宣告了战争实践领域的信息化转向,也拉开了整个军事领域的实践活动的信息化帷幕,使"实践的信息实践化"范式以新军事变革、新军事革命等提法出现在各种场合之中。随之而来的是世界各国军事战略、军事理论、战争理论、武器装备、军事训练、军事管理、军事教育,乃至军队编制与构成的信息化、智能化大改造和大变革。于是,争夺制信息权、打赢信息化战争正成为这种实践范式在军事战争领域中的核心实践目标。

"实践的信息实践化"范式意味着,在信息时代,人类的实践活动将自由自觉地在"物质和信息"双重世界复杂相互作用中全面展开。人们一方面有意识地使自己的实践活动紧紧围绕信息的开掘、利用、传输、存储等方面而展开,使物质性的事物,包括经济领域的实体经济、实体金融、实体运输等,乃至实践活动中的物质性方面,都统统经由实践中的信息创生、传输、存储等实现"综合集成"。另一方面,信息在实践活动中发挥出的"综合集成"主导作用,使实践活动中的物质基础性载负等得到重塑,特别是当信息实践的活动深入智能化阶段,实践活动的那种"让物以人的方式而存在"的创造,将更加焕发出具有客观实在性的"物质"光芒。当然,"实践的信息实践化"也将在"物质"和"信息"的复杂相互作用中,不断深入发展。

第四章　哲学对战争和信息化战争实质初解

从哲学视阈对信息化战争实质加以深入探索和研究，就是要站在战略的高位上来定准军事斗争准备基点，从整体上、全局上、长远上谋划打赢信息化之仗，以避免用传统机械论、还原论、决定论的思路来对待信息化战争。传统机械论、还原论、决定论思路是建立在近代工业化基础上，并服务于工业化生产方式、生活方式、战争模式的思维逻辑。这种思维逻辑以牛顿经典力学为科学基础和思考范例，习惯于将具有整体性的复杂系统简单归结为其构成要素的机械拼凑，将高层次、战略性的问题分解、还原到低层次技术、手段问题而进行简单操作，并以过去决定现在和未来的态度来对待新的现实。在这种思维逻辑下，信息化战争时常被理解为运用信息化武器装备而进行的战争，除了有信息战、法律战、舆论战、心理战之外，即便还有其他战争形式，也只有像美国这样的信息化强国才能开创出，而信息化较弱的国家及其军队只能跟随其后亦步亦趋。在这种机械论、还原论、决定论的思维逻辑下，信息化战争依然是武器装备、作战技术的较量，而不涉及人类自我追求、自我塑造所外化、展示出来的广义文化的对决或价值观较量。在这种机械论、还原论、决定论的思维逻辑看来，如果说在信息化战争较量中真有人的因素在发挥作用的话，那也只是人的知识和技能以及人的战斗精神在起作用，而与一个民族、国家、普通个人对待"人"、理解"人"、开掘"人"的根本态度没有关系。

上述这种对待信息化战争的思路，正是缺乏马克思主义哲学指导的典型思路。这种思路满足于采用大量马克思主义哲学教科书术语、原理，来"填装"信息时代人类实践的新内容，以为这就是坚持和发展了马克思主义。事实上，恰恰是这样的思路阻碍了马克思主义在信息时代的新发展，也是这种思路将马克思主义随实践发展而发展的活的生命力，还原到了教条主义的思维框架中。不仅如此，表面看，这种思路不仅用了马克思主义的大量概念术语，而且一刻都没有离开当代信息科学技术的最先进成果，可它在实践中却会大大缩小信息化战争的备战范围,大大降低信息化战争的备战标准,大大压制和损害广大官兵对信息化战争的备战积极性和创造性。

相反,如果我们在技术和军事视野基础上,结合信息时代特征,将马克思主义哲学从原有"物质和精神"二元对立的传统世界观模式,推进到"物质和信息"双重世界复杂相互作用的世界观构架这一信息时代马克思主义的新形态,并以此来深入思考信息化战争,就会有新的突破,从中获得新的启发。

第一节 以往思想家对战争实质的研究

信息化战争作为信息时代的战争形态,不管其如何特殊,终归是人类战争的延续。从这个意义上说,要探寻信息化战争实质,仍然有必要回顾以往思想家们对战争实质的研究。

一、克劳塞维茨对战争实质的刻画及其思维方式局限

19世纪普鲁士军事史作家卡尔·冯·克劳塞维茨(Carl von Clausewitz)的《战争论》堪称经典军事著作。作为一位资产阶级军事思想家,他的战争观反映了资产阶级初期的进步倾向和革新精神,不仅为整个资产阶级的军事理论奠定了基础,而且是马克思主义军事思想的一个重要理论来源。

克劳塞维茨在《战争论》开篇中就提出了战争的定义,指出了战争的目的以及暴力特性,即"战争无非是扩大了的搏斗"[①],战争是最大限度地使用暴力,让敌人无力抵抗,这才是我们的目标。所以,战争的特点表现为:"物质暴力(这是暴力的最主要形式,精神暴力只存在于国家和法的概念中)是主要手段。"在对暴力及其产生原因的进一步分析基础上,克劳塞维茨强调:"战争永远是一种充满了暴力的行为,而这种暴力是没有限制和限度的。"[②]古今中外的无数次战争实践充分证明了战争的暴力性,暴力是战争必不可少的手段。

克劳塞维茨认为,战争的目标就是把自己的意志强加于人,使敌人无力抵抗,而要"让最凶悍的敌人屈从于我们的意志力",就必须让他们明白,"在他们的处境之下,即使做出更大的牺牲也是于事无补的,并且这种不利的处境不是一时半会儿的"[③]。所以,"任何军事行动的目的就是让敌人的处境更

---

① [德]克劳塞维茨:《战争论》,盛峰峻译,武汉大学出版社2014年版,第1页。
②③ [德]克劳塞维茨:《战争论》,盛峰峻译,武汉大学出版社2014年版,第3页。

加凄惨"①,以至丧失抵抗能力。从这一点来看,"战争行为的目标必然始终是打垮敌人或解除敌人的武装"②。

人与人之间为什么会发生搏斗,甚至还要将这样的搏斗扩大开来?克劳塞维茨在探讨战争与政治的关系时做了进一步的阐明,同时揭示出了战争的实质。克劳塞维茨认为,尽管"敌对情感和敌对意图是构成人与人之间斗争的两种不同的因素",文明社会出于理智意图,其敌对双方的仇恨也可能"引发大规模的冲突",但是,决定这种敌对关系的真正因素其实是"利害关系"③。他进一步分析认为,"战争的初衷也就是它的政治目的"④。战争"只不过是政治目的的另一种手段罢了",它"既是一种政治行为,更是一种真正的政治工具,它是政治交往的继续,也是一种实现政治交往的手段"⑤。政治意图是战争的最终目的,战争只不过是手段而已。在战争中,"政治的因素一定会贯穿于整个战争行为的始终,并对战争中各种的因素和范围不断发生影响"⑥。所以,"战争行为的实质等同于政治行为"⑦。

但是,对于"政治目的"却不能简单抽象地看待,因为它和"群众对这场战争的态度"⑧直接相关。只有政治目的"能够对全体民众产生动员作用时",这种政治目的或战争初衷,才具有投入多少力量的尺度的意义。这也正是"不能忘记群众这一因素的原因"⑨。因此,"战争之所以能迅速地迸发出巨大的激情,是因为它是早就存在于民众之中的"⑩。

由于克劳塞维茨尽可能地立足战争实际,再加上可能深受与他同时代的辩证法大师黑格尔的影响,他从社会生活的各种联系(甚至包括"使物质具有生命力的精神力量"⑪)中来思考战争,揭示出战争中包含的大量矛盾,并将战争看作一个富含偶然的、不确定因素的复杂过程⑫,因此他的这些陈述,在很大程度上反映了近代战争的实质。克劳塞维茨关于战争的理论,已成为欧美现代战略思想的出发点。

然而,战争是人类社会独有的现象。只有对人类社会达到最深刻全面的理解,才能在此基础上,实现对战争的全面深刻把握。在黑格尔哲学产生之前,哲学往往将人类社会看作一系列应当"由理性唾弃的乱七八糟的"暴力行

---

①② [德]克劳塞维茨:《战争论》,盛峰峻译,武汉大学出版社2014年版,第3页。
③ [德]克劳塞维茨:《战争论》,盛峰峻译,武汉大学出版社2014年版,第2~3页。
④ [德]克劳塞维茨:《战争论》,盛峰峻译,武汉大学出版社2014年版,第7页。
⑤⑥ [德]克劳塞维茨:《战争论》,盛峰峻译,武汉大学出版社2014年版,第14页。
⑦ [德]克劳塞维茨:《战争论》,盛峰峻译,武汉大学出版社2014年版,第15页。
⑧⑨ [德]克劳塞维茨:《战争论》,盛峰峻译,武汉大学出版社2014年版,第8页。
⑩ [德]克劳塞维茨:《战争论》,盛峰峻译,武汉大学出版社2014年版,第16页。
⑪⑫ [德]克劳塞维茨:《战争论》,盛峰峻译,武汉大学出版社2014年版,第57页。

为,因此人类历史是没有规律可言的。直至黑格尔哲学的问世,哲学对人类历史的看法才开始有所改变。黑格尔哲学的辩证法思想,为人们深刻全面理解人类社会提供了新的思想方法,运用黑格尔辩证法看历史,人类历史就可以被看作一个如同人类认识真理那样的辩证发展过程,而在这样的过程中,一些历史状态会被另一些更加高级的历史状态所代替。从这一点来看,克劳塞维茨应该是受黑格尔辩证法思想的影响,才将战争理解为一个辩证的过程的。

但是,黑格尔哲学的辩证法思想,却是和其唯心主义基本立场相矛盾的,以致这种辩证法思想最终被其唯心主义基本立场所"扼杀"。这一点最集中地表现在黑格尔对人类社会的理解上面,即一方面,按照黑格尔辩证法的观点,人类历史既然可以被理解为一个辩证发展的过程,那么这个过程就不会因为发现了"绝对真理"而到达顶峰以至终结。可是,另一方面,按照黑格尔"绝对真理"的唯心主义基本立场,"哲学体系是一定要以某种绝对真理来完成的"[1]。为此,黑格尔不得不给这个过程一个终点,但这个终点却必须是其整个理论体系的起点。于是,"要在全部哲学的终点上返回到起点,只有一条路可走。这就是把历史的终点设想成人类达到对这个绝对观念的认识,并宣布对绝对观念的这种认识已经在黑格尔的哲学中达到了"[2]。这样一来,人类社会既然已经发展到能够认识"绝对真理"的地步,那么它的发展也就达到了顶峰,并由此而终结。

如果以这种自相矛盾的哲学观点来看待人类社会及其历史发展,那么对作为人类社会独特现象的战争的理解,就难免会受到影响。克劳塞维茨的"战争是政治手段、政治行为"等观点,仅仅从"利害关系""群众态度"来说明政治,明显停留于表面。他没有全面说明"利害关系"的由来和演变,也没有进一步说明哪些人可以被称为"群众",他们态度的客观根源是什么。这样一来,战争是政治手段、政治行为,是通过暴力让最凶悍的敌人屈从于我们的意志力等观点,也就显得极为空泛,缺乏深刻内容。

二、在马克思主义实践的哲学思维方式下全面理解战争实质

对战争实质达到最深刻全面理解的,不是别人,正是马克思、恩格斯及其后继者。马克思、恩格斯在全面扬弃德国古典哲学基础上,以人的实践活动为基础,确立了全面理解人和人类社会及其历史演化的全新思维方式,即实践的哲学思维方式,并在这样的思维方式下,确立了唯物史观基本立场、观点

---

[1][2] 《马克思恩格斯文集》第4卷,人民出版社2009年版,第271页。

与方法,为全面深刻理解人类社会的战争及其实质奠定了最坚实的哲学理论基础。

(一)马克思、恩格斯为理解战争实质奠定了最坚实的哲学思维方式基础

正如第一章所阐述的,在马克思、恩格斯看来,人类的实践活动不仅造就了人本身,而且造就了人类社会这一复杂的关系系统。同样,正是在人类实践活动的推动下,社会历史作为一种连续的过程,才得以不断向前发展。

马克思、恩格斯在唯物史观基础上,进一步考察了阶级社会的战争,在积极扬弃克劳塞维茨的"战争是政治的暴力手段"的观点的基础上,形成了正确理解战争实质的基本理论。

第一,战争是人类社会发展到一定阶段的产物,而物质经济利益的冲突是战争产生的主要原因。

恩格斯在《家庭、私有制和国家的起源》中,对战争的起源有过详尽的分析。在恩格斯看来,早期的人类,处于社会发展蒙昧时代的低级阶段。他们以果实、根茎等充饥,从事着极简单的生产劳动。"氏族在蒙昧时代中级阶段发生,在高级阶段继续发展起来。"①在早期的氏族社会里,由于生产力极为低下,氏族成员只有依靠整个氏族的生产才能保证自己的生存。于是,氏族内部实行原始公有制。大家共同劳动,共同消费,因此也就不存在发生内部斗争的条件。同时,由于地广人稀,不同氏族之间基本没有交往,谈不上利害冲突,当然更不会发生战争。然而,"人并不是到处停留在这个阶段"②。随着人口的增多,当一地所生产的生活资料,已不能满足某一氏族集团生存和繁衍后代的需要时,其便开始向外地扩张,同其他氏族集团的利益相矛盾,导致人类社会最早形态的战争。这种战争或是"为了对侵犯进行报复,或者是为了扩大已经感到不够的领土"③,但其并不以奴役和统治为目的。

到了原始社会后期,随着生产力的提高,社会分工和交换的发展,私有制得以产生,战争逐渐具有了掠夺的性质,而生产资料私有制的确立和阶级的形成,则促使战争的目的发生根本性的改变。"古代部落对部落的战争,已经逐渐蜕变为在陆上和海上为攫夺牲畜、奴隶和财宝而不断进行的抢劫,变为一种正常的营生,一句话,财富被当作最高的价值而受到赞美和崇敬,古代氏族制度被滥用来替暴力掠夺财富的行为辩护。"④可见,私有制的产生,使得

---

① 《马克思恩格斯文集》第4卷,人民出版社2009年版,第177页。
② 《马克思恩格斯文集》第4卷,人民出版社2009年版,第178页。
③ 《马克思恩格斯文集》第4卷,人民出版社2009年版,第183页。
④ 《马克思恩格斯文集》第4卷,人民出版社2009年版,第125页。

阶级社会的战争与原始社会的战争有了根本区别。"以前打仗只是为了对侵犯进行报复,或者是为了扩大已经感到不够的领土;现在打仗,则纯粹是为了掠夺,战争成了经常性的行当。"①

第二,战争在阶级社会中具有极为丰富的内涵。

在《德意志意识形态》中,马克思、恩格斯指出,按照我们的观点,即唯物史观的观点,"一切历史冲突都根源于生产力和交往形式之间的矛盾"②。阶级社会的战争,作为历史冲突的一种表现形式,同样根源于生产力和交往形式之间的矛盾。这里所说的"交往形式",其实也就是马克思在后来所说的生产关系。也就是说,在唯物史观看来,研究战争的产生、战争的实质,一定不能脱离对具体社会最现实、最基本的矛盾分析,而生产力与生产关系的矛盾,以及这样的矛盾在阶级社会所表现出的阶级矛盾,往往才是战争这种历史冲突的最深刻根源。这对于战争的分析,具有十分重大的方法论意义:

其一,战争本身就可以被理解为一种同社会物质生产密不可分的"通常的交往形式"③,特别是对于历史上那些选择进行征服的文化相对落后的民族来说,在粗陋的生产方式下,人口的增长越来越需要新的生活资料,因而这种交往方式越来越被加紧利用④。

其二,战争性质会随着战争目的的改变而改变。马克思在国际工人协会总委员会关于普法战争的两篇宣言中,通过对普法战争的分析,阐明了战争目的的改变决定战争性质的改变。马克思认为,从法国方面看,拿破仑三世发动的普法战争,对外是为了阻止德国完成统一,对内则是为了延长自己的统治,并镇压本国无产阶级的解放运动;从德国方面来说,这场战争开始是防御性的战争,但战争的爆发却是"俾斯麦恰恰同这个路易·波拿巴暗中勾结,目的是要镇压普鲁士本国人民的反抗,并使霍亨索伦王朝吞并全德"。⑤ 因而,这是一场两国统治阶级为了私利,为了镇压本国无产阶级和人民的反抗而共同挑起的王朝战争。在战争的第一阶段,法国方面确实是掠夺性的,而德国方面是防御性的。但在战争的第二阶段,即在1870年9月4日巴黎革命之后,德国民族统一的障碍已经排除,但俾斯麦并没有终止在法国的军事行动。这时战争的性质开始发生转变,在法国方面转变为正义的、防御性的,而在德国方面则转变为非正义的、侵略性的。

---

① 《马克思恩格斯文集》第4卷,人民出版社2009年版,第183页。
② 《马克思恩格斯文集》第1卷,人民出版社2009年版,第567～568页。
③④ 《马克思恩格斯文集》第1卷,人民出版社2009年版,第577页。
⑤ 《马克思恩格斯文集》第3卷,人民出版社2009年版,第115页。

这种战争性质的转变,意味着克劳塞维茨所说的"战争是政治的暴力手段",绝不是脱离具体社会关系,特别是复杂利益关系、阶级关系的抽象话语。必须针对当时社会状况、战争进程等具体事件进行具体分析。

其三,一旦无产阶级敢于起来捍卫自己的权利,资产阶级必将采取最血腥疯狂的暴力。恩格斯在1891年版的《法兰西内战》导言中,通过对1789年以后法国经济和政治发展状况分析,指出在法国"爆发的每一次革命都不能不带有某种无产阶级的性质,就是说,用鲜血换取了胜利的无产阶级,在胜利之后总是提出自己的要求",而这些要求归根结底都是要消灭资本家和工人之间的阶级对立。① 自1830年之后,无产阶级作为独立政治力量登上历史舞台,资产阶级对无产阶级镇压的残暴程度就与日俱增。因此,对1848年6月起义失败的手无寸铁的工人俘虏的血腥大屠杀,只是资产阶级第一次表明"一旦无产阶级敢于作为一个具有自身利益和要求的单独阶级来同它相对立,它会以何等疯狂的手段来进行报复"②,而这和"资产阶级在1871年的狂暴比较起来,1848年事件还只能算是一种儿戏"③。1871年巴黎公社失败,"公社战士墙"作为无声的雄辩见证,"说明一旦无产阶级敢于起来捍卫自己的权利,统治阶级的疯狂暴戾能达到何种程度"④。可见,在资产阶级和无产阶级高度对立的资本主义社会,战争总会通过阶级对立的暴力形式展现出来。

马克思、恩格斯通过唯物史观对战争及其相关关系的考察,为后人全面深刻地理解现实战争的实质,奠定了世界观方法论等最根本的思维方式基础。

(二) 列宁对战争实质的具体把握

在现实生活中,面对具体的战争,究竟应该采取怎样的态度,直接关系到对具体的战争性质的分析把握。在这一点上,列宁继承发扬了马克思主义实践的哲学思维方式和唯物史观基本立场,对他当时面临的帝国主义战争及其实质,进行了深刻全面阐述。

第一,无产阶级政党思考战争的基本思维逻辑。

无产阶级政党对待战争的态度,和资产阶级和平主义者与无政府主义者有原则性的区别,而这样的区别就存在于思考战争的根本思维逻辑中。

面对帝国主义发动的第一次世界大战,无产阶级政党的态度是建立在

---

① 《马克思恩格斯文集》第3卷,人民出版社2009年版,第101页。
②③ 《马克思恩格斯文集》第3卷,人民出版社2009年版,第102页。
④ 《马克思恩格斯文集》第3卷,人民出版社2009年版,第107页。

"历史地（根据马克思的辩证唯物主义观点）研究各个战争"①基础上的。这里所说的"历史地研究各个战争"，也就是要以马克思主义实践的哲学思维方式为基本思维逻辑，以唯物史观的基本立场和观点来具体地分析、研究战争爆发的社会历史条件和阶级性质，而不是像资产阶级和平主义者和无政府主义者那样，无视战争背后隐藏的社会历史条件、阶级利益矛盾等前提性问题，仅仅从战争的表面或以和平的词句来简单、抽象地支持或反对战争。基于此，无产阶级政党并不是一味地反对战争，而是主张站在无产阶级争取解放的立场上，来具体地分析战争。因此，无产阶级政党"完全承认国内战争即被压迫阶级反对压迫阶级的战争"，承认这些反对阶级压迫的战争的合理性、进步性和必要性。但同时，无产阶级政党也"懂得战争和国内阶级斗争有必然的联系，懂得不消灭阶级、不建立社会主义就不能消灭战争"②。

第二，无产阶级政党对待帝国主义战争的根本态度。

不可否认，在第一次世界大战期间，几乎所有人都认为当时的"战争是帝国主义战争"③，但是由于人们没有对"帝国主义"进行唯物史观，特别是阶级利益的本质性分析，因此，人们不是片面地运用"帝国主义战争"这个概念，就是"总寻借口说这一战争可能具有资产阶级进步的、民族解放的意义"④。列宁通过对帝国主义政治、经济等现状的具体分析，明确指出，"帝国主义是资本主义发展的最高阶段，这个阶段只是在二十世纪才达到的"⑤。生产集中使"整个整个的工业部门都操纵在辛迪加、托拉斯这些资本家亿万富翁的同盟手中，整个地球几乎都被这些'资本大王'瓜分完毕，他们或者占有殖民地，或者用金融剥削的无数绳索紧紧缠住其他国家。垄断、夺取其他投资场所和原料输出地等趋向代替了自由贸易和竞争"⑥。资产阶级将资本主义推进到这样的现实地步，其进步的、民族解放的意义在哪里呢？因此，列宁说："在帝国主义时代，资本主义已经由反封建主义斗争中的民族解放者，变为各民族的最大压迫者。资本主义已由进步转为反动，它已经使生产力发展到这样的程度，以致人类不是过渡到社会主义，就是在许多年内，甚至在数十年内熬受各'大国'为勉强保存资本主义（通过侵占殖民地，实行垄断，建立特权，实行各种各样的民族压迫）而进行的武装斗争。"⑦基于这样的具体分析，关于"帝国主义战争"的实质也就再清楚不过了，即这是一场帝国主义国家之间重新瓜分势力范围、重新分配利益的战争，都是为更好地压迫其他民族而进行的

---

①② 《列宁选集》第二卷，人民出版社1972年版，第668页。
③④⑤⑥⑦ 《列宁选集》第二卷，人民出版社1972年版，第670页。

作战。因此，无产阶级政党"决不应该帮助一个较年轻较强壮的强盗（德国）去抢劫一个较老的吃得过多的强盗"①，而是应该"利用这些强盗间的斗争，以便把他们一齐打倒"②。无产阶级政党应首先向人民说明真相，指出这场战争的实质，就是"奴隶主为巩固奴隶制而进行的战争"③。这才是无产阶级政党对待帝国主义战争应有的根本态度。

第三，在唯物史观视野中发展克劳塞维茨关于战争实质的观点。

列宁说，"战争是政治通过另一种手段的继续"④，此处的"另一种手段"即暴力，这是谙熟军事问题的作家克劳塞维茨说过的一句至理名言。"马克思主义者始终把这一原理公正地看作考察每一战争的意义的理论基础。马克思和恩格斯一向就是从这个观点出发来考察各种战争的。"⑤而要做到"公正地"运用克劳塞维茨提出的这一原理，除了要剔除历史的、阶级的偏见之外，最重要之点，就在于必须始终坚持马克思、恩格斯看待问题的哲学思维方式，特别是唯物史观的基本观点，并在此基础上对战争的具体社会条件加以具体研究。也就是说，只有在马克思主义的立场观点和方法基础上，克劳塞维茨关于"战争是政治通过暴力手段的继续"的原理，才能得到公正的理解和运用，也才能真正体现马克思主义的战争观。否则，"战争是政治通过另一种手段的继续"依然会成为空洞的词句或教条。

一旦站在马克思主义立场，运用克劳塞维茨关于战争实质的原理来考察当时的战争，就会看到，"英、法、德、意、奥、俄这些国家的政治和统治阶级几十年来、几乎半个世纪以来实行的政治是掠夺殖民地、压迫异族、镇压工人运动"⑥。因此，"当前的战争正是这一政治的继续，也只能是这一政治的继续"⑦。可见，列宁实际上是通过考察战争与政治和暴力手段的具体、内在联系，对战争的实质做了现实而具体的分析。在他看来，不同时代、不同社会历史条件，由于政治内容的不同，战争的实质和意义也就完全不同。所以，"现在的帝国主义战争是两个大国集团的帝国主义政治的继续"⑧，"一切战争都不过是各交战国及其统治阶级在战前几年或几十年内所推行的那一政治通过暴力手段的继续"⑨。

由此可见，要确定具体的战争的政治实质，首先要分析进行战争的阶级的战前政治，确定战争是什么样的阶级的政治的继续。有鉴于此，列宁才坚持告诫人们："如果忘记一切战争都不过是政治通过另一种手段的继续，那在

---

①②③ 《列宁选集》第二卷，人民出版社1972年版，第672页。
④⑤⑥⑦ 《列宁选集》第二卷，人民出版社1972年版，第673页。
⑧ 《列宁军事文集》，战士出版社1981年版，第293页。
⑨ 《列宁军事文集》，战士出版社1981年版，第259页。

理论上是完全错误的。"①

（三）毛泽东对马克思主义战争观的深刻理解

毛泽东等中国共产党人继承发扬了马克思主义理解战争的根本思维方式和基本观点，努力从中国战争的具体实际出发，理解战争实质，把握战争规律。

第一，以实践的哲学思维方式研究战争。

毛泽东在《中国革命战争的战略问题》的开篇第一章第一节就对研究战争的根本思维方式或思维逻辑进行了阐述。其中明确提出，战争、革命战争、中国革命战争的内容、特点，乃至其中所蕴含的规律性等的巨大不同，要求中国共产党人，既要研究一般战争的规律，也要研究革命战争的规律，还要研究中国革命战争的规律。在指导中国革命战争中，必须反对战争问题上的机械论②，即要么让中国革命战争削足适履地按照反动军事学校抄袭出版的西方军事条令或者苏联军事机关颁布的军事条令去做，要么刻板地抄用北伐战争的经验③。研究战争，必须清醒地认识到，"一切战争指导规律，依照历史的发展而发展，依照战争的发展而发展，一成不变的东西是没有的"④。在此，推动历史发展、推动战争发展的动力不是某种神秘力量，而是人的具体的、现实的实践活动。只有看到战争背后人的实践活动及其不断创造，才能深刻把握具体战争的具体规律。

第二，在战争实践中学习和研究战争。

首先，在实践基础上正确处理战争与和平的辩证关系。在战争问题上，区别共产党人和一切剥削阶级的界限就在于，共产党人研究战争的规律，出于"要求消灭一切战争的志愿"⑤。战争是"人类互相残杀的怪物，人类社会的发展终究要把它消灭"。但是消灭战争的方法只有一个，那就是"用战争反对战争"。纵观"历史上的战争，只有正义的和非正义的两类"⑥。共产党人"拥护正义战争反对非正义战争"⑦。面对最大、最残酷的非正义反革命战争，共产党人如果不打起正义战争的旗帜，人类的大多数和中国人民的大多数就会遭受摧残。所以，共产党人不是要一味地反对一切战争，而是要在现实实践基础上，具体地分析发生在其身边的战争，并在此基础上辩证、全面、合理地处理好战争与和平的辩证关系。

---

① 《列宁军事文集》，战士出版社1981年版，第293页。
② 《毛泽东选集》第一卷，人民出版社1991年版，第173页。
③ 《毛泽东选集》第一卷，人民出版社1991年版，第171～172页。
④ 《毛泽东选集》第一卷，人民出版社1991年版，第173～174页。
⑤⑥⑦ 《毛泽东选集》第一卷，人民出版社1991年版，第174页。

其次,在实践基础上具体分析战争全局和局部的关系。只要有战争,就有战争的全局,"凡是带有要照顾各方面和各阶段的性质的,都是战争的全局"①。然而,"全局性的东西,不能脱离局部而独立,全局是由它的一切局部构成的"②。在战争实践中,战略和战役、战役战术等都会面临全局和局部的关系。从事战争实践的任何一级首长,都应该"把自己注意的重心,放在那些对于他所指挥的全局来说最重要最有决定意义的问题或动作上",而这里所说的"重要""有决定意义","不能按照一般的或抽象的情况去规定,必须按照具体的情况去规定"。③这些具体的情况,全都根源于人们具体现实的实践活动。为此,也就要求在战争实践中,"用心思去想一想才行"④。

最后,在实践基础上实现主观和客观的统一。"军事的规律,和其他事物的规律一样,是客观实际在我们头脑中的反映,除了我们的头脑以外,一切都是客观实际的东西。"⑤这里所说的"客观实际",既包括真实的情况,也包括人们的实践活动。不可否认,军事家活动的舞台是建筑在客观物质条件上的,他们不能超越客观物质条件所许可的范围,来获得战争的胜利。但是,"军事家可以而且必须在物质条件许可的范围内争取战争的胜利"⑥,必须凭借客观物质条件的舞台,"演出许多有声有色威武雄壮的活剧来"⑦。要实现这种"把主观和客观二者之间好好地符合起来",解决好这种主观和客观的矛盾,唯有在战争实践中,学习战争、研究战争,从中找出规律、制订计划,有效地指导战争。所以,在《论持久战》中,毛泽东进一步指出:"反对战争问题中的唯心论和机械论的倾向,采用客观的观点和全面的观点考察战争,才能使战争问题得出正确的结论。"⑧

第三,在唯物史观视野中全面理解战争的实质。

在《中国革命战争的战略问题》中,毛泽东就明确指出:"战争是民族和民族、国家和国家、阶级和阶级、政治集团和政治集团之间互相斗争的最高形式。"⑨在《论持久战》中,他更是在马克思主义实践的哲学思维方式和唯物史观基本观点与方法基础上,从战争性质、战略战术及战争与政治等高度,对中国人民抗日战争及其过程展开等进行了现实而全面的研究。在对当时战争

---

①② 《毛泽东选集》第一卷,人民出版社 1991 年版,第 175 页。
③ 《毛泽东选集》第一卷,人民出版社 1991 年版,第 176 页。
④ 《毛泽东选集》第一卷,人民出版社 1991 年版,第 177 页。
⑤ 《毛泽东选集》第一卷,人民出版社 1991 年版,第 181~182 页。
⑥⑦⑨ 《毛泽东选集》第一卷,人民出版社 1991 年版,第 182 页。
⑧ 《毛泽东选集》第二卷,人民出版社 1991 年版,第 447 页。

的各方力量和现实条件的具体分析中,批判了亡国论和速胜论的错误,全面论述了抗日战争的持久性和中国人民取得战争最终胜利的现实根据。正是在这部著作中,毛泽东在继承发展马克思主义战争观基础上,更加详细地分析论述了战争与政治的内在统一关系,对战争的政治实质及其军事较量等进行了全面论述。

毛泽东明确指出:"'战争是政治的继续',在这点上说,战争就是政治,战争本身就是政治性质的行动,从古以来没有不带政治性的战争。……一句话,战争一刻也离不了政治。"①中国人民抗日战争的胜利,离不开中国人民驱逐日本帝国主义,建立自由平等的新中国,坚持抗战和坚持统一战线总方针,以及全国人民的动员,离不开官兵一致、军民一致、瓦解敌军等政治原则②,等等。可战争又有其特殊性,它"不即等于一般的政治"③,是政治的特殊手段的继续:政治发展到一定阶段,再也不能照旧进行,于是爆发战争,以扫清政治道路上的障碍。因此,"政治是不流血的战争,战争是流血的政治"④。

基于战争的特殊性,就有战争的一套特殊组织、特殊方法、特殊过程,即军队及其附随的一切东西,以及敌对军队互相使用有利于己、不利于敌的战略战术。由于战争经验的特殊,"一切参加战争的人们,必须脱出寻常习惯,而习惯于战争,方能争取战争的胜利"⑤。

由此可见,马克思主义经典作家的上述这些论述,深刻阐明了理解"战争是政治通过暴力手段的继续"等观点的根本思维逻辑,为全面理解信息时代战争的政治实质和暴力特性,提供了世界观、方法论、战争观等依据。

事实上,根据马克思主义经典作家的有关论述和战争实践经验,《中国人民解放军军语》就曾指出:战争是"敌对双方为了一定的政治、经济目的,有组织有计划地使用武力进行的激烈的军事对抗活动,是解决阶级、民族、政治集团、国家之间矛盾冲突的最高斗争形式,是政治通过暴力手段的继续"⑥。《中国军事百科全书》也曾做了类似的界定:战争是"人类社会集团之间为了一定的政治、经济目的而进行的武装斗争。它是一种特殊的社会历史现象"⑦。"在阶级社会,则是用以解决民族和民族、国家和国家、阶级和阶级、政治集团和政治集团之间矛盾的最高斗争形式,是政治通过另一种手段(即

---

①②③ 《毛泽东选集》第二卷,人民出版社1991年版,第479页。
④⑤ 《毛泽东选集》第二卷,人民出版社1991年版,第480页。
⑥ 《中国人民解放军军语》,军事科学出版社1997年版,第61页。
⑦ 《中国军事百科全书》(军事学术Ⅱ),军事科学出版社1997年版,第763页。

暴力)的继续。"①这一方面阐明了战争的实施主体、政治实质、目的、暴力特性、社会历史性和社会功能作用,高度概括了战争的质的规定性和基本内涵,符合历史上各种战争的客观实际;另一方面意味着理解和把握战争实质,必须从人类社会这个有机整体及其演化运动出发。具体而言,生活在人类社会中的现实的个人,通过不同阶级阶层、民族国家、组织群体等,追求各种各样的经济、文化、生态等利益,而这些利益通过宏观层面的政治表现出来。一旦这些宏观上的利益诉求无法通过常规的政治途径而获得,那么充满暴力的战争便会发生。所以,政治和军事总是紧密地联系在一起。这正如习近平所说的,"筹划和指导战争,必须深刻认识战争的政治属性,坚持军事服从政治、战略服从政略,从政治高度思考战争问题"②。

但是战争除了由其政治目的所决定的政治本质之外,还有其作为"两军相杀"本身所具有的根本目的,从这个意义上说,"战争的目的不是别的,就是'保存自己,消灭敌人'"③。消灭敌人,就是要解除敌人的武装,剥夺敌人的抵抗力,而不是要满足于简单、完全消灭敌人的肉体。在这方面,毛泽东在《论持久战》中曾有专门的论述。在他看来,这种"保存自己,消灭敌人"的目的贯穿于战争始终,普及于战争的全体,使得"一切技术、战术、战役、战略原则,一切技术、战术、战役、战略行动"一点也离不开它,因此毛泽东指出:"保存自己,消灭敌人这个战争的目的,就是战争的本质,就是一切战争行动的根据,从技术行动起,到战略行动止,都是贯彻这个本质的。"④具体到当时的抗日战争,那就是"两国之间各种相对立的基本因素展开于战争的行动中,就变成互相为了保存自己消灭敌人而斗争"⑤。基于这样的认识,所以,中国人民的抗日战争,"在于力求每战争取不论大小的胜利,在于力求每战解除敌人一部分武装,损伤敌人一部分人马器物"⑥。把这些消灭敌人的成绩积累起来,就会成为大的战略胜利,达到最后的"驱逐日本帝国主义,建立自由平等的新中国"的政治目的。

可见,战争本身的目的或本质,能够在战争的具体实践中,通过人们的主观努力,最终实现与其政治目的或政治本质的具体而现实的统一。其中最值得注意的就是,这种统一的现实基础,不是什么抽象的理论推演,而是人们在战争实践活动中的正确决策和正确行动,包括目的、方案、计划等的正确制定和有效实施等,即现实具体的实践。

---

① 《中国军事百科全书》(军事学术Ⅱ),军事科学出版社1997年版,第763页。
② 《用好用活军事这一手——关于强军打赢的科学方法论》,《解放军报》2022年9月26日。
③ 《毛泽东选集》第二卷,人民出版社1991年版,第482页。
④⑤⑥ 《毛泽东选集》第二卷,人民出版社1991年版,第483页。

第二节　信息化战争实质探议

从对克劳塞维茨"战争是政治的继续",到基于马克思主义实践的哲学思维方式及其唯物史观的战争观分析,有理由得出这样一个总的看法或观点,即战争是政治的继续,而政治恰恰集中反映着不同阶级、不同国家、不同民族最根本的物质经济利益。事实上,敌对双方要争夺的正是这种最根本物质经济利益的控制支配权。这关乎人们的生存发展,关乎人们的生死存亡。因此,谁都不会对这样的控制支配权视而不见或拱手相让。对于卷入战争较量的双方来说,他们必定会将自己在当时历史条件下的全部本质力量投入其中,以便争得这样的事关生存发展、生死存亡的控制权。

由于人类在不同发展阶段,其实践发展水平不同,反映其最根本物质经济利益的具体内容也就不同,人们所能采用的暴力手段也在随着人们实践水平的深化而发展,因此不论是马克思、恩格斯时代的战争,还是列宁时代的帝国主义战争,以及中国人民所经历的土地革命战争、抗日战争、解放战争等,尽管这些战争的内容、形式各不相同,但战争边界、暴力手段及其残酷性、破坏性却都在伴随人的实践能力(包括科技创新能力等)的提高而不断升级深化。因此可以说,伴随人本质力量的不断发展,战争的内容、战争展开的方式方法、战争边界,以及敌对双方对抗较量的复杂性、残暴性、破坏性等,都在不断扩展和深化。在这一点上,可以说战争其实是人本质力量的全面比拼与较量。这意味着人本质力量发展到哪里,战争所涉及的内容、表现形式以及其边界就会触及哪里;人本质力量发展到什么程度,战争较量的复杂性、残暴性、破坏性等就将相应达到什么程度。

这从军事学家们对不同时期战争、不同战争形态及其杀伤力分析中都能深刻体会出来。冷兵器时期人的本质力量局限在对简单的青铜器、铁器的运用和自身生物能、牲畜生物能的直接运用,那时的战争从内容到形式都相对简单、直接,虽然从当时的人类发展水平和社会发展规模来看,已经是相当复杂、残暴和充满破坏力了,但相对于后来运用化学能、机械能、原子能的热兵器时期的战争,特别是其中的机械化战争而言,其复杂性、残暴性、破坏性简直算不了什么,甚至显得有些笨拙。因为伴随人类对化学能、机械能、原子能等的开发利用,伴随人类能够以工程的组织管理方式来进行生产,人类能够将化学能、机械能、原子能等通过火枪、机枪、大炮、飞机、核武器等施放出来,能够将工程的组织管理方式运用于组织和管理大规模的血腥战争。

在土地等与人的生命息息相关的资源相对有限的情况下,在存在着阶级剥削与压迫、民族统治与压迫的历史时代,如果不把人在自身发展中所形成的最先进、优质的本质力量投入战争,那么人们的生存发展权益就得不到扩展或捍卫。这样一来,人们的生命维系和延续就会受到限制或威胁。于是,为了生命的生存,为了适应自然与社会这双重的现实历史条件,人们不得不把自己的本质力量及其发展与战争紧扣在一起,从而推动战争在深度和广度上进一步发展。

信息科学技术不仅开掘出了以往人们不曾关注的信息世界,而且彻底改变了人的存在方式、生存方式、生活方式、思维方式等,特别是使人的实践活动充分展示出了其信息创造的内在本质,将人类实践活动推进到信息实践的新阶段。马克思主义认为,实践是人的存在方式。这意味着人的实践或人的存在方式的巨大变化、人本质力量的巨大提升,所有这些必然会通过人现实而具体的实践活动,以最深刻、最普遍、最全面的方式投射到信息化战争上面,并由此最深刻全面地显露出战争对抗的实质,即人本质力量在"物质和信息"双重复杂世界的最全面、最深刻的较量。因而,思考这样的战争就绝不能仅仅从战争的外在表现形式上来看问题,而是应当结合人的现实世界的巨大变化,特别是人存在方式(即实践)的大变革等,来加以深入思考。

一、目前对信息化战争实质的哲学研究及其局限

目前,在哲学基础上对信息化战争进行深入研究,确实已取得了不少研究成果,其中影响比较大,也很有代表性的研究成果恐怕要数汪维余等学者在《信息化战争哲理》一书中对信息化战争所展开的深入探讨。在他们看来:

第一,孕育信息化战争的政治"母体"是"规制霸权主义"[①],即以争夺世界政治经济秩序的主导权为主要特征,通过操纵世界政治经济秩序来独掌世界的控制权。其具体表现为美国利用经济全球化进程"构建当代全球霸权体系",以"垄断世界政治经济规则"等的制定权为核心,强行推行和维持"有利于垄断资本实现全球性扩张,有利于汲取全球财富的不公正、不合理的国际政治经济秩序"[②]。

第二,信息化战争的本质仍然是暴力对抗,只不过这种暴力呈现出了震慑性、不对称性、综合性、爆裂性等新面貌。

[①] 汪维余:《信息化战争哲理》,国防大学出版社2011年版,第40页。
[②] 汪维余:《信息化战争哲理》,国防大学出版社2011年版,第44页。

第三，信息化战争的军事目的，仍然是"保存自己，消灭敌人"，只不过"消灭敌人"已不再是以消灭敌人肉体为主要目标，而是"由消灭对手趋向改变对手、由歼灭敌军趋向瘫痪敌军、由打垮敌国趋向打服敌国，但核心仍然是迫使敌人服从己方的意志"①。

第四，信息化战争是综合实力的较量，而"综合实力的核心则突出表现为知识力和信息力"。②

第五，信息化战争中的决定性因素是人不是物。"不论战争发展到何种形态，只要其暴力性、集团性等基本属性未变，决定战争命运的，就始终是支配和操纵战争的人。"③

从汪维余等学者的上述观点中不难发现，他们是在马克思主义战争观基础上对信息化战争实质加以揭示的。这样的揭示一定程度上反映了信息化战争的产生、性质、目的、方式和决定性因素，对于初步理解信息化战争具有很大的现实意义。然而，汪维余等学者的看法，也存在以下缺陷：

第一，他们没有对马克思主义战争观本身加以信息时代的深化发展，只是简单地以马克思主义在工业时代形成的既有观点为思考的前提和概念框架，将信息时代的现有战争现象外在地填充进他们的前提和概念框架之中。表面上看，这似乎是坚持了马克思主义的战争观，但细加思考，信息时代的战争毕竟不同于以往一切时代，马克思主义战争观本身更是需要随着信息时代的发展而发展。如果不对马克思主义战争观本身加以信息时代的哲学深化，只是简单地"照套公式""演绎推理"，难免会给人留下简单化、外在化的印象，以至对信息化战争本质的理解显得有些过于简单，从而不利于谋划我们自己的信息化战争。

第二，他们虽然承认战争，特别是信息化战争具有极大的复杂性，甚至还从战争力量构成机理、时间空间相互转化及其新变化、战争手段方法、对抗形式、制胜机理等各个方面生动刻画了信息化战争及其巨大复杂性的不同表现。尽管这些刻画对于急于跟上信息化发展步伐的人民军队来说，具有十分重大的理论和现实意义，但从哲学视阈上看，他们对于信息化战争如此巨大复杂性的根本原因分析，尚未达到深刻揭露信息化战争复杂性根源的那个"度"，以至让人以为信息化战争复杂性仅仅在于一般性的战争复杂性，只不过在信息科学技术的具体运用下，这种战争的复杂性有了新的表现形式罢

---

① 汪维余：《信息化战争哲理》，国防大学出版社2011年版，第65页。
② 汪维余：《信息化战争哲理》，国防大学出版社2011年版，第68页。
③ 汪维余：《信息化战争哲理》，国防大学出版社2011年版，第70页。

了。如果按照这样的思路来理解信息化战争的复杂性，那么由现实世界"物质和信息"双重存在复杂相互作用而引发的复杂性及其在战争中被进一步地非线性放大，也就被忽视了。可这种根源于人现实世界"物质和信息"双重存在复杂相互作用的复杂性，对于信息时代的战争来说，恰恰是最根本、最深刻、最不容忽视的。否则，在对战争复杂性问题的理解方面，依然还是会落入以过去决定未来、以有限经验应对无限可能，无视理性思维、无视谋划创造的传统经验主义逻辑窠臼之中。

第三，他们虽然认为人的信息能力在战斗力生成中起主导作用[1]，但由于对信息本身缺乏深入的哲学反思，看不到人在信息创造中的重要作用，特别是看不到人新创造、新开掘出的信息对于放大信息化战争复杂性的作用，因此他们只能将人的信息能力理解为"包括信息获取、传输、处理、使用、控制能力等"[2]，看不到人信息能力中至关重要的"信息创造能力"，看不到在信息时代，正是这种能力才集中体现出人之为人的本质力量，以及信息化战争所显露出的人本质力量的最全面深刻的较量。

第四，他们虽然强调了人在信息化战争中的重要作用，认为从根本上来说，"战争还是人与人的较量"[3]，但由于其对人本身缺乏深入的哲学分析，只能将人与人之间的较量简单理解为人外在的科技素质、战斗精神等的较量，看不到实践是人的存在方式，战争实践内容的巨大变化必然带来人本身存在状态、本质力量展现、人本质等的巨大变化。而在这样的巨大变化中，人与人之间的较量，又岂止仅仅是在科技素质、战斗精神等表面层次展开？各种新信息的开掘、各类新信息的创造，以及这些新信息开掘创造的不竭活力，乃至整个社会生产生活对这些新信息开掘创造的支持力度等，无不成为较量的内容。其中争夺价值观制高点的核心价值观较量，不正是汪维余等学者所看到的孕育信息化战争的政治"母体"——"规制霸权主义"的惯用伎俩吗？

在机械论、还原论、决定论、经验论的思维逻辑下，信息化战争依然是武器装备、作战技术的较量，而不涉及人类本质力量的最深刻、最全面的较量，不涉及这种本质力量投射到何处，较量便展开于何处，本质力量指向何方，较量便展开于何方等实质性内容，看不到信息化战争背后的人的自我追求、自我塑造所外化、展示出来的广义文化的对决或价值观较量。由于这种思路既采用了马克思主义哲学教科书的术语和原理，又一刻都没有离开当代信息科学技术和人类已经打过的那几场信息化战争等最先进成果和最新进事实，还

---

[1][3] 汪维余：《信息化战争哲理》，国防大学出版社2011年版，第70页。
[2] 汪维余：《信息化战争哲理》，国防大学出版社2011年版，第69页。

非常符合一般自然科学根据某个原理、定理来解答问题的逻辑步骤,因此它在现实军事、战争研究中极有影响力。当然,这对解决某些军事、战争具体问题,达到某些近期目的来说,还真是十分有效。但仅局限于此,却是非常不够的。

如果要从哲学视阈来最深刻全面地把握信息化战争实质,切中信息化战争较量中最深刻最具实质性的那个"度",那么就不得不看到以上这种经验化、表层化的思路由于没有对信息时代现实世界加以前提性深入分析,也没有对马克思主义哲学世界观进行信息时代的前提性创新,更没有对隐藏在信息科学技术和信息化战争等大量事实背后的人本质力量的全面投射、世界景象根本性巨变加以深刻揭示,因此这样的思路不仅难于对马克思主义哲学做出信息时代的创新发展,难于从哲学的最高普遍性上深刻理解信息化战争实质,而且在实践中会大大影响准备和应对信息化战争的范围和深度,一定程度上甚至还会降低准备和应对信息化战争的标准,消解广大官兵打赢信息化战争的积极性和创造性。

相反,如果在技术和军事视野基础上,结合信息时代世界景象的新变化及其特征,将马克思主义哲学从原有"物质和精神"二元关系的传统世界观模式,推进到"物质和信息"双重世界复杂相互作用的世界观构架这一信息时代马克思主义的新形态,并以之来深入思考人本质力量在双重复杂世界的全面较量,以及所表现出的信息化战争,就会有新的突破,从中获得新的启发。

二、关涉信息化战争实质的三大要素及其复杂性

信息时代的现实世界,正如第二章和第三章提到的,是由物质和信息双重存在复杂相互作用而形成的复杂现实世界。这个世界具体说来是由"一个物质世界和三个信息世界"复杂相互作用、相互叠加、相互制约、相互协同、相互放大而成的。在这样一个超级复杂的现实世界中看问题和与问题相关的各要素及其相关方面,在信息、信息科学技术作用下,被不断引发、放大的复杂性就会成为思考该问题不得不立足的现实基础。探索信息时代信息化战争实质问题,也是如此。从前面的分析可知,马克思主义在唯物史观立场上继承发扬了克劳塞维茨的战争观,主张在唯物史观基础上,将战争本质理解为政治的暴力手段的继续。在信息时代,这种对战争本质的概括,其话语形式虽然可以不变,但其构成要素及其所涉及的具体而广泛的内容早已伴随信息、信息科学技术的普遍开掘利用,而发生巨大变化。也就是说,信息时代"物质和信息"双重复杂世界,实际是放大了科技本身、政治、暴力等战争基本要素及其本身所包含的复杂性。

（一）信息时代"信息科学技术"本身的复杂性

克劳塞维茨认为，战争是最大限度使用暴力，而暴力"是在科学技术的成果的帮助和武装下增强自身力量的一种方式"[①]。科学技术总是被人最积极地用于战争，而战争甚至也刺激着科学技术的大规模快速发展。然而，和以往的科学技术相比，信息科学技术又有最广泛的渗透性。第三章的第三节已经就信息科学技术的这种最广泛的渗透性，从科学的信息科学化、技术的信息技术化、实践的信息实践化等方面做了较为详细的阐述。信息科学技术对社会生活各个领域的广泛渗透，绝不仅仅满足于简单机械的拼凑，而是在人类实践活动的推进中，实现创造性的跃迁。在这样的渗透中，人们所生活的现实世界正发生着全新的变化，直至涌现出更加复杂、更加变幻莫测的世界。正如邬焜所认为的，信息科学技术对信息世界的广泛渗透和开掘建构，实际正使得现实世界演化为"物质和信息"双重存在复杂相互作用的世界，展现出"一个物质世界和三个信息世界"的交相辉映和整体性演化。在这样的世界中，战争实质也必将呈现出新的特征。

除此之外，信息科学技术本身的发展演进还会在人类"实践的信息实践化"推进下，呈现出巨大的复杂性。这不仅反映在这种科学技术于相互融通、相互促进、相互转化、相互协同放大等方面将会呈现出的巨大复杂性，而且反映在这种科学技术自身理论的加速发展、加速演化等进程中。当今，信息科学技术的发展正由信息化阶段跃升至更高级、更复杂的智能化阶段，而这样的阶段还仅仅是整个信息时代的开始。其中，人类实践活动也仅仅是从在物质世界去认识、发掘、高效利用信息，跃升到将所掌握的信息再赋予万物，直至创造出具有一定信息接收、贮存、传递、加工能力的新物件、新物种上。可就是在这几十年的阶段性变化中，信息科学技术、智能科学技术就已经构筑和支撑起了一个不同于往常的由信息时空、智能机械等支撑、演化的复杂世界。在此基础上，谁又能否认人类这种实践活动不会在信息科学技术、智能科学技术，乃至更加难以想象的某某科学技术等方面取得更大突破呢？在这些科学技术本身的飞速演进和跃迁发展中，谁又会忽视由这些科学技术在不远的将来所构筑出来的更加复杂的、更难于预知的、更加新型的世界呢？

信息科学技术及其发展的如此巨大复杂性，必将带来战争形式、暴力形式等在深度和广度上的大变革。因为人类的政治、战争的形式、暴力的形式等，都必将被这种日新月异的科学技术及其所构筑的崭新世界重新定义。

---

① ［德］克劳塞维茨：《战争论》，盛峰峻译，武汉大学出版社2014年版，第1页。

（二）信息时代"政治"的复杂性

关于政治，不同时代、处于不同社会关系、面临不同社会问题的人，对其往往有着不同的理解。中国近代民主革命伟大先行者孙中山先生曾经对政治做过通俗解释，他说："政治两个字的意思，浅而言之，政就是众人的事，治就是管理，管理众人的事便是政治。"① 20 世纪 40 年代末，毛泽东在和秘书田家英讨论该问题时曾指出，中国共产党人的政治就是"怎么令敌人越来越少，令同志越来越多。朋友多的政府就是好的政府，敌人多的政府就是坏的政府"②。这表明了中国共产党在夺取政权后主要的政治任务，就是团结一切可以团结的力量，建立真正被人民拥护的政府。而在政客阎锡山的眼里，政治就是"让对手下来，咱们上去"，于是，政治也就成了野心和权术的代名词。当然，那些玩弄政治的政客，也终归会被人民掀翻在地③。

其实，1940 年，毛泽东在《新民主主义论》中，就结合中国新文化建设，指出了马克思主义者对"政治"本质应有的理解。毛泽东说："一定的文化（当作观念形态的文化）是一定社会的政治和经济的反映，又给予伟大影响和作用于一定社会的政治和经济；而经济是基础，政治则是经济的集中表现。"④ 不可否认，政治可以有多种多样的表现，其中包括西方学者所认为的对公平、正义的追求和社会治理的艺术等。但从最根本之点来看，各种政治表现形式最终又无不集中于对经济利益的追求、平衡与兑现。对此，列宁曾经从经济与政治的关系出发，对政治有过非常精辟的论述："政治是经济的最集中的表现。"⑤

从人类实践活动上看，人类的政治活动与经济活动都属于其社会实践活动。其中，经济活动不仅反映了人和自然的关系，而且反映着人和人的社会关系。因为，人们总是在特定的社会关系中，来获得维系其生存、发展所必需的物质条件，即实现着他们的物质利益⑥。政治活动与经济活动一样，归根结底也是在为实现人们的物质利益服务。但所不同之处在于，经济活动实现物质利益的基本方式是利益主体通过特定时期的经济行为，包括自给自足的生产、各种等价或不等价的社会交换等，以各利益主体的分散化、个别化、持续性等形式进行；政治活动往往表现为阶级、国家、政党、民族等利益共同体，

---

① 蒋骁飞：《什么是政治？》，《领导文萃》2013 年第 16 期，第 65 页。
② 蒋骁飞：《什么是政治？》，《领导文萃》2013 年第 16 期，第 66 页。
③ 蒋骁飞：《什么是政治？》，《领导文萃》2013 年第 16 期，第 65～66 页。
④ 《毛泽东选集》第二卷，人民出版社 1991 年版，第 663～664 页。
⑤ 《列宁选集》第四卷，人民出版社 1972 年版，第 416 页。
⑥ 房宁：《为什么说政治是经济的集中表现》，《前线》2003 年第 7 期，第 43 页。

紧紧围绕社会权力或者政权而进行,即借助本共同体所能掌控的政治权力,力图达到对以物质利益为核心的整个社会利益的强制性分配,并且一旦通过政治活动形成重大政治转变或政治决策,就会从根本上长期稳定地决定社会利益的分配①。从这个意义上说,"政治是社会利益的总分配"②。由于物质利益总是直接或间接地影响到人们生存发展的状况或水平,因此,在社会实际生活中,一旦通过分散、个别、持续的经济行为,难于达到物质利益诉求时,人们便会以某种方式联合起来,并将各自的经济活动逐渐整合上升成为政治活动,于是,"经济活动以及其他许多社会活动,都有向政治领域集中的趋势"③。这就是经济活动与政治活动之间的内在联系。

但是,正如列宁所指出的,在资产阶级的概念中,政治好像是脱离经济的。资产阶级对农民和工人说:"你们要活下去,要想在市场上得到一切必需品,就要工作,经济方面的政治有你们的主人管。"对此,列宁紧接着指出:"其实不然,政治应该是人民的事,应该是无产阶级的事。"④其中的道理很简单,只有工人、农民,乃至无产阶级都关心政治、参与政治,包括经济方面的政治,他们获得一切必需品的制度框架、游戏规则等才能在他们的斗争中趋于公正合理,他们的权利才能得到真正体现和捍卫。不管在什么样的社会,人们的利益、权利都不是救世主恩赐下来的,它们都要靠人们自己的不懈努力和联合来争取,这就是政治。那种不关心过问政治,甚至有意割裂经济和政治内在统一关系的人或学说,其实就是要人们主动放弃自己的利益和权利,以便维护那些侵害工人、农民,乃至无产阶级利益的制度架构,从而达到维护其阶级统治的目的。

从以上分析不难看出,政治由于是人们为争取自身利益而展开的处理人与人之间生产关系的实践活动,因此它本身就极其复杂。其背后隐藏着人们围绕生存发展必不可少的物质利益而展开的激烈争夺与斗争。如果说这样的争夺与斗争在以往还只是发生在单一维度的物质世界,那么在信息时代的今天,这样的争夺与斗争显然已是发生在"物质和信息"的双重世界之中,以往的政治复杂性相比当今这种发生在"物质和信息"双重世界的政治复杂性,早已是小巫见大巫。物质世界的实在性,通过其独有的时空结构对政治复杂性加以限制。而这样的限制在"物质和信息"双重存在复杂相互作用的世界,在很大程度上正被信息的不实在性逐渐突破,甚至消解。随之而来的是在现

---

①③ 房宁:《为什么说政治是经济的集中表现》,《前线》2003 年第 7 期,第 44 页。
② 房宁:《为什么说政治是经济的集中表现》,《前线》2003 年第 7 期,第 43 页。
④ 《列宁选集》第四卷,人民出版社 1972 年版,第 370 页。

有社会关系改变不大的条件下,信息及其科学技术对政治复杂性的非线性放大,致使人们不得不改变对政治及其实践活动的传统理解。

不可否认,政治作为上层建筑的核心内容,它既产生于经济基础,又服务于经济基础。当今,这种经济基础不仅被建构在单一的物质世界,而且已经迅速地被建构在"物质和信息"的双重世界。不仅如此,建构在原有物质世界的整个经济基础,也正在被信息世界经济基础所重新整合。发生在人们身边的所谓"互联网+",显然并不仅仅是一个技术、经济谋利活动,还将是一场新的革命:产业结构调整必将涌现崭新的生产关系,随着这种生产关系在信息社会中逐渐占据统治地位,相应的上层建筑得以建立和发展,而其中就包括随信息、信息科学技术推广运用而不断放大的政治复杂性。显然,没有紧随信息科学技术,特别是"互联网+"等的相应生产关系跟进,创新发展就根本无从谈起,"互联网+"也就无从实现。这样的生产关系、经济基础的建构,又必然会引发上层建筑的信息化变革,而其中就包括各类政治内容及其复杂性的不断被放大。对此,单从无产阶级及其政治斗争在信息时代所面临的问题,就可窥见其中被信息科学技术所不断放大的复杂性。

马克思唯物史观告诉我们,在阶级社会,物质利益根本对立的阶级为了捍卫各自的物质利益,必然展开形式多样的阶级斗争,因此,在阶级社会,进行阶级斗争,处理各阶级之间的关系,往往也就成为政治的重要内容。马克思在《共产党宣言》中指出,"一切阶级斗争都是政治斗争"[1],而"政治就是各阶级之间的斗争。政治就是反对世界资产阶级而争取解放的无产阶级的关系"[2]。

当今在信息科学技术、智能科学技术的广泛渗透下,资本、技术、市场这个在资本主义世界中早已成为一体的动态三螺旋结构,更是变得极为庞大而复杂。信息科学技术对信息的开掘、利用、创造,以及智能科学技术对信息的物质性再赋予、再呈现,无不使"生产资料"本身超越传统实在物的疆界。除了土地、机器、厂房、货币金钱、原材料等之外,对包括新技术、新知识在内的新信息的掌控、创造,以及这种创造的能力,也可以成为一种崭新的生产资料,而这种生产资料作为资本投资的一种形式,被一些人称为"智本"。当然,有了这样的生产资料形式,自然也就有了相应的市场。在这资本、技术、市场的三螺旋体系结构中,一方面,对一些普通人来说,似乎已能够更方便地占有"智本"形式的生产资料,成为生产过程、生产成果的主导者、支配者;可另一

---

[1] 《马克思恩格斯文集》第 2 卷,人民出版社 2009 年版,第 40 页。
[2] 《列宁选集》第四卷,人民出版社 1972 年版,第 370 页。

方面,信息科学技术、智能科学技术正在成为推动这个结构飞速旋转、不断扩大的动力机制,伴随而来的则是人们对经济利益最大化的无止境渴求。暂且不说人类将由此走向何处,光是无产阶级和资产阶级的斗争,就已大不同于从前。

事实上,在这个高速转动的超级大螺旋结构中,那些站在顶端的少数垄断者,通过各种垄断手段,特别是垄断新知识、新技术及其创新能力本身,来操控这个大螺旋体,并由此成为这种复杂经济结构的最大获利者。相反,那些即便是手持一定数量公司股票、拥有较强新信息创造"智本"的公司员工,他们的工作再光鲜体面,他们的收入相对再高,可在这样的生产关系下,依然无法摆脱传统无产阶级受剥削压迫的命运。由此,无产阶级反对资产阶级的斗争在今天也依然没有停歇。2011年影响较大的"占领华尔街"运动,尽管带有较强的自发性,也没有获得实质性的成果,参加运动的还多为"高学历低薪酬"的青年人,但它依然可以被视为信息时代无产阶级反对资产阶级的一个印证。

的确,信息时代无产阶级的职业状况、生活境遇早已不同于工业时代。工业时代的大机器生产、大工厂大企业的治理模式,让无产阶级成员的职业形式单一而相对固定,无产阶级反对资产阶级的联合以及采取的斗争形式也相对直接而简单。但在信息时代,所有这一切都在信息科学技术的中介下发生了根本性的变化。《共产党宣言》指出,除了工人之外,"资产阶级抹去了一切向来受人尊崇和令人敬畏的职业的神圣光环。它把医生、律师、教士、诗人和学者变成了它出钱招雇的雇佣劳动者"[①]。拥有高学历、掌握信息科学技术的众多知识分子,在信息时代的今天,他们的"雇佣劳动者"身份依然不变。不过,他们并不是长期、单一地隶属于某个大型的工厂、企业、公司、学校,而是在信息科学技术的支持下,仅在某一时段隶属于某跨国公司在某地的办事处、研发中心,或者某中小企业。为了获得加薪和更多的公司股票,或者为了谋得更长远、更广大的个人发展空间,他们有可能不时地"跳槽"。而他们的公司,也在为适应信息时代各种技术的飞速发展,进行着不断调整、重构。公司一会儿被其他公司兼并,一会儿又兼并其他公司或宣布破产,员工间的联合正在被公司高级职位竞争、公司内外兼并竞争等,搞得支离破碎,员工哪里还能在如此短暂相聚的公司基础上组织起来,形成自己的阶级联合?借助信息网络所建构起的共同志向的联合,在志向内容的分散性、关注问题的差异性等方面,呈现出一派无组织、无中心、无统一纲领、无共同目标、无长远规

[①] 《马克思恩格斯文集》第2卷,人民出版社2009年版,第34页。

划、无坚强意志的斗争景象，甚至在相互争论、相互掣肘的内耗中，仅有的一点斗争激情也被消耗殆尽。所有这些也都能在"占领华尔街"运动中轻易可见。

其实，在"物质和信息"双重存在复杂相互作用的现实世界，每一个依然无法摆脱"雇佣劳动者"生存境遇的人，其阶级意识也正在被消解。资产阶级通过大力推进和采用科学技术，通过一系列的生产关系调整，特别是第二次世界大战以来不断推进的资本民主化、管理民主化、社会保障化，不仅缓和了社会矛盾，也使资产阶级统治的合理性大为增加，像法兰克福学派早已指出的，资产阶级将科学技术与资本捆绑在一起，使科学技术本身成为维护资产阶级统治的意识形态。

按理说无产阶级在现代社会是最先进科学技术的发明者、掌握者，是先进生产力的代表，他们对适应先进生产力发展的新型生产关系的要求更加迫切，对资本主义基本矛盾的感触更加痛彻心扉。可现在的情况却是，相比本阶级的联合，这些年轻的公司员工更关心的是自己如何通过掌握最先进的信息科学技术，跻身这个庞大的"资本、技术、市场"三螺旋体系的核心或顶端，使自己"雇佣劳动者"的命运由此改变。确实，信息科学技术的信息创新本质，使"智本"越来越成为实体性生产资料的主导，成为一种新的垄断特权，这在很大程度上为这些年轻的公司员工改变命运提供着极大的可能性。同时，信息和智能科学技术不仅将"雇佣劳动者"从传统的体力劳动甚至脑力劳动中解放出来，而且将马克思《资本论》中分析的必要劳动时间大大缩短，与此同时，大量丰富的生活资料、社会财富被生产出来，所有这些使"雇佣劳动者"在劳动中的痛苦发生转移，或者痛苦程度大为减轻。可以说，信息时代的资产阶级，正在通过信息科学技术，在物质和信息复杂相互作用的整个现实世界，以无可辩驳的事实，向无产阶级证明了它的强大，消解着无产阶级的斗争意志。在这样的情况下，如果不遇到像金融危机之类的重大波折，谁还会去追究资本主义基本矛盾的演化、资产阶级统治的虚伪？

然而，这并不意味着无产阶级和资产阶级的阶级对立已不复存在，而是意味着在信息时代的今天，在"物质和信息"双重存在复杂相互作用的现实世界，无产阶级如果不想在这样高度信息化、智能化的社会，彻底沦为毫无权力的"被动消费者"，那么他们就必须重新探索凝聚其阶级意识，增强其斗争意志，严整其组织结构，优化其行动方式的全新途径。否则，单靠前辈们争取社会权利的方式方法，机械拼凑一些信息科学技术的元素，只能重蹈"占领华尔街"运动的覆辙。

通过上述无产阶级反对资产阶级斗争的复杂性分析，不难看出信息时代的政治,其实正在发生深刻改变。为了维护资产阶级的统治,资产阶级通过资本早早绑架了科学技术,特别是信息科学技术。然后又将科学技术,广泛渗透于社会生活的方方面面,并由此推进社会各个层面、各个细节性生产关系发生改变,以使其都朝有利于"资本、技术、市场"三螺旋体的高速良性运转的方向发展,而最终目的则是实现资本利润的最大化。其中,开掘创新信息科学技术、智能科学技术,看似和政治相去甚远,似乎不应该被划入政治的范畴,但事实上,由于它已被资本绑架,并服务于资本霸权,因此,在信息时代它被打上政治的烙印,成为思考政治问题的极其重要的因素。

可见,在信息科学技术的高渗透下,政治大有越出以往在单一物质世界的范畴界限的趋势。一些看似和政治不太沾边的分散化、个别化行为,也有可能在特定条件下被放大为政治行为,使政治呈现出过去一般经验难于理解的复杂性。这也反映在当今国际政治中。当初那些对特朗普当选美国总统而抱以较大乐观主义态度的中国企业、学者或普通百姓,谁会想到仅仅不到两年,自己就有可能要直面由特朗普亲自发起的据说是史上最残酷的中美贸易摩擦?对于中美在 2018 年的贸易摩擦,当然已经有不少学者从不同角度深入研究分析,其中经济、政治的考量显而易见,在此无须累述。但透过这场没有硝烟的战争,完全可以看到它整体性地发生并延展在"物质和信息"双重存在复杂相互作用的世界中,并对这双重的复杂世界产生严重影响。于是,不仅信息科技领域遭受打击,实体经济领域也受到波及。当然,这场贸易摩擦也唤醒了不少国人对自身新信息创造与实现及其能力提升的高度重视。

(三)信息时代"暴力"的复杂性

何谓"暴力"?这关系到对信息化战争实质的深刻理解。然而,近年来涉及"暴力"的大量论著,却更多关注于暴力在不同领域的具体表现及其技术性应对,像对校园暴力、家庭暴力、网络暴力等的研究,对暴力革命、暴力手段、暴力影视作品等的关注。这些研究固然能够从某一具体领域阐明暴力在该领域的具体含义,但要达到哲学最高普遍性上的把握,依然免不了要透过这些有关"暴力"的"家族类似",探索出其大致的类似之点,并在此基础上寻求出信息时代全面理解"暴力"二字的基本思维逻辑。

暴力(violence)在《牛津中阶英汉双解词典》的解释是:对人或事物造成身体伤害或物理损害的行为(behaviour which harms or damages sb/sth physically);强大的力量或威力(great force or energy)[①]。《辞海》对暴力也有

[①] 《牛津中阶英汉双解词典》第 3 版,商务印书馆 2001 年版,第 1275 页。

两种解释：阶级斗争和政治活动中使用的强制力量；侵犯他人人身、财产等权利的强暴行为①。可见，暴力其实就是一种能够造成实际伤害或损害的极有威力的强制力量或者行为。

然而，如果仅局限于这种概念的简单解释，显然无法将人的暴力行为与动物的暴力行为严格地区分开来，以致很难看清人类暴力行为与战争的内在关系。为此，还必须对"能够造成实际伤害或损害的极有威力的强制力量或者行为"展开深入具体的分析。克劳塞维茨曾说过："战争永远是一种充满了暴力的行为，而这种暴力是没有限制和限度的。"②在此，克劳塞维茨所说的"暴力是没有限制和限度的"，如果单从量的方面理解，"暴力是没有限制和限度的"就只能被看作一种量上或时间上的绵延，就像动物的暴力，无论时间如何绵延，其"造成实际伤害或损害的极有威力的强制力量或者行为"终归都难于突破其肉体的界限。可如果从质的方面理解，"暴力是没有限制和限度的"，就大有玄机。这意味着只要是能够"造成实际伤害或损害的极有威力的强制力量或者行为"，只要能给对方造成难以忍受的伤害或损害，以迫使其服从"强制力量或者行为"的施与者的意志和目的，这样的力量或行为，均可以被看作"暴力"。如果这样来理解"暴力"，那么很显然，正如刘晨所认为的，暴力与人性直接相关③。然而，这里的"人性"却并不单是一种自然性或动物性，而是社会的产物、历史的产物。也就是说，现实生活中，人的自然性或动物性全都深深地与人的社会性和历史性相纠缠，并通过这样的社会性和历史性呈现出来。从这个意义上说，暴力又是一种人本质力量的极端化、复杂化展现。也就是说，在人类特有的社会生活中，只要存在个体间、群体间、阶级间、民族间、国家间等的差异、矛盾与对抗，一旦其双方力量失去平衡，或者这些差异、矛盾与对抗采用对话、正和博弈等形式都难于达成妥协时，人的本质力量就会以导致对方遭受伤害的方式呈现出来，其目的就是要迫使对方在难以承受如此伤害的条件下，屈服或屈从于己方。显然，人的这种本质力量的极端化、复杂化展现，其实就是将对方视作和"物"或"动物"别无二致的客体，通过对其施与各种可能的力量，使其按照己方目的、意志而存在。

正因为暴力是人本质力量的极端化、复杂化展现，它暴露了人实践活动的复杂性，指证着人的实践活动本身并不必然地具有天然合理合法性，它本身具有巨大的历史局限性。可这也就使得人的本质力量投向何处，实践活动

---

① 《辞海》（上），上海辞书出版社2010年版，第177页。
② ［德］克劳塞维茨：《战争论》，盛峰峻译，武汉大学出版社2014年版，第3页。
③ 刘晨：《社会暴力的起因、类型与再生产逻辑——以"吴妈事件"与麻城T村的调研为基础的讨论》，《山西高等学校社会科学学报》2016年第9期，第20~21页。

就会指向何处,而与此同时,何处就有可能产生或遭遇这样、那样的暴力;同样,人的实践活动水平发展到何种程度,人间暴力就将进化到何种水平。可见,"暴力"总是在随着人类本质力量的不断拓展,而衍生出很多种类型和方式。刘晨从社会学角度,将暴力分为暴力的政治、校园暴力、家庭暴力、网络暴力、基层暴力或底层暴力、媒介暴力、符号暴力,认为这仅仅是"对暴力的'理想型分类'",其中间存在着交叉重叠①。又如,在互联网上,在人们的日常话语中,往往也可以发现,人们对暴力有着不同的划分,包括冷暴力、硬暴力、软暴力等。从暴力的这些类型、方式来看,暴力有可能会导致对方流血牺牲,但更具有隐蔽性和强制性的却是那些导致对方精神、心理,特别是自信心、意志力等遭受毁灭性伤害的暴力,而这样的暴力在信息科学技术支撑下,兴许更加普遍、更加疯狂。

其实,伴随着人类实践活动的不断发展,人的本质力量相应地不断提高,暴力也随之在不断地衍生出新的花样。从人类早期的、不定型的个体间、群体间的暴力,衍生出家庭暴力、邻里间暴力,再在这些初级暴力基础上衍生出阶级暴力、国家民族之间的高级暴力。再到后来,伴随科学技术和社会发展,伴随信息世界的开掘,又由以往主要集中在物质世界的暴力,衍生出信息世界的暴力。而这类发生于信息世界的暴力,其核心主要就是以不实在的信息为力量,达到对对方的精神、心理,乃至身体、环境、现实生活世界的直接或间接的致命伤害。这类发生于信息世界的暴力,姑且可以简单地称其为信息暴力,包括人们熟悉的网络暴力、符号暴力、精神暴力、文化暴力,甚至将来还极有可能出现的,由人工智能、人-机混合智能、人工生物智能等所构成的全新暴力。

当然,这并不意味着暴力对于人来说就难于避免和克服,它既然只是人本质力量的极端化、复杂化展现,那么出现这种极端化和复杂化现象也就必然有其条件。这个条件就是前面已经提到的,个体、群体、阶级、民族、国家等之间的差异、矛盾与对抗,以及对抗双方力量的不平衡,而面对这些差异、矛盾与对抗,人们却无法也不愿意去寻找更好的方法,包括通过对话、正和博弈等来达成妥协,于是只能狭隘而愚蠢地借助暴力来达成目的。这也正好体现出暴力实施者作为人的本质力量的历史局限性。如果人不去努力提升自己,努力探寻在现实社会生活中解决这些差异、矛盾与对抗的更加文明、体面的方式方法,只是一味地、自由自觉地放大自身的这种历史局限性,动不动就试

---

① 刘晨:《社会暴力的起因、类型与再生产逻辑——以"吴妈事件"与麻城T村的调研为基础的讨论》,《山西高等学校社会科学学报》2016年第9期,第22~23页。

图通过暴力来解决问题,那么人终将会被暴力反噬。而这恰恰就说明了施暴者作为人,其本质力量的缺陷与不足,其人的本质的不完全具备。也正因如此,随着人实践活动的不断发展,人在不断追求成为"人"的过程中,也才会最终无法容忍自己的这种本质力量的缺陷与不足,不断探索解决差异、矛盾与对抗的更加文明、体面的方式方法,从而走出暴力,并使自己成为他人心目中真正意义的"人"。

如果从人的本质力量及其发展,以及这种本质力量的具体历史局限性等方面来理解暴力,显然,只要人们还受这样的历史局限性制约,暴力就会以各种人们所能想到或想不到的形式出现。在当今信息时代,在物质和信息双重存在复杂相互作用的现实世界,暴力的涉及范围、构成内容等,都将以极其复杂多变的形式出现并发生作用。人们虽然已经进入信息时代,但人本身及其本质力量的历史局限性依然存在,还不可避免地被信息科学技术支撑的信息世界不断放大,特别是个体、集团、地区、阶级、国家、民族等的差异、矛盾与对抗在资本主义全球化生产方式的强力作用下,更加突出。寻求解决这些问题的方式方法,需要人在施展其本质力量时展现出更大智慧,当人们一时还无法拥有这样的智慧时,更加复杂、惨烈、深刻、全面的暴力,就很有可能被人们从各个方面、以各种可能激发出来,以致形成新的、波及广泛的战争或恐怖状态。

三、在信息时代复杂现实世界中展开的信息化战争

信息化战争将随着无人化、信息化、智能化等的深入发展,而不断朝着更加高级复杂的方向演化,乃至呈现出诸多新的作战形式。这实际上正是信息化战争在物质和信息双重世界中被全面建构和展开的生动写照。它进一步地反映了战争是人本质力量的全面比拼和较量。正如前面已经提到的,人本质力量发展到哪里,战争所涉及的内容、表现形式以及其边界就会触及哪里;人本质力量发展到什么程度,战争较量的复杂性、残暴性、破坏性等就将相应达到什么程度。

正如第三章第二节已经谈到的,信息时代的现实世界是由"一个物质世界和三个信息世界"非线性复杂相互作用构成的,非线性、整体协同性、不确定性、演化中的突变性是这种复杂世界的"新常态"。信息化战争恰恰就发生在这样的世界中。这意味着理解战争实质的关键性内容,即信息与信息科学技术本身、信息时代的政治、信息时代的暴力等,不仅其本身充满以往单一物质世界不曾显现出来的巨大复杂性,而且这几大复杂要素,共同以信息化战争整体形式全面渗透于现实世界。可以说,在这样的条件下,"战争是政治通

过暴力手段的继续"这句话,在信息时代的实际内容已经异常丰富,再不能凭借以往单一物质世界的线性经验,来理解战争实质,特别是信息化战争实质了。

(一)信息化战争是全域化战争

信息、信息科学技术已作为一种全新范式渗透于社会生活的方方面面,并在这样的渗透中建构崭新的物质和信息双重存在复杂相互作用的现实世界,由此开创出一个不同于以往农业和工业时代的崭新时代。在这样的条件下,人类的政治与暴力都将在这样一个崭新世界中快速演化、全面展开。以往在单一物质世界中所形成的有关战争的界限、方式或状态,都会变得越来越模糊不清,直至形成一种在军事实践中不断突破人本质力量现有界限的创新状态,从而不断开创出各种崭新的战争方式或形态。如果说人的本质力量是在实践中不断实现对各种界限、状态的突破与超越的话,那么这种本质力量同样会在战争实践中得到最全面、最无界限的展现,而信息化战争也将在这样的对各种固有界限的不断突破中,被普遍运用和推进。从这个意义上说,信息化战争全域性绝不是静态缓慢变化的,而是动态快速、不均匀演进的。对此,一些军事学家往往会做出如下描述:

其一,战争内涵不断扩大。战争内涵扩大是指与传统战争相比,作战目标的选取、作战样式的设计等具体战争活动方式及其变化都呈现出不断扩大的趋势。一些在传统战争中根本无法想象的目标或作战样式,在信息化战争中成为必须加以攻击的"节点",而攻击的方式却未必是火力上的"聚焦"。那些依靠信息科技手段,对军事信息系统和民用信息基础结构的摧毁或攻击,更能达成战争背后的政治目的。这让战争本身由"消灭敌人"逐渐转化为"制服敌人"。

其二,信息化战争渗透到社会各个领域,新的作战样式不断涌现。"信息化战争正不断地渗透到政治、经济、社会、文化等各个领域。信息取代物质和能量在战争中占主导地位,由此导致许多新作战样式不断涌现。如'虚拟现实'战、电子战、网络战、精确战、信息战、气象战、太空战、心理战、舆论战"[①],甚至还包括法律战、外交战、意识形态战、贸易战、金融战、文化战、基因战、生物战,以及代理人战争等。

其三,战争与和平的界限更加模糊。具体的信息作战行动,往往以网络技术和电子技术为基础,以信息和信息系统为武器和目标,并逐渐过渡到与

[①] 周敏龙、余滨、段采宇:《信息化战争条件下军事需求分析 信息化战争相关概念与特点》,《国防科技》2007年第1期,第63页。

火力战相混合的作战行动,即从无人员伤亡的软战到有火力打击和人员伤亡的硬战。攻击目标既可以是军事信息系统,也可以是民用信息基础设施。所以,作为信息化战争第一步的信息攻击愈加难以预防。这样的战争在无声无息中展开,难以察觉。"即使已经觉察到,也难以判断攻击自己的敌人究竟是谁?他来自何方?企图是什么?这样的攻击到底是一场战争的发端,还是黑客、病毒等的信息攻击行动?"[1]所有这些,往往难以判断。

其四,战争主体不断扩大,主体角色也更加多样化。战争不再只是民族、国家或国家集团的专利,所有能获得和使用信息化战争武器或手段(如计算机病毒、大众传播媒介、大规模杀伤性武器等)的组织、集团或个人,诸如一些非国家主体、非政府组织、跨国公司、恐怖集团等,都有可能发动一场影响巨大的信息化战争[2]。当然,不可否认信息化战争也可以是全民参战、全民皆兵,只要拥有计算机设备,掌握计算机通信技术,人人都有可能参与一场以信息战为主要作战样式的信息化战争。

其五,战争动因更趋复杂。经济利益之争历来是战争的主要原因。在信息时代,除了经济利益之争,还有国家、民族、社团之间政治、外交等方面的摩擦,再加上精神、文化的冲突,特别是其背后隐藏的价值观差异,所有这些都会引发宗教、民族矛盾加深,由此导致大量冲突,甚至出现国际性恐怖活动、暴力行动。这些矛盾与冲突相互交织、错综复杂,不仅是"亚战争行动"的直接根源,也是战争爆发的重要动因[3]。

其六,战争空间扩大。战场空间由以往的物理空间扩大到信息空间(如网络空间、电磁空间等)和思维空间,空间的维度也由以往的三维变成多维。物理空间增大,即战争所涉及的海、陆、空地理空间在不断扩大加深。作战空间也越来越呈现出超大无形、无边无界的特点,空间维度甚至演化为全维立体式空间。这样的空间可以是有形的战场空间,更可以是无形的战场空间,其中尤其值得高度关注的是认知空间、信息空间和心理空间,而围绕这些空间所进行的作战,其所占比重也越来越大[4]。

军事学家对信息化战争的描述还有很多,在此不一一列举。总的来看,透过这些到目前为止还在不断增加的现象性描述,可以深刻把握住的是,借助信息、信息科学技术等手段,人的本质力量在"物质和信息"双重复杂世界中全面展开,由此突破了以往在单一物质世界中,物质的固有属性所带来的

---

[1][3] 周敏龙、余滨、段采宇:《信息化战争条件下军事需求分析 信息化战争相关概念与特点》,《国防科技》2007年第1期,第63页。
[2] 杨晓明、余滨:《信息化战争特点浅析》,《国防科技》2003年第9期,第67页。
[4] 杨晓明、余滨:《信息化战争特点浅析》,《国防科技》2003年第9期,第67~68页。

关于战争的各种界限。在信息时代,如果说战争还有什么新的界限的话,那么这样的界限也许只能说是"物质和信息"双重存在复杂相互作用的现实世界本身的界限了。

(二) 信息化战争是超高速动态演化的战争

不可否认,战争系统的组成、结构、行为、演变、状态充满了自主性、适应性、不确定性等,是一种典型的复杂自适应系统①。因而,战争系统本身也就成为高速动态演化的系统。

信息化战争除具备战争的普遍特征外,还具有不少学者所说的信息化、体系化、网络化、联合式等特征,这些特征使作战空间全覆盖、一体化攻防对抗与无限多种可能的作战样式,以及信息攻防无处无时不在,使信息化战争的复杂性更集中地表现出超高速动态演化的特性②。这里所说的超高速动态演化,主要是指信息化战争作为信息主导的战争系统,在人们紧紧围绕信息而展开的军事实践中,在人们将自己的信息创造活力全面投入备战这样的战争过程中,不管是交战双方最小模块的构筑与对抗,还是不同模块间的综合集成、联合作战与对抗,其整体演化的速度都远远高于以往单一物质世界战争系统的演进速度,并以超高速生成演化。其中的原因大体在于:

1. 信息实践不停歇地创造着新的信息

从第三章第三节有关"实践的信息实践化"中,可以发现,人类实践活动的本质就是创造新信息,并将这些新信息再通过实践活动赋予外物,使外物发生结构、性质、状态等的改变,以便达到变革外物的目的。在信息时代,信息实践发展到全新的阶段,不仅有意识、大规模开掘创造新信息,而且通过发展信息科学技术、智能科学技术,使信息能够至少以光的速度快速传递、储存、加工、复制。所有这些都大大加快和改进了实践创造的速度和方式。同时,一些信息手段、信息终端等作为生产资料,其成本与价格逐渐降低,使得任何个人,只要他愿意,都有可能与这样的生产资料直接结合,再根据他自身目的和意愿,进行各方面的信息创造。于是,各类真、假信息,大爆炸般充斥、涌现、缠绕在每个人的身边,成为人们进行新信息创造的丰富材料,由此造成信息实践的加速发展、新信息的加速创造。

2. 以光的速度传播的信息不断加快着战争系统演化速度

信息科学技术目前可以使信息的储存、传递、呈现等以光的速度进行。这在以往单一物质世界是不可想象的,以往人们传递信息,尽管电报、电话

---

①② 于峰:《信息化战争复杂性初探》,《战术导弹技术》2011 年第 6 期,第 106 页。

可用,可成本高、普及程度有限,传递信息量相对有限。在信息时代,不仅语音、文字信息可以光的速度传递,而且大量的图像、视频信息,也可在极短时间内完成传递。这样的高速度,对于生活在现实世界中的人来说,相当于增加了信息接收、加工、创新的量。这些量的增加,对于具有无限信息创造能力与活力的人及其组织来说,往往具有质的效应。通过具有不同实践活动内容的不同个人、不同组织、不同国家、不同民族的信息再创造,大量新信息、新知识、新技术等得以进一步涌现。在这些新信息、新知识、新技术中,哪怕仅有1%被运用于战争的攻防,也足以加快战争系统的演化速度。因为现实生活中的人,他们对新信息、新知识、新技术的创造一刻也没有停歇。

3. 大量矛盾从不同方面推动信息化战争超高速动态演化

信息时代,人们生活在"一个物质世界和三个信息世界"的非线性复杂相互作用的现实世界中,如果各项法律法规健全且运用得当,那么谁都有足够的机会和可能为改变自身命运而通过新信息创造来造福人类,也有可能通过这样的新信息创造来发动或制止某场信息化战争。在这样的条件下,不进则退的效应可以说正成为这个时代人们不得不面对的现实社会生活条件。在这样的条件下,每个人、每个组织、每个群体的信息实践活动都在加速进行,并由此进一步引发信息科学技术本身的加速推进和发展。这反映在军事、战争领域,必然导致信息化战争加速演化为超高速演变的战争。其中超高速演变的动力,并不是来自战争系统之外,而是来自战争系统内部。那些身处战争系统各层级、各方面的战争设计谋划者及其团队,为了打赢各类战争,总是在根据他们所能获得的各类军事、战争信息,其中包括人类科技进步信息等,不断地创造、更新着他们的军事、战争思想或理论,并在这些思想、理论指导下设计谋划出各种类型的实践模式或战法方案,以及在紧急情况下的各种应对措施或备份方案与计划等。构思、谋划与设计又都可以通过实际的演练或者"预实践"等形式加以试验或实施,并从中暴露出理想状态与现实状态、理论模型与实际行动之间的各种矛盾。在实践中不断解决这些矛盾,客观上则促使着信息化战争超高速地演变。

(三)信息化战争是极端残酷化战争

信息化战争战场透明度高,"精确战"能力不断提升,战争进程不断加快,战争目的更加明确多样。有人认为信息化战争破坏力小,是不会让人牺牲流血的战争,它的杀伤是一种"软杀伤",不具有暴力性,因而可以顺理成章地修正"战争是流血的政治"等说法。

事实上,信息化战争作为战争,其暴力本质已规定着其所具有的"流血"

之意。在此，仅举两例就可管中窥豹：

战争烈度是指武器的杀伤力指数，以及给战争造成的毁伤状况。毁伤烈度是衡量武器装备水平的重要指标，通常用"杀伤力指数"来加以计算。武器装备作为战争基本手段工具，其杀伤力指数各不相同，战争的烈度也就不尽相同。冷兵器时代，冷兵器所造成的战场杀伤力理论指数较低。到热兵器时代，热兵器在战场上所发挥的战场杀伤力，其指数提高了几倍至几十倍。再到机械化战争，机器的高效吸引人们积极构思更为高效的作战武器，其中单是被命名为"机关枪"的连发式武器，其杀伤力指数就很高①。更别说是高度机械化飞机、大炮、坦克了，它们的战场杀伤力理论指数是热兵器杀伤强度的73～217倍。至于机械化战争后期出现的热核武器，更是使战场杀伤力指数达到千万到几亿、几十亿，甚至到千亿或更多②。当战争形态演化到信息化战争，单纯的信息化兵器在不少人的思想观念中似乎还属于常规兵器。尽管如此，这样的兵器却具有非常规的杀伤威力。某些信息化兵器由于具备"精确制导"系统，因此其致命指数极高，对暴露人员立即致死半径可达570米，对坦克可达到中等程度破坏，对火炮的严重破坏半径达130米，而对地面直升机的中等破坏程度也可达930米。正因如此，很多信息化兵器都被称为"亚核武器"。这也说明信息化兵器的杀伤烈度是十分巨大的，更别说当今信息化已深入发展到智能化的阶段，一些智能化、无人化武器，其杀伤力、毁伤度等都更加不可小觑。海湾战争中，以美军为首的多国部队，在42天的战争中共用弹药70万吨，平均每天1.7万吨，相当于每天投一颗小型核弹，其战争烈度显然已高过了以往的任何战争③。

再比如基因武器。世界卫生组织曾经做过一个测算，一架战略轰炸机对完全没有防护的人群进行袭击所造成的杀伤面积相当于100万吨TNT当量的核武器所造成的杀伤面积，大约300平方千米。10吨普通的生物战剂就可造成高达10万平方千米的杀伤面积，而基因武器作为某种更为广义、更为复杂的信息化武器，其杀伤力早已超过普通生物战剂的十倍甚至百倍④！

从上述专门研究军事的学者所列举的这两个事例，便可以看出信息化战争的残酷性其实是非同一般的。上述分析还只是从武器装备的角度看战争暴力的问题。如果从哲学角度看，信息化战争爆发于"一个物质世界和三个信息世界"非线性复杂相互作用的现实社会，以往在单一物质世界人类所使

---

①②③ 王辉：《信息化战争是"软"战争吗？》，《国防科技》2002年第6期，第79页。
④ 李兴斌：《战争形态演变与中国国家战略安全》，《济南大学学报》（社会科学版）2014年第1期，第57页。

用的一切暴力,不管是流血、杀伤,还是不流血、仅征服,所有这些在人类战争中曾经使用过的智慧、谋略、技术、手段等,在信息时代的今天,都不是被简单地抛弃,而是在以往单一物质世界基础上,再综合集成三个信息世界之维,并在这样一个复杂世界中被信息化、智能化地加以扬弃和重塑。这意味着,即便是原始人使用的石头、木棍,在信息时代,都有可能在特定条件下,被信息化、智能化,或者别的什么"化",而被重塑为某种新型的便于携带作战的高效信息化武器装备并大量运用于战争,造成更为复杂的杀伤和破坏。这正如人们可以通过改变基因信息,使粮食成为转基因产品一样,人们也可以将这样的产品转化为信息化生物武器。类似这样的攻击、这样的暴力,岂止是流血那样简单?这种高科技暴力将被征服方的人,变为"驯顺之物",如果它一直被征服方控制,那么这些被变为"驯顺之物"的被征服者,将永远无法摆脱其命运。

(四)信息化战争是彻底破坏性、毁灭性战争

战争必然带来破坏和毁灭,但在以往单一物质世界,战争的这种破坏性、毁灭性相对较低,毁灭范围也相对有限,它可以像广岛原子弹爆炸一样破坏、毁灭一座城市,也可以像以往那样毁掉无数生命和家庭。但在信息时代,在"一个物质世界和三个信息世界"的共同作用下,其破坏性、毁灭性将极有可能以更新的面目、更低廉的成本、更隐蔽的方式、更精准的摧毁等显现出来。也就是说,当人的全部智慧或者本质力量都用于给敌方带来毁灭性打击,以让敌方更加深刻地体会到这种破坏性和毁灭性,从而放弃抵抗、缴械投降时,任何破坏性、毁灭性方式,都有可能在现实世界中被大加运用,而且这样的运用还是以对己方最为有利、代价最为低廉、隐蔽性最为巧妙的方式来进行的。在这样的情况下,遭受直接破坏和毁灭的也可能不是传统意义上的物质性设施,而是信息及其相关设施,甚至还很有可能包括作为信息方式存在的精神,以及与新信息创造相关的认知结构、意识形态等。一旦这些更内在的东西遭受破坏、毁灭,必引起敌方社会大乱,以致自相残杀、自我毁灭。于是,流血式暴力、付出生命代价式暴力,将很有可能由"敌我之间",转化为"自己人之间""自己之'我'与非自己之'我'之间"。

由此可见,信息化战争彻底的破坏性和毁灭性,并不单单局限在传统战争那种彻底破坏、毁灭一座城市、众多生命这一常规方面,而是力图通过更加有效的方式,以更加低廉的代价,包括道义代价、经济代价、生命代价等,达到彻底破坏和毁灭敌方信息创造能力、信息创新活力、信息创新意志等目的。其中,尤其要达到的是对敌方所坚持的、体现其利益诉求等信息内容及其坚守意志等的摧毁。

总之，从"物质和信息"双重世界复杂相互作用中来看问题，战争的本质特征确实是暴力性，但这种暴力性在"物质和信息"双重世界的叠加、放大下，往往会表现出巨大的复杂性，而流血、牺牲也许只是构成这种暴力复杂性的个别极其简单直接的要素。更多、更复杂的暴力形式，包括大量"软"暴力形式，都将成为战争暴力的重要组成部分。信息化战争形式多种多样，20 世纪开始至今，生物战、基因战、化学战、电子战、信息战、金融战、贸易战、海空天一体战等，可谓花样百出、无奇不有①。如此多样的战争形式，必然会带来大量暴力新形式。特别是科学技术的发展，使以火力打击和兵力交锋为特点的传统战争形式发生变化，其持续时间越来越短，甚至最终被扬弃为政治、经济、外交、文化、科技等领域持久而反复的较量。这种较量，可以造成敌方社会动荡、政局不稳、经济衰败、人心涣散、凝聚力瓦解，直至最后分崩离析、彻底垮台②。通过制造某些不实在的"信息弹""信息武器"等，来对人心理、精神、意志等加以摧残、奴役，对人"无机的身体"（自然界）③或社会加以破坏，对人本身加以异化变异等，也许正成为这种战争暴力性、残酷性、破坏毁灭性的新形态。这种暴力性、残酷性、破坏毁灭性也许很直接、很明显，短时间内就能显现，但也有可能很间接、很隐蔽，甚至要经过漫长的时间才能以综合整体的形式暴露出来。看不到信息化战争种类的无限性，断然否定未来战争的多样性、残酷性和破坏毁灭性等，都将导致备战前瞻性、多预案性的丧失。

综上所述，信息化战争是人本质力量在"物质和信息"双重存在复杂相互作用现实世界的全面展开，是人本质力量在这双重复杂世界中的全面较量。军事学家那句"战争的唯一规则就是没有规则"的话，在今天不仅不过时，而且更加意义丰富而深刻。这种毫无规则的本质力量较量伴随信息世界的开掘、建构，正以前所未有的规模、深度、速度而展开。这要求准备和应对信息化战争必须有更高、更全面、更深刻的战略谋划，甚至是在哲学上深入人本质力量开掘、建构等方面的谋划，否则只能迷失于某些信息化强国令人眼花缭乱的各种作战形式的机械追赶之中，从而失去"你打你的，我打我的"之战略定力。

---

① 李兴斌：《战争形态演变与中国国家战略安全》，《济南大学学报》（社会科学版）2014 年第 1 期，第 59 页。
② 李兴斌：《战争形态演变与中国国家战略安全》，《济南大学学报》（社会科学版）2014 年第 1 期，第 58 页。
③ ［德］马克思：《1844 年经济学哲学手稿》，人民出版社 2000 年版，第 56 页。

第五章 关涉"信息化战争实质"的两大哲学问题

从哲学视阈下探讨信息化战争实质,还应该就一些相关的哲学问题做出理论上的深入分析,以便拓展对信息化战争实质的理解。从哲学方面看,信息化战争使战争实践的"主-客体"关系、"人-物"关系等都发生了巨大改变。

第一节 信息化战争复杂的"主-客体"关系

从哲学的视阈把握信息化战争实质,除了看清信息时代政治、暴力等的超级复杂性之外,还需要对这种实践活动进行结构分析,以确定其在信息时代的大致特征,为打赢信息化战争奠定理论基础。

一、实践活动的基本结构

人的实践活动是人自由的有意识的生命活动,是人改造客观世界谋取生活资料,同时确证自身本质的客观复杂过程。在这样的过程中,人借助一定的手段、工具将其实践活动作用于客观世界的某领域,使其成为人改造的对象,并由此建立起主体与客体的复杂相互作用关系。其中,主体、客体和中介成为实践活动的三大基本构成要素,三者的有机统一构成实践的基本结构。

(一)实践的主体、客体和中介

实践主体是指在实践活动中,具有一定实践能力并从事着实践活动的人。实践主体是实践活动中自主性和能动性的因素,担负着设定实践目的、操作实践中介、改造实践对象的任务[1]。实践主体可以由现实个人来承担,即个体主体;也可以由组织起来的人群共同体构成,即群体主体。当然,从整

---

[1] 本书编写组:《马克思主义基本原理概论》,高等教育出版社2021年版,第64页。

个人类和整个世界的总体关系出发,还可以将整个人类看作整个世界的对立面,从而构成人类主体。对于战争实践来说,战争主体主要还是指直接或间接从事战争实践活动的人,包括一定的个人或由个人组织起来的相应军队、部门、阶级、民族、国家等。

实践客体是指人的实践活动所指向或变革的对象。客体和客观既相互联系,又相互区别。客体属于客观事物,但并非所有的客观事物都是客体,只有被实践主体纳入其实践活动范围内,为主体实践活动所指向并与主体发生相互作用关系的客观事物才能成为现实的实践客体。通常可以根据不同的侧重点而将实践客体划分为不同类型。从是否属于主体新创造的对象来看,可将实践客体划分为自然客体和社会客体;从物质性和精神性区别来看,又可将实践客体划分为物质性客体和精神性客体。不过,在人们的具体实践活动中,实践客体又要根据实践主体在实践活动中所建构的具体对象性关系,或者说该实践活动所指向的具体内容来确定。因而,实践客体就其内容来说,不是凝固不变、僵死绝对的。对于战争实践来说,实践客体的情况就更加复杂,尤其需要根据战争实践主体在具体战争中的具体内容、具体环节、具体性质等做出具体划分。

实践中介是指在实践活动中,实践主体所采用的各种工具、手段,以及运用、操作这些工具、手段所必需的程序和方法[①]。伴随科学技术的发展,实践中介越来越丰富复杂,乃至构成不同的中介系统。一般可将其分为两大类,即作为人肢体延长、感官延伸、体能放大的物质性工具系统(如各种机器系统和动力能源系统等),以及作为人信息交流载体的语言符号系统。实践中介起着连接实践主体和实践客体的作用,也正是借助实践中介,主体才能有效地改造客体。

(二)实践基础上主体和客体的对立统一关系

在实践基础上,主体和客体既相互对立又相互联系。一方面,主体和客体作为人实践活动的两极,尽显主动和被动的区别和对立,展现出认识和被认识、改造和被改造关系。但另一方面,二者却又在人的实践活动中相互规定、相互作用,在一定条件下相互转化。

首先,主体和客体相互规定。从逻辑关系上看,主体和客体互为存在的前提。没有主体,意味着人的实践活动尚未真正展开,当然也就谈不上客体了。

其次,主体和客体相互作用。一旦人的实践活动得以真正展开,主体和

[①] 本书编写组:《马克思主义基本原理概论》,高等教育出版社2021年版,第64页。

客体的对立统一关系就被建立了起来。其中，主体借助一定的中介（手段、工具等）改造客体，使之发生合乎主体目的的变化，以满足主体的需要；客体则以其自身的性质和规律制约着主体，还以自身发生的实际改变映照主体的存在状态、主体的本质力量及其发展演变程度。

最后，主体和客体又会在一定条件下相互转化。由于主体与客体的关系建立于人们具体的实践活动基础之上，因此主体与客体的相互转化呈现出十分具体的内容。概括地讲，那就是主体客体化和客体主体化①。所谓"主体客体化"，即实践主体通过实践活动而将自己的本质力量、意志情感等主体性内容作用于客体，使客体按照主体的目的或意愿发生结构和功能上的变化，从而产生出世界上原本不存在的事物，以满足主体生存发展的物质和精神需要②。"客体主体化"则是指在主体实践活动的认识和改造下，客体按照主体的目的或意愿由原来的存在形式或状态转化为新的存在形式或状态。由于客体的这种转化一定程度上既是主体目的意愿、情感意志等的反映，又是主体本质力量、存在状态等的确证和映照，并成为主体进一步展开其实践活动、认识改造新的客体内容的现实基础，因此此时客体的内容实则已转化为主体改造新的客体内容的现实基础，由此也实现着客体的主体化。

正是在人的实践活动推动下，主体不断地客体化，而与此同时，客体不断地主体化，在这双向的运动过程中，主体和客体的矛盾得以不断解决，而矛盾的不断解决，又进一步提升着主体的本质力量，扩展着主体实践活动的范围，由此展现出实践活动及其成果的不断发展和丰富。在这种认识与被认识、改造与被改造的"主-客体"互动关系中，人从远古发展到了今天，世界也由蛮荒发展到了现今这般高度信息化、智能化。可以说正是在这种以实践为基础的"主-客体"关系及其矛盾的推动下，人自己创造了自己，也创造了更适于其生活的世界。

二、战争实践的"主-客体"关系

如果将战争视为某种人类实践活动的整体，那么战争实践的"主-客体"关系结构必然会呈现出由低级到高级、由简单到复杂、由微观到宏观的不同类型。

（一）战争实践中主体与客体关系的静态分析

这类"主-客体"关系是战争实践得以展开的最基础、最基本，也是最初级

---

①② 本书编写组：《马克思主义基本原理概论》，高等教育出版社2021年版，第65页。

的"主-客体"关系。它主要发生于主体将对手的一切方面及其发展趋势作为自己认识和力争战胜的对象,即静态研究和对待对手的一切,包括军事战略思想、军事作战理论、科学技术水平、武器装备状况、部队管理运行机制、后勤支援力量、总体战斗力水平等,并将其看作被动地接受主体研究和对抗的对象。应该说,这样的"主-客体"关系在战争爆发前后,在和平年代,在对手尚未高度戒备的状态下,在战争爆发中,在战争年代,其实都可以随时建立在以单个官兵为单位的个体主体,以及以部队体制组织起来的各层级、各专业领域的群体主体基础上。毕竟要战胜对手,就必须首先仔细研究、认识对手,并以对手状态为参照,进行相应演练。因此,这样的"主-客体"关系总是发生在战争实践的最细微、最具体之处,也是战争实践顺利进行、把握战争主动权的最基本关系。

(二)战争实践中主体与主体间关系的动态研究

战争从来都是人和人之间的较量,而人的创造性、自主性又无不使战争实践的客体同时转化成具有高度自主性的主体。也就是说,当人们把己方看作战争实践的主体,而将敌方看作战争实践的客体时,殊不知敌方也在同样建构着类似的"主-客体"关系。只是敌方是将他们自己看作主体,而将对手看作客体。事实上,敌我双方都是由现实的人通过各种军事战略思想、各类军事理论和作战理论、各类最先进的军事科技及其武器装备、最有效的军事部署和军事管理、最强大的后勤保障力量等高度组织和武装起来的,是具有高度自主性、创造性的主体。从这个意义上说,敌我双方的对峙、"窥视"、互相对抗等,其实早已超越了上述较为直接的"主-客体"关系,而是在相互对峙、"窥视"、动态博弈和较量中将"主-客体"关系转变成为某种主体间的关系。这种主体间关系,却并非像当代西方哲学家哈贝马斯所说的那样,是以相互尊重为前提的"对话"关系,而是相互之间以战胜对方为前提的对抗、博弈关系。

敌我双方的对峙、"窥视"、对抗博弈,将战争实践不断推向新的高度和广度,于是,其从最初的冷兵器战争,演进到热兵器战争,再跃进到今天的智兵器战争[①]。在这整个的过程中,从事战争实践的主体不仅将其所能及的一切中介,包括各种工具、手段和操作,运用这些工具、手段所必需的程序和方法,尽可能地用于战争,而且其本身就在不断地研发掌握全新科学技术,造就全新的思维方式,探索最高效能战斗力的优化协同管理模式,甚至还要将自己

---

① 庞宏亮:《21世纪战争演变与构想——智能化战争》,上海社会科学院出版社2018年版,第15页。

的信息创造和实现能力再"外赋予物",从而不断地实现着自我革新、自我超越。主体的这种自主性跃升,并非仅仅存在于敌我双方的某一方,而是双方同时都在进行着针对对方的,且内容丰富、形式各异的自主性跃升,并在这样的过程中,逐步实现着战争的信息化、智能化、无人化、精准化等一系列"化"之新花样。

由于"主-客体"关系被实际地转化成了主体和主体之间的对抗、博弈、较量关系,因此,矛盾双方并不会因为共同都属于主体而使矛盾得以消亡。相反,由于双方处于军事对峙、对抗博弈状态,都在时时争夺着属于自己的"制胜权",因此这种主体之间的矛盾不但不会自行消亡,反而还会动态变化:如一方的变动、发展或者力量的增强,迫使另一方做出相应变动甚至超越对方,以形成相互力量的大体均衡;或者一方最终战胜另一方,从而达到矛盾的最终解决。

从整个战争实践来看,这种主体间的对抗较量关系,既高于上述较为直接的"主-客体"关系,又是构成整个主体系统与主体系统之间复杂对抗关系的基础,因而,可以说这种主体间的对抗较量关系实则属于战争实践中复杂"主-客体"关系的中间层次。

(三)战争实践中主体系统间的复杂对抗关系

从战争实践的宏观方面看,敌我双方的主体间关系,其实还是两大主体系统之间的复杂对抗关系。不管从敌我双方的哪一方来看,伴随人类整个实践能力的增强,战争实践的主体都绝不简单地只是单个的人、单个的部队,而是和人类实践及其文化发展全面连在一起的、具有组织和自组织双重性质的复杂结构体系。

一方面,这种主体结构体系总是根据自身目的要求,通过各个层级、各个不同部门的条令、条例、纪律、规范等,将不同部门及其人员的实践活动有机地统一起来,并由此呈现出高层次系统对低层次系统的有目的、有规范的支配、控制与调节。不仅如此,这种主体系统结构本身及其对自身各个构成部门的支配、控制与调节作用在不同时代、不同文化中,还总是各有特点。因而这种主体结构体系在人类文化的连续演进中,总是在不断地改变自身面貌,调整自身姿态和内部各个结构及其勾连方式、组织形式。但不管它如何变动,其目的都只有一个,即战胜与它相对立或相对抗的另一个或多个主体结构系统。从这个意义上说,这种主体结构系统对自身的控制、支配、调节,由于并不直接借助外在的力量,而是根据自身发展状况、自身所处环境、对手状态等在自己的运动中逐步实现的,因此,这在很大程度上反映了主体结构体系的自组织性质。其所表现出来的状态往往也会更加自主,更具有自适应性,甚至可以说就是从本主体系统中自然生长出来的,因而也完全能够与本主体系统协调一致起来。

另一方面,由于主体结构体系及其内部各部门、各层次,又总是在和它赖以存在的外部环境发生这样那样的相互作用关系,因此一系列外部力量,特别是敌方、他方主体系统结构的重大变革,往往都会影响并推进该主体结构体系进行构成要素或部门的重建、结构关系重构,也影响并推进着高层次系统对低层次系统控制、支配、调节等具体内容和关系等的变革。由于这些变革的推动力主要或直接来自该主体结构体系之外,因此对于该主体系统来说,这样的变革又具有"他组织"或"非自组织"的性质,表现出来的状态往往是缺乏自主性、自适应性,甚至还会出现盲目引进、效仿而不成体系等现象。

事实上,在实际的主体系统构建中,这种组织、自组织现象总是生动鲜明地交织在一起。系统内外的相互作用因素、干扰影响因素总是在时时处处发生。对于备战的具体官兵来说,他们隶属于主体结构体系的不同层级、部门,并在不同层级、部门按照相关规程、纪律发挥着岗位作用。他们既在将自己的主体性尽可能地投射到自身岗位,并由此凝结为主体结构体系发生重大变革的自组织力量;又在外部环境压力下,特别是敌方或他方主体系统重大变革这一现实压力下,尽可能地学习借鉴对方,直至战胜对方。面对在他组织性质下出现的盲目引进、效仿、不成体系等现象,如果主体系统自身不能及早做出系统性调整变革,那么这样的主体系统终将在实际的战争中,走向解体灭亡。对此,清朝北洋水师的深刻教训早已证明了这一点。

正是在这种自组织和他组织的动态演化过程中,主体结构体系逐渐呈现出某种综合复杂性特征。从其内部看,它是多专业门类、多部门、多军兵种等的复杂相互作用关系及其动态演化而成的自适应性分工协作整体;从其外部看,则是开放的系统整体。在这一整体中,既存在各部门、各要素之间由人们具体实践活动而引发的物质能量信息交换,又存在主体系统内部各部门、各要素与其他系统(包括非战争、非军事系统等)的不间断的物质能量信息交换,还存在主体系统本身以整体形式同其他战争军事系统或非战争军事系统等的物质能量信息相互作用,像存在于各个层次上的物资供给、知识技术或信息的获取储存、武器装备的维护和更新换代、人员的大量流动等。所有这些无不使战争主体系统始终保持着整体上和不同层次上的开放状态,并在这样的开放中,通过不同层级和渠道的物质能量信息交换,最终实现主体系统更进一步的动态演化。于是,从横向上看,这样的主体系统也就往往成为整个军队、整个民族、整个国家、整个阶级等综合力量的全面反映;从纵向上看,主体系统则又是整个军队、整个民族、整个国家、整个阶级等的军事力量、历史文化、生产方式、意识形态或精神状态等的综合积淀。

战争实践的展开,其实正是敌对双方主体系统之间的综合整体性较量。它看似属于军队与军队之间的作战,实则是以整个国家、民族、阶级的性质和综合力量为基础的战争主体系统的整体性比拼。也正是从这个意义上说,战争实践中主体系统间的对抗才极为复杂。将客体理解为被动接受主体认识、改造,简单、线性地实现主体客体化和客体主体化,并且将客体僵硬地看作人的认识或改造之物的这一整套逻辑,其实并不完全适用于战争主体系统间的对抗和较量。

第一,战争实践中主体系统间的对抗是复杂系统整体间的综合较量。从上述单个战争主体系统结构的分析中就可以发现,单个主体系统已经够复杂多变了,而它们之间的较量,不仅可以以非线性方式发生于各部门之间、各军兵种之间,或者某部门与某军兵种之间,而且可以非对称、非对等地发生于主体系统的各层次之间,直至国家、民族、阶级之间。正如小股作战部队,在特定条件下可以直捣对方的总指挥部一样,情报部门可以通过特定情报的获取、加工和制作,使己方主体系统结构获得优化,并通过散布虚假信息而使对方的主体系统结构发生退化,甚至崩溃。

不可否认,在军事领域的具体作战中,确实需要通过敌我整体系统中的各个部分或要素来综合发挥其对抗作用。不过,这些部分或要素以怎样的具体方式来展开其对抗,又往往受其系统本身性质的支配。一方面,从系统整体和部分的关系看,整体虽是由部分或要素构成,但是这些部分或要素究竟如何发挥其作用,却又受制于系统整体的性质和目标要求。另一方面,从战争主体系统内部的分工协作机制看,自近代以来逐渐成熟起来的机械化战争,其主体系统内部的分工协作已发展到这样的水平,即在科学技术、科学思想、科学管理等科技理性支配下,紧紧围绕主体系统的目标要求和性质而高度组织起来。单从不同作战领域就可逐渐成长分化出陆军、海军、空军,以及其他各个专业军兵种。就单个专业兵种来说,越是技术性强的兵种,其内部专业分工与协作就越是细密复杂,对官兵科学技术水平、思维方式等的要求也就越高。以空军为例,其内部既有驾驶长机、僚机的空中作战分工,更有大量细致入微的地面机务、气象、通信、空管,甚至驱鸟等专业性分工。在这大量、细密、复杂的分工基础上,根据现代科学思想和现代科学管理思路,通过合理的编制和体制运行机制,将每个官兵的实践活动规范为按照各类条例条令、各种操作指令、各种纪律要求、各种规章制度等的简单化专业行动。这些微观、细密的简单行动,在科学的管理机制作用下,最终构成宏观、整体、优化的与动态自适应的完美协作,在战争实践中展现出战斗力的整体效能。

但是,敌我双方的对抗,却又是系统整体与整体的对抗。在这种整体性的对抗中,这些科技理性的东西,究竟能不能在主体系统内部分工协作中发挥出最大、最佳效应,又在很大程度上有赖于主体系统整体的实际目标要求和性质规定。这从战争实践的历史经验教训中都能看出。甲午战争的失败不在于没有科技理性支配下的分工协作,而是在于以封建专制为目标要求和性质规定的主体系统本身,与科技理性支配下的分工协作格格不入,以致封建专制的目标要求和性质规定时常会以表面化、形式化方式来执行科技理性下的分工协作,因而,当它面对经明治维新塑造起来的高度科技理性的现代主体系统时,自然不堪一击。

第二,战争实践中主体系统间的对抗是动态开放的复杂过程。主体系统间的对抗不会因一战、一仗的胜负而从此烟消云散。只要主体系统间的对抗关系还存在,双方的对抗博弈就不会停止。敌我双方主体系统本身及其内部各个层级的开放性,使得敌我双方的对抗较量同时在这样的开放、互动中全面展开。这使得整个战争实践演变为一个动态开放的复杂过程。除非敌我双方通过谈判达成一致,战争结束,这种主体系统间的对抗关系才会转化为另外的非对抗竞争博弈关系。否则,这样的对抗总会或明或暗,或激烈或相对缓和地进行。于是,在现实生活中,人们才会发现第一次世界大战持续了4年,第二次世界大战如果从九一八事变开始算起,也持续了10余年。其中,大大小小的战斗、各式各样的战役、各种形式的打法等出现了无数次,伤亡惨重、破坏极巨。这种动态开放的对抗,直至其中一方宣布投降,并最终签订投降书,才暂时告一段落。

事实上,主体系统间的动态开放对抗也是不均匀、不确定、不可预知的复杂过程。敌对双方的冲突在任何时候、任何情况下都有可能以不同方式、不同规模,在不同领域中发生。这也正是战争主体系统需时刻保持高度戒备警惕的重要原因。敌我双方的对抗、冲突却不会随着时间的延续而在程度、规模、频次等方面均匀发生。也许在大的停战状态下,小规模的冲突不断,有的持续数小时,有的持续数天,参战人数时多时少。至于何时何地将以何种形式爆发何种程度或规模的冲突,这对于战争实践主体系统来说,大有不确定性和难于预知性。因为在如此开放、如此非线性相互作用条件下,每个部门军兵种及其组织下的个人,他们在战争实践中受利益驱使,其活动具有极大的复杂性,所以,对于一个由高度科技理性武装起来的主体系统而言,战争、对抗、冲突等的大致爆发时段、规模、方式程度,恐怕也只能在某些区间段上做出初步预测,而对于具体细节,却难于准确预见。因为人的实践活动展开过程中实际已包含大量随机性,甚至是确定系统的内在随机性。

就拿日本偷袭珍珠港来说,日本固然早有预谋,而盟国和美国的一些有识之士从所取得的情报资料中也能大体预见到这次战争的爆发,但同样是因各部门、各层次之间所牵涉的各种利益的相互掣肘,以及对情报分析的疏漏,对于盟军和美军这样的战争主体系统来说,依然无法准确预测,以致遭到偷袭而损失惨重。

第三,战争实践中主体系统间的对抗是非线性、非对称的对抗。在战争实践中,主体系统间的对抗,由于全都是通过具有高度主体性的人及其组织、分层次的活动来进行的,因此,这种对抗就绝非像机械运动那样简单、确定,乃至大小相等、方向相反。主体系统间的对抗,实际是人主体性的高度整合基础上的对抗。其中充满了人这个主体,甚至是组织起来以整体面目出现的主体,包含着极大的智慧计谋、诡计阴谋。对于任何一方的主体系统来说,都希望以最小的生命、物资、人力等代价,赢得最大的胜利。于是,在整个主体系统及其各个部门、各个层次,乃至官兵个人,其主体性都会被该主体系统通过各种宣传和规范等来加以组织、协调和调动,直至形成战胜对方的统一意志和各类各层次的具体计谋、方式方法等。一旦战争双方的对抗较量被具体展开,这些具体计谋与方式方法就会被大量灵活地施与敌方。这样一来,必然会增加战争主体系统间对抗的不确定性和非对称性。于是,出其不意、以弱胜强、反败为胜等现实的战争实例,也才总是能够出现在人类的战争史之中。

三、信息化战争"主-客体"关系探析

信息科学技术广泛、快速的渗透性,很快为人们开掘出了一个全新、开放的信息世界。人们生活其中的现实世界也由此从以往单一的物质世界迅速演化为"物质和信息"非线性相互作用的复杂世界。人类的战争及其表现形态也相应地由以往在单一物质世界中展开的冷兵器战争、热兵器战争(包括机械化战争等),加速跃升到在双重现实世界中全面展开的智兵器战争,包括目前的信息化战争及其升级版——智能化战争。由此,战争的"主-客体"关系、主体间关系、主体系统间关系等,都将嵌入、映射、回响在这开放、复杂的"物质和信息"双重世界中,并使战争"主-客体"关系呈现出全新特征。

(一)双重世界中全面塑型的战争主体

人总是生活在现实具体的社会关系,特别是与其物质利益直接相关的生产关系中的。信息时代,伴随生产关系处于"物质和信息"双重世界全面中介

过程中,战争主体必将被全面塑型:唯物史观认为,生产关系是人们在生产过程中结成的人与人之间的最基本、最重要的物质利益关系,这种关系在"物质和信息"双重世界的复杂相互作用下,正发生着某些不以人意志为转移的巨大变化,而这样的变化将直接影响着担负战争主体职责的人。

从静态考察,生产关系主要包括生产资料归谁所有、人们在生产过程中的相互关系、劳动产品的分配形式等内容。其中,生产资料在信息的全面渗透下,迅速展现出丰富多样的新形态。除了传统意义上以土地、机器、厂房、原材料等形式存在的生产资料之外,像生产新信息所必不可少的信息生产资料(包括网络、网络平台及其各类终端,以及各类操作软件、程序等),乃至一切生产都必不可少且不断更新的新知识、新技术、新信息等,全都加入了生产资料的行列。生产资料的如此变化,一方面为每个人掌握这些生产资料,提供了方便可行的机会;另一方面,在激烈的竞争中,这些生产资料也将越来越集中到少数金融寡头、知识技术精英及各类信息平台垄断者手中。在各类生产过程中,信息网络、网络平台早已成为生产过程中分工协作、配置各类资源的基本工具和手段。在这一点上,那些跨国公司及其员工之间在地球不同时区、不同文化背景下的精密分工、精细化协作,早已为这样的生产关系提供了生动脚注。与此同时,人们越来越多地借助信息网络、网络平台来组织或串联各种生产要素,包括资本、劳动力、生产资料、知识、信息等,使生产过程中的分工、协作变得更加集约有效。多样化的分配方式,包括按资取酬、按劳取酬、按知识或信息取酬等,都已不再是什么新鲜事物。

从生产关系的动态方面看,生产关系实际是通过生产、分配、交换、消费这四大环节而循环递进的。在"物质和信息"双重世界复杂相互作用下,生产关系的这四大环节及其运动变化也展现出全新的形态。在生产方面,不仅生产的信息创造本质全面深刻地显露出来[①],而且不论具体生产什么,都已越来越高度依赖新知识、新信息及其不断的新创造、新实现。生产方面如此变化,对作为实践主体的人,其实是提出了更高要求,意味着其本质力量将日益聚焦于新信息的创造和实现方面。在分配方面,由于新知识、新信息及其不间断的新创造、新实现(新信息的"外赋予物")在生产中的作用如此之大,因此其在分配中必然有所体现。新知识、新信息创造、新信息实现等带有创新性、突破性的智力劳动,将通过知识产权,甚至"智本"等形式,争得越来越大的分配权重,成为与资本分配相并列、相统一,甚至相抗衡的重要力量。交换方面的情况也同样如此。以往的交换主要局限在实在物质层面上,而在

[①] 参见本论著第三章第二节相关论述。

"物质和信息"的复杂相互作用下,不仅人们的交换方式日益体现出对互联网及物流、智能化方式等的依赖,而且可供交换的内容,也日益超出实在物质形态的限制。大量不实在的新信息、新知识交换,充斥于信息网络空间。交换的便利和可供交换内容的丰富,大大解放了人的思想和肉体,让其方便、快捷、舒适、安全地获得他作为一个人、一个实践主体想要获得的任何东西。至于消费,则更是极其生动地展现出"物质和信息"的双重复杂作用。就大量可供人们消费的商品来说,所谓"高附加值",其实就是在原有实在物质方面,融入大量的新信息创造,包括产品性能、外观、包装、品牌符号、产品推广等的设计及其专利,以及品牌文化积淀等信息创造内容。事实上,由于生产、分配、交换、消费这四大环节全部都在"物质和信息"双重世界复杂相互作用中全面展开、不断衍生,并受到"物质和信息"的双重中介,因此这四大环节不仅内容丰富生动,而且由一个环节向下一个环节运动的速度不断加快,使整个生产关系的演化速度不断加快。

生产关系在"物质和信息"双重世界中如此变化,让人的信息创造活力被大幅度激发出来,也让人的新信息创造及其劳动付出获得极大尊重。这些都在以人们最直接的物质利益关系的形式,激荡着实践主体(人)的主体性活力,意味着新信息创造将成为主体性的核心内容,成为主体间、主体系统间竞争、博弈、对抗的焦点。

按照唯物史观社会存在决定社会意识的基本原理,不难发现信息时代生产关系的上述变化,也必然会引发社会意识的巨大改变,从而对现实个人产生深远影响。这反映到人的思维方式上,就是在以往物质思维基础上,进一步生成、发展出信息思维,并且在人现实复杂的实践活动中,实现物质思维和信息思维的有机统一。

关于"物质思维"和"信息思维",邬焜在"信息思维论"中有过详细论述[1],在此只做简要叙述。在邬焜看来,自然科学意义上的物质和能量都属于"实在",与之对应的思维,即"物质思维和能量思维又都是关于实在的思维"[2],而这些思维同时正是"关于直接存在的思维"[3],即物质思维。也就是说,古代哲学和经典科学,由于将质料性的实体等同于物质,并将其与标志运动变化的能量绝对割裂开来,因此在思想观念和思维方式中逐渐形成了相应的物质观念和物质思维、能量观念和能量思维。在此,"物质观念乃是人类对宇宙、事物的自然实体性本原、本质意义的理性认同,而依据这一认同对宇

---

[1] 邬焜:《信息哲学——理论、体系、方法》,商务印书馆2005年版,第395页。
[2][3] 邬焜:《信息哲学——理论、体系、方法》,商务印书馆2005年版,第424页。

宙、事物的本原、本质的追寻,以及对宇宙事物进行自然实体化解释和思考的方式和方法便构成了物质认识方式和物质思维方式,亦即物质思维"①。能量观念则是人们"将宇宙、事物运动、变化的根据作世界之始基化、本原化解释的理性认识,而依据这一认识对宇宙、事物运动、变化的根据、原因及方式的追寻,以及对宇宙、事物进行能量化解释和思考的方式和方法便构成了能量认识方式和能量思维方式,亦即能量思维"②。现代科学和唯物主义哲学的深入发展早已证明物质和能量具有内在统一性③,并且它们同时具有物质的根本特性——客观实在性④,因而它们在现代科学和哲学意义上都属于物质。人们对这些物质及其存在形态多样化的反映,最终形成哲学意义上关于整个"直接存在的思维",即物质思维。

信息思维是"关于不实在的思维、关于间接存在的思维"⑤。这样的思维是对人们日常所形成的信息观念的思维方式外化。在此,信息观念其实是人们"将信息作为一种区别于物质和能量的基本存在,以及对其本质、存在方式、意义和价值所作的一般性理解、规定和认识"⑥。依据这些相应的"理解、规定和认识","从现存事物的结构组织和关系互动模式、演化程序和过程模式中去把握和描述事物的本质、特点和属性的方式和方法,将现存事物的结构、关系、过程作为信息的载体或符码,并由此破译出其中蕴含着的关于事物历史状态、现实关系、未来趋向等间接存在的内容的方式和方法,以及将现实对象物或信息再行人为符号化,并赋予其特定的代式关系的方式和方法便构成了信息认识方式和信息思维方式,亦即信息思维"⑦。

在全面开放、高速运动、高效实施的信息化模式下,在物质思维和信息思维的有机统一中,现实的人作为实践主体,将处于对现实世界及其演化趋势的信息把握中,对万事万物的历史状态、现实关系、未来趋向等的信息化分析中,对现实对象物或信息的再行人为符号化和赋予其特定代式关系中,将自身的信息思维再次投射于外在事物的智能化变革中。这些主体之人,一方面伴随其对自身本质的不断追求,而更加注重以自由而有意识地创造新信息、传播新信息、实现新信息等,来不断确证自己生活得更像"人"、更高贵、更具有"人"的活法。一句话,他们将不断地以创造、传播新信息,并以人工智能等形式实现新信息,从而展示出自己"人"的本质。因此,"人是最杰出的信息创

---

① 邬焜:《信息哲学——理论、体系、方法》,商务印书馆2005年版,第399~400页。
② 邬焜:《信息哲学——理论、体系、方法》,商务印书馆2005年版,第405页。
③ 邬焜:《信息哲学——理论、体系、方法》,商务印书馆2005年版,第414页。
④ 邬焜:《信息哲学——理论、体系、方法》,商务印书馆2005年版,第422~423页。
⑤⑥⑦ 邬焜:《信息哲学——理论、体系、方法》,商务印书馆2005年版,第424页。

造者和信息实现者",也必将在这样的时代、这样的实践活动中,通过人对自身本质"物质和信息"的双重塑造和追求,以其主体性的形式,鲜明、生动、具体地展现出来。

另一方面,正是通过自由而有意识地创造、传播、实现新信息,这些现实的个人,才会在社会生活中,在人与人的实际交往中,在创造、传播、实现新信息的信息化科技规范中,逐渐形成更加趋于独立、自主、开放、平等、包容、共生、共享、合作、民主、公正、法治等的社会规范及其相应的价值观。因为,在这一系列规范和价值观逐渐形成的背后,是飞速发展的信息科学技术、智能科技支撑起来的生产方式的巨大变化。而这样的变化正作为最革命的力量,在不断地破除着以往单一物质世界所形成的人身依附关系、资本霸权关系、人与自然和人与人的征服对抗关系。

基于上述分析,对于信息化战争主体,其主体性必将在上述"物质和信息"双重世界复杂相互作用关系中,在物质思维与信息思维的交互作用下,在信息社会更加开放、包容、规范的社会生活及其价值观支配下,被塑造一新。这一方面确实意味着准备信息化战争主体能力的全面提高,以至能够通过其在各自岗位上的具体实践活动,来实现面对各种出其不意新状况的极高自适应性和自协同性。不过同时应该看到,如果一个国家、一个民族、一支军队,在信息化浪潮的如此巨大变革中,不能在现实生活中,特别是在准备和应对信息化战争中,相应推进人和人之间的社会关系,特别是利益关系的信息化、法治化建设,无法给信息时代成长起来的新人们造就参与社会变革,建设更加能够满足其独立、自主、开放、平等、包容、共生、共享、合作、民主、公正、法治等价值观诉求的社会环境和氛围,那么,整个准备和应对信息化战争的主体系统能力,就将会因社会关系,特别是生产关系的阻碍,而被大大消减。人们的信息思维能力也将会在各自谋利的驱使下,内耗殆尽,以致在遭受敌方攻击时,难于呈现出"自适应""自协同"能力。

(二) 双重世界中被全面设置的战争客体

信息时代的战争实践是在"物质和信息"双重世界复杂相互作用中生成演化的。作为战争主体为了赢得信息化战争,必将不断地认识和开掘"物质和信息"双重复杂世界,由此也会形成不同类型的信息化战争客体。

1. 信息化战争的信息类客体

在以往单一物质世界中,战争的信息类客体,主要集中在情报领域。为了搜集、储存、传递、加工、运用与战争相关的各类情报,可以说敌对与非敌对关系的各方,都竭尽全力地采取了最先进、最能体现当时人类智慧最高发展水平的手段。对于这方面信息的搜集、储存、传递、加工、运用,在信息时代的今天,不但没有减弱,反倒在信息科学技术的推动之下,表现得更加剧烈。且不说黑客犯罪问题,单从信息化战争视角来看,作为信息化战争主体的对象或客体,其情报信息内容正全面越出以往人们对战争情报的想象。搜集、储存、挖掘各类政治、经济、文化、教育、社会信息,包括个人信息,团体、组织信息,国家、民族、军队信息等,并在此基础上展开大数据分析、云计算综合等,已绝不仅限于商业活动,信息化战争尤甚。这从2013年6月爱德华·斯诺登(Edward Snowden)向一些媒体披露的美国、英国的相关监听、监视等中就能看到。

要在信息化战争、国家博弈等方面取得某种意义的"制胜权",必然要获取更多、更精准、更全面的信息,而为了获取这些信息,自然不择手段,哪里还会去顾及个人隐私、他国主权、国际法限定呢?无节制地获取、加工这类信息,使之成为信息化战争客体,既是这种战争获取"制信息权"、赢得战争的先决条件,又是这种战争紧紧围绕"信息"而展开的特点所在。

除此之外,伴随一体化联合作战平台①的智能化、复杂化,作为信息化战争主体,不仅要掌握熟练操控一体化作战平台的技能,而且要同时具备快速甄别、研判由该智能化、一体化作战平台所生成的各类云计算、大数据结果或信息,并根据此信息采取最优化的作战措施的能力。于是,一体化联合作战智能平台,以及该平台中流淌生成的信息,统统都构成了信息化战争主体的客体。

此外,信息化战争中的大量信息,归根结底并非完全自然天成。不少关键性信息仍然要由人来创造、发掘和分析判断,因而这类被人创造出来的信息,同样会成为信息化战争客体。对于一些常规的、众所周知的理论知识,像现有的科技理论知识、军事理论知识、战争理论知识等,由于已经成为信息化战争主体的内在知识背景、知识结构构成,如果信息化战争主体不再着意去研究、反思、改变它们,那么它们实际已退出客体范畴。然而,在这些常规知识理论基础上,对各类知识(特别是包括信息科学知识和技术在内的其他知识、技术等)进行进一步的创新研发,直至对这些新知识、新理论(特别是新技术等)进行垄断控制,再在此基础上创造出与这些新知识、新理论、新技术等相协调的军事理论、战争理论、军事哲学理论等,同样属于信息化战争的信息类客体。

这类客体虽然呈现为不断发展演化的信息科学知识、技术、思想,以及与之相适应的军事战争理论和哲学思想等的最新成果,但由于它们是支撑当今

---

① 林东:《"互联网+"与中国特色军事变革》,《新华文摘》2016年第7期,第140页。

军事和战争内容及其深入演化的知识基础、技术基础、思想理论基础,因此备受信息化战争主体关注,甚至成为信息化战争主体全力以赴力图控制、争夺、推进、发展、垄断的对象。对于信息化战争主体来说,掌握这类客体具有真正意义的"制信息权",因而,往往会付出极大热情加以强烈关注。但由于这类客体又总是依赖于主体的新信息创造,因此主体自身的新信息创造能力,成为信息时代信息化战争应对中主客体辩证关系的新内容,即客体并不单单外在于主体,而是在主体的新信息创造中不断生成,不断被创造出来的。这些新信息、新创造又能够反过来,进一步体现、印证甚至倒逼主体不断提高新信息创造的能力。也正是由于这类创新型客体高度依赖于主体信息创造能力与水平,因此各国军队和军事国防部门才要大量吸收相关创新型人才,并在军事人才培养、军事训练中,同步融入这类新信息创造的内容。

2. 信息化战争的实体类客体

信息化战争的实体类客体,是指现实的人在"物质和信息"复杂相互作用的双重世界准备或进行信息化战争实践过程中,通过眼、耳、鼻、舌等感觉器官可同时感受并改造的实践客体。这类客体属于信息化战争主体将信息科学技术及其思想,以及相关军事战争理论和军事哲学思想等,转化为实在的信息化、智能化武器装备,以及与之相匹配的军队建设管理法令、法规等可规范执行的实在体制及其执行应用。

这类具有实在性的客体,在"物质和信息"双重世界的支撑作用下,不仅日益迫切地需要受到网络化、信息化、云计算、大数据化、智能化的全面渗透和优化改进,而且将在信息化战争实践的发展中被不断地开掘出新的表现方式或形态。因而,从这个意义上说,这类客体往往会随信息化战争主体的发展,而呈现出无限开放、加速更新、变化万千的状态。即便是在"互联网+"思路引导下,为优化整合各种军事资源而打造的智能化"信息网络平台",包括"一体化联合作战平台"等,其本身相对于在平台中运行的不实在的信息,依然属于实在性客体。主体建造这样的客体,有利于生成某种全新的军事生态,并且伴随这种全新军事生态的快速形成和发展,原有的"信息网络平台"将很有可能在追逐更方便、更快捷、更安全有效的过程中更新换代,甚至被更具有优势的某种新平台所取代。

同样,具有实体性质的武器装备,今天它正在网络化、信息化、云计算、大数据化、智能化等的推动下被快速赋予各种信息化、智能化功能,甚至还呈现出以往不曾有过的新面目、新功能。同时,在信息科学技术加速发展的今天,现有的信息化武器装备又很有可能快速地被更为先进的什么"化"武器装备所超越、淘汰,以至根本就没有什么一劳永逸、百战百胜的长寿"撒手锏"。信息化、智能化一方面加速了各类武器装备"撒手锏"、全新一体化作战平台等的大量问世，另一方面进一步加速了对各类"撒手锏"、硬件平台的消解、破除。这类客体的如此快速演化，难免会将人们对军事国防的关注限制在装备武器、一体化作战平台等更加信息化、智能化的军备竞赛陷阱之中，将人的精力、生命消耗在无休止的信息化、智能化设计、研发、运用之中，不仅使人在苦不堪言、加班加点的忙碌中丧失生命乐趣，而且伴随而来的是大量一时难于被纳入新装备系列的旧装备、旧仪器、旧平台等，因无法赶上信息化、智能化步伐，惨遭淘汰。如果此时在对待信息化战争问题上再缺乏全面看问题的辩证思维，那么这些惨遭淘汰的实体类客体，也必将给社会带来极为严重的生态压力。

此外，伴随信息化战争主体对实体性客体的信息化、智能化追逐，主体与这类客体间的关系将更加有机地统一于一体。以武器装备为例，主体在现有条件下为了使各类武器装备、作战平台等更加方便、快捷、安全、有效，必然大量采用信息化、智能化技术，而伴随各类武器装备的快速信息化、智能化升级涌现，一方面，主体与信息化、智能化客体全面融为一体，如信息化、智能化武器装备，以及一体化联合作战平台。从 C^2 开始，一路发展到今天的 C^4ISR 或者 C^4IKSR（K 为战斗部），以及由此衍生出的诸多对象或客体，俨然成为信息化战争主体难于分离的"无机的身体"。研发开掘这类客体，其实就是在不断扩张主体自身的头脑和躯体，以便全面增强主体的作战能力。另一方面，这种主客体的内在有机统一，客体对主体"无微不至"的内在契合，反过来又使人们高度依赖这些"无机的身体"，某种程度上导致人们主体性的衰落。尽管这些"无机的身体"已经逐渐以具有相当自组织能力的网络化方式连接运转，但正像人的神经网络一样，它们并非完全不会被细菌病毒所侵害。一旦这些"无机的身体"在战争中遭受破坏、出现故障，如果没有各类可行性备份，没有充分的应急预案，必将导致信息化战争主体瞬间丧失战斗力。

至于相应的军队建设管理法令、法规等可规范执行的实在体制及其执行应用，其实也同样如此。当主体耗费大量人力、物力、财力按照相应法令、法规和各类规章等，建设起各类信息网络、智能化系统、一体化联合作战平台，并利用其来组织推进各类体制的执行之时，从硬件和体制执行方面考虑，其实在性，甚至是客观实在性更是显而易见。这就如同当今不少论著都谈到军事创新在信息化战争中的重要作用一样，谁都知道"没有创新的军队是愚蠢的军队"[①]，军队的落后往往不在于武器，而在于思想观念。可一旦要从体制

---

① 林东：《"互联网＋"与中国特色军事变革》，《新华文摘》2016 年第 7 期，第 140 页。

上来推进创新,却往往会受到既得利益、"官本位"等旧有体制、规则等的强烈抵抗,从这个意义上说,应对信息化战争的主体,如果要试图变革这类真正具有客观实在性的客体,就必须具有"壮士断腕"的决心。党的十九大指出,要"推进军事管理革命,完善和发展中国特色社会主义军事制度"。从"主-客体"关系上看,作为客体的军事管理规范和军事制度的建立健全,绝不仅仅是一朝一夕的事情,这类具有客观实在性的客体,其发展演化实际上是随着主体状态、实践内容的变化而变化的,因此在准备和应对信息化战争中,伴随主体对信息科学技术、智能科技的开掘运用,这类客体的研发、开掘、建设其实是长期持续的。

3. 信息化战争的主体类客体

正如前文分析战争客体时已经谈到的,战争不管采用怎样的武器装备、作战平台,不管其表现为怎样的样态,战争从来都是人和人之间本质力量的残酷较量。人的本质力量投射在哪里,战争面貌就显现在哪里;人的本质力量投射到何物,战争形态便会依何物而展开。但是战争又是敌对双方的较量,离开其中任意一方,这种较量都将失去意义。因而,当战争的一方把自己看作战争实践的主体,而将敌方看作自己必须把握、征服的客体时,殊不知敌方同样在建构着类似的主体与客体关系,只不过在这个关系中,主体与客体的实际承担者发生了颠倒。在战争中,如果非要把自己的对手理解为自己研究、征服的客体,那么不管怎样,都应时时牢记对方本身就是极其高超的主体,具有与其所处时代相适应,甚至更超前的主体性。从这个意义上说,此时的"主-客体"关系,实则已转化为了主体间,甚至是主体系统间的关系。不过为了更加深入地分析这类被战争主体视作客体的对象,不妨还是从分析其主体性入手。

在"物质和信息"复杂相互作用的现实生活条件下,作为信息化战争对手的主体性客体,其实是信息化战争客体的最高层次,也是最复杂、最具有"自适应""自协调"能力的客体。这样的客体和主体一样,都是时刻保持着高度戒备的系统整体。

一方面,在"物质和信息"双重复杂世界中,客体主体性会通过各类新信息创造与协同表现出来。表面看,为了充分发挥出信息在整合、协调这双重复杂世界的作用,这种主体性客体会通过自身整体化的顶层设计和实施,创设和打造出各种类型的信息平台,构筑出各个信息网络空间,创造出各种智能化武器装备系统,组织各种力量构成形式,提出各种文化价值观目标,以便更加广泛地协同各类作战资源、战场空间和规模、精神意志和文化意识形态,以应对或发起在"物质和信息"双重复杂世界中的复杂化战争。但深入这类客体的内部就会发现，由于客体主体性最核心的内容主要集中在知识创新、技术创新、军事战争理论创新、理解战争和战场空间乃至理解整个世界的思维方式创新等方面，而创新本身在很大程度上具有随机性和不确定性，很难被单纯的顶层设计直接精确创生，因此，对于战争客体这一整体系统而言，在其内部结构的体制、机制运行中，如果其越是能够调动、激发、协调好不同岗位、部门、层级的人的积极性、创造性，那么，其主体性就越将在这样的良性运行中不断升华，并在针对战争主体所进行的多维度、多方面（甚至包括文化、价值观领域）的斗争实践中，以自主性、自适应性、自我创新性等形式充分显露出来。相反，如果这样的整体系统不能在战争实践推进中使人的积极性、创造性充分发挥，那么即便这样的系统依然以整体形式存在，其主体性的发挥依然会在各个岗位、部门、层级的相互扯皮、相互掣肘中消耗殆尽。从这个意义上说，新信息创造以及构筑好有利于各类新信息创造、协同的系统机制、体制，对于保持战争客体（对手）主体性具有极大的意义。而要战胜这样的客体（对手），关键之处也在于此，即只要能够消解掉这类客体的创新体制机制，消解掉身处各岗位、部门、层级的人的创新意志或热情，也就意味着其整个系统主体性的衰退，直至最终丧失作战意志和能力。

另一方面，在"物质和信息"双重存在复杂相互作用的现实世界中，这样的主体性客体又是开放演化的客体。具有高度主体性的客体，其本身就是在"物质和信息"双重世界复杂相互作用条件下生成的复合体，而这种客体所处的现实世界也同样是在"物质和信息"复杂相互作用的演化中，成为更加巨大的复合体。这两大复合体之间只有不断保持物质、能量，特别是信息的持续交换，才能在互通有无中既保持客体自身及其主体性的活力，也增强着现实世界的活力。事实上，当今信息网络空间的开掘建构，智能科技的大量运用，为主体性客体在"物质和信息"双重世界中展现其开放性奠定了现实基础。借助信息网络空间、一体化联合作战平台等的建构和运用，各军兵种、各物质能量形态等都能得到有效配置和高效精准使用。由此可以发现：

其一，信息网络空间不仅突破了以往单一物质世界的时空界限，使战争对抗具有了"平战模糊""全域对抗""交叉渗透""行动隐匿"等特点，而且这种具有全新时空结构的信息网络为构建更加开放的主体性客体提供了现实条件。也就是说，具有高度主体性的信息化战争客体（对手），只要其依靠信息网络空间来开掘、储存、传递、接收、创建信息，并依此来组织各方面的资源和力量，就会成为某种意义上的开放性客体。这对于信息化战争主体来说，确实有利于更加深刻地把握、攻击客体，然而对于同样具有主体性的客体来说，它也可以利用和发展这样的开放性,以获取对方信息,进一步攻击对方,从而达到对对方的毁灭性打击。

其二,信息网络空间成为串联、组织、匹配"物质和信息"双重世界中各类物质、能量、信息的关键性中介,成为信息发挥其主导作用的关键性场所。一旦信息网络空间遭受破坏,整个客体系统将瞬间丧失其主体性,乃至丧失系统本身的生机与活力。因而,对于具有高度主体性的客体来说,有了安全可靠的信息网络空间,才有了建构、发扬自身主体性的神经中枢,才能使自身在开放中实现有序,在创生中达到协同,在动态演化中充满活力,在遭受主体攻击时做到自我修复、自我重生,从而使自身得以在主体的各种攻击对抗中,保持旺盛的生命活力和对抗、战胜主体的综合能力。当然,从这个意义上说,维护信息网络空间的安全,夺取信息网络空间的制胜权,成为当下捍卫主体性客体的生命,乃至捍卫整个军事安全、国家安全等的关键。

(三)双重世界中全面展开的主体系统间较量

从上述对客体的分析可知,如果不考虑信息化战争中主体系统间的对抗、较量关系,单纯从主体对信息类客体、实体类客体的认识、改造关系来看,其中的客体主体化和主体客体化,其实是相对简单的。它们无非就是将以往单一物质世界的获取传递情报,新技术、新知识、新理论、新思想等的创新,放在"物质和信息"双重世界中来实现,使主体客体化和客体主体化在信息化渗透中,被赋予新的内容或意义。

"主体客体化"意味着主体为了应对信息化战争而将自己的本质力量、意志情感等全部用于获取、传递、储存、创造与信息化战争相关的情报信息,以及科学技术知识、军事理论、战争理论等新信息创造,直至在对这些信息的分类、加工、处理、创造基础上对实体类客体进行深入变革,从而达到对信息类客体、实体类客体的综合把握和实践运用。

"客体主体化"则意味着信息类客体、实体类客体在主体的实践变革中,逐渐转化为主体应对信息化战争的内在本质力量,转化为主体"无机的身体"或"无机的中枢神经系统"。像目前受到高度关注的智能化战争,其实正是"客体主体化"在信息化战争领域的具体表现,亦即信息化战争主体在搜集、储存各方面信息基础上,充分发挥自身信息创造能力,创造新信息(包括新知识、新技术构想、新思想、新理论等),再将这些新创造信息赋予信息类客体、实体类客体,使这两类客体达到某种主体智能化状态,包括创造新信息、实现新信息的某些能力,从而与主体的实践活动(包括战争实践活动)协同共生,以便更好地服务于主体实践(直至战争实践)的需要。

事实上,由于"物质和信息"双重世界是由"一个物质世界和三个信息世界"复杂相互作用构成,因此伴随信息科学技术、智能科学技术,以及其他相关科学技术的进一步发展,主体客体化和客体主体化还将在客体智能化基础上,进一步表现出客体的智能化与意向化、生命基因重组化,以及其他什么"化"等综合特征。在这样的情况下,如果信息化战争不能在相互对抗的主体系统间实现相互制衡式消解,那么主体系统间的对抗较量将在"物质和信息"双重世界中不断升级,不断开掘出新的疆域,直至把整个人类拖入自我毁灭的灾难性旋涡之中。

然而,信息化战争中主体系统间的复杂较量却绝不会因为人们的反战、厌战而消失。在现有国际环境和条件下,正如习近平所言:"能战方能止战,准备打才可能不必打,越不能打越可能挨打,这就是战争与和平的辩证法。"[①]对于信息化战争主体系统间的较量,尤其需要立足于习近平关于战争与和平辩证关系基础上,进行深入研究,从更加具有前瞻性的角度,来冷静思考在"物质和信息"双重世界中展开的主体系统间较量。

对于战争而言,主体系统间的较量从来都属于复杂系统间的复杂相互作用。在战争进程的展开中,双方都会适时根据情况的巨大变化而做出某种能够最大限度保存自己,又能给予对方最大打击的"自适应"调整,以及对自身系统各要素的适时"自协同"。这样的主体系统间相互作用,大多又呈现出非对称关系。于是以弱胜强、出其不意也才使得人类的战争精彩纷呈,涌现出诸多可圈可点的经典战例。信息时代,人的现实世界由以往的单一物质世界逐渐演化为"物质和信息"复杂相互作用的双重世界,主体系统间较量的非对称关系将非常突出,还会在"物质和信息"的双重世界中被非线性放大:

第一,非对称的主体系统。在"物质和信息"复杂相互作用的双重世界中,主体系统本身已在信息、信息科学技术、智能科学技术等的普及应用下,呈现出某种不对称关系。也就是说,主体系统不再简单局限于掌握最先进武器装备的军队或者其他什么国家机器。单个的人,只要具备一定的信息科技知识,拥有一定的网络硬件设施或者别的什么智能装备,都有可能成为向国家、军队等庞大主体系统发起信息化战争攻击的主体系统。随着信息科学技术的普及,由于网络硬件设施或智能装备等较为低廉的成本和较为可观的"效费比",再加上共享经济的推进作用,单个的主体系统极易形成。如果对这样的主体系统不能正确加以引导,使其为我所用,那么一旦这样的主体系统受到某些极端思想蛊惑或者私欲膨胀,他们都有可能以黑客身份发起一场

---

① 《用好用活军事这一手——关于强军打赢的科学方法论》,《解放军报》2022年9月26日。

网络战、无人机蜂群战、自主武器攻击战等。

第二，非对称的力量搏击。在"物质和信息"复杂相互作用的双重世界中，主体系统间的力量对抗，同样能够呈现出明显的不对称关系。尽管在以往单一物质世界的战争中，以弱胜强、以少胜多并不鲜见，但在"物质和信息"复杂相互作用的双重世界，这样的情况将更加普遍、更加奏效。信息化战争主体系统间非对称的力量对抗简单说来就是利用所掌握的信息科学技术、智能科学技术、生物或生命信息科学技术，以及今后在相关基础上进一步发展起来的其他较为尖端的科学技术，来对对手发动攻击，以达到毁伤对手，谋得军事、政治以及其他方面利益或制权等目的。

信息化战争主体系统间非对称的力量对抗不仅会发生在美、俄等军事强国之间，也将发生在某些综合力量相对较弱的弱者与相对较强的强者之间。对于综合力量相对较弱的弱者来说，追踪掌握所有的先进科学技术，在综合力量各主要方面都做强做大，不仅各方面成本较高，而且没有必要，只要能够掌握某些关键技术，并将其转化为战斗力，并以此来对对手的关键性节点发动攻击，就有可能给对手带来综合性的毁伤，甚至呈现出"多米诺骨牌"效应，最终达到攻击目的。

由于信息化主体系统在综合力量上总会有强弱之分，而某些综合力量强大的主体系统，如美、俄等军事强国，再譬如代表公共利益的国家、军队等，作为主体系统，它们往往会处于遭受攻击的明处。而由单个人或某些组织所构成的弱小主体系统，它们却时常处于暗处。从目前来看，随着网络入侵技术的不断升级，一些黑客所掌握的高新攻击手段将十分隐蔽，往往使受到攻击的一方无法判定攻击来自何方，更无法判定其攻击意图，甚至在遭受攻击之后，还毫无觉察。从长远来看，不仅网络入侵技术、智能科技会带来如此主体系统间力量搏击的不对称性，而且在当代科学技术基础上衍生出的其他科技，也都有可能具有这方面性质。

第三，非对称的时空结构。在"物质和信息"复杂相互作用的双重世界中，主体系统间的较量是全方位、多领域的，在空间上展现出战争新领域的不断拓展，在时间上表现为面向未来的不断自我超越和自我建构。

人类科学技术飞速发展的今天，主体系统在双重世界中的较量早已不局限在将最新科学技术转化为战斗力和作战体系的较量这一方面（尽管这一方面非常关键），而是在将人的本质力量在双重世界中全面转化为战斗力体系这样一种开放性、多维度、多方面的较量上。人的本质力量投射、发展到哪里，战斗力体系建设和生成工作就开展到哪里，作战疆域就相应推进到哪里，主体系统间的较量也就跟进到哪里。也就是说，信息化战争并不只是信息科学技术方面的战争,而是在信息科学技术基础上的信息开掘、信息创造(包括新知识、新理论、新思想)、信息实现等的战争。它需要在信息的开掘、创造、储存、传递、使用等基础上,综合全面地建立适于在"物质和信息"双重世界中全面作战的各类体系。因此,主体系统间的较量才会表现为,争先恐后地创造新信息、实现新信息,并在这些新信息指导下,不断拓展人类实践的新疆域,并将这些新疆域转化为信息化战争的全新战场领域,从而实现对这些领域的战略控制。这在空间上往往表现为人类作战疆域的无限制拓展、延伸,亦即从以往单一物质世界的地域、领海、领空,逐渐延伸到"物质和信息"双重世界的空天、深海、网络、生物、智能等各个方面。不仅如此,随着信息科学技术、智能科学技术,以及生物、生命科学技术等的交叉发展,这些新战场领域还将在人的战争实践活动推进下发生非线性的相互作用关系,以使人的本质力量在这种最全面的对抗较量中得到最充分的发挥。于是,战争的新疆域将在实践推动下不断被建构和突破,这也体现了战争在空间上的无限性。

邬焜信息哲学认为,当代自组织理论揭示出在事物进化演化的方向上"时间就是构造",并且"时间和空间是可以相互转化的"[1],即空间也具有某种意义上的"空间的计时"性[2]。这意味着,双重世界中人类战争领域、战场空间的不断拓展,其在军事实践、战争实践演化上其实是表现出了战争(乃至信息化战争)的"时间之矢"永远是在加速地指向未来,任何停留于当下的一劳永逸、一步到位都将成为不思进取的梦幻。也就是说,只有在现有战争疆域基础上,面向未来,不断创造新信息,不断开掘新知识、发展新技术、开拓新疆域,将备战的眼光永远投向未来,才能在主体系统间较量中领先于人,甚至先发制人。相反,如果没有永远指向未来的"时间之矢"观念,眼光只是停留在过去或当前,那么在信息化战争主体间较量中必将处处被动、时时追赶,哪里还能形成战略威慑能力呢?

总之,信息化战争的"主-客体"关系异常复杂,它不仅牵涉到一般意义上的"主-客体"关系,而且牵涉到战争"主体间""主体系统间"关系,以及所有这些"主-客体""主体间""主体系统间"关系在"物质和信息"双重世界中的全面展开。不仅如此,所有这些关系又都在人的实践活动(甚至包括信息时代人的信息实践活动)的推动下来具体实现,因而在信息化战争的具体实践作用下,所有这些关系全都具有非线性相互作用特征,绝不能以某种脱离了具体

---

[1][2] 邬焜:《辩证唯物主义新形态——基于现代科学和信息哲学的新成果》,科学出版社2017年版,第498页。

作战场景、具体情景状况的决定论态度,来机械照抄照搬别国、别的军队的成功经验。只有具体分析自身处境,并在此基础上创新性地设计、谋划自己的打法,才有可能争得战场上的主动。

第二节 信息化战争全新的"人-物"关系

研究战争除了研究其主客体关系之外,还有必要分析其"人-物"关系。和主客体关系不同,战争实践中的"人-物"关系,主要是关注在战争实践中"人"和"物"的配置与协同关系。信息化战争在信息的创生和作用下,其"人-物"关系和以往的所有战争都完全不同。在此,有必要以以往各战争形态中最为高级的机械化战争形态为例来详加分析。

一、机械化战争的"人-物"关系

18世纪法国唯物主义哲学家普遍认为,人和物并没有本质区别。拉美特利专门写了《人是机器》的著作,来阐明人和机器一样,服从机械运动的法则。他认为人这种机器只不过"比最完美的动物再多几个齿轮,再多几条弹簧,脑子和心脏的距离成比例地更接近一些,因此所接受的血液更充足一些"[1],除此之外,人和机器这种"物",并无更本质的差异。

爱尔维修虽然不将人比作机器,但他却将人理解为一种肉体的感受性,并且服从"利益"的法则。这实际上是将人降低到了动物的层面。他所说的这种"利益"法则,很大程度上还不排除为满足肉体感受性需要的"丛林法则"。霍尔巴赫也认为:人是"一个纯粹肉体的东西"[2],他"是自然的产物,存在于自然之中,服从自然的法则"[3]。

其实,18世纪法国唯物主义哲学家不是不承认人有意志、思维和能动性,不是不承认人在认识改造世界的主客体关系中,充当着主体,具有主体性,只是他们将人的这一切都做了"物"的理解,将人的主体性根源归结到自然之中,并认为其服从自然法则的规定。这样一来,人尽管有主体性,但和

---

[1] 北京大学哲学系外国哲学史教研室:《西方哲学原著选读》下卷,商务印书馆1981年版,第122页。
[2] 北京大学哲学系外国哲学史教研室:《西方哲学原著选读》下卷,商务印书馆1981年版,第204页。
[3] 北京大学哲学系外国哲学史教研室:《西方哲学原著选读》下卷,商务印书馆1981年版,第203页。

"物"也就没有什么本质的区别了。那么,他们为什么一定要将人还原为动物或自然之物呢?其中的原因除了他们在理论上不能站在唯物主义立场上全面把握人的本质、人的主体性根源之外,还应该看到,他们的这些思想正是对农业和工业时代以来(特别是近代工业化以来)不断被强化的重心在"物"、以物化人之"人-物"关系的表达和进一步加强。

在农业和工业时代,人的实践活动尽管是人们建立"人-物"关系的基础,人在"物"的面前发挥着主体性或者主观能动性,但是,单就"人-物"关系本身而言,其重心往往指向"物","物"被看作高于并重于人,人甚至要按照"物"的规律、规则、标准、模式等来做事。人的主体性或者主观能动性要受制于或遵从于"物"的客观规律性。这从以往人们对揭示"物"的规律的物理科学等的极度崇拜,对规则、标准等的广泛推行,对处处充斥着机器轰鸣、人工雕琢的现代生活模式的苦苦追求和顶礼膜拜等现象中都能深刻体会出。人确实是实践活动、认识活动的主体,但这样的主体是被"规制"在"物"的模式和时空结构中的。他自由的有意识的信息创造活动,只能在单一的物质世界施展开来,并受到物质世界自然规律、社会规律、认知规律等的限制,以至在今天看来,"人"在那时几乎是完全从属于"物"的,并且只有在这样的从属关系下,人才能在遵从"物"的规律基础上获得自由。

这种"人"最终从属于"物"的关系,不仅是因为在信息时代到来之前人们主要面对着一维的物质世界,而且还因为其实践活动的对象、工具手段、成果等都主要是以物质形态的具体产品表现出来的。特别是人展开其实践活动所需的劳动资料,它们不仅对人来说具有客观实在的性质,而且其中的工具系统还是衡量人类实践水平,特别是生产力发展水平的客观尺度,是社会生产关系发育程度的重要标志。马克思说:"各种经济时代的区别,不在于生产什么,而在于怎样生产,用什么劳动资料生产。劳动资料不仅是人类劳动力发展的测量器,而且是劳动借以进行的社会关系的指示器。在劳动资料本身中,机械性的劳动资料(其总和可称为生产的骨骼系统和肌肉系统)远比只是充当劳动对象的容器的劳动资料(如管、桶、篮、罐等,其总和一般可称为生产的脉管系统)更能显示一个社会生产时代的具有决定意义的特征。后者只是在化学工业中才起着重要的作用。"①在此,"劳动资料"在今天看来固然不排除信息,但从马克思对"生产的骨骼系统和肌肉系统",以及对"生产的脉管系统"的说明来看,很显然他是从物质形态方面来理解劳动资料的,因为他毕竟不拥有我们今天所处的时代。

---

① [德]马克思:《资本论》第一卷,人民出版社 2004 年版,第 201 页。

与物质形态劳动资料的发展演化相适应，人们在生产中的组织形态或组织方式也发生着相应变化，即由部落、家庭、作坊等基本生产单位，逐渐演化到近代以来的大工厂、大公司、大企业集团等大型、复合型生产单位。与此同时，人也就由具有各种形式人身依附关系的部落、家庭，逐渐步入具有现代社会特质的大工厂、大公司、大企业集团。这无不充满着资本原始积累的血腥和抵抗，在金钱、财富、梦想等的共同作用下，传统的人身依附关系被打破，取而代之的是法律契约关系基础上的"现金交易"般的"物的依赖关系"。为此，马克思曾说，资产阶级借助世界市场进行商品的交换、消费，"使一切国家的生产和消费都成为世界性的"①，并且通过这样的生产、交换和消费，"无情地斩断了把人们束缚于天然首长的形形色色的封建羁绊，它使人和人之间除了赤裸裸的利害关系，除了冷酷无情的'现金交易'，就再也没有任何别的联系了"②。

人虽然从封建羁绊中独立出来，但不得不进入大工厂、大公司、大企业集团中去谋得生存、实现梦想。当人进入这种工业时代的工厂化、公司化、集团化的生产模式中，"人"便陷入被"大机器""自动化流水线"等"物"组织起来的命运。由大机器、大设备武装起来的工业化大生产，不断追求着规模化、标准化、集约化，而这样的追求又反过来刺激着大机器、大装备等的高速发展，促成工厂、公司、集团等不断扩张。为了保障不断扩张的工厂、公司、集团的健康运行，人们建立了各种各样日益复杂的规章制度、操作规程、纪律约束等规则系统。

如果说18世纪唯物主义哲学理论还只是让人从思想上从属于这种"物"的话，那么在这些机械化的大工厂、大公司、大企业集团所推行的各种规章制度、操作规程、纪律约束等，便是使"人"在行为上也彻底从属于"物"。于是，在资本主义生产方式的推动下，人同自己的劳动产品、自己的生命活动、自己的类本质相异化③，成为自动化"流水线上的一个原子"④、机器的附庸。于是，以"物"为重心、"以物化人"的"人-物"关系由此得以形成、巩固、发展。

从主客体关系看，似乎每个人都是主体，都在变革着世界，对历史的发展都在起作用。可具体到这个时代的生产关系，那些处于异化劳动中的工人，他们恐怕难有主体之感。他们的主体性显然只有在下班回家之后，在家庭少有的其乐融融关系中，尚且能够得到部分显现。

---

① 《马克思恩格斯选集》第1卷，人民出版社1995年版，第275~276页。
② 《马克思恩格斯选集》第1卷，人民出版社1995年版，第274页。
③ 参见[德]马克思：《1844年经济学哲学手稿》，人民出版社2000年版，第51~61页。
④ 参见[美]马尔库塞：《单向度的人》，刘继译，上海译文出版社1989年版，第10页。

近代以来的机械化战争,可以说正是近代工业化生产模式在军事战争领域的推广。它以各式各样的枪械、火炮、坦克、飞机等机械化武器装备为支撑,并以这些机械化武器装备的发展水平来标志战斗力水平。对于作战人员,人们往往按照工厂化的分工协作思路和方式来管理作战编队,即按照武器装备的不同功能,像工厂或车间那样组织、管理不同专业人员,将单个的官兵通过其所使用或掌握的不同武器、技术,与各种轻型或重型武器装备相匹配,并通过纪律、操作规程等约束,在分工协作中,整合单个官兵的力量,达到大工厂生产流水线所具有的规模化、标准化、集约化的作战效能,使拉美特利"人是机器"的思想得到最为壮观的注解。

在这样的战争实践中,主客体关系其实是相当混乱模糊的,必须做最具体的分析。因为对于同一个人来说,他有可能在不同的敌我关系、友军关系、上下级关系中既扮演主体角色,又扮演客体角色;在与不同层级武器装备的联系中,他同样可以既是操作装备的主体,又是装备整体效能能否充分发挥的客体。但不管怎样,他这个主体实际是被"镶嵌"在装备之中的一个分子。其主体性发挥终归从属于装备之"物"。不可否认,对于机械化作战系统来说,如果机械化装备缺乏关键性的操作技术人员,武器装备难于被正常操作运转,即便这些装备之"物"再先进,其他人员也在场在位,依然无济于事。因为机器中只有"镶嵌"了专有的技术操作人员,并要求其充分发挥主体性以按照独特的操作规程来行事,机器才能在人的主体性下发挥出应有的作用。其中的"人-物"关系实际上已具象化为一种相互规定的"人-机"关系:机器规定着人的行为,包括其主体性的发挥;人按照机器的规定而行动,主体性服务于或从属于"物"的规律性或规则性。"重心在物""以物化人"由此显现。

当然,对于单个的官兵来说,他的本质、他的价值、他的生命便在这样的具体实践模式中,在他和其他官兵的分工协作中得以充分展现。由于受其所从事工作的专业知识、纪律、操作规程等的限制,尽管他在某个岗位的主体性得以极大发挥,工作成效也极其辉煌卓著,可一旦他跨出他的专业、他的岗位,或者将他从整个作战系统中剥离,那么他的战斗力便即刻会被还原到最原始的肉搏状态。

不可否定,离开特定的武器装备,离开与其他官兵的分工协作,单个官兵也许能够凭借其个人的聪明才智和能力战胜数倍于自己的敌人,但要取得整个战争的决定性胜利,单凭单个官兵的力量恐怕是极其困难的。正是从这个意义上说,这种建立在近代工业化基础上的机械化战争,其"人-物"关系是以"物"为主导的。人不是不能发挥其主体性,而是其主体性终归只有服从物的规律性或者规则性,才能真正得到好的发挥。这表现在实际战争中,便是作战双方以新颖的武器装备及其独到的编队方式出场,各作战官兵的创造力、主体性往往只能在这样的武器装备和编队中才能获得最大限度的体现,即便是狙击手,也离不开特定型号的步枪和作战小分队的支持与配合。

二、信息化战争的"人-物"关系

在信息化战争中,机械化战争"重心在物""以物化人"的"人-物"关系有可能被更为灵活的"重心在人""以人化物"等丰富内容所扬弃。在此,不是说人的主体性可以不顾"物"的规律性或规则性而任意发挥,而是说人在遵从这些"物"的规律性或规则性基础之上,其主体性将更加依赖于人的信息创造力量而超越原有的"重心在物""以物化人"的"人-物"关系层次,从而在更高层次上实现"重心在人""以人化物"的"人-物"关系。

在信息化浪潮推动下,人生活其中的现实世界发生了根本性改变,即由以往单一物质世界,演化生成出由"物质""信息"双重存在复杂相互作用的现实世界。在信息借助信息科学技术而全面登场的时代,信息不仅在生产、消费、日常生活等领域起主导作用,而且在战争和备战中日益发挥着主导作用。

和以往单纯根据武器装备来嵌入作战人员不同,信息化战争要根据信息来配置武器装备和作战人员,并根据信息来引导和规范武器装备作用的发挥,以及作战人员的行为活动。从这个意义上说,为适应更为复杂多样的信息化战争演变,人们很有可能会根据不同的信息创造、加工、处理、传递、储存、支配等作用,而将官兵整合成更为小规模化、精锐化、灵活配置化的模块编队,以方便模块编队与模块编队之间的灵活对接和协同整合,从而更专业、更精准、更集约地完成各种复杂作战任务。各种物质形态的装备则很有可能是被镶嵌在这些专业化、精锐化模块编队之中的。这样一来,在各个模块编队中,每个官兵的主体性将得到更加充分调动和发挥。他的知识背景、他的创造才能、他的个性特点,都将成为他所属模块编队不可或缺的宝贵资源。他在具体工作中依然要严格遵从"物"的规律或规则,而他独特的知识背景、创造才能和个性特点,再也不用像在传统机械化战争系统中那样,被排斥在谋取战争胜利的资源之外,而他仅能获得"专业不对口""不务正业""个性太强"等非正面性甚至否定性的评价。

众所周知,我们身处其中的自然界是以系统方式而存在的,而"自然界物质系统之间及其与子系统之间、子系统与子系统之间的纵向联系与横向联系",又"形成了无穷嵌套的立体网络结构图景"[①]。从信息哲学角度看,这个

---

① 黄顺基:《自然辩证法概论》,高等教育出版社 2004 年版,第 58 页。

由系统、子系统复杂相互作用所构成的"无穷嵌套的立体网络结构"，在人的实践活动推进下，同样是一个包含着无穷嵌套的信息接收与传递、信息贮存与加工、信息创生与实现的复杂信息网络结构。本书在第二章第四节、第三章第二节都分别介绍了邬焜有关信息系统的一般模型和四个世界的理论。根据邬焜的这些理论，不难发现，在信息时代，人们对信息进行的大规模接收、储存、加工、传递、创生、实现等，并非毫无结构、杂乱无章，而是既可以以单个人的实践活动为基本单元，又可以以不同的社会组织形式，通过有组织的具体实践活动，实现具有丰富内容的相干性相互作用，从而构成更高层次、更复杂的信息接收、储存、加工、传递、创生、实现单元。这些不同层次上的信息单元及其相互之间的作用关系，最终便构成了一个在宏观上包含着无穷嵌套的信息接收与传递、信息贮存与加工、信息创生与实现的复杂信息系统网络结构。这种复杂信息系统网络结构，可以说是准备和应对信息化战争，进行模块化编队的理论依据。

对于构建能够应对信息化战争的复杂信息系统网络结构式军事力量体系，中国军队已初步形成军委管总、战区主战、军种主建的力量结构模式。这从宏观整体上为部队进一步演化成为具体多样的复杂信息系统网络结构奠定了很好的基础。复杂信息系统网络结构将有可能成为应对各种复杂信息化战争形式的专业模块式团队。这样的专业模块式团队也许至少可以构建出以下三大逐级上升的层次，而各大层次之间又都在人的实践活动，特别是信息实践活动作用下，呈现出复杂、多样、非线性、既确定又随机的相互作用关系：

一是基础层次。单个官兵根据其知识背景、能力特点、任务要求而在实践中对特定信息加以接收、储存、加工、传递、创生、实现，这可以被看作构成模块化编队的最低层次的基本单元或"细胞"。在这个单元中，主客体关系相对简单，单个官兵可以成为信息接收、储存、加工、传递、创生、实现的主体，而由他接收、储存、加工、传递、创生、实现的信息，则属于他的客体。在这样的主客体关系中，单个官兵主体性的发挥，直接关系到他所接收、储存、加工、传递、创生、实现的信息的质量与价值。因此，作为构成模块化编队的最低层次基本单元，提升官兵职业素养，铸造其一不怕苦、二不怕死的战斗精神，使其成为新时代"四有"军人，才尤显重要。

二是中间层次。数个、数十个具有不同知识背景、能力特点的官兵，按照特定组织规章，相互协作、相互配合、相互取长补短，最终在整体上共同构成某专业或某功能方面具有最大优势的最优化体制单元。这应该是构成能够应对某具体作战任务的模块化编队的体制单元。从主客体关系看，这样的体制单元作为一个由特定组织规章规训出来的具有特定功能的"独立小模块"，其本身就可以在相应军事实践中扮演主体角色，而它承担的任务、作战的对象、操纵的武器装备等，则都可以成为其认识和实践活动的客体。这种体制单元主体性的发挥，有赖于体制单元内部的基于平等关系的民主管理。因为，要使该体制模块具有最优化功能，就必须尊重每个具有不同知识背景、能力特点的官兵，而这些官兵能够选择进入该体制单元，意味着其对该体制单元规章制度、纪律约束的认同与认可。这由此形成一种具有现代意义的类似"契约"的关系，而在这种关系下，官兵在各自岗位上自觉履行好"契约"，发挥好优化协同作用，使该体制单元扮演好主体角色，从而在执行相应作战任务中赢得生机。当然，这样的体制单元作为一个有独特信息功能的信息体，既可以在信息社会、信息化军队中发挥出其亦军亦民、军民融合等独特作用，又可以随时根据目标任务要求，而与其他体制单元相连接。

从单个体制单元的构成来看，由于其既要突出专业功能优势，又要便于协同优化，因此在这数个、数十个人选中，就不能像工业时代机械化战争那样偏重于相同专业与相同知识背景，而是要突出功能专业与其他专业、功能知识背景与其他多样化知识背景等的优化匹配，以及善于协调组织不同体制单元之间优化对接、协同共进的专业人才。显然，在这样的体制单元中，每一个岗位和每一个人及其能力的充分发挥都将直接关系到该体制单元的生死存亡。官兵只有相互配合，协同放大或协同发挥该体制单元的相应功能，才能在与其他体制单元的相干性协同配合中，完成目标任务，从而争得该体制单元存在的合理合法性。

三是高级层次。若干个具有不同专业特点或功能的体制单元，通过建立特定的规范规章而联合起来，由此构成更加复杂、更高层次的模块化、网络化编队，直至构成灵活多样的信息化战斗力体系单元和整体网络式作战模式。值得注意的是，这里所说的网络化编队、网络式作战模式，并不仅仅局限在信息网络这一个方面，这里的"网络"二字虽以信息网络为基础，但它还具有更为普遍、综合的意义，其中包括人际关系中的信息交融网络，组织与组织联系的网络，物与物、物与人、人与物的连接网络，以及包括交通运输网络等在内的各种网络的综合集成。

这种最高层次的作战模块，不仅针对性强，而且专业性突出，能够应对不同的复杂性战争。当然，要如此快速而精准地形成这种最高层次的模块化、网络化编队，就要较低层次的各个体制单元，都能够有对外连接的协议规则，以及对规则的认真执行，这正是其在主客体关系下发挥主体性的重要方面。与此同时，对于由各个体制单元模块构筑起来的最高层次的模块化、网络化编队而言，它和它的作战任务之间便构成一种更高层次的主客体关系。漂亮地完成任务，则需要它作为一个模块编队的整体，发挥好其主体性。为此，规则规章也才必须具有法律的效力，以便能够被各个模块单元，乃至每一个官兵严格执行。在此，并不是说要以这些规则规章来限制各个体制单元和官兵主体性发挥的自由，而是要在更高作战模式中，通过这些具有法律效力的规则规章，使各个体制单元和官兵主体性得到协同配置，从而发挥最优化的作战效能。这意味着各个层次的主体性的发挥，都不是随心所欲，而是在各层次规范中的尽情发挥。从这个意义上讲，十八大以来，不断强化的"依法治军"，才更显出其军事意义。

也许上述这种模块化的基本结构及其最终构成的无穷嵌套式的整体网络模式，将成为施展信息化战争联合作战的基本结构模式。在这样的结构模式下，近代工业时代那种以"物"为主导而形成的无视每个官兵个性和专业特色，由班、排、连、营、团等纵向构成的"人-物"关系，将逐渐转化为以"人"及其主体性发挥为主导的扁平化的"人-物"关系。因为，信息化战争中的信息，绝不是自然天成的，它在很大程度上来源于人对信息的把握、开掘、创造，乃至在此开掘创造基础上的储存、传递、加工、实现。这意味着：

第一，官兵的主体性更为重要。不论是对体制单元模块还是对更高层次的模块编队来说，每一个官兵都至关重要、缺一不可。他们的主体性特别是对信息的开掘、创造、利用等的创造性，将被高度激发和利用。为此，作战力量的构成，将不是官兵被契合在各式装备中，并随这些大型物质装备而机动，而是相反，这些大型物质装备将随官兵专业构成及其所要执行的具体任务而机动，即随体制单元模块或模块编队而机动。

第二，作战与人才培养更加合为一体。这些小而精的体制单元模块，不仅是多样化军事人才的聚集地和展示地，而且是相应核心专业的培养地、孵化地、成长地、暴发地，并通过这样的核心专业与其他模块相协同。从这个意义上说，基于工业时代的军事院校，将很有可能会转化为由不同专业模块的核心专业支撑，兼具作战和人才孵化的双重职责的新型院校。

第三，联合作战的精髓更加突出。这些由小而精的模块所构成的更高层次的模块编队，根据不同任务可拆分、可联合，兴许在不远的将来，还会普遍出现更加专业化的各种不同类型或性质、形式的体制单元联合，以及在这种多类型联合中形成的"联合之网"。官兵个人和他们所属的小而精的体制单元，以及由此构成的各模块编队，等等，都将分别成为这些不同层次、不同方面"联合之网"上的纽结，从而更充分全面地体现出"联合作战"之精髓。

第四，模块协同的快速、精准性要求更高。这样的专业模块编队和以往机械化部队的最大不同,也许就是在其应对复杂战况的灵活多样性上。它可在最短时间内拆分、整合,可多专业化,也可去专业化,可独立作战,也可联合作战,可精确打击,也可模糊威慑,等等。总之,为适应信息化战争任务的复杂多样性,作战官兵的组织结构模式必定发生翻天覆地的变化,以适应快速、精准、专业、协同、多样等战争需要。

信息化战争"人-物"关系的变化,除了上述组织、结构、模式随战争特点变化而发生变化之外,还应看到,在信息化战争中起主导作用的信息,并不一定都是天然、现成、固定不变的。很多情况下,它要靠人来发掘、整合,甚至还要靠人来创造。人是最杰出的信息创造者。他所开掘、创造出来的信息,不仅远远超越了"自在信息"①的复杂程度,而且最深刻全面地赋予了自在信息以流变、多样、复杂、鲜活的生命力,并在人实践活动的推动下,发展演变出自为信息、再生信息、社会信息等。

今天看来,人们发掘、加工、创造出怎样的信息,如何围绕这样的信息来谋划、设计、配置模块和模块编队,使武器装备、作战人员、目标任务等得到最优化契合,从而实现以最少牺牲换取最大胜利等目的,所有这些都离不开人从不同层次、不同方面、不同专业等来展开其信息创造、信息筛选、信息化作战谋划和设计,以及对多种战争可能性的预构造、预演练、预实践等。于是,这里的"人-物"关系,实际上已和近代机械化战争中的"人-物"关系大不相同。"信息"成为沟通"人"和"物"之间的中介,配置人员结构、武器装备的现实依据,赋予武器装备高智能的核心内容,联通不同作战模块编队的中介桥梁,以及参战人员做出决策、展开攻击、实施防守的根据。如此重要的作用意味着信息正逐渐从以往的"人"和"物"的二元关系中独立出来,成为联通"人"和"物"的重要中介。在人现实具体的实践活动推动下,"人""信息""物"将很有可能形成一种包含着诸多非线性相互作用关系的动态三螺旋结构。这种结构中所蕴含的混沌现象,正如混沌理论所揭示的那样,不仅预示着人类实践活动,特别是军事、战争实践活动的巨大风险性和机遇性,而且预示着在这种结构中的国家、民族、军队、个人将会遭遇和承受的巨大压力。

因为,作为技术手段、武器装备、网络和终端、信息支撑平台的"物",虽然是对近代机器等"物"的扬弃,但一旦信息渗透其中,其即刻会变得聪明、高效、智能,并成为对人产生最深刻影响的"无机的身体"。人不仅在体力上而

---

① 邬焜将信息划分为自在信息、自为信息、再生信息、社会信息。在他看来,自在信息属于"客观间接存在",是"信息还未被主体把握和认识的信息的原始形态"。参见邬焜:《信息哲学——理论、体系、方法》,商务印书馆2005年版,第47页。

且在精神上高度依赖它们,在它们的影响下,逐渐丧失自己原始生存的本领,丧失自己的隐私。2016年年初智能机器人AlphaGo以4∶1的战绩战胜韩国围棋名将李世石的事实,已开始显露出这方面的端倪。同样,这些"物"的高智能使它们全都有可能成为窃密的工具、泄密的漏洞,从而让设计、控制、操纵类似AlphaGo等智能化"物"的人从中大获其利。从军事角度看,作为战争参与者,装备创造、控制、使用者,信息开掘、利用者的人,他在追求夺取战争胜利的冲动下,往往怀有极大的信息开掘、创新、传递、储存等冲动和激情,于是,在各式各样实践活动,特别是军事实践活动的推动下,他极有可能在创造大量信息过程中,大规模、精致化提升机器等"物"的智能水平。与此同时,甄选、加工、传递、储存、创造各类新信息,一方面全面提升了"人"自己的信息创造能力;但另一方面,将人自己置于一种更加不确定,更加考验其信息甄选、创造的自我控制能力的状态。

可见,在"人-信息-物"非线性相互作用的动态三螺旋结构所引发的混沌旋涡中,以往"重心在物""以物化人"的"人-物"关系逐渐发生重心偏移,直至改变。人不再只是通过被"镶嵌"于"物"而有限地发挥其主体性,而是通过对信息的掌握、创造和控制,将人一般的灵性"外赋予物",并有效利用。从这个意义上说,人的主体性得到更高层次的张扬,"以人化物"也才成为可能。

上述信息化战争的这些全新"人-物"关系,意味着:

第一,那种传统军队"官大一级压死人"的僵死上下级关系将很有可能被一种新型协作关系取代,而相应的管理方式及其创新,表现在指导思想上,将更加突出官兵平等、官兵一致、三大民主等人民军队优良传统。

第二,那种科研训练服务部队战场的传统关系,将很有可能被彻底颠倒,即由科研体制单元根据军事实践的现实状况,谋划设计各种类型、各种形式的战争战场,并在此基础上联合不同专业、不同背景的各类体制单元进行训练协同,最终生成多样、多方面、多层次动态演进的进攻和防御复合网络,乃至多功能复合型战斗力网络体系。

第三,那种站在传统落后军队视角所形成的经验主义认知,特别是认为基层部队根本不需要博士、硕士研究生,甚至认为在基层任职方面,博士、硕士研究生还不如本科生等认识,将在信息化战争的体制单元构成中被彻底打破。因为,信息化战争是通过信息创造而谋划设计出来的新型战争。军事科研单位和军队院校将逐渐由以往服务战争和战场,转向谋划或设计战争和战场。这样一来,最为核心的体制单元,就将以这些军事科研单位和军队院校的相关战争谋划或设计小组为基础,来加以构成和配置。在这些小组中学习的博士、硕士研究生,既是该体制单元的后备力量,同时由于他们大多来源于其他体制单元或部队,再加上他们年轻、开放,因此又起着连通这些科研体制单元与其他非科研体制单元的作用。同样的道理,作为非科研体制单元,在信息化战争中,也将越来越倚重于这些博士、硕士研究生,以便使自己的体制单元能够更好地与其他专业化科研体制单元协同配合,从而生成更加有效的战斗力体系。

第六章　关涉"信息化战争实质"的两大军事问题

关涉信息化战争实质的哲学问题除了前面讨论的"主-客体"关系问题、"人-物"关系问题之外，还有很多战争方面的问题。在此不妨粗略讨论一下信息化战斗力体系生成和"制信息权"等问题。

第一节　信息化战斗力体系探析

从哲学上看，信息化战争是人本质力量在"物质和信息"双重存在复杂相互作用现实世界展开的全面比拼与较量。其"主-客体"关系、"人-物"关系，甚至包括本章第二节将要讨论的"制信息权"等问题，统统都因信息的主导作用（特别是人还在不断地创造开掘能够起到如此主导作用的新信息等），而发生着和以往所有战争形态全然不同的变化。战争再也不仅仅局限于传统意义上的武力较量了。那种"秀肌肉""秀装备""秀硬实力"等，仅仅是信息化战争最基本、最直接显露在外的一小部分，而更深层次的战争则很有可能意味着"信息创造活力"的比拼和较量。"秀智慧""秀激发人信息创造活力的制度设计""秀软实力"等，才是最实质、最核心的东西，也是赋予"装备""硬实力"灵魂的东西。如果从更广泛的意义来看待信息化战争，那么整个信息化战争战斗力体系的生成，就将是跃出以往军事战争边界的更大、更广泛的力量体系。不仅如此，由于这样的体系和人们现实的实践活动、社会关系演变及现实生活息息相关，因此这样的体系又将成为某种意义上有生命的、加速动态演化的有机整体。要全面把握这样的生命有机整体，除了要以"物质和信息"双重世界复杂相互作用的世界观方法论为认识基础之外，还应该全面扬弃传统机械思维方式，扬弃机械决定论或还原论的线性化、简单化、机械化思维逻辑。从系统整体性的生命演化层面来综合谋划并生成适合多样化战争形式的战斗力体系模式。为此,尤其应当高度重视系统思维方式在信息化有机战斗力体系生成中的作用。

一、系统思维方式及其对信息化战斗力体系生成的意义

系统思维方式是建立在20世纪中期以来系统科学、复杂性理论等最新科学和哲学成果基础上,理解复杂事物(包括复杂生命有机体在内)的、普遍联系辩证发展的全新思维逻辑。它要求从系统与要素之间、要素与要素之间、系统和环境之间的复杂相互作用关系及其动态演化过程中来综合全面地考察认识对象。

(一)系统思维方式的特征

系统思维方式包含极为丰富的内容,但归结起来,主要体现在以下几方面:

一是整体思维。以系统思维方式看待事物,最显著和首要的特征就是要看到事物的整体性。事物呈现出作为部分或者分割为部分时原本不存在的"新"特征。这种特征"新"的程度和表现是由系统内部各子系统相互联系、相互作用的方式,以及各子系统、大系统和外部环境相互作用的结果所决定的。例如,"整体大于部分之和"或者"部分离开整体后原有功能消失"等新特征,都是系统整体性最典型的体现。以系统的整体性思维看待问题和解决问题时,一方面要"以总看分"。将事物放置于整体中来分析,从全局出发考察和处理局部问题,把每一个局部看作全局的一部分,即使单独考察部分时,也要把该部分作为更高一级大系统的子系统来加以研究,具体分析各子系统的性质和规律,特别是它们之间的相互关系、相互作用,不能孤立地就事论事。另一方面要"以分看总"。由于事物作为整体会涌现出原来各个部分都不具备的总体新特征,因此对事物的分析应着眼于系统的整体性质,考察各部分之间的相互联系和作用而使系统产生不同功能,以此作为认识事物整体新功能的新视角。

二是非线性思维。系统科学认为,系统各要素之间交叉往复、互为因果,任何要素的变化都会导致其他要素的改变,最终引起系统的整体性变化。更为重要的是,要素之间的这种相干性,不再遵循简单线性叠加原理,而是呈现出复杂多变的非线性特征,使系统充满种种的不确定性、永恒新颖性和不可预料性。例如,蝴蝶效应就是系统非线性特征的最典型表现之一。系统对初始条件的敏感依赖,使任何一个微小的不起眼的因素变化,都有可能导致系统整体巨大的甚至灾难性的后果。因此,非线性的思维方式,要求打破传统还原论、决定论思维方式,关注系统所具有的不同于各要素功能简单相加的

新功能,这对于"理解和处理系统的组织性、复杂性、不确定性问题具有非常重要的意义"①,是系统思维方式特有的崭新思路,对认识事物的整体新特征,也具有十分重要的意义。当今,人们能够以系统的观点来扬弃传统还原论、决定论观点,关键的突破就在于利用这种"非线性加和"来实现对系统的更深刻全面理解,并达到见微知著、以小识大的战略性目的。

三是动态性思维。系统科学理论揭示了系统动态演化的显著特征。这种演化一方面表现为系统本身的动态性,即系统整体呈现出时刻与环境发生物质、能量和信息交换的态势,从而引起系统整体的动态演化,使系统成为不断接受外界刺激而发生改变的"非平衡"动态结构,表明任何系统的存在状态都不会一成不变,系统的演化发展或随机或加速,呈现出不断变化的动态态势。同时,系统内部各子系统的相互作用,即系统发展演化的方式,也表现出非线性和复杂性的特征,使得系统的变化不仅简单遵循因果链条模式,还会由于非线性累加的作用而发生突变和涨落,呈现出原有因果关系不可能出现的"意外效果"。由此表明,考察系统效能的思路,要突破简单线性模式,关注系统参数改变可能动态地引发系统整体变化,甚至会使系统整体"涌现"出新质,并飞跃性地改变系统原有性质。因此,树立系统思维方式就要掌握明确的动态性思维模式,超越传统的静态思维,确立动态追踪的视角,以动态的眼光分析问题、解决问题。

四是开放性思维。所谓"开放",是与封闭相对的。系统与周围环境之间存在着相互交流的稳定状态,开放性是系统科学理论揭示出的物质世界以系统方式存在的基本状态,也是系统能够保持有序发展的必然条件②。对于不断演化发展的系统而言,只有和外界保持连续不断的物质、能量、信息交换,系统才能维持其自身动态有序的结构③。这种交换一刻也不能停止,否则,系统的有序性很快会瓦解,而使系统趋于热平衡无序状态,失去发展的动力和活力④。一般条件下,几乎所有的系统都应该是开放系统,都与外界环境有着千丝万缕的联系,完全孤立和封闭的系统在现有的观察范围内是不存在的。可以说,开放性是任何系统得以存在和发展的首要条件,任何系统如果要得到自身的发展,保持自己的稳定性,就必须与环境不断进行物质、能量和

---

① 魏宏森:《复杂性研究与系统思维方式》,《系统辩证学学报》2003年第1期,第9页。
② 刘卫平:《系统思维:构建和谐社会的思维范式》,《湖南大学学报》(社会科学版)2006年第2期,第105页。
③④ 苏承英:《系统论视域中的和谐社会及其构建》,《学校党建与思想教育》2012年第22期,第81页。

信息的交换①。因此,以系统思维方式来把握对象和研究问题,必须以开放性的眼光来看待事物和研究问题,树立开放性思维,始终把对象或研究的问题置于系统的开放性视域中来进行考察②,关注系统与外界环境和条件之间的密切联系,包括在建构系统功能时,以其充分的开放结构为前提条件和基本组织方式,只有这样,才能准确分析理解系统由无序向有序转化的自适应性、自组织性,准确把握系统的特征和发展趋势③,建设合理、高效、有序的系统结构。

以上是在系统科学理论基础上形成的分析事物的崭新思维方式。该思维方式已成为分析事物发展演化特征的必要思路,对构筑信息化战斗力体系具有十分重要的意义。

(二)系统思维方式对信息化战斗力体系生成的指导原则

战斗力体系的生成是一个巨大的系统工程,必须运用系统科学的理论和方法,进行科学设计和系统筹划,用系统思维方式思考、分析各个作战体系的结构、性质及演变过程④,方能为信息化战争条件下战斗力体系的生成提出新的建设性的思路或指导原则。

一是整体性原则。前面已经强调,整体性是系统思维方式的基本特征,它始终把整体结构作为认识事物的出发点和归宿,同时对系统要素进行整体分析,形成以系统的视角考察事物时不可或缺的理论出发点和贯穿始终的基本思路,它对事物新功能的揭示也是系统思维方式最重要的认识成果之一。这种思维方式在分析建构体系结构时,形成了具有指导意义的整体性原则,这一原则既需要把研究对象当作整体对待,全面地、辩证地看待事物,又要关注各个元素的特征,考察元素的相互作用及其对事物整体新功能的作用。

信息化战斗力新体系也是一个具有整体特征的大系统,涉及人、武器装备、体制编制、军事理论、军事训练等方方面面。作为一个系统整体,如果所涉及的任何一个方面发展滞后,信息化战斗力体系的生成就会受到影响和制约,其建设成效就会出现"短板"。所以,以系统整体性思维方式作为信息化战斗力体系生成的基本原则,一方面要具备整体性的眼光,使战斗力体系中的硬件和软件协调发展,即既要不断加快武器装备等"硬件"的效力提升,又要将体制编制、军事理论、法规标准、日常训练等"软件"系统推进完善,使这两个方面的要素能够相辅相成、有机结合,构成统一的整体。另一方面要重

---

①②③ 魏宏森:《复杂性研究与系统思维方式》,《系统辩证学学报》2003年第1期,第10页。
④ 南小冈、安宗旭:《战斗力生成模式转型的系统筹划》,《军事运筹与系统工程》2011年第3期,第6页。

视战斗力体系整体中的部分,加紧解决影响和制约信息化战斗力生成的"缺项""漏项",把单件武器装备、单个人员等"单项"建设置于系统的"整体"建设之中,克服只注重"单项"的性能指标,而忽视其在"整体"中的功能发挥[①]的问题。最后,还要搞好配套建设,通过谋求结构和功能的优化,注重整体和全局效能的提高,进而提高战斗力体系的整体效能。

二是最优化原则。要求运用系统思维方式,通过对事物的协同组织和优化筛选,从多种可能的途径中选择出最优的方案,达到整体最优效果。最优化原则的逻辑起点在于系统非线性和复杂性等特点的体现,由于系统可以通过非线性累加而实现新的涨落,因此对系统各要素结构的优化,可以成为获得系统高效新功能的有效途径。即使系统要素在数量上不齐全或在质量上有缺陷,仍有可能通过对系统结构的最优化组织而得到弥补,甚至扬长避短,构建出系统的新功能。例如,对很多新型的武器装备系统和编制管理体制结构的优化组合,能够使原有的并不是最先进的构成单元在整体结构中显现出具有自身超越性的新效能。

因此,要生成信息化的战斗力体系,就更加需要把思维的起点放在优化结构上,从信息化战斗力体系生成之初就注重整个体系的结构优化组合,使人、武器装备、体制编制、军事理论、军事训练等要素通过追求优化的结构,在整体协同中逐渐生成具有最佳效能的战斗力体系。由于在具体操作上的宏观性,根据最优化原则也可以找出对整个系统起控制作用的中心要素,并以之作为优化整个系统结构的"支撑点",以便能够围绕该中心要素逐渐生成系统的结构网络,并在此基础上考察中心要素与其他要素的联系,以达到"牵一发而动全身"的效果,由此生成最能涌现出最优化战斗力的体系结构。

此外,在信息时代要生成最优化的战斗力体系,还必须考虑到在该战斗力体系中,从事着各项具体实践活动的人。可以说,正是这些人在这样的战斗力体系中发挥着"中心要素"的作用。人是战斗力生成的主体,也是思维方式的主体,因而要在信息时代生成最优化的战斗力体系,必须培养造就用系统思维等先进思维方式武装头脑的人。

三是开放动态原则。遵循系统同周围环境不断进行物质、能量、信息交换的本质属性,以及系统不断自组织自演化的特性,以开放的眼光看待事物,将对事物的分析揭示放在动态演化的模式中来加以考察。开放动态原则首先要求看待系统的角度从"封闭性"转化为"开放性"。封闭的孤立系统不与外界环境进行能量和信息等的交换,其发展方向只能是不断熵增,走向灭亡。

---

① 刘继贤:《军事能力建设与军事系统工程》,《军事运筹与系统工程》2010年第4期,第9页。

其次,开放动态原则还要求系统由"恒常性"转化为"动态性",只有与外界进行物质、能量、信息交换,才有条件发生由无序到有序的自组织演化,其新结构、新功能也才能在演化过程中显现。最后,开放动态原则也需关注系统各要素之间的交流互动和相互影响,其各自功能和系统整体的功能会因为系统复杂的结构体系而被不断放大,甚至出现"巨涨落",由此动态发展,促使系统新质的产生。

从以上分析可知,在信息时代要生成具有相当生命活力的信息化战斗力体系,需要始终坚持在整体基础之上,以动态开放眼光看待战斗力体系及其生成演化诸问题。揭示、遵循、利用好系统演化的诸规律,以便更好地促进新质战斗力体系的生成。在此,一方面要看到在战斗力体系生成的进程中,其内外各要素在信息主导下的互相影响及其复杂演化,持续建立起人、武器装备、体制编制、军事理论、军事训练、军事管理等要素相互协同的运行机制,并充分考虑"人"这一重大要素的核心推动作用。另一方面,要关注到战斗力体系与其外界能量、信息的交换。特别是在信息化条件下,各类外界的能量和外在的信息对战斗力体系都有可能产生较大的影响。这样的影响有时甚至可以达到指数级的程度,并引发战斗力体系产生某些复杂的"巨涨落",而这也将在很大程度上关系到战斗力体系的生死存亡。

二、信息化战斗力体系"新质"内涵

要打赢信息化战争,就应当站在"物质和信息"双重存在复杂相互作用现实世界基础上,以系统思维方式来谋划军事战斗力体系由机械化到信息化的跃升,以真正赋予其信息化的有机体"新质",让中国特色军事战斗力体系站上一个更高、更广阔开放的平台。

信息化战斗力体系的"新质"应当同时具有双重含义。一重是系统思维方式对"新质"的理解,另一重则是就信息时代信息化战斗力体系远远超越工业时代机械化战斗力体系之"新"而言的。

(一)系统思维方式对战斗力体系"新质"的一般理解

在系统思维方式下,"新质"是系统整体性的突出表现,是构成系统的各个要素通过物质、能量、信息等的相互流动或交换,由此形成相互制约、相互选择、相互协同、相互放大等相干性相互作用关系,从而使该系统呈现出其各个构成要素机械拼凑所不具有的、全新的整体性功能。

部队战斗力不管是由什么具体要素构成,要打出漂亮之仗,战斗力往往是以系统整体的形式发挥出来的。就这个意义而言,战斗力本身就蕴含着系统整体之含义。战斗力体系就是具有整体性的战斗力系统。不管打什么仗,其成败都是系统整体功能的具体发挥。中国军队在长期的艰难发展中,早已形成具有自身特点的战斗力体系。在这样的体系下,中国军队曾胜利完成举世瞩目的二万五千里长征,坚持八年艰苦抗战,打败国民党反动派,取得抗美援朝胜利,并在和平年代光荣完成各项急难险重任务,有效保卫着祖国的和平与安宁。这些都是体系化战斗力相对于单个战斗要素"新质"的突出表现。

(二)信息化战斗力体系对机械化战斗力体系的超越之"新"

伴随席卷全球的信息科学技术的深入发展,整个人类的实践活动开始全面进入信息实践阶段。信息、信息科学技术全面渗透到人类实践活动的各个方面。科学的信息科学化、技术的信息技术化、实践的信息实践化,正成为我们这个时代的主调。和以往科学技术相比,信息、信息科学技术具有全面的渗透性,它不仅意味着所有的人类实践都可以充分利用信息、信息科学技术,而且更为重要的是,它正在或即将使人类实践活动本身全面改观。由此,其主导性作用也日益突出。以往一些需要付出艰辛劳动甚至生命代价的实践活动,在信息科学技术支持下,兴许只需要轻轻地点几下鼠标即可完成;以往需要诸多人力物力投入、耗费漫长时日的实践活动,在当今兴许只需要在互联网终端按几下按钮,就可以在几秒钟内精确完成。类似的变革几乎每时每刻都在加速发生,并迫使人类原有的实践方式、实践样态迅速发生彻底改观。

世界新军事变革正是在人类实践进入信息实践阶段爆发的。伴随信息、信息科学技术向军事领域的全面渗透,传统的建立在机械化基础上的战斗力体系开始逐渐向信息化战斗力体系转化。这样的转化不是简单地抛弃过去的机械化体系推翻重建,而是在充分利用信息、信息科学技术高渗透性、高主导性的基础上,对以往战斗力体系的全面信息化升级、改造、创新,并通过这样的升级、改造、创新,使现有战斗力体系跃上一个全新的平台,从而发生新的质的飞跃。这个飞跃就是由传统的"由物质发挥主导作用"转向在物质基础上的"由信息发挥主导作用",并在此基础上使战斗力体系更加富有生命有机体那般的智慧和旺盛的生命活力。

工业时代机械化作战,往往是集团与集团的面对面对抗,刀光剑影、真刀真枪、你死我活。信息时代信息化的作战情况有可能完全不同,它一方面有可能在借助信息手段基础上部分保留工业时代的各种作战形式,但其中已经无不渗透着信息、信息科学技术及其主导作用等方面的较量,甚至无人机、无人机蜂群,各种类型的智能机器人、机器狗,乃至各种生物信息类手段等,都可以杀入战场,并由此生成一系列无边界、前所未有的复杂较量形式。另一方面,它更有可能出现集团与集团、集团与个体、个体与集团、个体与个体等在信息主导、信息科学技术支撑下的非面对面、非对称性的对抗和较量,而且这样的对抗和较量很有可能是在政治、经济、军事、文化、教育、科技、医疗等各个方面和层次上，以光的速度全面展开的。这样的战争情形，也许看不到直接的刀光剑影，但其惨烈程度和对社会生活的破坏程度却远远超越了机械化战争形态。因为它已将身处被攻击状态下的人置于某种难以名状的非人化状态之中，让人在生不如死中挣扎，最后不得不屈从。

战争形态的如此变化，意味着应对这种复杂战争的战斗力体系必须升级换代。战斗力体系必须从原有直接武力对抗，升级到既是信息科学技术支撑下的武力对抗体系，又是占领着军事、政治、经济、文化、价值观、科学技术与科学技术观等信息制高点的生命有机体体系。这样的体系，不再局限于某一单独领域，也不再是简单机械的人力、武器装备拼凑，而是在信息、信息科学技术支撑下的多维多向、立体互动、优化协同的高品质有机战斗力体系。在这样的体系中，每个作战成员或作战单元既能充分发挥其自主性和创造性，又能及时自主地与其他作战成员或单元相沟通、协同和互动。实现这一切的前提条件，便是信息充分地发挥出其主导作用，并由此形成多维多向、立体互动、优化协同的，具有强大生命活力的信息化体系。

三、多维多向、立体互动、优化协同的信息化战斗力体系

构建多维多向、立体互动、优化协同的信息化战斗力体系，就是要使这样的体系在信息主导下，全面实现物质流、能量流、信息流等的灵活流动和体系本身的自主生命维护，打破以往条块分割、兵种分割、部门分割等孤立封闭状态，打破系统生命维护的盲目自发状态，使信息真正渗透并自如地串通各个领域，充分发挥其快速配置各方资源和力量、增强系统生命活力的主导作用，以便形成能灵活应对各类战争新形式的有活力、高效能、低损耗、多样复杂的信息化战斗力体系。

（一）多维多向的信息化战斗力体系

"多维多向"主要是指构成战斗力体系的维度和方向不是绝对单一的。

1. 信息化战斗力体系的维度

就战斗力体系的维度来说，这里的"多维"通常是指时间维、空间维、物质维、能量维等。但根据当代系统思维方式的相关观点，信息化战斗力体系至少还应在上述维度基础上全面整合信息之维，让信息充分发挥其在作战中的综合主导作用，甚至包括智能优化作用，特别是通过对各方信息的灵活开掘、利用、创造，最终达到制胜目的。

在不渗入信息之维情况下，战斗力体系有可能是常规化的。物质、能量的运动一般维持在宏观、低速状态，即便是美国向日本广岛投射原子弹，也是

在飞机的运载下按照机械化作战理念和模式进行。其中时间的持续性、空间的边界限定性等都极其明确。但这一切若是在信息之维渗透下,情况就要复杂得多。因为,信息不实在并具有高渗透性,若在信息时代要完成这样的军事任务,兴许只需轻轻地点几下鼠标,投向广岛的原子弹就会在数秒内到达目的地并爆炸。可见,在这诸多维度中,有两大维度值得高度重视,即物质之维和信息之维。

有些学者从科学角度来思考这个问题,认为这里的维度至少是三个,即物质、能量和信息。这在讨论新质战斗力体系的生成演化中,也是可行的。不过,从哲学上看,科学中所说的物质,实际只相当于亚里士多德哲学所说的"质料",而能量则反映着"质料"的运动。在哲学上,作为标志"客观实在性"哲学范畴的"物质"概念,实际包含着科学意义上的"质料"和"能量"。正是从这个意义上说,科学视野下的"物质、能量和信息"三大维度,在哲学视野下,也就可抽象为两大主要维度,即物质和信息。

在信息时代到来之前,人们理解世界万物,对待军事实践,对待战争、战斗力等,主要是围绕单一物质维度来进行的。能量维、时间维、空间维及其特性等,都是在这样的物质维基础上来发挥其作用的。其中,信息尽管已经以情报、消息等形式被广泛应用,但是人们在利用信息等过程中,其基本的立足点依然是具有"客观实在性"的物质。物质的客观性要求人们不管在什么样的实践形式下,特别是在军事实践活动中,都必须做到一切从实际出发、实事求是,杜绝主观臆断、照抄照搬。这一点在当今信息化作战中更是极为重要。物质的实在性,则意味着"物质"所代表的具体事物对于人眼、耳、鼻、舌、身,特别是对人的身体触觉等感官来说,都具有最深切的直接性。人们通过眼、耳、鼻、舌、身,几乎能同时感知、直接触及各种军事实践活动的展开及其结果,还可直接利用一些科学技术手段(包括各种机械设备)来帮助人展开这样的军事实践活动。由于受物质实在性的制约,在单一物质维度下,物质运动的时空形式相对简单,时间维度的展开相对较长,空间维度的延伸相对明确、有限。作战过程通常是以秒、分、小时、日、月、年等计算的,战场往往是在某一确定地域延伸,同时,战场纵深往往会受到特定的地域、地形、地貌等限制。此外,作战双方是面对面的力量较量,并在一个明确的时间进程中定胜负。

正是受物质实在性、物质运动时空形式的相对简单性等影响,在单一物质维度下,战斗力体系,一定程度上可以由各战斗力构成要素相对简单、机械地加以拼凑和线性叠加而成。所以,在传统的战场上,一般情况下,战争胜负在很大程度上和人力物力的投放量直接相关。当然,以少胜多、以弱胜强等战例,在以往的战争史中并不少见,但分析这些战例就可以发现,它们往往自觉不自觉地发挥着信息的巧妙运用、巧妙编码、巧妙创造等作用。然而,这样的信息创造,由于主要依靠指挥员的聪明才智,因此并没有被人们上升到普遍性高度。

可是,在信息时代,伴随信息科学技术的迅猛发展,这一切都在发生变化。信息逐渐成为人们有意识地认识、开掘、利用的对象。在当代系统思维看来,信息的维度正全方位渗透到其他几个维度之中,使信息化作战不仅是以特定的信息技术手段来加工、传递、储存信息,而且是新信息的创造、实现和整合。于是,战斗力体系的生成演变变得异常复杂。这意味着在信息时代,一个作战单元或模块要充分发挥其战斗力,除了其人员、武器装备等"硬件"要素之外,作战单元本身的组织结构和管理(编码信息)、人员的精神状态与新信息创造能力(自在自为信息及其新的编码)、与外界环境的关系结构(环境信息)等,都发挥着极其重要的作用。战斗力体系在内涵和外延方面与传统意义的战斗力体系大相径庭:

在战斗力体系的内涵方面,战斗力体系需整合的作战要素将越来越多,一些根本无法被纳入传统战斗力体系的要素,在信息时代,有可能演变成为最重要的战斗力构成要素,例如作战单元对心理学、社会学、哲学等的掌握运用程度,以及对这些理论本身的创新程度。在外延方面,战斗力体系所要发挥的作战功能迅速打破传统的边界,指挥控制战、网络战、情报战、电子战、政治战、心理战、经济战、法律战、黑客战等成为新的作战形态[①],而这些新的作战形态,往往穿插、渗透于部队的常规作战之中,成为战斗力体系需要同时应对的作战任务,并发挥出综合战斗力功能。

当然,在信息化新质战斗力体系的生成中,如何将物质之维与信息之维有效编织、缠绕、熔铸,使之能够发挥出极大的作战效应,则是需要根据具体的作战目标来创造性地加以谋划。其中需要高超的顶层设计艺术,更需要各个作战单元在协同配合中创造性的操作实施艺术,还需要适时、恰当、灵活的信息反馈和协同。所有这些,都需要每一个作战者自觉自愿、高效精准地全身心投入。

2. 信息化战斗力体系的生成演化方向

这种战斗力体系的"多向"主要是指生成、演进体系化战斗力的方向是多种多样的。通常,人们习惯于在单一物质维度下来考虑战斗力生成演化中的方向问题,难免将问题简单化。事实上,伴随信息及其科学技术的全面渗透,战斗力体系生成演化的方向已经具有巨大的复杂性,它将在一个物质世界与

---

① [美]沃尔兹:《信息战原理与实战》,吴汉平等译,电子工业出版社2004年版,第18~19页。

三个信息世界中全面展开。也就是说,伴随信息世界的被发掘,人类现实生活中实际面临的世界早已不再仅仅局限在英国哲学家波普尔所描绘的物理世界、精神世界、客观意义上的观念世界了①。信息科学技术的广泛渗透,使人类现实世界开始在"物质和信息"双重世界上展开,并由此形成"一个标志直接存在的物质世界和三个标志间接存在的信息世界,即世界1——直接存在的物质世界(以物质体的形式存在);世界2(信息世界1)——自在信息的世界(以自在信息体的形式存在);世界3(信息世界2)——自为、再生信息本身的活动(主观精神的世界);世界4(信息世界3)——再生信息的可感性外在储存(人所创造的文化内容的世界)"②。协同构造战斗力体系的各个要素及其整体化的演进,终归是在以上四个世界的综合集成或协同中来完成。作战的自然地理环境、人员构成要素、组织方式等尽管属于客观实在的物质世界,但这个物质世界所直接呈现出来的状况,人们对这些状况的理解、把握、设计、谋划,以及这些设计、谋划的结果及其对物质世界的作用,包括人员伤亡、环境代价等,又无不是在三个信息世界中全面展开。在现实军事实践中,三个信息世界实际是相互交织、相互渗透的,使得信息化战斗力体系的演化方向复杂多变。这一方面增加了对战斗力体系演化方向精确预测的难度,但另一方面为构建能够发挥各个作战单元或模块优势的体系化战斗力提供了新的机遇。从中可以发现:

第一,任何作战单元都可以根据独特的作战任务而将不同方位或不同方向上的资源、要素整合为全新的战斗力体系,并由此加以丰富、完善和深化。也就是说,不同层次的作战单元或模块,借助信息科学技术、智能科技等手段,既自成体系,又与其他相关作战单元或模块互成体系。对于一个具体而现实的作战单元或模块来说,面对需要完成的作战任务,应当迅速利用其周围(包括信息网络空间的相关方面)的所有资源和力量,在短时间内创建出一个全新的、富有生命活力的战斗力体系。要做到这一点,就在于及早掌握自身周边可能的资源和力量,及早对这些资源和力量加以信息化战斗力体系谋划、建模、设计或整合,以便与这些资源和力量的拥有者达成作战协同协议,形成预案,并根据这样的预案,适时演练、修正。

---

① 1967年,英国哲学家波普尔在第三次国际逻辑、方法论和科学哲学大会上,提出了关于"三个世界的理论"。此后他又对这一理论做了进一步完善。他认为,我们的现实世界可以归为三个在本体论上泾渭分明的部分,即世界Ⅰ——物理世界或物理状态的世界,世界Ⅱ——精神世界或精神状态的世界,世界Ⅲ——客观意义上的观念的世界。参见[英]卡尔·波普尔:《客观知识——一个进化论的研究》,舒炜光等译,上海译文出版社1987年版,第164~165页。
② 邬焜:《信息哲学——理论、体系、方法》,商务印书馆2005年版,第94页。

第二，战斗力体系的具体演化方向不可精确预测，信息化战争没有固定模式。战斗力体系既然是在一个物质世界、三个信息世界中来形成、展开的，而且这四个世界之间的相互作用也是非线性的，那么四个世界中的任何一个方面，都有可能对战斗力体系的发展产生深远影响，使其显现出的整体效应往往具有不确定性。一些看似微不足道的因素、不起眼的环节，一旦遇到某些特定条件，很有可能就被非线性放大，使整个战斗力体系的性质、功能等发生巨变。这样的巨变是战斗力体系质的飞跃提升，但也有可能是事与愿违的退化衰落。这意味着信息化战争一旦展开，就根本不可能有固定打法、固定模式。信息化战争是在三个信息世界中同时展开的，看不到这一点，以为信息化战争就是简单借助信息科学技术装备展开的作战，实则已经在这种战争的创新制高点上受制于人了。模仿别人已打过的信息化战争模式无济于事，别人有可能是以强大的技术及其专利、技术哲学思想等"软实力"在支撑其信息化战争，而模仿却只能在表面或硬件上做点文章。于是，当人们将大量人力、物力、财力投入这样的技术模仿中，甚至有过之而无不及；一切都借助电子化的信息网络，一切都在这样的网络上进行，更有甚者，将大量作战人员的精力限定在做系统、填系统、升级优化系统之时，作战人员已经被这种垄断技术所绑架控制，成为信息系统的奴隶，他们哪里还有精力、能力来创造战争新武器、新打法、新模式和新信息，并与敌方信息系统相抗衡？从这一点来看，也许其已经败在敌方预设的信息化战争中了。

从人-机关系上看，当人长期处于心境疲劳状态，或者高度紧张忙碌状态时，其精神上的疏忽大意、反应迟钝、考虑不周、工作失误等也就在所难免，而这些却都有可能给敌方带来机会，对己方整体战斗力体系造成毁灭性破坏。所以，不能以决定论思路来思考、设计战斗力体系的演化方向，更不能以为自己可以照搬别人的战斗力体系和发展模式。

（二）立体互动的信息化战斗力体系

每个不同时代的战斗力生成方式是不同的。农业时代，人们主要在陆地作战，其战斗力主要围绕不同的武器装备而展开。大刀长矛、火枪火炮、战车战马、铠甲城墙等，不管多么先进有效，其战斗力体系总体说来是平面化的。工业时代，伴随人类对海洋战略意义的深刻理解，海洋军事蓬勃发展起来。人类战争的主要领域也逐渐由陆地延伸到海洋，并逐渐形成陆上战斗力体系与海洋战斗力体系的并行发展格局。在具体作战中，这两大战斗力体系尽管有所交叉，但由于受地理空间内容的限制，其作战特点、作战方式等都各不相同，因此这两大战斗力体系总的来说依然是平面化的。

20世纪，在航空工业的产生和推动下，空中战斗力体系在两次世界大战的洗礼中逐渐发展成熟起来。从两次世界大战、朝鲜战争、越南战争等都能看到,这时人们已经着手根据不同的作战任务,将海洋与空中、陆地与空中的不同战斗力体系加以部分的协同与互动。由于陆地、海洋和空中在空间上的立体显现,两大战斗力体系的协同与互动在空间上真正呈现出了立体化意蕴。

20世纪后期,信息科学技术、信息网络技术、人工智能技术、生物科学技术等深入发展,人类战争的形态也逐步从单一物质维度上的绵延,扩展到"物质和信息复杂相互作用"的双重维度协同整合。一方面,信息世界的被发掘,本身已展现出人类现实世界的立体状态,即如前所述的一个物质世界与三个信息世界。这四个世界本身并非平面并列,而是沿信息显现、信息认知、信息创造与再现等方向逐级提升的立体化复杂世界。这意味着人类战争、人类应对这类战争的战斗力体系生成等都将在这四个世界的立体化、相互作用中展开。另一方面,信息网络的构建拓展,本身已彻底改变了人类以往所习惯的时间、空间结构。信息网络空间,正成为人们展开其实践活动并超越其传统空间感的新型空间。在这样的空间中,不仅信息的运动范围大大超越传统意义的各种界限,而且其运动在电子运动的携带下达到光的速度。这种时空结构的巨大变化,意味着战斗力的生成将远远超越传统意义上的立体化作战。这时的立体互动,将不仅是常规空间意义上的立体互动,而且是充分渗透着信息科学技术及其信息网络时空结构,渗透着人工智能、生物科技等的,从微观领域到"宇观"领域的立体互动。这样的立体互动,不仅表现为陆海空天网等的一体化协同体系的建立与维护发展,而且更为重要的是这种一体化协同体系的灵活应变能力和强大的自组织、自生成、自发展的生命活力。

当然,陆海空天网的协同,绝不是简单机械的外在化拼凑"加和",而是针对特有作战任务而谋划、设计、建构出来的,具有自组织、自适应能力的柔性系统。它平时也许就潜藏在现有的某一种或某几种显性的战斗力模式中,但通过事前的有效设计、谋划,以及预案落实演练,一旦突发紧急情况,这种柔性系统就能在特定的设计模式下,迅速整合成为一种或多种能够应对全新情况的崭新模式,并与日常现行模式构成更加有效的模式。一旦系统的某个部分遭受攻击,这种具有自适应能力的柔性系统就能够迅速做出反应,并相应改变原有模式,甚至从原有整体性模式中分化出来,成为独立的自组织、自适应模式。这种整体性的立体作战功能,能够在战斗力体系的不同构成层次上,既整体化又相对独立化地发挥作用。

此外,随着地下资源的开掘、地下空间的开拓,除了陆海空天网之外,对地上、地下的协同等,都应提前设计、谋划、制定预案。因为,信息时代,仗究竟应该怎么打,早已不再是依靠过去经验来推断,也不再是先打出什么仗,再形成相应理论,而是相反——有什么样的理论谋划,才能有什么样的军事训练,也才能打出什么样的仗来。信息时代的仗是理论先导型的。中国军队目前在有些方面发展还很有局限,应立足现有条件,提前设计、谋划出信息化新质战斗力的多种可能形式、多种模式样态,并根据这些形式、样态,逐步谋划、开掘、建设到位。到那时,仗如何打,就不再受制于某几个国家,而是由自己的章法来决定,使自己掌握信息化战争的主动权。

(三)优化协同的信息化战斗力体系

战斗力体系是一个系统整体,各个要素、单元、层次等之间的相互作用、相互协同,都应当以该体系的整体最优化为目标。但是,由于人们在军事实践中,在不同时期、不同条件下所面临的具体任务各不相同,因此作为战斗力体系最优化的具体标准并非固定不变、凝固僵死,而是要针对不同的作战要求、作战任务等具体而论。一般来说,这种最优化可以从以下相互联系的几个方面来通盘考虑:

第一,体系整体效应上的最优化。建立信息时代新质战斗力体系,不管采用什么方式,即便是联合作战方式,其最终目的就是要打得赢,其整体效应上的最优化就是要力图以最少的人力、物力、财力损耗,换取最大打赢效果,即达到对敌方精神、物质、信息等的有效控制。如果协同之后,在作战过程中,虽能取得一定的打赢效果或控制,可要在较长时间维持这一战斗力体系的生命活力,很有可能要损耗大量人力、物力、财力,而这种耗损相比打赢效果在逐渐增大,这意味着战斗力体系没有在整体效应上达到最优化,需要重新谋划和设计。

第二,体系生命活力上的最优化。一个真正的信息化战斗力体系,应当是有生命力的自组织、自发展、自优化的有机整体。它通过对机构、人员、装备、设施等的合理配置,能够充分发挥各方积极作用,使战斗力体系一经形成,便能够通过体系自身与外界环境(包括与之相关的其他作战体系、非作战体系等)的物质、能量、信息交换,而不断增进其自身的生命活力。

这里所说的生命活力,一是指战斗力体系结构的有序度不断朝着能打胜仗的方向而提升。在系统思维中,结构是功能的内在根据,功能是结构的外在表现。要使战斗力体系具有"打得赢"的功能,应当优化其体系结构,使体系结构的有序度得以不断提升。也就是说,战斗力体系在结构上越是有序,应对复杂作战任务的分工协作就越明晰,责、权、职的统一度就越高,在具体作战中就越是能够避免相互推诿扯皮等内耗。

二是指战斗力体系自组织能力不断朝着保存自己、战胜敌人的方向增强。这里的自组织是相对于他组织而言的,即战斗力体系及其各构成层次和单元都能够更加自觉、自主地根据自身作战、损耗等情况做出适时调整,自觉、自主地使战斗力体系及其各个层次单元更加有序化、组织化和系统化,以防止和抗击敌方对该战斗力体系的整体化摧毁。也就是说,即便己方战斗力体系遭受到敌方的整体性摧毁,但只要己方体系还残存有少量机构、人员、装备、设施,其也能够按照事先的设计、谋划,自觉组织起来,并形成具有新的生命活力、能够自我壮大的新战斗力体系。

三是指战斗力体系自我更新能力不断朝着打赢信息化、智能化、生物智能化等战争方向演化发展。信息时代的战争无不是信息化战争。这种战争是在信息科学技术及其更高发展成果的支撑下,通过广泛开掘、利用、创制、研发各种内容和形式的信息而展开,争夺目标也不再局限于领土、领海、领空等空间地域,而是力图达到对利益目标制信息权的全面控制。于是,战争样式和表现形态也就由此呈现出复杂多样的局面。网络战、科技成果专利争夺战、货币战、贸易战、心理战、价值观对抗战等柔性软化的战争形态日益盛行,使信息化战争不仅成为硬件设施的较量,而且成为广义上的"软件创造""软件更新"竞争力的比拼。战斗力体系要永葆其生命活力,就不得不自觉在硬件建设、软件更新,特别是战斗力体系生成发展的理念创新上多下功夫。因为,这些理念的创新不仅关涉到战斗力体系应对柔性软化战争形态的能力,而且关涉到对敌方战斗力体系的柔性软化攻击。

第三,体系激发人员积极性、创造性上的最优化。任何战斗力体系的生成、演化和发展,都是现实的个人在特定规制模式下,通过分工协作来展开其军事实践活动。尽管从战斗力体系本身来看,这些人员都被置于不同层次、不同岗位,从事着各自的专门化工作,但是,就每一个人来说,其在各自工作岗位上如何尽职尽责,如何与其他人员协作,却并不是一些机械化的指标、精确的量化考核等能完全控制的。因为人毕竟不是物,他不可被定义,属于"是其所不是",他还是最杰出的信息创造者和信息实现者。单纯的指标、量化控制,难于发挥人员积极性、创造性,压制着其信息创造力和实现力的涌现。试想,当年红军在那么艰难的岁月中,面对比自己强大数倍,甚至数十倍、数百倍的敌人,他们难道是通过严格的指标考核、精细的量化考核而最终战胜敌人的?显然不是,那种单纯的指标、量化控制只能对"物",而不能对"人"。这一点早在人民军队的政治建军方面就已经清楚呈现出来。在此不必累述。

事实上,富有生命力的战斗力体系,其信息化和机械化的重大区别,恰恰在于其要求每一个人都能在自己岗位上充分发挥自己的积极性、创造性,否则,战斗力体系就难于及时发现新问题并适时更新,更谈不上高质量的生命活力。因此,从这个意义上说,一个优化的战斗力体系,应该是能够充分调动并发挥出所有人员积极性、创造性的"属人"的体系。只有在这些人员积极性、创造性的高质量发挥中,信息化战斗力体系的内在凝聚力、战斗力、创新力、生命力才能真正迸发出来。

四、信息化战斗力体系的基本特征

多维多向、立体互动、优化协同的战斗力体系,应具有以下基本特征。

(一)以信息为主导且高度综合的有机整体性

信息在中国军队战斗力体系中,不是一个独立于其他要素的单独要素,而是渗透在每一个作战要素中,将各个要素充分连接和协同整合的重要维度。可以说,多维多向、立体互动、优化协同的战斗力体系,也就是一个自组织、自适应、有生命活力的信息化体系,信息在其中发挥着基础主导作用:

第一,信息实现着战斗力体系内外人员和武器装备等的综合;

第二,信息实现着各战区、各军兵种、各作战单元或模块及所在各地方部门等的综合;

第三,信息实现着陆海空天网等空间联系和过去、现在、未来等时间联系的综合;

第四,信息实现着战斗力体系内外物质流、能量流、信息流的综合;

第五,信息实现着战斗力体系内外不同层次间的有效综合;

第六,信息实现着战斗力体系所能发挥出来的各个不同功能的综合等。

在信息化军事实践中,人们借助信息科学技术,大量接收、创制、储存、加工、传递、利用、创造信息,使战斗力体系呈现出系统思维方式下的"双向建构性"和"双重质的超越"。一方面,构成战斗力体系的各个要素,按照信息化建设总目标,综合建构出能够凸显信息化战斗力新质的系统,使信息化战斗力在整体上超越传统机械化战斗力。另一方面,在信息化战斗力体系的生成过程中,物质维、信息维如何相互协同,战斗力体系发展各个可能方向,以及陆海空天网如何发挥其各自的具体作用等,则都要在信息化战斗力体系的控制、反馈作用中,获得全新的、符合整体化要求的改造和重建,使信息化战斗力体系中的人员武器装备,各军兵种、各作战单元及其管理模式、沟通模式、行为模式等都能够在信息化的改造意义上获得重建。重建后的这些要素、单元、模式等,全都能在信息化战斗力体系的规范协调下,被赋予信息化的性质和运行模式、行为方式,发挥出信息化的功能。

(二)以相干性相互作用为构成方式的复杂层次性

信息化的战斗力体系是分层次的。层次即等级,意味着构成信息化战斗力体系的诸要素之间的关系并非简单并列。一个作战单元可以与其他作战单元通过相干性相互作用,优化协同而成一个更高层次的战斗力体系,而这个更高层次的战斗力体系又可以与其他更高层次的战斗力体系再通过一定的相干性作用,构成再高层次的战斗力"巨体系",如此形成各个战斗力体系相互勾连整合的、具有某种复杂嵌套样式的整体。在这样的嵌套型层次结构中,低层次战斗力体系能对高层次战斗力体系具有构成作用的原因,不在于行政命令、外部强制,而是在于通过相关军事信息等的沟通连接,实现不同战斗力体系之间的相干性相互作用,而高层次战斗力体系对低层次体系来说又具有控制、支配和调节作用。正是在这样的一种上下因果链关系中,信息化的多维多向、立体互动、优化协同的战斗力整体功能才能得以发挥。

这里所说的"相干性相互作用",并非牛顿第三定律那样的大小相等、方向相反的简单、直接、对称的线性相互作用,而是一种非线性的相互作用。这种非线性相互作用可以通过各个作战单元,建立特定的协议,达成共识来推动相互之间的人员、物资、装备、信息等的流动,从而形成各个作战单元之间的相互约束、相互选择、相互协同、相互放大。这使各作战单元原有的一些机械化特长相对减少,信息化作战能力大幅提高,并在新的信息化作战模式下协调一致地发挥作用,从而使战斗力体系在整体上呈现出信息化作战功能。

战斗力体系的层次性,要求各个作战单元本身要具有自身特点和与其他体系相互沟通交流的机制。如果各个作战单元都高度雷同,相干性相互作用的非线性放大功能就难于发挥,只能进行线性叠加,而线性叠加的战斗力是很难产生信息化"新质"的体系效果的。从这个意义上说,发扬各部队作战特色、技术特色,让其有机会与其他体系(甚至包括一些地方体系等)建立协同作战联系极其重要。如果一味地关门备战,不与其他体系相沟通和联合,那么,中国军队各作战单元就很难跟上信息实践、信息化战争等的发展潮流,战斗力体系中的非线性相互作用就有可能被还原为线性相互作用,以致丧失战斗力的信息化整体跃迁机遇。

(三)以保证信息安全为首要前提的开放性

富有生命的信息化战斗力体系不是孤立、封闭的体系,而是开放的体系。这一体系的生命活力,其多维多向、立体互动、优化协同的动态机理等,全都要以体系的开放为其前提条件。这种开放性主要表现在:

第一,内部各个作战单元之间的开放协同。各个作战单元之间打破条块分割、部门分割的局面,通过各单元之间的物质、能量、信息的流动,实现相干性相互作用,使这些单元在这样的相互作用中,整合成为具有信息化"新质"

的战斗力体系。从这个意义上说,各个作战单元的相互开放,是形成中国军队信息化"新质"战斗力体系的先决条件。这要求各个作战单元预设、预留开放的"端口"与可能性,并积极构思谋划各种与其他作战单元交换物质、能量、信息的内容和途径,以达到战时的优化协同作战目的。

例如,只有部队与院校相互开放,实现资源共享、协同并进,在相干性相互作用基础上整合而成的战斗力体系,才能充分放大部队和院校在信息化建设中各自的优势,也才能形成整个战斗力体系的信息化"新质"。为此,院校要充分发挥好教学、科研对信息化战斗力的提升、引领作用,而不是简单局限在一切向部队看齐,一切按部队标准走。也就是说,院校应主动与部队建立训练、科研等方面的协作共同体关系,通过特有的制度设计,让自己的学员直接到部队实习,为部队谋划各种新式战法和技术支持。部队也不能终日忙于常规化的军事训练,迎接检查,尽管这样的训练、检查极其重要。部队需要抽出一定的自主时间,留出一定的自主精力与院校协作沟通,建立与自己周围院校的多种协作机制,以制度形式使官兵能够定期到院校学习、深造,同时为院校提出作战或战斗力生成的新课题①。部队与院校建立这样的协作机制,平时构成一个信息化战斗力体系,共同演练,战时相互支撑、合作,当然在演练过程中还要重点设计、谋划各自的自我安全预案,以避免受到敌方整体化的攻击而一损皆损的局面。所有这样的开放,以及开放后的安全保护,应该在开放机制建立过程中同时谋划,否则,待到战时再临时协同、谋划,就有可能出现大的疏漏。

第二,信息化战斗力体系与其他非军事体系的开放协同。信息化战斗力体系与其他非军事体系的物质、能量、信息等的交换,使体系能够及时扩展、深化和创新。因为,信息的高渗透性使得战争、战场的边界日益模糊,而应对各种战争的战斗力体系也绝非仅仅局限于传统意义上的军事体系。其他的政治、经济、文化、教育等体系,对于打赢信息化战争都具有某方面的作用。如果不与社会生活中的这些体系优化、协同,不与其建立相干性相互作用关系,不与其进行物质、能量、信息等交换,不将其整合到自身战斗力体系之中,那么,这不仅不利于战斗力体系"新质"的涌现,而且这些体系有可能在敌方的攻击控制下,成为敌方信息化战争的帮凶。

第三,信息化战斗力体系与外军信息化战斗力体系的开放协同。这意味着信息化战斗力体系与外军信息化战斗力体系的物质、能量、信息等的交换。

---

① 关于部队与院校的关系问题,笔者在《超越经验主义樊篱 培养新军事人才》一文中进行了展开论述,详见《中国社会科学报》2013年5月8日军事学版。

中国军队战斗力体系要在信息时代得以不断完善,就必须向先进的军事战斗力体系学习、交流、借鉴,甚至进行联合军事演习。这样的物质、能量、信息交换要持续、长期保持,开放性是必不可少的条件。

可以说,开放性是中国军队战斗力体系永葆其生命活力,确保其信息化"新质"的重要条件。但是,各作战单元、战斗力体系的开放性,并非无原则的、随心所欲的开放性,而是有前提条件的。这样的前提条件固然很多,包括战斗力体系在不同层次上的条件等,但是,其中最为核心、关键的条件就是信息安全或保密。

保密是战斗力体系实现开放性的首要前提条件。没有保密,就没有战斗力,更谈不上信息化战斗力了。因为,信息化战斗力体系的整体能力,既表现在对敌方的有效攻击方面,又表现在对自身安全,特别是信息安全的有效保护方面。要在开放的体系中来实现信息安全,最好的方法就是对信息本身加以分级、分阶段、分主体的管理。这样的管理既需要技术上的支撑,更需要人员高度的信息安全意识,因为信息的高复杂性往往具有非线性、不确定性、非决定性等特征。在信息的创制、储存、处理、传递的过程中,人员与机器、人员与网络、人员与环境、人员与工作压力等,都很容易构成一个"混沌"系统,即在确定系统中出现内在随机性,从而导致"失之毫厘,差之千里"。一个小小的疏漏,有可能带来灾难性后果。从中国军队信息安全保密等面临的实际问题来看,严格按照规章制度办事,对信息进行分级、分阶段、分主体管理,非常重要。此外,信息时代,既然要在战斗力体系的开放中来实现信息安全管理,就应该预先谋划多套方案,以防信息泄露,措手不及。多留预案、多谋划,然后对这些预案、谋划分级、分阶段、分主体管理,兴许能收到一定的安全效果。当然,要实现这种多元化安全方式,需要付出一定的成本,但相比失密之后的损失和应变的难度,其成本是较低的。

(四)以不断创新为推动力的动态性

多维多向、立体互动、优化协同的信息化战斗力体系,不是一经形成就不再发生变化的静态结构,而是在不断动态演化中生成、发展的生命有机体。在此,战斗力体系的生成和发展不是割裂的。不能以为生成信息化战斗力体系,或者说这个体系拥有了信息化的"新质",就万事大吉,官兵们只要按照这个体系的固有模式行为、表演即可。事实上,信息化的战斗力体系是动态生成、动态发展的。其生成就是在发展中谋生成。如果没有发展,战斗力体系的信息化"新质"也就丧失了。在发展中谋生成,其动力来源于对信息化战斗力体系的不断创新和谋划。信息化战争没有固定模式,过去的经验和战法不能决定未来的胜利。只有出其不意,创新、设计、谋划,多做预案、多备份各种可能性,多维多向、立体互动、优化协同的战斗力体系才能有长久的生命力。

应当看到,以信息、信息科学技术为支撑的战斗力体系,说到底还是人员的创造力在支撑。因为,人是最杰出的信息创造者和信息实现者,他不仅在不断创新和实现信息科学技术及其信息流动模式,而且在不断创造和实现各种各样的信息内容本身。在信息化的战斗力体系中,人的信息创造性和信息实现性更是具有举足轻重的作用。在具体谋划多维多向、立体互动、优化协同的战斗力体系中,各个层次如何开掘物质和信息这双重之维,如何根据作战要求将时间、空间之维与物质和信息之维综合集成为一个灵活的、最优化的现实作战体系,需要人信息创造性和信息实现性的超强发挥。在谋划、设计、应对各种形式信息战中,如何保持清醒头脑,快速分辨出各种类型的信息战并加以快速反击,需要人信息创造性和实现性的充分发挥。如何设计出新型作战模式,如何构思出全新的信息接收、加工、储存、传递的新方式,如何合理组织、管理作战人员,如何更好地激发作战人员对有效信息的创造和实现,以适应信息化战斗力体系的不断变化发展,等等,需要人信息创造性和实现性的最大发挥。所有这些,都需要处于多维多向、立体互动、优化协同战斗力体系内、外的人,全面发挥其信息创造性和实现性,来加以不断设计和谋划。那种在军事实践中见物不见人,对人及其信息创造性和实现性视而不见,百般压制、打击否定的做法,根本无法适应信息时代的战争需要,更无法适应信息化战斗力体系的生成建设。

托马斯·奈将文化、价值观等视作一个国家、民族的软实力,其实,在信息化的战斗力体系生成中,软实力直接关系到体系能否不断获得创新推动力和对外竞争力的问题。信息化的战斗力体系,要永葆其信息化的高品质生命力,就必须吸引和留住具有信息化创新能力和实现能力的高级人才,否则,这样的体系就会因后继人才不济而丧失活力,从而导致战斗力体系创新发展的停滞、生命力的衰竭。从这个意义上说,要不断保持信息化战斗力体系的动态演化和发展,就必须高度重视对作战人员信息创造力和信息实现力的开掘利用,做到尊重、鼓励每一个作战人员,使其能够积极主动地根据各自的工作,展开信息创新和信息实现活动。

第二节 信息化战争"制信息权"辨析

信息化战争是借助信息科学技术展开的现代高新技术综合发挥作用的战争。"信息"在这样的战争中起主导作用。"制信息权"是这种战争夺取战场综合控制权的核心。围绕这一核心,才有了一体化联合作战形式,有了平台作战、体系支撑、战术行动、战略保障等的全面发力。在"信息"的控制、支配下,多维战场空间融为一体。发现即摧毁等"秒杀"式战争,让整个战争时空结构高度复杂化、瞬时化。精确打击、智能化作战等作战形式让人眼花缭乱。可见,信息时代的到来、"实践的信息实践化"范式在现实实践活动中的广泛深入运用,彻底改变了军事实践面貌、战争面貌和制胜机理。由于信息化战争是人本质力量在"物质和信息"双重存在复杂相互作用现实世界中的全面较量,因此,战争中的"制信息权"将在多层次、多方面展现出来。这意味着不仅可以去争夺"制信息权",而且更重要的是去积极设置、开掘"制信息权"。只有这样,才能在信息时代更好地实现"你打你的,我打我的"。从这个意义上说,最高层次的"制信息权"应该内在地包含对人信息创造、信息实现活力的不断开掘和激发。

一、信息化战争中关键性信息终归来源于人的开掘和创造

信息化战争围绕"信息"而展开,但"信息"却并非完全自然天成、外在于人,它要靠人来开掘和创造。从这个意义上说,它又是与人内在一体并外化而出的东西。

信息化战争中的"信息",确实有各种不同的类型,有的属于常规性、指令性或规范性信息,有的属于知识性、技术性信息,还有的属于常识性、经验性、情感情绪性等信息。如此多样的信息,其表现出来的内容千差万别,其形式复杂多变。它们对于参战、作战人员来说似乎都属于流动在信息网络中的某种客观外在的东西。然而,不可忽视的是,作为信息化战争的参战人员,其本身就是复杂的信息体,其本身就在根据这些所谓"客观外在信息"有选择、有创造性地获取、加工、创造、传递、实现信息。如果将参战人员本身也看作自适应、自创生的"信息体",将他们对信息的选择、创造、传递、实现等也统统纳入信息化战争系统来综合考虑,那么不难发现"信息"与信息化战争中的人(特别是人的信息创造和实现活力)的内在相连。

表面看,信息化战争是体系间的对抗,是先进军事技术和武器装备等的信息化、智能化等比拼,是对以往时空结构的超越等。似乎它们的重心都投射在了每个人之外的知识技术、武器装备、C⁴ISR 系统等"物"的上面,而这些"物"即便要由人来掌握、操作、控制,似乎也只涉及少数科学、技术、军事、政治等方面的精英,与每一个从事军事实践活动、信息化战争活动、院校教育科研活动的基层官兵、教员等无关。然而,从能够支撑起信息化、智能化的知识

技术、思想理论等方面来看,这些先进的军事理论、军事技术、武器装备,甚至是 C^4ISR 系统等,并不是在机械化成果中自然而然就生长出来的。从科技史角度看,能够支撑起信息化、智能化的知识技术、武器装备、思想理论等,它们全都是人的创造,即人们在机械化基础上,通过各自的实践活动,努力探索、大胆创新而创造出来的。

试想,如果没有 17 世纪以来人们让机器从事数学运算的梦想,没有帕斯卡尔、莱布尼茨、巴比奇等人对计算机的苦苦探索,没有冯·诺伊曼以二进制代替十进制、将程序本身当作数据来贮存的突破性构想,哪里会有后来的计算机知识与技术及其在当代所取得的辉煌成果?没有仙童、英特尔、IBM 等公司及其旗下大批研究者的不懈创造[1],哪里会有人们对个人电脑的热情追捧和"全民参与的信息处理运动",哪里会提出"信息传输、资源共享"等现实问题[2]?如果没有上述这些探索,那么至今深刻改变人类生产生活、交往方式、思维方式的互联网以及由此开启的信息网络时代又哪里会到来呢?

可见,隐藏在这些知识技术突破和由此引发的时代变迁背后的是人在实践活动中针对实际问题而产生的梦想与追求,以及为实现这些梦想与追求而积极探索、创造的主观努力。这些探索与努力,从信息实践角度看,很大程度上有赖于新信息的创造。可所有这些都绝不是少数精英的专利,而是众多实践者的不懈奋进。可以说,在精英与现实成果的关系问题上,不是只有精英才有权利来创造这些辉煌成果,而是这些辉煌成果使普通人成为精英。

再从邬焜信息哲学看,在信息化战争中,除了客观事物因其本身的"间接存在"而显现出来的那部分信息之外,恐怕绝大多数的信息都应当属于邬焜在信息分类中所说的"社会信息",而这类信息本身就不在人之外,而在人之中,即在人的实践活动的生成过程中。从这个意义上看,同样不能将信息化战争中的"信息"看作仅仅在信息网络中流动的现成数据、现成符号,不能忽视实践主体、作战人员对信息的开掘利用。

正如第二章第二节已经阐述的,邬焜将信息分为四大类型,自在信息、自为信息、再生信息和社会信息,并认为自在信息、自为信息和再生信息是相互关联、统一于一体的,这种统一即通过"社会信息"形态表现出来。之所以将这样的统一体称为"社会信息",完全是因为这类信息有一个最大的特点,那就是它们都要由人来认知和把握,甚至还要由人将其再创造出来。这意味着信息化战争中的"信息",绝不是与人外在分裂的,而是在很大程度上与人内

---

[1] 吴国盛:《科学的历程》第二版,北京大学出版社 2002 年版,第 539 页。
[2] 吴国盛:《科学的历程》第二版,北京大学出版社 2002 年版,第 543 页。

在相关的。这样的内在相关性主要表现在两大方面：

一是对已有信息的认知把握。信息化战争对"信息"的获取、把握、分析、理解、解释等，全都要受到人的主观因素的制约。同样的一个信息，有的人会相当敏感，很快将其化作作战条件或制胜因素。但对有的人来说，这个信息甚至根本进入不了其认知范围。这种主观因素一方面与人们对信息的敏感性、捕捉能力等有关，另一方面和人们的态度、兴趣、偏好及知识背景、实践经验、实践背景等有关。如果看不到这些，一味地将信息理解为某种绝对客观外在的东西，那么在战争中对"信息"的开掘利用就将大打折扣。

其实，即便是对已有信息的认知和把握，对人来说也绝不是机械、固定、表面化的。人们总是在自己现有的认知结构中来有选择、有分析、有创造地认知和把握现有信息。换句话说，人们对信息的认知和把握其实是有主观性和创造性的，是打上了人的烙印的认知和把握。强调这一点的意义，不仅在于让人们看到这些因素的作用，更重要的还在于正因为有主观因素在起作用，所以，打赢信息化战争就绝不是某种绝对排斥主观性的运动，特别是在官兵开掘、把握、创造信息等方面。

由于官兵不同岗位、不同知识背景、不同实践内容等的客观存在，因此，其对流淌在信息网络中的大量信息，甚至战场信息等的理解、把握、开掘、利用，显然带有多样性和鲜明个性。在机械化作战中，这些个性有可能是消极的，但在信息化战争中，却有可能是某种重要的、突破性的制胜因素。从这个意义上说，官兵个性多样性、兴趣爱好多样性、知识背景多样性、实践经验多样性、实践背景多样性等，对于打赢信息化战争或许极其重要。那种试图将所有官兵打磨成一个模式下的一种人，试图将所有官兵的战斗精神抽象为一个模式下的一种表现形式的做法和思路，或将越来越成为准备和应对信息化战争的管理桎梏和思维方式桎梏。

二是对新信息的创造优化。不可否认，在战争中，特别是在信息化战争中，大量不同质、不同内容的信息都在网络传播中以惊人速度发挥其功能作用，即便是扑面而来的虚假信息也不例外。与此同时，大量已有的、常规化的信息对各方战斗力量的综合集成发挥着联通、协同、整合等作用，但这些仍不足以构成信息化战争制胜机理的关键。毕竟利用现有的信息科学技术将各种战斗力量连通、协同、整合起来，将机械化武器装备进行信息化、智能化升级改造，将各种具体的军事实践活动由信息手段方式加以武装，只要生活在这个时代，谁不能做到呢？关键是知道通过信息科学技术来联通、协同、整合各方战斗力量是一回事，而知道如何联通、协同、整合才能形成灵活多变、针对不同任务而具有高度自适应性的、高效优化的综合战斗力量，则又是另一回事;能够以信息化、智能化、无人化等知识技术改进或设计新型武器装备是一回事,可能够创造出冯·诺伊曼式的全新理念或思想,甚至将前人看作不可能的事情变为可能,所有这些又是另一回事。一句话,利用信息、信息科学技术是一回事,创造出全新的信息、全新的信息科学知识、全新的信息类技术、全新的信息化战争理念,乃至全新的信息实践方略等,又是另一回事。没有这些最彻底的创新性东西作为军事实践、战争实践的思想战略积淀、知识技术积淀、军事理论积淀,就没有前瞻性、多样性、灵活性的设计与谋划,准备和应对信息化战争也就成为某种僵死的、机械的、凝固化的技术堆积或绵延。

所有这些新信息、新知识、新技术创造与积淀,全都要靠具有丰富想象力、创造力的人来实现。这种丰富的想象力、创造力是人的本质力量的极为重要的表现形式。正如第三章对信息实践的分析所述,人的实践在本质上是信息实践,即实践活动是人的感性活动,更是人的信息创造活动。在这样的活动中,人们通过身体神经系统及其技术延伸,包括计算机、手机、信息网络、人工智能等,创造出大量新信息,再通过身体的感性活动及其技术延伸,将这些新信息"外赋予物"(同样包括计算机、手机、信息网络、人工智能等)。这一方面使原有的事物发生改变;另一方面则干脆创造出原来尚不存在的全新事物,甚至包括具备相当程度人类智能的全新事物。在这整个实践活动中,要实现新信息的创造,人的想象力和创造力等主观性因素必须发挥极其重要的作用。从这个意义上说,看不到人主观因素在实践活动(特别是军事实践活动、战争实践活动,包括准备和应对信息化战争)中的这些作用,一味地以某种绝对排斥主观创造的所谓"纯粹客观性态度"来准备和应对信息化战争,来对待新技术、新装备的设计构思,实际上仍然没有跳出近代机械唯物主义思维逻辑。

当然,唯物主义本身并没有错,但如果脱离了"现实的人"的实践活动及其演化发展,简单、直观、抽象地看问题,那么它就会走向反面。在现实生活中,坚持唯物主义就是要在现有的历史条件、实践水平、技术条件、技术水平等基础上,积极往前走,积极创造出新的东西或信息,也就是立足实际、大胆开拓创新。这应该是打赢信息化战争最应该具备的辩证唯物主义态度。展开以新信息创造为本质的信息实践活动,并由此带来现实实际不合理状况的改变,这样,立足实际才有价值或意义。相反,为立足实际而立足实际,一味地强调适应现实,特别是在当代军事实践和信息化战争实践中,简单要求青年官兵一味地适应并满足于某些落后、陈腐的所谓"现实条件",而不积极想办法(新创造的信息)加以改进,这不仅不是辩证唯物主义的态度,反倒是思想腐败堕落的具体表现。这样的做法或态度往往使"立足实际"失去积极意义,从而陷入消极陈腐的状态,导致准备和应对信息化战争流于一时的技术装备更新等更加表面化、更加被动消极的形式。

二、人是最杰出的信息创造者和信息实现者

从马克思主义实践的哲学思维方式出发,结合信息哲学的诸多理论,能很自然地得出"人是最杰出的信息创造者和信息实现者"观念。确立这一观念,对打赢信息化战争将起到十分重要的作用。

(一)"存在领域的分割"理论与"人是最杰出的信息创造者和信息实现者"

邬焜"存在领域的分割"理论,将人的主观精神作为"主观间接存在"归于信息,而信息除了人的主观精神之外,还包括不以人意志为转移的客观信息。邬焜还认为,世界统一于物质,但世界却不是物质和精神的二元对立,而是物质和信息双重世界复杂相互作用的协同共生。在他看来,精神属于信息,其逻辑位次低于信息。但在现实生活中,人们往往能够深刻感受到的是精神对物质在发生深刻的反作用。这也是传统哲学将世界理解为物质和精神二元对立的主要原因。那么,精神能够在逻辑上越过"信息"这一逻辑层次而直接作用于物质,其内在的力量来于何处?要回答这个问题,只能从马克思主义实践的哲学思维方式来理解,否则便会陷入某种神秘主义泥潭。

按照马克思主义实践的哲学思维方式,精神的主体只能是现实的人,而人之所以能够赋予精神以如此巨大的逻辑超越能力,其根源就在于人的实践活动。人们在其具体的实践活动中,总是在不断地搜集、储存、加工、传递来自自然、社会的各类信息,并在此基础上创造出与其生存状况相适应的、各具特色的全新信息。正是基于此,精神才能如此鲜明、强有力地展现出其对物质的反作用。透过这样的反作用,也才能清楚看到正是人的实践活动将人自己塑造成了最杰出的信息开掘者、信息创造者、信息实现者。

(二)信息的哲学分类理论与"人是最杰出的信息创造者和信息实现者"

邬焜信息的哲学分类理论,将信息从哲学角度划分为自在信息、自为信息、再生信息,并将这三类信息的总体综合称为"社会信息"。通过对这三类信息及其综合的"社会信息"的具体分析,可以从信息创造机理方面得出"人是最杰出的信息创造者和信息实现者"观念。

邬焜认为:"自在信息是客观间接存在的标志,是信息还未被主体把握和认识的信息的原始形态。"[①]这意味着信息还没有和实践活动中的人发生任

---

① 邬焜:《信息哲学——理论、体系、方法》,商务印书馆2005年版,第47页。

"自为信息是主观间接存在的初级阶段,是自在信息的主体直观把握的形态。"①人通过实践活动,有选择、有针对地使自在信息进入自己充满有效活力的神经系统,并通过神经系统的信息加工,使这些信息被识辨且具有可回忆储存性,从而生成带有浓厚主观色彩的自为信息。与此同时,在实践活动的不断推动下,人的神经系统也在这样的不断生成自为信息过程中得以进一步发展,并为人创造崭新的信息,奠定物质基础。

"再生信息是主观间接存在的高级阶段,是主体创造的形态。"②在实践基础上认识世界、改造世界,这在信息哲学看来,其实就是在实践过程中,"人脑对感知、记忆的信息可以通过分析综合的加工改造,创造出新的信息"③,并在这种新信息引导下,实现改造世界的目的。人的实践活动是以人身体的感性存在为活动展开的物质基础的。人的身体作为一个生命整体,全身心投入实践活动,依托神经系统和大脑中枢,在感性记忆基础上形成表象,又在表象基础上创造出新的形象,即"概象信息"。伴随生产实践的深入发展,人与人之间交往的日益普遍化、复杂化,再加上对世界认识改造规模的扩大,人们在信息创造的道路上必须迈向新的高度,即将"概象信息"进一步抽象化,由此形成符号信息,利用符号信息再展开新的逻辑推演,并在此基础上创造出具有最高普遍性和抽象性的全新信息,使其在人与人的相互交往中得到普遍接受、批判、运用,从而表现出人所独有的创造新信息的高超能力。

在邬焜看来,"社会信息"并不是一个独立的信息形态,而是在人展开其实践活动的过程中,于"自在、自为、再生三态信息的关系中呈现出来的一种信息现象"④,"是已被人类认知把握,以及人类创造出来的那部分信息世界的总称"⑤。人们通过实践活动建立各种社会关系、历史关系,这些关系不仅是人类生产生活的现实物质变换基础,也是人们进行信息获取、信息交流、信息创生、信息实现的现实信息变换基础。正是在这样的信息变换基础上,人们获取自在信息,生成自为信息,创造和实现再生信息,并由此创造出了"一个物质世界和三个信息世界"内在复杂相互作用、协同共生演化的现实世界。至于其他生命形式,由于其生命活动并不具有自由的、有意识的实践活动性质,因此,它们的信息创造,相比人来说,才显得狭隘、有限、直观。

---

① 邬焜:《信息哲学——理论、体系、方法》,商务印书馆2005年版,第51页。
②③ 邬焜:《信息哲学——理论、体系、方法》,商务印书馆2005年版,第55页。
④⑤ 邬焜:《信息哲学——理论、体系、方法》,商务印书馆2005年版,第58页。

(三) 信息系统一般模型理论与"人是最杰出的信息创造者和信息实现者"

邬焜的信息系统一般模型理论①,通过对"信息创生系统"和"信息实现系统"的描述,很好地刻画了人们在实践活动中所进行的信息创造与实现模式。

"信息创生系统是一个通过对已有信息的加工处理而产生出新的信息的系统。"②在此,新信息的产生,需要"通过信息复合和重组来实现",需要对"已有信息的重新分解组合、选择、匹配和建构",需要信息接收、储存、选择、编码、阐释、监控、评价、建构、输出等诸多处理信息的子系统及其相互之间发生的非线性相互作用。促成这些非线性相互作用得以实现的,正是人们的具体实践活动及其在此基础上的主观努力。

信息实现系统"则是一种具有目的性的行为系统",它是"通过人的实践活动将人所创造的目的信息转化为客体的结构信息的系统"③。其具体展开路径是:主体在思维中首先形成了具有目的性、计划性的再生信息,通过人的神经系统激发运动器官,以"规定实践方向,设计实践的程序和方式,选择实践的手段、工具和对象,控制实践的进度、程度",而将"目的设计"等信息贯穿于信息处理的整个实践过程中,通过人身体、行为等实实在在的改造活动,使人创造的主观目的信息,最终转化为实践客体的"特定结构"信息,从而实现改造客体的目的。

其实,不管是信息创生系统,还是信息实现系统,在此都仅仅是对具体个人或组织在实践活动中创造新信息、实现新信息的简单静态描述。在现实实践中,每一个人都同时在和多个扮演着不同角色的人及其组织打交道,意味着每一个信息创生和信息实现系统,都同时在与多个极其复杂的信息创生、实现系统进行信息的交换、辨识、储存、加工、传递、生成、实现,由此构成某种"横向信息交融创生网络"。不仅如此,每一个人又都是在特定历史关系中,继承、发扬着特定的历史、文化传统,从而实现着与前人和后人的历史交往,意味着每一个信息创生和信息实现系统,又都同时在与某些以整体化形式出现的历史、文化信息创生、实现系统进行着信息的交换、辨识、储存、加工、传递、生成、实现,由此构成某种"纵向信息贯通网络"。在现实实践中,对于每一个人及由其组织而成的各种群体结构来说,这两大网络总是以相互交织、非对称、非决定论方式,构成某种"无穷嵌套"的复杂信息获取、储存、创生、传递网络结构,为人的信息创生和实现提供丰富的资源并产生深刻的影响。

---

① 参见本论著第二章第四节。
② 邬焜:《信息哲学——理论、体系、方法》,商务印书馆 2005 年版,第 76 页。
③ 邬焜:《信息哲学——理论、体系、方法》,商务印书馆 2005 年版,第 80 页。

一方面,每个人都在以这个"无穷嵌套"的复杂信息网络结构为自己信息创生、实现的基础,并在根据自身的实践状况、阶级状况、价值追求等进行着新的信息生成和实现。这不仅使人拥有比其他生命形式更加丰富、善变的信息创造平台,而且由此使得这个"无穷嵌套"的复杂信息网络结构因人的实践内容、状态的不同,而在内容和形式上被人打上不同时代、不同社会关系、不同文化特质的烙印而代代传承。另一方面,每个人虽以这个"无穷嵌套"的复杂信息网络结构为自己信息创生、实现的基础,但又在实践中建立各种新的社会关系、历史关系、文化关系,由此不断地丰富发展着这样的信息网络结构。因为,每一个作为信息创生系统和信息实现系统的人,他们都是在如此复杂、纵深的社会、历史、文化等关系中,在这"无穷嵌套"的复杂信息关系结构中,结合自身的生存状态、价值理想等来创造、实现新信息,而这样的信息创造与实现又都反映或表现出其本质力量的状况或水平。为了展示自身本质力量的强大,人们将这样的信息创生和信息实现作为理想追求,作为不同组织、个人之间展开激烈竞争的根据。于是,在不断地与他人、他物,乃至其他社会群体组织进行信息交换、信息创生和实现的过程中,人们不断改造、升级自身的信息创生能力和信息实现能力,从而使个人或组织的信息创生系统和信息实现系统得以不断改造升级,由此带来整个社会这个"无穷嵌套"复杂信息网络结构的大跃迁,直至今日进入信息-智能化的世界。由此可以发现,对于人类的每一代人而言,其信息创造、信息实现的平台总的来说都是在人的实践推动下而步步升高。因此也只有人能够在不断的信息创造和信息实现中,从蛮荒一步步发展到高度信息化、智能化的时代。

(四) 信息生产理论与"人是最杰出的信息创造者和信息实现者"

邬焜认为,马克思、恩格斯关于人的生产的大量论述,归结起来,至少包含着三个相互渗透、相互映射、相互交织和贯通、相互制约和规定的方面,即物质生产、精神生产、人自身的生产。物质生产是指人类创造物质产品的活动与过程①。精神生产主要指精神生产者有意识、有目的地创造各种社会意识形式(如科学、艺术、道德、宗教、政治、法律、哲学等)和实践性观念(如方针、政策、规划、设计、模型、计划方案等)的生产活动,以及精神产品的分配、交换、消费,即精神交往关系与过程②。人自身的生产是指人类自身世世代代的繁衍,是人本身的肉体和智能的双重生产和建构的过程,包括繁衍后代、人的培养和教育等活动③。

---

① 邬焜:《信息哲学——理论、体系、方法》,商务印书馆2005年版,第324页。
②③ 邬焜:《信息哲学——理论、体系、方法》,商务印书馆2005年版,第325页。

邬焜在对"人类生产活动的实质"的分析中,对生产和信息的关系有过比较明确的论述。他说对于人类的生产活动,学术界"物质生产""生产物质产品的生产""创造物质财富的生产""获取物质资料的生产"等提法往往给人造成错觉,"以为人类在生产活动中生产或创造了物质"①。但根据自然科学物质(质量和能量)守恒定律,"人类在生产活动中是根本不可能创造出物质的"。因为这个定律告诉我们,"世界上的物质既不能消灭也不能创造"②。那么,人类通过生产活动究竟生产或创造了什么呢?邬焜认为正是信息。他指出,不管是物质生产、精神生产还是人自身的生产,它们在本质上都是信息生产。他通过严密的分析论证指出,"人类的物质生产是人类复制、创造特定物的结构信息,以及人所设计的目的信息在实物产品中实现的过程","是人类改变和建构物的结构信息的信息生产过程"③,而"创制和复制观念信息是精神生产的实质"④。至于人类自身的生产,归根结底仍然是信息的生产。因为人类自身的生产包括两个相互衔接的环节:一是通过对人类遗传信息的复制,产生出人的个体生命;二是通过对人类社会文化信息的同化,将具有个体生命的人培养教育成社会化的人⑤。由此可见,物质生产、精神生产、人自身的生产归根结底是信息生产,其实质就是"复制、改变和创造观念信息、人的遗传信息、社会文化信息、物的结构信息,以及将劳动主体的目的信息转化为实物产品的结构信息"⑥。

可见,人类生产的实质,简单说来就是在实践活动中,复制、加工信息,创造、实现新信息。这进一步从人类生产活动,特别是物质生产活动和精神生产活动的内在根据上,阐明了"人是最杰出的信息创造者和信息实现者"。其实,人总是生活在自己创造的世界中的,而这个现实世界的复杂多变和历史演化,也从感性方面映照着"人是最杰出的信息创造者和信息实现者"。

三、确立"人是最杰出的信息创造者和信息实现者"观念的意义⑦

确立"人是最杰出的信息创造者和信息实现者"观念,对信息时代的信息化建设、信息化战争准备和应对等都具有十分重要的意义。

第一,确立"人是最杰出的信息创造者和信息实现者"观念,有利于改变

---

①② 邬焜:《信息哲学——理论、体系、方法》,商务印书馆2005年版,第326页。
③ 邬焜:《信息哲学——理论、体系、方法》,商务印书馆2005年版,第327页。
④⑤⑥ 邬焜:《信息哲学——理论、体系、方法》,商务印书馆2005年版,第328页。
⑦ 本部分相关内容曾以《邬焜"存在领域的分割"理论及其意义》为题,发表在《重庆邮电大学学报》(社会科学版)2016年第1期。为适应本论著论证需要,进行了进一步的修改、补充、完善。

对待人的根本态度，以便更加深刻理解信息化意蕴。在以往的一些尚未深刻理解马克思主义哲学实质的书中，"人"是被物质、客观规律、历史必然性决定的有限主观能动性，他的价值只局限在能满足社会需要、给社会带来积极效应的层面，他是淹没在人民群众总体力量与功勋中的无名小卒。在现实社会生活中，他又被一些受国际金融资本影响较深的经济学理论看作召之即来挥之即去的劳动力要素：需要之时他被称作劳动力资源；不需要时，他又被称为劳动力大军，面临就业压力，是潜在的不稳定因素。他还可以被看作可由资本、技术、市场、权力任意组装、驱使的被动无声的动物等。

类似这些对"人"的片面理解，将使信息化建设永远处于追赶别人先进思想、技术和管理的被动局面。因为，流淌在网络中的信息，从来都要靠人来开掘和创造。如果以对待、理解"物"或"动物"的方式和态度来对待、理解人，看不到人的实践存在方式，认识不到人的实践创造本性，把握不住人实践活动的信息创造本质，那么我们所说的信息化建设，我们所做的信息化战争准备和应对等，都将很难从信息化的前提或源头获得突破，在思想理论、知识技术、武器装备等方面受制于人也就在所难免。

第二，确立"人是最杰出的信息创造者和信息实现者"观念，有利于树立更加开放的、灵活的战略资源观。一旦改变了对待人的根本态度，就会发现，人作为最杰出的信息创造者和信息实现者，其所拥有的信息创造力和信息实现力将成为最重要、最优质的战略资源。

人不是靠自然恩赐而被养活的，而是靠自己的实践活动生存于世。不仅如此，人实践活动的信息创造本质，还使人在自己创造的世界中越活越复杂、美好。即便是在把实践活动变为"异化劳动"的资本主义社会，马克思《资本论》也揭示出了工人的劳动不仅养活了工人自己，还养活了剥削他们的资本家，并且不断提高这样的养活水平。由此也可以发现，中国当代的14亿人，绝不是吃饭、就业、教育、医疗、养老等的包袱，而是极其宝贵、优质的战略资源。无视对这一资源的开发利用，让其自发、无序地生长，既浪费了宝贵资源，还有可能使社会面临复杂的安全隐患。因为，信息创造是人实践活动的本质，信息科学技术、智能科技等的普及和发展，信息科技产品的高效、廉价，信息网络的高速、便捷等，都极大刺激着每一个人信息创造力的无限发展。如果这种创造力得不到积极正面的引导和支持，那么它就有可能被扭曲、被利用，给社会带来的安全隐患也将极其复杂巨量。

因此，尊重人，合理开掘利用好人的信息创造力和信息实现力，建立让每个人、每个官兵都能公平正义、健康地发展自己信息创造力、信息实现力的良性制度，正成为信息时代不同民族、不同国家、不同军队争夺"制信息权""价值制高点"和维护社会安定和谐,以及凝聚和发挥信息化战斗力的重要方面。

第三,确立"人是最杰出的信息创造者和信息实现者"观念,有助于建立一种更加开放、平等的人才观和人才管理机制。现有人才观、人才管理机制是建立在传统工业时代,适用于工业化需要、机械化战争形态的人才观和人才管理机制。其思想前提就是将人理解为"物"或者"动物"。在这样的思想理论前提下,"人才"往往被看作工业产品中的精品,是少数精英的专有名词,需要集中大量人力、物力和财力才能选拔培养。然而,这里始终存在一个问题,那就是人实践活动内容的多样化,决定了人才本身的多样化。工业时代自上而下的信息流动方式,客观上制约着多样化人才的展示和发掘,由此导致一些突破常规的天才思想或成果被埋没。要不是拉普拉斯于1796年提出星云假说,谁会关注到将近半个世纪以前康德所提出的星云假说呢?

在信息以网络模式,双向甚至多向、非权威化传播的信息时代,上述所有这些工业时代的人才观和对待人才的态度、方式方法等,恐怕全都会发生改变。一方面,社会对人才的需求、评价将越来越多样化、动态化。在准备和应对信息化战争中,更是需要储备大量多方面人才,使"养兵千日,用兵一时"被赋予丰富的信息化、多样化人才内涵。另一方面,信息科学技术的飞速发展,又为个人展示自身才能提供了便捷、廉价、快速的空间。只要人们愿意,谁都可以利用信息网络平台展示自身才能,接受社会选拔,服务社会发展。同样,社会将越来越依靠信息网络的广泛性、开放性,来进行人才的开掘和培养。在这样的情况下,人才教育再也不是少数精英的专利,而是每一个人通过自己的实践活动,将自己打造为"人"的价值追求和实践活动。"人是最杰出的信息创造者和信息实现者"将不仅是社会对待人才的普遍观念,也将成为每一个人对待自己和他人的坚定信念。所有这些变化都将迫使社会建立起更加适应信息时代发展,更加有利于信息化建设和打赢信息化战争的人才开掘、培养机制。

第四,确立"人是最杰出的信息创造者和信息实现者"观念,有助于形成一种更高层次的信息化战争观念,以便打好信息时代的人民战争。信息化战争确实展现出许多新的特点。战争时空特性发生重大变化,多维战场空间融为一体,战略、战役、战术行动界限趋于模糊,时间要素不断升值,战争进入发现即摧毁的"秒杀"时代;运用精锐力量实施精确作战,在防区外对全纵深目标进行中远程打击也正成为重要作战方式;作战指挥日趋扁平化,作战指挥和管理也日趋标准化、流程化、精细化;无人作战、空天战略打击、新概念武器以及高级毁伤弹药的运用,已经并将继续改变战争面貌。支撑起所有这些特点及其复杂变化的,绝不是存在于人之外的某种神秘"信息",而是人对现有信息的突破性、超越性创造及实现。从这个意义上说,理解信息化战争实质的关键,并不简单地局限于信息化战争本身,而在于能够运筹帷幄的更大智慧。这种大智慧并非先在地存在于少数精英的头脑中,而是大量、细微地存在于广大人民群众之中,特别是最具有信息创造和实现活力的青年人和基层青年官兵之中。因为青年人较少受到各种思维定式的限制,对新事物、新思想更易于接受。信息时代,在信息科学技术的助推下,青年人(包括青年官兵)能够借助各种信息平台获取大量信息,并熟练运用信息平台进行新信息创造和新信息的实现。其中,不乏有助于打赢信息化战争的诸多大智慧。

信息化战争中的信息,绝不仅限于能够支撑各作战模块联合作战的网络技术信息,尽管这是其中很重要的一环。真正能够决定战争胜负的,依然是新信息的大量创造与实现、大量预案备份和实战中的出其不意。这些新信息创造和实现包括:立足现有军事实践、战争实践基础的新思想、新理论、新概念、新想法、新知识、新技术、新工艺、新战略、新战术、新战法等的创造和实现。其中的任何一个"新",都蕴含着信息化战争演化的新可能性。从这个意义上说,信息化战争将有多种模式、多种可能性,也将有多种决胜空间。所以,当我们看到美军在海湾战争、科索沃战争、阿富汗战争、伊拉克战争等的信息化手段之时,会发现美军所注解的信息化战争,其本身就如同一面面镜子,映照出的是不同年代美军官兵对信息科学技术的领悟、创新和运用及其水平。透过这一面面的镜子,我们完全有理由领悟到其背后美军对美国各大公司、各方人士信息创造与实现力量的开掘和积聚。从这个意义上看,信息化战争真正成为信息时代的人民战争。

所以,树立"人是最杰出的信息创造者和信息实现者"观念,就是要充分领悟到,能让历史转弯的就是曾经的小人物[1]。不是因为精英而有大智慧,相反,是因为有了大智慧,精英才成为精英。信息科学技术为小人物们提供了更多、更广阔的空间,如果国家和军队能够设计出更加合理有效的社会动员机制,凝聚起这些基层小人物的智慧,那么打出中国特色的信息化战争,演绎出信息时代的"你打你的,我打我的",应该不成问题。

第五,确立"人是最杰出的信息创造者和信息实现者"观念,有利于军队管理朝着更能激发和凝聚信息化、智能化战斗力方向发展。

准备和应对信息化战争,匹配、发挥好信息化、智能化战斗力,要靠科学合理的管理来实现,而管理的核心思想就是要调动、激发出人的实践积极性和创造性。从这个意义上说,准备和应对信息化战争中的管理,首先就要树

---

[1] 李莉:《现代战争方程式——科技进步与百年战争演变》,人民出版社2015年版,第504页。

立与信息化战争相适应的思想理念,否则,仍然有可能在信息科学技术、智能科技包裹下,在信息化、智能化武装下,重复机械化战争的路数。与信息化战争相适应的一个极其重要的理念,应该就是"人是最杰出的信息创造者和信息实现者"。

其次,还应该看到,作为最杰出的信息创造者和信息实现者,人只有在实践活动中不断创造出新的信息,人的生命、人的价值、人的本质力量才能够得以彰显,人也才会从他所创造、实现的新信息中深深感受到自己拥有"人"一般的活法,感受到自身存在状态的美感,并从中获得幸福和快乐。因此,在现实生活中,借助信息科学技术、智能科技等,将自己的信息创造力发挥到极致,正逐渐成为信息时代人确证自己本质、超越自身有限生命、实现自身价值、彰显自己个性的新型实践样式或人生追求。与此相应,人的存在方式、生存方式、思维方式、价值追求等也都将随之而被赋予更加深刻、丰富的信息创造内涵。这表明,如果在现实世界,人们的信息创造力得不到正常发挥,或者被扭曲、压制、异化,那么人们就会深感自己"活得不像人",深感自己的不幸,并对自己的存在状态、生命价值等产生怀疑直至否定,以致迁怒于自己、他人或社会,给自己、他人、社会带来危害。可见,在准备和应对信息化战争中,军队管理只有改变以往在准备和应对机械化战争中,更注重人的体力等做法,并同时改变以对待"物"的态度来对待"人"的成见,才能真正激发、凝聚官兵们信息创造的激情与活力,从而增强打赢信息化战争的战斗力。

第六,确立"人是最杰出的信息创造者和信息实现者"观念,有利于明确每个官兵或组织对新创造信息应担负起的责任。作为最杰出的信息创造者和信息实现者,每个人必须为自己的信息创造与实现担负责任。由"一个物质世界和三个信息世界"交织缠绕而成的现实世界,同时是人通过实践活动在物质和信息双重存在下不断建构、演化的复杂世界。每个人的信息创造尽管属于"信息世界2",但它却有可能在借助信息工具,特别是信息网络、智能化等条件下,直接或间接地生成"信息世界3",由此再凝结为新的物质世界,同时显现出新的"信息世界1"。这一复杂过程意味着,在信息科学技术高度普及的条件下,每个人的信息创造和实现力都有可能被非线性"放大",以至对由"一个物质世界和三个信息世界"交织缠绕而成的现实世界产生重大影响。个人信息创造和实现力及其作用的被"放大",既标志着人实践能力的增强,也标志着人对整个现实世界生成演化的"扰动"在不断扩大,甚至影响到现实世界的实际演化方向。在准备和应对信息化战争中,这兴许将成为某种越来越不可忽视的因素。因此,要使现实世界朝着有利于人们健康生存的方向演化,要使信息化战争发展方向更加有利于己方,除了社会和军队的正确引导之外，具有强大信息创造力和实现力的现实个人或官兵，必须为自己的信息创造和实现及其结果担负责任，必须将自身的信息创造和实现与整个群体组织的战略目标相协同，以免在盲目追求自身本质实现（信息创造和实现）的过程中，给现实世界、国家、民族、军队带来巨大风险或灾难。而这恰恰要基于人与人之间、官兵与官兵之间因共同目标而建立起来的协同与联合，以及由此所开创出来的更大、更合理的价值智慧（信息）。马克思"自由人的联合体"思想、中国军队的政治建军思想等，兴许在此会发挥出信息时代的巨大作用。

四、信息化战争制权的深层哲理

再回到信息化战争这个至关重要的问题，即"制信息权"问题上来。"制信息权"简单说来也就是对整个战争中的信息所拥有的制胜控制权，包括在战争中维护好自身的信息传递、接收、储存、匹配、创新、实现的快捷、流畅、安全等控制权，破坏敌方信息流动和创新、给敌方制造信息安全危机、散布虚假信息迷惑敌方等控制权。这些控制权是赢得战争胜利的保障。因此，正如不少军事专家认为的，争夺"制信息权"是敌我双方斗争的焦点。

制信息权是一种实实在在的战争控制权。在不同时代，其在战争中发挥的作用大不相同。"制信息权"在以往的战争中就已经存在，像以往的情报战、战场前后方的通信保障、虚假信息散布等，但其重要性尚不被人充分认识。在机械化战争中，人们更看重的是物质性武器装备的军力构成，对调动、整合、配置这些军力的信息及其作用的理解，尚处于低层次、分门别类、机械整合的状态。在人们看来，获取敌人情报属于情报部门的任务，战争谋划属于指挥部门的工作，新武器装备研制、新军事理论提出，则是军事科研部门、决策部门的分内之事。在这样的情况下，"制信息权"实际是由分散的情报控制权、谋划指挥水平、技术创新能力、军事理论创新能力等机械拼凑起来的。于是，其在战争中的作用也往往较分散、个别。即便其实际发挥的作用极大，人们也只会认为这些控制权是取得决定性胜利的一个极其重要的因素，而不会认为其在整个战争全局中，发挥着整体性的决定性作用。因为，信息毕竟要通过实在的军事作战行动才能发挥作用。

在信息时代的信息化战争中，"制信息权"正成为决定战争胜负的关键性、全局性控制权。因为在信息科学技术支撑下，不仅战争力量的组织、精准打击的实现等都越来越需要信息及其顺畅快捷的流动，而且由信息本身所构筑的世界和由此获得的利益，以及对实在世界的整个地域、海域、空域的控制等，都需要信息发挥全局性的作用。

然而,敌我双方需要争夺的"制信息权",却和通常所理解的"制空权""制海权""制高权"等大不相同。"制空权""制海权""制高权"等主要表现在实在物质世界。物质世界的实在性,相对于不实在的信息世界来说,具有一定的简单性、确定性,特别是对于某一具体的地域、海域、空域来说,还具有唯一性。一旦敌我双方的某一方实际控制了这些地域、海域、空域,那么对于另一方来说,就只能付出实在的,乃至生命的代价来夺取,或者开辟其他更加具有战略意义的地域、海域、空域等,来消解对方已经获得的实际控制权。

信息化战争中的"制信息权",却是发生在信息时代复杂现实世界的灵活多变的权力。从邬焜信息哲学来看,现实世界是由一个物质世界和三个信息世界复杂相互作用构成。如果说以往战争中的"制空权""制海权""制高权"等权力的唯一性是由单一物质世界唯一性决定的话,那么在信息时代,在信息科学技术支撑下,"制信息权"往往是多层次、多方面、多维的,因为,三个信息世界及其与单一物质世界的复杂相互作用关系,足以使"制信息权"以多维度、多层次、多方面"制权"显现出来。

(一)物质世界"制物权"是支撑信息化战争制权的物质基础

单纯以"物质体形式存在"的物质世界,其制权更主要表现为某种"制物权"。这种制权在以往战争形态中通常是通过对某些关涉到战争胜负的具体地域、海域、空域,以及某些具体实在物等的争夺而呈现出来。争夺这类制权,在信息时代的今天,不仅没有丝毫削弱,反倒愈益激烈。其中的原因很多,不排除最能体现战争本质的对物质经济等利益的争夺与捍卫。从信息化战争最为重要的"制信息权"来看,"制信息权"虽然表现为对"不实在"的信息的控制权,但在信息化战争中,不管是信息的获取、储存、传递、接收,还是对新信息的加工、创造,都离不开物质性的地、海、空、天、电等条件,以及对物质性技术装备、工具手段及其运动时空形式等的有效掌控,更离不开人脑这一最基本的物质性器官的存在和发挥作用。同样,在信息哲学看来,不管信息科学技术所开掘的信息世界如何丰富发达,物质世界始终是基础。信息不过是物质存在方式或状态的自身显示[1]。没有物质,信息就会成为无源之水、无本之木。没有物质世界的现实支撑,信息世界终将成为空中楼阁。因此,可以说物质世界的"制物权"实际上已经成为夺取信息化战争制胜之权,包括"制信息权"的极为重要的物质基础,而"制信息权"更有可能发生在三个信息世界以及这三个信息世界与物质世界的复杂相互作用之间。

---

[1] 邬焜:《辩证唯物主义新形态——基于现代科学和信息哲学的新成果》,科学出版社 2017 年版,第 468 页。

(二)"信息世界1"的"制信息权"

信息世界1是物质世界所表现、显示或显现出来的世界,是在人的认识之外的、本原的、自在的、广阔无垠的信息世界①,属于客观不实在或客观间接存在的自在信息世界②,主要包括"自然信息体中编码的信息内容"和"人造信息体中自然编码的信息内容"③。这两方面信息内容,客观地存在于作为实践主体或认识主体的人之外,有待于人们去认识、开掘、利用。

由于信息世界1是物质世界所表现、显示或显现出来的世界,因此要掌握对这个世界的制权,就要借助信息科学技术或思想理论,捕捉、发掘出人们尚未认识到、改造过的信息体,并在战争中大加运用,从而形成某种"人无我有"的独特制胜权。而要获得对这一世界的制权,自然离不开争夺、捕捉、发掘客观信息的优势或能力,并在此基础上迅速将其转化为对信息世界1的控制权和遏制对手之权。这样的"制信息权",一般人也许并不陌生。自近代以来,一些发达资本主义国家对看似不能在短期内带来投资增益且与资本本性并不十分契合的基础科学研究,保持与日俱增的兴趣,以及当今人们对数据、大数据的高度重视与争先恐后的深入挖掘,其背后都隐藏着对这方面信息制权的争夺和捍卫。除此之外,一些人造物所显现出来的信息,包括像原子弹、激光武器等的有效杀伤力所显现出的诸多实力性、威慑性信息,也在某种程度上注解着对信息世界1制权的争夺或控制。

(三)"信息世界2"的"制信息权"

"信息世界2"主要是"在人的神经系统中发生着的自为、再生信息本身的活动"④所构成的世界,即现实的人在现有社会历史条件下,根据自身社会存在状态和知识背景、价值取向等而进行的有选择、有创造的信息获取和信息创生活动的世界。这一世界属于主观不实在或主观间接存在的精神(自为、再生信息)世界⑤。

由于"信息世界2"主要通过人们接收、获取、储存、创造信息等一系列主观认知活动、精神创造活动等来建构和呈现,因此,要在这一世界谋得"制信息权",就必须从人们接收、获取、储存、创造信息的主观认识活动、精神创造活动等最根本、最具前提性的东西入手。这些带有根本性和前提性的东西,往往决定着人们接收、获取、储存、创造哪些、哪类信息。就如同在日常生活中有"仁者见仁,智者见智"之说一样,此处的"仁"与"智",便相当于人们接

---

①③ 邬焜:《信息哲学——理论、体系、方法》,商务印书馆2005年版,第96页。
②⑤ 邬焜:《信息哲学——理论、体系、方法》,商务印书馆2005年版,第101页。
④ 邬焜:《信息哲学——理论、体系、方法》,商务印书馆2005年版,第98页。

收、获取、储存、创造信息的相对根本和前提性的东西。从哲学上看，规定制约人们接收、获取、储存、创造信息的最根本、最具前提性的东西，就是人们的世界观、方法论、价值观。正是这些东西的不同，才决定着人们认识、理解、改造世界的注意力选择、情感意志、信念信仰、思维方式等大不相同，导致人们对世界的认识、理解、改造不同。

正是在这个意义上，要谋得对信息世界2的制权，就必须对人们的世界观、方法论、价值观等施加影响和控制，使之朝有利于己方信息化战争胜利的方向发展。军事专家们所说的"制脑权"，大体应当属于这个范畴。当前日趋激烈的意识形态斗争所要争夺的也正是这方面的制权。由此人们也才有理由相信，意识形态斗争正是发生于"信息世界2"的信息化战争。这样的战争及其对相关制权的争夺，不仅表现为攻击或控制一般人的世界观、方法论、价值观，而且更主要地表现为攻击、控制那些在战争问题上有决策权的人的世界观、方法论、价值观。正是在这个意义上，军队意识形态安全问题才如此紧要。

当然，要夺取信息世界2的制权也并非易事。仅仅靠思想政治理论教育往往苍白无力。马克思、恩格斯早就指出，社会存在决定社会意识，"意识在任何时候都只是被意识到了的存在，而人们的存在就是他们的现实生活过程"①。因此，要争夺信息世界2的制权，还需在对物质世界"制物权"和信息世界3制权的拥有和控制上下功夫。

（四）"信息世界3"的"制信息权"

"信息世界3"相当于英国哲学家波普尔所说的人类创造的文化世界，包括哲学、神学、科学、历史、文学、艺术、工艺、虚拟现实、交谈、讨论，以及人工制品中编码的人的精神性信息内容，如工具、建筑、日用消费品、人工合成物中的信息内容②。邬焜说，"信息世界3"是"信息世界2"，即再生信息的可感性外在储存的态③。也就是说，一方面，人们根据"信息世界1"获取万物的自在信息，再经过人的头脑和精神加工、创造，生成自为的再生信息，即"信息世界2"，最后通过人的实践活动，将这些自在、自为的信息赋予万物，使万物按照经人改造后的自在、自为的信息编码形式而存在，并重新获得"信息世界1"的客观形态。

可见，"信息世界3"是再生信息向客观自在信息转化的产物。这种转化

---

① 《马克思恩格斯文集》第1卷，人民出版社2009年版，第525页。
② 邬焜：《信息哲学——理论、体系、方法》，商务印书馆2005年版，第95页。
③ 邬焜：《信息哲学——理论、体系、方法》，商务印书馆2005年版，第100页。

之所以能够实现,全在于人的实践活动及其具体的、历史的展开。从"信息世界 3"的载体结构信息的存在形式看,它仍然属于"信息世界 1"的范畴,只不过是经过人主观改造的信息自在存在形式①。因此,"信息世界 3"又是主观间接存在和客观间接存在有机统一的形式,它集中体现了信息三态完满的、本质的自我统一。

"信息世界 3"体现着人对自然的改造能力,即"人将他所把握、改造了的自然进一步符号化、理论化,赋予了自然以普遍代示、人为中介的自然关系的意义"②。这样,自然再也不是纯粹天然、蛮荒的自然了,而是由"信息世界 3"规定的,如同一面镜子而集中显示人类社会本质的、与人一体共生的自然。因此,"信息世界 3"的发展、进化程度,直接成为体现人类文明、进步的历史尺度。

"信息世界 3"既然是人们将自己头脑中新创造的信息内容和模式通过实践活动来重新编码客观事物原有的结构和状态,并由此生成渗透着人类信息创造的新型人化世界,那么对这一世界制权的控制,就免不了要在由信息世界 2 向信息世界 3 的"转化"上倾注心血。也就是说,人们在获得对信息世界 2 制权的基础上,还需进一步将信息世界 2 的这种制权高水平地外化出来,使之转化为对信息世界 3 的制权。为此,至少有两方面的工作不可忽视:

一是快速、有效地实现从理论到实践、从主观精神到实在事物的转化。因为人们在信息世界 2 新创造的信息及其在这方面的制权,只有通过进一步的实践活动,将其转变为具有独特信息编码结构的新事物,像新的武器装备、新的战争形态、新的军队形式、新的作战样式等,以及新的建筑、新的机械设备、新的书籍、新的规则秩序、新的社会形式等,甚至让某些物质形态或多或少地具有智能、情感等新的"类人能力",才可真正显示出独具特色的信息世界 3,并在此基础上进一步生成并掌控某方面的实际制权。像在技术领域人们所争夺的专利权、在军事领域所争夺的"制网权"等,其实正是在一定程度上从技术和军事角度较好地注解着对"信息世界 3"的制权。当然,从中也不难发现,要谋得这类制权,除了具备一流的实践操作或实践转化与控制能力之外,物质世界强大的经济财力、国防动员力等,也都是实现这种操作、转化、控制所不可或缺的物质条件。

二是快速、优化地在信息世界 2 制权基础上呈现并开掘、掌控蕴含在上述"转化"过程及其成果中的正义性、合理合法性制权。因为,"信息世界 3"的制权同时载负于人们新创造出的实在物质形态之中,包括新型武器装备、

---

① 邬焜:《信息哲学——理论、体系、方法》,商务印书馆 2005 年版,第 100 页。
② 邬焜:《信息哲学——理论、体系、方法》,商务印书馆 2005 年版,第 101 页。

新型作战样式、新型军队样式等。这些新物质形态所蕴含或显现的信息,既属于"物质世界"及其所显现的"信息世界1",又是对原有"物质世界"及其"信息世界1"的超越,反映了人们在实践中不断实现的自我超越、自我创新。这种超越、创新所呈现出的价值指向,即朝着哪个方面、哪个方向超越、创新,不仅映照出实践"转化"主体的存在状态和面貌,而且规定着这种实践"转化"的正义性与合理合法性问题。因此,要谋得这方面制权,就必须在现有历史条件下,站在整个人类价值观制高点(信息世界2的制高点)上来发力。正是在这个意义上,当今舆论战的制权奥秘才得以真正显现。

从上述"一个物质世界和三个信息世界""制信息权"的分析中可以发现,现实信息化战争制权其实是上述"四个世界"制权的综合集成。

"一个物质世界和三个信息世界"的复杂相互作用,使得信息化战争不仅可以表现为不同军兵种、不同军事乃至社会部门之间的联合作战,而且可以在四个不同的世界中围绕不同的制权而呈现出不同的作战形式。在现有条件下,信息化战争可以围绕对某方面制物权的争夺,而在物质世界打出各式各样的肉搏战、木石战、火力战,以及超出传统军事范畴的货币战、贸易战、外交战等;也可以围绕对物质世界显现出的某些信息的开掘、利用、控制权,而在信息世界1打出各种数据争夺战、"撒手锏"威慑战;还可以围绕对人的世界观、方法论、价值观的控制、利用与争夺权,而在信息世界2展开各种心理战、意识形态战、认知结构战;更可以在信息世界2的基础上,围绕由信息世界2向信息世界3的转化权,以及对各类新型物质形态的信息编码权、实际控制权等,而在信息世界3精心策划出知识产权争夺战、法律战、舆论战、信息网络战、电子对抗战、虚拟现实战、智能机器人战等作战形式。但不管怎样,在信息科学技术的渗透支撑下,信息时代的战争都免不了是信息化战争,其制权都免不了是对上述四个世界制权的综合集成。

因此,准备和应对信息化战争,绝不能将这种战争归结、还原到某几种外在表现样态或具体作战形式,更不能将这种战争的制胜权归结到一种或几种具体作战形式所追求的制权,而是要在四个世界及其不同制权的基础上,根据实际情况,来谋得综合性、整体性的制胜权。为此,有必要清醒地认识到对四个世界各自不同的制权在谋得信息化战争总体制胜权方面所发挥的作用:

一方面,物质世界的"制物权"是支撑三个信息世界"制信息权"的物质基础。没有对具体物质世界的制权,由该具体物质世界派生出的三个信息世界及其相应制权也就难于谋得。同样,没有一定的实在物质做保障,没有对某些传统意义上的制空权、制海权、制高权,以及对某些先进武器装备、物资等的制权,有效获取"三个信息世界"的"制信息权",则会因为缺乏某些必要的实在物的支撑(包括人脑和某些工具手段等硬件设施的支撑)而困难重重,更不要说对"四个世界"及其各个制权的综合集成了。

另一方面,对"三个信息世界""制信息权"的有效控制,则更有利于发挥好信息的主导作用,使物质世界的制物权,乃至信息化战争对整个现实世界的制权等,都能得到更好的开掘、控制、巩固、深化和发展。

其一,如前所述,信息世界1的制权归根结底来源于物质世界及其相关制权,以及人们对这种物质世界及其相关制权的认知、理解、开掘和由此衍生出的对新权力的控制利用。在某种意义上,对信息世界1制权的有效控制或有意识彰显,可在确保相关信息对己方安全和有利的前提下,较好发挥出由该物质世界制权所显现出来的实力信息、威慑力信息、吸引力信息优势等,以实现对对手的有效干扰和威慑,同时为获取信息世界2的制权,进一步影响人们在实践中的行为活动奠定最基本的信息基础。

其二,对信息世界2制权的有效控制,将有利于对信息世界1各类信息从深度和广度上的全面开掘,并在此基础上进行信息的全面分析、提炼、加工、制作,直至生成并控制大量有效的新信息,包括以新知识、新数据分析成果、新理论(如新世界观、方法论、价值观理论,新技术性、艺术性、战争军事理论)等形式存在的信息。控制住这些信息及其快速生成演化权,就掌握住了信息在战争中发挥其主导作用的主动权和领先权,也就控制住了人们思维、决策的大致方向、路径和可能性成果,从而在宏观上为由信息世界2向信息世界3、由精神向物质转化奠定最广泛的知识或信息基础。

其三,对信息世界3制权的有效控制,有利于掌握由信息世界1、信息世界2向信息世界3转化的信息编码权。掌握住了这样的信息编码权,就有了由信息向物质转化的方式和方向的实际控制权,同时有了由信息世界重塑物质世界的自由自主权。信息的主导作用由此才能最充分地显露出来。因为在信息化战争中,拥有大量信息,并在战场环境中拥有绝对的信息优势,并不一定必然地拥有战争的制胜权力[①]。只有结合实际的战场状况和条件,对这些信息优势加以创造性、超越性的重新编码,实现对物质世界的重塑,才能将这些优势真正转化为实际可行的制胜权,并最终赢得战争。

总之,在实际信息化战争实践中,真正意义的制胜权来自对上述"四个世界"制权的综合集成。这种综合集成在今天最能显露出来,也最能被人们普

---

① 方红兵、黄江东、桑广君:《对信息优势与制信息权的再认识》,《防空兵学院学报》2014年第6期,第99页。

遍理解的冰山一角，便是美军已经打过的那几场信息化战争。这几场战争在某种程度上都显示出其综合集成"四个世界"制权上的某种艺术，即对资本实力、美元实力、科技实力等的绝对塑造和控制，为美军赢得了在"物质世界"的制胜权力。对物质世界显现出来的各类客观信息（包括各国经济、政治、军事、文化等实力信息）的创造性研究和开掘利用，实际已为美军赢得了信息世界1的制权。在掌控信息世界1的制权基础上，通过对信息世界1所获得的相关信息的进一步深入细致研究和综合创造，并从中自觉地发挥好自身资本、经济、人才、科技等实力优势，再在此基础上彻底改变军事艺术的前提条件，即敌对双方实力的大体相当，从而以发挥自身实力的绝对优势为条件，来达到对整个战争作战系统的创造性设计谋划，由此赢得对信息世界2的绝对制权。快速、高效地将对信息世界2的制权转化为实际的大规模作战行动，以及由此取得的实际战果，则又为美军赢得了信息世界3的制权。在这一制权下，全世界不仅领略了从军事技术通向"大人揍小孩"般的战争艺术的全过程，而且在这样的战争艺术下发起了新一轮的军事威慑和围绕军事技术而展开的新型军备竞赛。信息化战争综合制权由此得以全面显现。

事实上，如果从更加广泛的意义上来看信息化战争制胜权这个问题，就可发现要在"一个物质世界和三个信息世界"的复杂相互作用中，赢得总体综合的制胜权，就必须站在整个人类文明、进步的制高点上来进行信息创造和信息实现，从而最大限度地展现出人改造世界的本质力量。从这个意义上说，"制信息权"也就是最大限度地拥有新信息创造与实现的活力激发权。这样的权力对于具体的民族、国家、政党、军队、共同体、个人来说，更主要来自自身的觉醒、崛起和自信。这在很大程度上，其实都具有某种自我超越的意蕴。因为，在这方面的制胜权根本不具有唯一性，完全在于各民族、国家、政党、军队、共同体、个人的自我理解、自我探索、自我创造、自我展示。人们在其中所比拼的就是谁的信息创造和实现更能有效激发和表现人的本质力量，更能吸引其他民族、国家、政党、军队、共同体、个人的效仿、追随，更能对其他民族、国家、政党、军队、共同体、个人显示出示范效应。因此，在这一点上，与其说各民族、国家、政党、军队、共同体、个人是在争夺四个世界的综合整体的制胜权，还不如说是在通过立足自身现实、不断创造，从而消解掉别人在这些世界中所拥有的某些话语权、控制权。如果从战争制胜法则来看这个问题，这实际上也就是信息时代通过不断全面地激发全民的信息创造和信息实现活力，而实现"你打你的，我打我的"战略目标。

第七章　全面把握信息化战争实质

信息、信息科学技术的深入发展，必将使信息时代的战争成为信息化战争。正如众多学者认为的，信息化战争是信息时代战争的总体形态，在这样的战争形态下，将有各式各样的信息作战方式，而且，这些作战方式随着信息实践的发展，将会不断推陈出新，因为人的实践活动不会停止。在实践中，不同组织、不同利益群体之间免不了发生各种利益纠葛与冲突，由此埋下战争的隐患，而要遏制战争，只能积极有效地备战。习近平说："能战方能止战，准备打才可能不必打，越不能打越可能挨打，这就是战争与和平的辩证法。"[①] 把握信息化战争实质，为从不同层面、不同关系、不同进路全方位设计谋划各种具体战法而奠定最坚实的哲学基础，正成为信息时代哲学追求和平义不容辞的职责。

第一节　信息时代的战争终归是信息化战争

信息时代的战争究竟是怎样的战争，这关系到对信息、信息化的深刻认识，看不到信息的广泛渗透性，看不到信息化的社会性和加速推进性，就极有可能对信息时代的战争趋势做出误判。

一、区别于以往一切战争形态及其综合集成的信息化战争

战争形态是指"武器装备、军队编制、作战方式、作战思想等战争诸要素之间的内在、稳定、结构性的联系方式，是标志战争在其历史演变不同发展阶

[①]《用好用活军事这一手——关于强军打赢的科学方法论》，《解放军报》2022年9月26日。

段上的整体特征的军事范畴"①。战争形态是战争内容的外在表现形式,反映了战争实践的现实和整体性的面貌。其中,以主战兵器为代表的武器装备,以及军队编制、作战思想、作战方式等战争诸要素的变化决定了不同战争形态的特性。武器装备决定着军队的编成、作战思想和作战方式及其变化,并由此产生出不尽相同的战争形态②。对于战争形态的多样化发展,又可划分出不同的战争时期,如冷兵器战争时期、热兵器战争时期和智兵器战争时期③。

伴随人类实践和科学技术的加速发展,不同战争时期,其战争形态的嬗变也呈现出加速化趋势。伴随这一趋势演进的,则是战争形态内在结构的加速复杂化,直至跃上新的台阶。信息时代的信息化战争,可以说正是以往不同战争时期的如此丰富多样战争形态加速演化、积淀的必然结果,是以往所有战争形态演化至今所发生的一次全新的质的飞跃或突变。从热兵器时期的机械化战争形态跃升到信息化战争形态,整个的跃升过程或突变过程,也许只需要区区几十年。这从整个人类战争史来看,也许就是短短的一瞬间。然而,这种跃升与突变,既要以以往一切战争形态及其综合集成为基础,又和以往的这些战争形态及其综合集成全然不同。因为,它全面开掘和引入了"信息"这一全新的维度,让以往被遮蔽在战场厮杀背后的"军事情报",以全新的面貌、更深刻全面的内涵和更加巨大的作用,被重新定位。

如果单纯从技术和军事层面,以及海湾战争、科索沃战争、阿富汗战争、伊拉克战争等现成战例来看问题,将"信息"仅仅看作某种以香农信息量公式就能描述的数据及其传输,将信息化战争仅仅理解为信息科学技术的相拼相搏,那么人们必定会认为:"信息时代的战争除了信息化战争这一种战争形态外,还会有机械化战争等战争形态。人类进入信息时代后相当长一段时间内,能够实施信息化战争的军队很可能只是美国、俄罗斯等极少数国家的军队。"④

然而,如果从信息的高渗透性、主导性和信息科学技术加速发展的趋势看,这样的状态兴许只存在于当今这个由机械化向信息化、智能化过渡的短暂转型期。从整个信息时代战争发展的必然性来看,信息化战争是大趋势。

---

① 军事科学院战争理论和战略研究部:《马克思主义战争观与当代战争》,军事科学出版社2007年版,第190页。
② 汪维余:《信息化战争哲理》,国防大学出版社2011年版,第2页。
③ 庞宏亮:《21世纪战争演变与构想——智能化战争》,上海社会科学院出版社2018年版,第15页。
④ 刘伟:《信息化战争作战指挥研究》,国防大学出版社2009年版,第10页。

也就是说,信息时代的战争,终归是信息化战争。

一方面,"信息"具有广泛的渗透性和主导性,它可以借助信息科学技术和手段,广泛渗透于战争的各个方面乃至具体细节,广泛发挥出其配置各方力量和资源的作用,直至拓展战争内涵和外延,并迫使传统战争,甚至包括最原始的木石战争等,统统升级为信息化战争。因为,信息时代的"信息"早已在信息科学技术支撑下成为战争的基本"范式"。信息、信息科学技术不仅"彻头彻尾彻里彻外"地改变着人的现实生活、人的现实世界、人的存在方式,而且"彻头彻尾彻里彻外"地改变着战争的形态和样貌,使信息时代的战争成为"信息化战争"。

另一方面,从哲学层面看,信息化战争是在"物质和信息"双重存在复杂相互作用的全新世界中全面展开的战争。这样的战争是以物质世界为出发点和落脚点,以"一个物质世界和三个信息世界"为前沿阵地,由面向未来的"时间之矢"构筑起来的复杂战争。战争的边界不在于某一疆域、某一领域,而在于超越一切现有战争认知所设定的各种固有边界。它可以以信息战、网络战、心理战、法律战、舆论战等形式出场,更可以以各种传统战争形态,以及智能科技、意识形态、金融贸易、文化心理等各类作战样式的综合集成面目而登场。因为设计谋划战争的是人,而人是最杰出的信息创造者和信息实现者。

今天,在军事国防领域,由于太缺乏理解信息化战争的哲学理论支撑,因此即便是很权威的论述,也往往只是对这种战争形态的外部表现进行了全面描述,如将信息化战争刻画为在信息时代核威慑条件下,交战双方以信息化军队为主要作战力量,在陆、海、空、天、电等全维空间展开的多军兵种一体化的战争。其中,制信息权将成为夺取战场综合控制权的核心。围绕这一核心,一体化联合作战即成为最基本的作战形式,平台作战、体系支撑、战术行动、战略保障也成为这种战争的显著特点。与此同时,"多维战场空间被融为一体,使得战略、战役、战术行动界限趋于模糊,时间要素不断升值,战争进入发现即摧毁的'秒杀'时代",而"运用精锐力量实施精确作战的特征更加突出,在防区外对全纵深目标进行中远程精确打击成为重要作战方式"。"作战指挥日趋扁平化,作战指挥和管理日趋标准化、流程化、精细化","无人作战、空天战略打击、新概念武器以及高效毁伤弹药的运用,已经并将继续改变战争面貌"[①],等等。这些描述都十分正确,也十分具有前瞻性。但细加品味,似乎还需要进一步搞清楚,在这诸多样式背后,究竟隐藏着怎样的机理奥妙呢?

[①] 柯大文:《洞察战争变化 探寻制胜机理——"现代战争制胜机理"学术论坛综述》,《光明日报》2014年9月10日,第7版。

习近平指出："研究作战问题，核心是要把现代战争的特点规律和制胜机理搞清楚。"①从学理上看，研究现代战争的特点规律和制胜机理，除了军事、战争等常规研究进路之外，也许问题本身并不排斥哲学、政治学、社会学、心理学等诸多相关研究进路。当然，这样的研究也就不单单局限在服务于某一具体的作战层面。

从哲学进路看，在信息时代要深入研究现代战争的特点规律和制胜机理，一个最绕不开的前提性问题就是如何理解信息时代人的现实世界。显然，这是一个世界观问题。具体说来，如果依然在传统哲学"物质和精神"对立统一的世界观模式下来回答这个问题，那么信息时代人的现实世界只是在原有物质世界基础之上，更加注重信息科学技术的作用罢了。因此，人们生活其中的现实世界并没有发生根本性改变。发生在这一世界中的信息化战争，也不会有什么全局性的大变化，只不过就是在以往战争形态基础上自然生成的又一个新形态——继以往人类已经经历过的所谓"徒手战争、木石战争、青铜和铁兵器战争、机械化战争"之后，又出现的一个新战争形态。

这种理解从时间顺序上看，并没什么大问题。但如果从对信息化战争实质的理解角度看，问题就十分严重。因为这种看问题的世界观眼界，往往会使人忽视掉了人的现实世界的剧变，也就忽视掉了信息化战争和以往一切战争形态完全不在同一个层次之上这一根本性的问题。也就是说，信息化战争是人类迄今为止所面临的全新的战争。认识不到这一点，便会以为信息化战争仅仅是主战武器由以往的机械化武器升级到了信息化武器，看不到引发这种"升级"背后的看世界眼光和层次的大变革，即整个哲学世界观的大变革。由于看不到这种世界观的巨大变革，因此也就看不到"信息"在很大程度上要有赖于人去开掘、去创造。于是人的主体性力量及其巨大作用也就被忽视了。这样一来，往往就会可悲地以为落后国家及其军队，其落后仅仅是在于"武器的时代差距"。

相反，如果以信息哲学所提供的"物质和信息"复杂相互作用世界观为基础，来思考上述关于人的现实世界及其在这个世界中发生的信息化战争等问题，那么其结论将完全不同。在"物质和信息"复杂相互作用世界观看来，信息化战争是一种既基于传统战争各形态及其综合集成的战争整体，但又远远超越了这些传统战争形态及其各类综合集成。信息化战争是更高层次的复杂战争。因为传统战争各形态及其综合集成，都只是在"物"的层面上来注

---

① 转引自卢炯烨、张伟策：《发展人民战争战略战术——认真学习宣传贯彻党的二十大精神系列谈》，《解放军报》2022年11月27日。

解、整合战争各要素,其中发挥重要作用的虽然有以"消息"和"精神"等方式存在的信息,但是人们认为起支配和决定作用的,依然是武器等"物"的因素。对于信息化战争,人的信息创造,造就了更适于人们生活的信息世界,同时构筑了"人"和"物"复杂相互作用的现实世界,在此基础上,这种信息创造还在不断地围绕人自身的各种利益而设计谋划出各式各样的战争或战争形式。因而,在信息哲学看来,正确开掘、利用、引导、激发人的信息创造活力和信息实现活力,将成为具有哲学最高普遍意义的"制信息权"。

如果说传统战争各形态及其综合集成是在单一物质世界中衍生而成的话,那么信息化战争则是在"物质和信息"双重世界及其复杂相互作用中生成、演化、展开的。在这种"物质和信息"双重世界复杂相互作用下,人的信息创造和实现活力也将作为人之为人、作为人主体性的最显著标志被全面激发。这在信息化战争中,将成为绝对不可小觑的重要因素。因为,信息化战争中的信息,不是简单独立于参战人员之外的某种神秘之物,它在很大程度上就来源于参战人员独特的信息创造和信息开掘。从这个意义上说,以往所有战争及其综合集成在今天看来,都只不过属于更大范围的同一类战争形态,其内部各阶段区别,主要依据的是主战兵器这一单一物质之维。信息化战争不仅与以往各战争形态存在着这种维度上的区别,而且存在着整个现实世界因信息之维的介入,因人信息创生和信息开掘与实现这一本质力量的发挥,而衍生出的"物质和信息"双重世界复杂相互作用的全局性区别。这种全局性区别不仅反映在对政治、经济、军事、社会等的理解、建构层次和范围、关系等方面,而且最集中地表现在二者完全不同的"人-物"关系上,即究竟是"人"被"物"组织、规定,还是"物"被"人"组织、规定,是主战武器组织、规定人,还是相反,由人及其信息创造、开掘与实现,来组织、规定武器及其使用。

正是基于上述这样的理解,才能发现,打赢信息化战争,除了要看到主战武器的"升级"之外,更需要看清现实世界的大变革,理解现实世界的哲学世界观大变革。只有以全新的眼光和更高的层次看世界,才能看到自己和发达国家或军队之间存在的"武器的时代差距",更看到自己在理解世界图景上的问题,从而在社会生活的各个方面(包括政治、经济、军事、社会等方面)进行综合发力,以全社会综合力量的整体提升为基础,真正站在"制信息权"的制高点上,充分施展"你打你的,我打我的"之全新本事。

二、兼备"信息技术"与"信息内容"两大创新的信息化战争

信息化战争,既是由信息科学技术不断深化创新支撑的动态演化的战

争，又是由大量看似与信息化战争没有直接关系的"信息内容"创新所不断推进的战争。这些不断创新的信息内容范围极广，可以大到哲学理论、政治理论、经济理论、军事理论、国际贸易理论、文化理论等，也可以小到一些非常具体的语词、话语、图片、音像视频，甚至各类不能登上大雅之堂的八卦等。

信息化战争是"彻头彻尾彻里彻外"地围绕信息科学技术，特别是围绕信息而展开的战争。由于信息是物质存在方式或状态的自身显示，是物质的间接存在，因此这种围绕信息而展开的战争具有非常丰富的内容和极其复杂的形式，可以在"一个物质世界和三个信息世界"中同时爆发。凡是与人生存发展相关的一切方面，都有可能成为这种战争攻击和争夺的目标或对象。像今天人们面临的文化安全、意识形态安全等问题，实际上正是遭受信息化战争攻击的具体表现形式。因为围绕信息而展开的战争，从外部表现来看，是围绕信息科学技术展开的，是对信息科学技术开掘利用的战争，比拼的是对信息的接收、传递、贮存、加工、利用等技术"硬实力"；从这种战争所具有的内在实质来分析，它是对信息内容本身的不断创新，比拼的是信息内容的优质、高效、和谐、优美等"软实力"。从这个意义上说，信息化战争其实是兼备了"信息技术"与"信息内容"双重创新的全新战争。

当然，对信息科学知识、信息技术知识等的创新，本质上说也属于信息内容的创新，但信息内容的创新，却不能仅仅归结到信息科学知识、信息技术知识等的创新层面。因为针对信息内容的创新，其范围更广、程度更深，不仅包括各种知识创新，而且包括广义的文化创新、社会生活制度创新、价值观创新等。文化、社会生活制度、价值观方面的创新是直接切入人心灵深处的创新，是直接构成人的思维方式、认知模式的创新。这类创新往往关系到人们对信息的接收、解读模式及其程度和广度，也关系到人心向背、人民抉择。如果在信息内容的创新方面达不到优质、高效、和谐、优美，无法在吸引人、激励人、解放人等方面发挥出积极作用，那么即使人们接收、传递、贮存、加工、利用信息的技术再高、知识再新，占领信息领域制高点也依然是一句空话。

不可否认，信息时代到来之前，人类不乏文化、意识形态、价值观、社会生活制度等的创新，这些创新在今天看来实际上都属于信息创新，只不过在信息被人类充分认识之前，人们将其看作不同方面、不同领域的创新，甚至认为它们和战争没有直接联系。然而，从"物质和信息"双重世界复杂相互作用角度看，人类通过实践活动所实现的创造，从来都是信息创造。正如邬焜所认为的那样，自然科学物质不灭定律表明，人类的实践活动并不能直接创造物质，而是通过思维的加工创造出信息，再通过实践活动将这些新创造的信息

"熔铸"于实在物质中，从而赋予物质以新形态。

如果说人类在文化、意识形态、社会生活制度、价值观等方面的创新，都属于信息创新，那么从更加广泛的意义上看，为了达到信息化战争背后的政治目的、经济目的、军事战略目的等，谁会愚蠢到仅仅依靠信息科学技术这种单一的创新路径来达成目标呢？任何时代、任何社会的发展都是系统整体性的发展，同样，信息化战争的较量，将是全社会系统整体性的综合较量。要打赢这样的战争，就必须在充分重视信息技术、军事技术等技术性创新基础上，统筹协同好类似文化、意识形态、社会生活制度、价值观等方面的创新，特别是要将这类创新提升至打赢信息化战争战略的高度，而不是用"头痛医头、脚痛医脚"的被动应对态度来对待遇到的安全问题。

今天，有不少人在研究"全媒体时代"或者"新媒体时代"，如何打赢文化领域的安全保卫战、意识形态领域的安全保卫战等。这些研究本身并没有多大问题，但是：

第一，如果要走出这类在安全问题上的"头痛医头、脚痛医脚"态度的局限，走出这种出现问题被动应对的局面，就应该在总体国家安全观基础上，把这样的研究提升到打赢信息化战争的战略高度，以信息时代的广阔视野，从"物质和信息"双重世界复杂相互作用的崭新世界观来审视、破解这类安全问题，特别要注意预警和主动规避。

第二，如果要让载负着捍卫文化安全、意识形态安全等使命的网页、微博、微信等能够吸引人、取信于人、凝聚鼓舞人，就应该不仅在信息表现形式的技术创新方面下足功夫，而且就信息内容本身加大创新力度，使载负着捍卫文化安全、意识形态安全等使命的网页、微博、微信等所传达的信息，不仅能够顺应当代人类发展的大趋势，而且能够代表或反映人类走向自由、进入美好明天的总方向。

第三，如果要让广大群众或个人接受优质、高效、和谐、优美的新信息，就应该端正对待他们的态度，时刻牢记创新这些优质、高效、和谐、优美新信息的目的，不是管控广大群众或个人，而是使他们在这些新信息的帮助之下，生活更加自由幸福，人格获得更强大的提升力量和现实尊重，精神获得更高层次的愉悦和享受。除此之外，还应该以平等、自由、公开、公正的立场来与广大群众或个人展开真诚互动，并在这样的互动中以理服人。当然，这种对待人民群众的态度，本身也是一种带有根本意义的信息创新。马克思唯物史观早已论述过人民群众是历史的创造者，毛泽东也早就提出"为人民服务"的立场宗旨。如何将这样的根本态度落实到"物质和信息"复杂相互作用的现实世界，特别是信息世界，需要更加切实有效的信息创新，具体说来，就是包括哲学、社会科学在内的理论创新。

三、信息时代信息化战争的普遍性

信息化战争的普遍性根源于战争对抗本身即人本质力量较量的全面性。人的本质力量发展到什么水平，投射到哪些方面，战争就将在什么水平、什么方面展开。信息时代，人的本质力量已在"物质和信息"双重存在复杂相互作用的世界全面展开，信息化战争亦将在这样的双重复杂世界全面展开。

信息化战争以物质世界为出发点和落脚点，意味着战争所代表的争夺、维护、谋取利益，不管是在物质世界或三个信息世界，还是在这四个世界的复杂相互作用中展开，其根据、基础及最终结果等，都将落在实在的物质世界，并给人的现实生活造成客观实在的直接影响。不管信息多么复杂，信息世界多么变幻莫测，世界统一于物质，或者说世界的物质统一性原理并没有被改变。因为信息作为间接存在，它只是物质直接存在的显示，而且它要被显示出来，也离不开物质直接存在的载负①。所以，信息要以物质为根据，离开物质的直接存在，信息便会成为无源之水、无本之木。也正因如此，人们在信息世界争夺、维护、谋取的利益，才最终都要落在实在的物质世界中，成为现实可感的客观后果，像苏联解体、中东地区的"颜色革命"等。

信息化战争以"一个物质世界和三个信息世界"为前沿阵地，意味着战争阵地的立体化拓展。以往战争的战场阵地，全部都是在物质世界中显现的，其时空结构相对简单，战场环境变化一般可按照宏观物体的低速运动来描述把握。在信息时代，物质世界的战场不但没有被取代，而且进一步拓展，并立体化、非线性地交织于三个信息世界，即以"自在信息体的形式存在"的自在信息世界②，以及与人的实践创造活动息息相关的"主观精神世界""人所创造的文化内容世界"。由于人是最杰出的信息创造者和信息实现者，人总是在实践活动中不断地创造、实现新信息，以达到改变世界、提升生活水平、确证自身本质和生命价值等目的。因此人的"主观精神世界"和"人所创造的文化内容世界"绝不是静态、消极、简单、被动、机械地来"显示"其物质世界，而是通过实践活动创造性地"显示"出更为复杂的物质世界。这一旦被运用于信息化战争，必将引起信息化战争的具体作战形式不断翻新，信息战、心理战、舆论战、货币战，乃至意识形态战、文化价值观战、机器人战等层出不穷，从而导致战场空间的非线性、立体化、社会化扩展，战场时间的瞬间化、短暂

---

① 邬焜:《信息哲学——理论、体系、方法》，商务印书馆2005年版，第41页。
② 邬焜:《信息哲学——理论、体系、方法》，商务印书馆2005年版，第94页。

化突变。要把握此时的战场环境,不仅需要常规的宏观物体低速运动模式,更需要运用"宇观"星体和微观粒子超高速运动模式,以及人工智能、人类精神、文化和社会复杂运动的理解模式。

信息化战争是由面向未来的"时间之矢"构筑起来的复杂战争,意味着以传统经验主义态度来对待战争将收效甚微。因为其往往会在过分强调过去战争的成功经验和失败教训中,忽视对未来战争的理论构建、模型或模式设计,以及对可能出现的战争新形态的预先安排和谋划。这种态度的"时间之矢"不是指向未来的,而是由现在指向过去,属于"回顾"型思维路径。现代系统科学关于系统演化的不可逆性和历史性早已表明,"回顾"与"预测"具有不对称性。"回顾"往往只有单一路径,而"预测"则有新的分支。按照"回顾"的单一路径来看待信息化战争,必定会将信息化战争还原为在传统机械化战争中简单叠加信息科学技术,否认信息创新的重要性,排斥打压将"时间之矢"指向未来的各种预案设计、模式构筑、战法创新,并扣上唯心主义的大帽子。事实上,真正唯物主义的态度和做法正是要立足信息化战争的现有实际,积极学习研究先进国家和军队在信息化建设中的成功经验,结合自身实际,展开军事理论、战争理论等的创新,并针对未来有可能出现的各种复杂局面,做出尽可能丰富多样且切实可行的备战预案和在此基础上的实战演练。除此之外,还要在这些预案基础上,谋划出自己独特的信息化战争理论,创建出具有自身特色的信息化战争哲学,设计出能打赢各种形式信息化战争的具体作战方式。

正是基于上述理解,才可发现信息化战争的边界不在于某一疆域、某一领域,而在于超越一切现有战争认知所设定的各种固有边界。换句话说,信息化战争本身是没有边界的,它的边界就在于不断地超越原有的边界。因此,这种战争是人类创新能力和不竭后劲的较量,是人本质力量最核心部分的比拼。

第二节 信息化战争"三大创新层次"探析[①]

从哲学视阈下探究信息化战争,就是要站在哲学的最高普遍性上来对这一战争形态做出最深刻反思,以便从中揭示出这种战争形态所对抗、比拼的

[①] 该部分内容曾以《把握信息化战争的创新层次》为题,部分发表在《中国社会科学报》2019年5月9日,军事学版。

最本质、最核心内容,为打赢信息化战争奠定最坚实的哲学理论基础。不管信息化战争在军事实践中如何分化衍生,信息战、心理战、舆论战、法律战、意识形态战等形式如何层出不穷,网络战、无人机战、智能机器人战等作战手段如何变化万千,从哲学的最高普遍性上看,其最终都是由以下三大相互联系、相互制约、逐级深化的创新层次所支撑。从信息化战争的创新结构体系上把握好这三大创新层次,将更有利于深刻理解信息化战争对抗、比拼的实质,更有利于在学习研究别国先进东西的同时开创出属于自己的备战逻辑和相关体系,让"你打你的,我打我的"在信息时代焕发出新的威力。

一、武器装备、作战样式、人员组织结构、管理方式等的信息化创新

由于信息化战争发生在信息时代"物质和信息"双重存在复杂相互作用的现实世界,因此它和以往单一物质世界战争各形态全然不同。信息科学技术开掘建构的信息世界,将战争本身的复杂性进一步非线性放大,使军事、战争领域的创新无不紧密围绕信息、信息科学技术而展开,并通过武器装备、作战样式、人员组织结构、管理方式等的信息化升级外显出来。

武器装备的信息化创新,就是将信息科学技术及其最新成果有效运用于对传统武器装备的升级改造、对信息化新武器装备等的开掘研发。本着"科技是核心战斗力"的思想,在国防科技工业改革中,在军民融合深度发展格局的积极探索中,将信息化、智能化的知识或技术渗透于旧装备,以实现对旧装备的升级改造;同时,将最新的知识与技术用以研发各种新式装备。经过这些年的艰苦努力,上述这些措施已经取得较好效果,一大批新式装备正源源不断地武装部队,并初步形成战斗力。由于主要是在军事和技术视阈下理解信息化战争,因此,在装备改造、新装备研发中不免存在一些问题,其中最能反映哲学思想滞后的就是,究竟是使用者(人)来适应技术、装备,还是技术、装备服务于(甚至是适应于)具有各种"人性弱点"的使用者这个主体(人)。部分装备的技术设计、研发、改造者,心中只有对最先进的知识和技术的追赶,几乎无暇顾及装备使用者的感受和弱点,甚至一些装备研发者认为不会使用他们研发出来的最新装备,就是使用者的智商和能力缺陷。然而这一认识本身,恰恰是技术实践活动落后于人的症结所在。在技术设计、技术原理构思等技术实践活动中,设计者与使用者之间的民主沟通、参与设计等,早已不是什么新鲜事物,而是自20世纪六七十年代以来人文主义哲学思想向技术领域渗透的一大成果。正是在这样的人文主义哲学思想影响下,微软操作系统才以其方便易学而独领风骚,苹果公司的产品也才以其美观、轻便、上档

次而大受欢迎。操作军事装备的军人,同样具有人性弱点,如果装备设计思路能够走出技术专家的"唯我独尊",能够在科学与人文、技术与人性、设计与民主等方面,通过精湛的技术创新,最大限度地体谅并克服人性弱点,在科技与人文的自觉融通中研发新装备,那么信息化武器装备的创新也许会更加优化优质。

作战样式的信息化创新,即在信息、信息科学技术的快速发展和广泛渗透下,根据信息化军事作战理论或原理,立足现有条件,设计、研发出各类新型作战样式。21世纪以来,各种新型作战样式被各路军事学家竞相研发,然而,由于主要局限在从军事和技术视阈来理解信息化战争,于是,尽管我们已经遭遇到别人向我们发动的意识形态战、货币战、贸易战、文化战等没有硝烟的战争形式,但直至今日,我们依然无法将其纳入信息化战争以做整体性思考和破解,从而导致应对这些新型信息化战争形式的分散作战、被动应战等局面。

人员组织结构的信息化创新,就是紧紧围绕打赢信息化战争而进行的军队组织结构、力量编成等的变革创新。十八大以来,伴随中国军队紧紧围绕准备和应对现代战争,特别是信息化战争而进行的结构大调整,火箭军、战略支援部队等相继成立,陆军、海军、空军也焕发出新的活力。军委管总、战区主战、军种主建的力量体系格局正成为中国军队打赢信息化战争的重要体制依托。从顶层设计来看,这项组织结构的重大创新成果,对信息化战争的理解,实际上已远远超越了单纯军事和技术的视阈。从哲学上看,这种体制编制的大变革,不管是在理论上还是实践上,都深刻体现出了马克思主义实践的哲学思维方式,体现出了唯物辩证法的当代新形态,即系统科学哲学思想。但也应该看到,由于一些人有意无意地局限在军事和技术视阈下理解信息化战争,没有从国家、军队发展战略的整体高度来对这样的战争做全局性理解,因此在具体落实军队组织结构大调整中,纠缠于各方利益,使得一些具有较强信息创新能力的专业人才流失。

管理方式的信息化创新,即在深刻认识信息化战争及其规律基础上,通过对各种规章制度、法令、法规、条令、条例、纪律、措施等的创新、执行,对军队不同组织结构中的人及其实践活动加以规范引导,以最大限度提升其岗位战斗力,激发其打赢信息化战争的创造性活力。近年来围绕信息化战争一体化联合作战、快速精准打击等特点,不少学者展开了诸多讨论,也取得了不少成果,并在实践中逐渐发挥出其相关作用。十八大以来,特别是十九大"全面从严治军,推动治军方式根本性转变,提高国防和军队建设法治化水平"[1]正成为管理方式信息化创新的一大热点。然而,也应该看到,由于不少人主要

---

[1] 《习近平谈治国理政》第三卷,外文出版社2020年版,第42页。

局限在军事和技术视阈理解信息化战争，对"从严治军"仅做表面化理解，以为管理方式的信息化创新，就是要将基层官兵都束缚在制作各类信息系统和多媒体课件、摄制各种视频资料、开设各式微课之类的所谓"信息化建设活动"之中，从而走向背离信息化创新之路。事实上，管理方式的信息化创新，其核心就在于通过简单、明确、精练的要求，将基层官兵打赢信息化战争的各种活力最大限度地激发出来，绝不是用过多、过滥、过于繁杂、过于严苛的要求和任务，来冲淡基层官兵打赢信息化战争的激情，削弱其提升自身专业素养的精力和注意力。

值得注意的是，武器装备、作战样式、人员组织结构、管理方式等的信息化升级或创新，还仅仅是信息化战争较量的外部表现形式，属于对信息科学知识或技术的具体运用，尚未深刻展现出军事、战争及其更基础理论的创新。从这个层次来理解信息化战争虽然简单、直接，但由于缺乏对信息化战争的更深刻理解，因此很有可能只能把握住信息化战争的外部特征、表层特质。当然，对这一层次的理解是深入把握信息化战争内在实质的必经环节和基础，也是打赢信息化战争的初始条件。如果连基本的信息化武器装备都不具备，连基本的信息科学知识、信息技术知识、信息化战争知识等都不具有，连最基本的信息化武器装备都不会操纵、维护、维修，如何谈论从机械化向信息化的跨越式发展？如果连信息战及其作战特点都无从知晓，连信息战的基本战法、基本攻击目标、基本原则等都不甚清楚，还如何谈论对信息化战争更深层次本质的理解？如果连信息化军队究竟是什么样的军队，其组织结构形式、管理方式究竟应该如何设置和展开等都无暇思考，又如何谈论建立信息化军队，从而更深入理解信息化战争的最深刻本质？

事实上，目前中国从军事和技术层面对信息化战争的研究仍远远不够。目前公开的一些资料，大多是以美军及其已打过的几场信息化战争为蓝本，以美国、俄罗斯现有军事动态为参照，以系统科学复杂性理论、信息科学技术、智能科技及其相关理论等为建模指导。这些蓝本和科技理论固然十分重要，但过去的蓝本未必满足未来的条件，现有的基础理论、外军参照未必能够指导未来的战争实践。事实上，以信息战为核心的信息化战争早已不是一种有限形态的战争，而是充满未知和不确定性的、具有无限样态的复杂战争。没有自己丰富多样、独到奇特的蓝本设计，没有自己坚实的基础理论创新成果等做支撑，仅仅靠"炒别人的剩饭"，最多也只能对信息化战争做出高水平的模仿或表演。只有在学习、研究别人的蓝本、基础理论中，把握这种战争的实质，以自己独到的设计谋划真正扬弃、批判、超越别人，才能摆脱被别人牵着鼻子走的被动局面，从而打出自己的信息化战争。

二、军事领域各理论的信息化创新

要支撑起武器装备、作战样式、人员组织结构、管理方式等的信息化创新,必须有整个军事领域各理论的信息化创新,特别是相应军事理论、战争理论、军事人才培养理论、军事管理理论等信息化创新。如果没有这些理论的信息化创新,一切照抄外军的做法,知其然而不知其所以然,那么我们对信息化的武器装备、作战样式、人员组织结构、管理方式等的采用,就有可能是东施效颦式的机械模仿,难于争得有效主动权。这样的备战、作战,即便采用了大量信息化武器装备和作战样式,表面看还采用了信息网络管理等方式,但从根本上说,依然没有真正超越机械化战争范畴。因为真正意义的信息化战争是无法照抄照搬、无法复制的。

要使信息化的武器装备、作战样式、人员组织结构、管理方式等发挥出活的效力,就必须有与信息化相适应的全新、独到的军事理论、战争理论、军事人才培养理论、军事管理理论等创新成果作为支撑。在这一点上,邬焜"科学的信息科学化"观点也许能派上用场。邬焜认为:"信息科学的最一般的、最普遍的理论和方法乃是一种全新的科学范式,这一新的科学范式具有极强的渗透力、贯穿力和改造力。当把相关的一些信息科学的原理和方法拓展开来应用到已有的传统学科时,便会立即赋予这些传统学科以某种崭新意义的全方位改造。到目前为止,还没有发现哪一个传统学科是信息概念、信息科学的最一般性的品格、理论和方法所绝对不可涉入的。"[1]既然信息科学范式可以渗透到各传统学科,并由此引发对各传统学科的全方位改造,那么军事领域中的军事理论、战争理论、军事人才培养理论、军事管理理论等也应该能够被信息科学范式所渗透,从而在信息化战争中焕发出新活力。

事实上,在目前军事领域的理论创新实践中,力图将信息范式全面渗透到各军事理论中,并在此基础上展开理论创新正成为不少学者努力的方向。例如,早在 2006 年,蔡风震、田安平等所著《空天一体作战学》就开始了这方面的探索。表面上看,这种空天一体作战理论,无非是将航天科技与航空科技相结合,并在这样的结合基础上拓展作战空间,即由以往的"天空"拓展到"太空"或"外太空"。这样的"拓展"似乎也意味着空军作战空间的巨大外推。战争争夺的焦点不再仅限于争夺"制空权",而是不断地延伸到争夺"制天权"或"外制天权"。这一切看似都可以用现有机械"加和"思路、现有军事理论等

---

[1] 邬焜:《科学的信息科学化》,《青海社会科学》1997 年第 2 期,第 53~59 页。

来加以理解。信息只不过是连接"空"和"天",使之能够一体化的中介或桥梁。但事实上,正如蔡风震、田安平等学者深入分析的,整个空天一体化作战从提出到构思、从理论设计到实践操作,其本身是信息化的产物。在他们看来,没有信息科学技术的飞速发展,没有信息社会对"传统时空概念的改变",没有信息社会所提供的实时化、一体化、全球化等观念[①],没有信息、信息科学技术推动的"信息化军事形态取代机械化军事形态的历史性转变"[②],"空"和"天"将难于在军事领域真正统一起来,空天一体化作战也将无从谈起。可以说,正是信息化为空天一体化作战提供了现实条件,使空天一体化作战从可能转变为现实。正是基于这样的理解,在对空天一体化作战理论的建构中,这部著作才会将信息之维全面渗透在作战环境分析、作战特点规律把握、作战指导思想和原则探讨、作战体系阐述、作战指挥控制、作战行动部署、作战建设谋划等理论之中。尽管这种渗透略显粗糙,还没能达到本质性的内在渗透,但从中已经能够明显看出这种渗透的巨大努力和初步成果。正因如此,《空天一体作战学》才具有了这样一个特点,即从作战空间范围看,该作战学理论确实是在探讨如何在如此广阔的空间领域,具体展开这种具有一体化、整体性、综合性特点的作战活动。信息及其科学范式的灵活运用和深层次把握,能够将不同层次空间有效串联,将不同层次空间作战及其理论有效整合,将各方面力量、各种技术手段等有效协同,使其发挥出整体性、一体化作战效能。因此,这种空天一体化的作战理论及其创新,才真正属于信息化军事理论创新。

十多年之后,类似的创新成果已有不少,将信息、信息科学技术内化于各军事理论探索中,已成为各方共识。张晖的《信息时代军事训练论》也许能够成为其中一个代表。该书系统全面地紧紧围绕信息时代中国军队军事训练创新而展开,力求将信息、信息科学技术全面内化于中国军队军事训练的理论建构、应用探索之中。在理论上,该书全面探索了信息时代军事训练体制、内容、方法、手段、组织实施、训练管理、训练保障等基本理论,体现了信息时代以信息化、智能化、精确化、整体化等方式思考军事训练的崭新眼光。在对实际综合训练的应用研究中,该书更是将信息、信息科学技术全面熔铸于一体化训练、复杂电磁环境下训练、基于信息系统体系训练、信息化条件下联合训练、信息化战争背景下实战化训练等。在张晖看来,信息时代军事训练一方面要以工业时代的军事训练为依托和平台,另一方面要体现信息时代军事

---

① 蔡风震、田安平等:《空天一体作战学》,解放军出版社2006年版,第4页。
② 蔡风震、田安平等:《空天一体作战学》,解放军出版社2006年版,第5页。

训练智能化、差异化、一体化、集约化等本质属性①。在此，十分难能可贵的就是作者突出强调了"信息时代军事训练是以注重个性为根本特征的差异化训练"②。在作者看来，"信息化社会注重人的个性发展"③，认为在知识化社会里，综合运用所掌握的知识去解决问题的过程，是一个"聚焦"的过程，也是一个内化的过程，在这样的过程中，"起决定作用的是人的'个性'"④。这反映在信息时代的军事训练上，就要求"扬长避短、因人施训，去创造'内化'知识的环境，提供'聚焦'知识的条件"⑤。这可以说是对信息时代军事训练理论创新的更深入理解。对人个性、知识内化上升为能力等方面论述，在以往的军事教育和军事训练理论中，经常被强调，所谓"因材施教"更是不绝于耳。可真正结合信息社会，突出人个性的决定作用，注重人的个性发展，扬长避短，通过训练而创造"内化"知识环境，提供"聚焦"知识条件，这恐怕和以往总是力图用某种固有模式和框框将人的丰富个性消除的做法，恰好相反，因此在具体实现上有较大难度。由此产生如下问题：打仗备战的军队，究竟应该如何全面理解人及其个性？为什么在信息时代，特别是在准备和应对信息化战争及其相应军事训练中，要如此尊重人的个性呢？这就涉及信息时代对人的本质、存在方式等的理解。对此，恰恰需要哲学的奠基。也就是说，仅靠军事训练学理论本身，是无法从根本上来最深刻、最全面、最动态地回答此类问题的。

还应当看到，目前仍有一些教材或著作，虽然也加入了一些信息、信息科学技术、信息化战争的理论元素，但总体思想却并没有真正全面引入信息科学范式。这些论著总是力图简单地在原有军事理论的后面补充有关信息化战争的章节，似乎信息化战争只不过是原有军事理论、战争理论、军事人才培养理论、军事管理理论等的补充或延伸。在这些教材、著作看来，只要将信息"填入"原有理论框架，便万事大吉，全然没有考虑海湾战争、科索沃战争、阿富汗战争、伊拉克战争背后正在发生的军事理论、战争理论、军事人才培养理论、军事管理理论等的大变革。

其实，面对信息、信息科学技术在军事领域、军事实践中的全面渗透，战争本身虽然不改其对抗的性质，但是对抗的范围、对抗的样式、对抗的手段、对抗的深度和广度等，都和以往完全不同。以往的战争对抗，虽然也在大量使用信息，但总的来说，这种对抗几乎主要发生在单一的物质世界之中。物质世界的客观实在性让人以为世界本身就是如此直接、低速、有限。说其直

---

① 张晖：《信息时代军事训练论》，国防大学出版社 2016 年版，第 9 页。
②③④⑤ 张晖：《信息时代军事训练论》，国防大学出版社 2016 年版，第 11 页。

接,就在于人们可以借助一定的工具,让自己的眼、耳、鼻、舌等感觉器官直接感触到这个世界或事物的真实存在。说其低速,就在于具有客观实在性的物质世界或具体事物,其运动速度相对于光的运动速度而言,总是低速缓慢。说其有限,就在于在具有客观实在性的物质世界中,那些具体、实在的事物在空间上的广延性不管如何拓展,总是有边、有界的,其在时间上的持续性也总是有限的。以往的战争尽管也具有极大的复杂性,但由于战争是在单一物质维度的世界中进行的,因此其复杂性相对而言要低很多,相比"物质和信息"双重存在复杂相互作用下的世界,较少出现蝴蝶效应般的混沌现象。

信息化的战争对抗正是在这种"物质和信息"双重存在复杂相互作用世界中进行。这样的世界尽管依然是人们所生活的现实世界,但正如前文分析的,它已在信息科学技术支撑下成为"一个物质世界和三个信息世界"相互渗透、相互缠绕、相互制约、相互影响、协同放大的世界。在这个世界中所发生的相互作用早已具有了非线性、非对称性、不确定性等性质。这意味着在物质世界发生的细微事件,很有可能以光的速度被同时投射到"自在信息世界""自为信息世界",以及在自在、自为两大信息世界基础上建构起来的"社会信息世界",还在这三个信息世界之间,以及三个信息世界与物质世界之间的诸多非线性相互作用下,产生难以估量的巨大影响,从而成为现实世界人们不得不面对的客观现实。信息化战争的对抗甚至会因直接在三个信息世界中展开而更加复杂和剧烈。正是从这个意义上说,原有军事科学领域中的所有理论,由于其建构基础主要是单一维度的物质世界,其理解战争、军事实践的视野比较狭窄,即便已采用现代系统科学复杂性理论,但总的来说,不涉及三个信息世界及其与物质世界的复杂相互作用,因此其理论所揭示的复杂性(特别是非线性、不确定性、不对称性等)在程度上,依然不及引入信息维度、信息科学范式等来得深刻、全面。基于此,这些军事科学领域的理论,包括军事理论、战争理论、军事人才培养理论、军事管理理论等,才很有必要实现其内在的信息化提升。

事实上,在信息、信息科学技术作用下,战争对抗的边界将很有可能发生巨变。以往人们很难想象,像心理科学、舆论宣传、法律规范等能够进入战争的范畴,但在信息化浪潮的推动下,在敌对双方对抗复杂性不断升级条件下,心理战、舆论战、法律战已是信息化战争中信息战的重要组成部分。随着军事科学领域各理论的信息化创新,人们还将发现,具有军事对抗意义的、能够被纳入信息战的又岂止这些,像货币、金融、贸易、管理、文化、工农业生产、教育、科技知识、公共服务、生态环境、意识形态等,只要是人的本质力量所能投射或触及的各个要素、各个方面,均有可能被用于战争对抗,特别是成为信息化战争的有效形式或手段。因此,信息化战争的对抗将很有可能是真正意义上的全方位综合较量,其爆裂性、残酷性、破坏性等都将前所未有。从这个意义上说,以往军事科学领域各理论所建立的前提、理论得以展开的现实背景、理论分析所依据的各方面条件等,都将显得过于狭隘,如果不对其进行信息化升级改造,那么这些理论又怎么能够真正发挥出指导信息化战争的作用呢?即便在这些理论之后增加信息化战争章节,也不能有效指导信息化战争,因为增加的信息化章节,只能简单介绍信息化战争的外部轮廓,对于全面理解信息化战争也只能起到初步的引路作用,而不能达到对军事理论、战争理论、军事人才培养理论、军事管理理论本身等的创新。

再从信息、信息科学技术本身的特点来看,信息、信息科学技术绝不是在以往物质和物质科学技术中简单增加的一种新物质或新科学技术。信息是物质存在方式、状态的自身显示,是物质的间接存在。对信息的发现和对以往某种新物质的发现完全不同。以往某种新物质的发现,不管如何,都是在物质范畴中进行的,属于对物质某具体形态、具体存在形式的发现。信息不是物质,它的发现、开掘、利用不是在物质范畴之内,更不是在物质范畴之内的某个层次,而是在物质范畴之外,并与物质范畴处于相同层次。因此,信息才会具有广泛的渗透性,能够渗透到物质的各种形态、各种具体形式之中。信息科学技术也是如此。以往某种新科学技术的开掘利用,像能源科技,即便其具有很大的普遍性,其广泛的渗透作用也不及信息科学技术,因为像能源科技这样的科学技术,依然属于物质类的科学技术,其实在性往往会限制住其渗透性。但信息即便是客观的,它也不实在,作为物质的间接存在、物质存在方式或状态的自身显示,只要物质存在,它就会以复杂多样的形式显现出来,其广泛的渗透性也就不言而喻。围绕信息所展开的信息科学技术也才会具有如此强大的渗透性、改造性。从这个意义上说,单纯在原有军事科学领域的各理论之后,机械拼凑信息化战争理论,其实只具有过渡的性质。真正的信息化军事理论变革,必然会走出这样的机械拼凑格局,从而达到对军事科学领域的整个理论的信息化创新。

三、整个军事哲学理论的信息化创新

要实现军事领域各理论的信息化创新,离不开军事哲学思想的信息化创新。因为军事哲学关涉到人们对待军事实践活动、对待战争、对待现实世界、对待人自身等一系列重大问题的根本态度或根本思维逻辑,关涉到军事理论讨论问题的世界观前提和出发点。这些恰恰是战争较量最具实质性的"形

上"内核，属于最深刻、最具普遍性的信息化创新。军事哲学的信息化创新，就是要在对待整个军事实践活动（包括战争实践活动）的根本态度或思维方式上实现信息化创新，以便为打赢信息化战争奠定最坚实、最具普遍性的世界观、方法论基础。

从现有军事哲学的部分论著来看，一些作者对信息科学、系统科学复杂性理论等的理解似乎并不太深入，对马克思主义的理解也似乎并未彻底超越以往苏联教科书模式。一些军事哲学论著，总是或多或少地暴露出单一物质论、简单还原论和机械唯物论等思维方式缺陷。这集中表现在：站在单一物质世界立场看待信息世界和信息化战争，即在原有哲学理论框架基础上，简单添加对信息的理解和对信息世界的描述，将信息还原为物质的某种属性，将信息世界还原为某种技术性世界；忽视信息之维全面渗透到人的现实生活所引发的有关人、人的世界、人的生活、人的存在方式本身等复杂性，看不到人在信息创造和实现中的巨大作用。于是带来以下后果：

第一，在对待信息化战争的态度上陷入非此即彼的两极化倾向。一个极端认为信息化战争是不会让人牺牲流血的战争。它的杀伤是一种"软杀伤"，不具有暴力性。"非武力、非军事，甚至是非杀伤、不流血的方式也同样甚至更有可能有利于实现战争目标。这一前景顺理成章地修正了'战争是流血的政治'这样一个说法。"① "信息化战争中，由于打击手段的不断进步，战争目的变成控制对手，寻求利益平衡点，而不是单纯地为了消灭其军事力量或攻城略池"，因此战争的直接目的不再是"消灭敌人，保存自己"，而是"震慑敌人，保存自己"②。另一个极端则主张信息化战争作为战争，其暴力本质已规定其具有"流血"之意。"非暴力、不流血的种种斗争方式也许有利于实现政治目标，但它并非战争"，"战争的本质特征就在于其暴力性"。③ 从海湾战争、科索沃战争等战争实践来看，"高技术一方少流血或不流血"，并不意味着无制信息权的对方也"少流血"。④

如果跳出这种单一物质视野，从"物质和信息"双重世界复杂相互作用中来看问题，战争的本质特征确实是暴力性，但这种暴力性在信息、信息科学技术的非线性作用下，往往会表现出巨大的复杂性，而流血、牺牲也许只是构成这种暴力复杂性的个别极其简单直接的要素。通过制造某些不实在的"信息弹""信息武器"等，来对人心理、精神、意志等加以摧残、奴役，对人"无机的身

---

① 乔良、王湘穗：《超限战》，中国社会出版社2005年版，第94～95页。
② 汪维余：《信息化战争哲理》，国防大学出版社2011年版，第60页。
③ 赵小芒：《面对未来战争的中国军事哲学》，解放军出版社2012年版，第35页。
④ 赵小芒：《面对未来战争的中国军事哲学》，解放军出版社2012年版，第37页。

体"(自然界)①或社会加以破坏,对人本身加以异化等,也许将成为这种战争暴力性的新形态。这样的暴力性也许很直接、很明显,短时间内就能显现,也有可能很间接、很隐蔽,甚至要经过漫长的时间才能以综合整体的形式暴露出来。看不到这种暴力复杂性,断然否定未来战争暴力的多样性和复杂多变性,都将会导致备战前瞻性、多预案性的丧失。这样一来,打无准备之仗也就在所难免。

第二,在对待人的态度上陷入外在化、简单化境地。从目前掌握的资料来看,几乎所有论著都极为强调人在信息化战争中的作用,认为决定战争胜负的因素是人不是物。但对于人的作用,多数作者仅仅从人在战争实践中所能表现出来的外在方面来加以分析,如作战人员的"科技素质""信息能力""信息意志和技战素质"②"战斗精神"③等对信息化战争重要性的分析,没有从人实践本性的内在升华中揭示出信息化战争对人本质力量的新推进和对人之为人的新确证。于是,在一些学者看来,发展中国家军队没有掌握制信息权,仅仅就在于其没有率先进入信息时代,其作战力量没有以信息为主导④。当然,这种看法本身并没有多大错误,但这只是看到了问题的表面现象,并没有看到问题的实质。这一实质就是除了技术知识之外的对待人的根本态度。

西方发达国家尽管长期受技术理性支配,但自文艺复兴开始,人文主义就长期与技术理性相对抗,正是在这样的对抗中,出现了卢梭、马克思、海德格尔等一大批杰出思想家。发展中国家在学习西方先进思想时,为了尽快缩短差距,急于求成,注重对西方科技理性的学习,轻视西方人文主义的深层影响。以牛顿经典力学为代表的西方科学技术,反映在哲学世界观便是机械唯物主义。在这种哲学世界观影响下,"人"实际上已经被还原为了"物"。这种不假思索地大量学习西方先进科学技术,却不注重对西方人文主义的反思批判的做法,往往导致以科技理性对待人,将人工具化、手段化,自然激发不出人内在深层次的创造力,也难于吸引更多尖端的人才。面对日益复杂的信息化战争,难于掌握制信息权也就在所难免。

军事哲学的信息化创新,就是要在对待整个军事实践活动(包括战争实践等的根本态度或思维方式)时实现信息化创新,以克服在对待军事实践活动(特别是战争实践问题)时的单一物质论、简单还原论和机械唯物论等片

---

① [德]马克思:《1844年经济学哲学手稿》,人民出版社2000年版,第56页。
② 参见汪维余:《信息化战争哲理》,国防大学出版社2011年版,第69～71页。
③④ 参见赵小芒:《面对未来战争的中国军事哲学》,解放军出版社2012年版,第37页。

面性。

（一）树立"物质和信息"双重世界复杂相互作用的唯物主义世界观

马克思主义实践的哲学思维方式或思维逻辑要求立足于信息时代的军事实践，在坚持唯物主义基本立场、观点、方法前提下，对信息化战争得以展开的现实复杂世界，特别是信息世界，有一个全新的哲学世界观把握。特别是要清醒地认识到信息科学所揭示的信息不实在性，恰恰表明了信息对于具有客观实在性的物质的强烈依赖性和世界统一于物质的不可动摇性。

不可否认，马克思主义经典作家为我们树立的世界观确实是单一物质维度的。这是因为在他们生活的时代，信息之维并没有在信息科学技术支撑下被广泛开掘和利用。他们"不拥有我们的时代"[①]。坚持马克思主义，就应当坚持马克思主义经典作家们在实践基础上不断提出并解决新问题的那种根本态度、根本立场和基本思维方式，而绝不是不顾时代发展，一味躺在经典作家的现成结论中做着简单的演绎推理。在目前一些军事哲学论著中，面对信息化战争，这种简单的演绎推理痕迹并不少见。究其根源，就在于没有看到信息的独立存在性和信息科学技术独特的广泛渗透性。信息的独立存在性，即信息既不是物质，又不能完全归结到精神。它在世界图景中可以独立存在并与物质相对应，又比精神高一个逻辑层次，是物质存在方式或状态通过某些中介物所呈现出来的内容，是物质存在方式或状态的自身显示。信息科学技术正是用以开掘、利用这种不同于物质、不可完全归结为精神，却又在高度依赖物质情况下所独立存在的内容的科学技术。因此，这种科学技术和以往的科学技术完全不同，它不是在以往科学技术基础上简单增加的一门新科技，而是彻底扬弃以往科学技术本身，即通过对信息的开掘利用，不仅开创出现有意义的基础性信息科学或技术，而且更重要的是引发整个人类科学技术面貌的大改观。

我们的时代最突出的一个特征就在于，信息科学技术的发展，使这种相对独立于物质，又在逻辑层次上高于精神的"信息"被开掘了出来。信息的被发现，让人不得不重新思考自己的世界，也不得不认真思考自己的存在。就人自己的世界而言，信息世界的被发现、被开掘，让以往一些被简单、笼统地归结到物质世界的东西，像"水中月、镜中花"等现象、人的主观精神现象、人所创造的文化内容等，开始以一种全新复杂的面目丰富多彩地呈现在人的面前。不仅如此，随着人实践活动的不断深入发展，随着遍布世界的信息网络的推陈出新，人所开掘出来的这个信息世界将不断加速扩展和深化，并在和

[①] 邬焜：《信息哲学——理论、体系、方法》，商务印书馆 2005 年版，第 10 页。

物质世界的复杂相互作用中,使人生活的现实世界"物质和信息"的一体化、演化的复杂化进一步加深。就人自身而言,前文已反复强调,实践是人的存在方式,也是人的生存方式,还是人本质的确定方式。在信息、信息科学技术广泛渗透下,在信息世界被广泛深入地开掘出来的过程中,人的实践正发生着深刻变化。实践的对象,已由以往以实在物质对象为主,逐渐演变为以信息对象或物质和信息一体化对象等为主,甚至就连人所要变革的世界,也在加速演变为"物质和信息"双重存在复杂相互作用的世界。实践工具手段,已由以往以实在物质性工具为主,加速演变为以信息化、智能化工具手段为主。实践过程的展开,已由以往的相对低速、相对有限,演变为高速快捷、跨越各种疆界的进程。实践结果也在由以往大体可预见,迅速演变为出乎意料、难于预见。作为实践主体的人,在对如此快速、复杂演化的世界加以如此复杂的改造过程中,其自身也在发生着巨大的改变。其对世界的理解、改造世界的能力,其自身所包含的物质和精神、理想和现实、自由和必然、有限和无限等诸多矛盾的投射等,也将以多种多样的复杂形式表现出来。在这样的条件下,人们所秉持的哲学世界观难免会发生改变,而信息化战争很有可能是与这样的哲学世界观相粘连的。这从信息化战争对战争外延的不断拓展,对打击速度、精度的不断提升,对具有高信息创造力和实现力人才的极度渴求等,都能清晰地看出来。从这个意义上说,军事哲学如果不对这样的世界观大改变做出最具前沿性的回应,那么准备和应对信息化战争都将是低层次、模仿型的。

(二)在唯物辩证法基础上树立系统整体复杂演化方法论

唯物辩证法是正确认识世界、改造世界的根本方法。近些年系统科学的深入发展,为唯物辩证法的深化奠定了新的科学基础,也将唯物辩证法推进到新的高度,并由此形成包括复杂性理论在内的系统科学哲学新形态。系统科学哲学要求以系统整体复杂演化的方式来理解万事万物及其运动发展,在系统与环境、整体与要素、结构与功能、演化与涌现、有序与无序、耗散与混沌等的复杂相互作用关系中,实现确定性与非确定性、还原论与系统有机整体论等的辩证统一。

事实上,系统科学哲学和前文已提到的信息哲学是紧密联系的。系统科学哲学,是对人类科学发展,特别是系统科学发展及其最新成果的哲学提升和反思。信息哲学则是对信息、信息科学技术,乃至信息时代人自身生存方式、存在方式巨变的深刻反思。它们都是当今时代科学技术深入发展的产物。这两个方法论视野,一个侧重强调理解这样的现实世界,必须扬弃机械决定论或还原论,并确立复杂性系统科学哲学的思维逻辑。另一个则以"物质和信息"双重存在及其复杂关系来揭示现实世界。很显然它们两者是相互支撑、互为补充的。

没有信息哲学对信息时代现实生活、现实世界进行全面反思，复杂性系统科学哲学对现实生活、现实世界历史演化的系统整体性、复杂性的揭示将是不全面的，一些属于信息创生的演化过程，如文化、价值观、精神意识等对现实物质世界的复杂作用将很难被全面深刻地揭示出来。没有信息哲学对信息、信息科学技术的深刻把握，系统及其演化的复杂性将缺乏生气与活力。因为在现实生活中，真正具有复杂性的系统，并非通常意义上的物理、机械、化学系统，而是由生命，特别是人类这样的高级生命形式所展开的系统。赋予生命、人类社会以复杂性的，最活跃、最具有渗透性的恰好不在于实在的物质形态，而在于不实在的信息。信息的获取、储存、复制、编码、创生、传递、渗透等，使得系统充满生机与活力，从而以最丰富多彩的形式展现出系统整体性和演化的复杂性。就这一点而言，通常被认为具有复杂性的生命系统、生态系统、人类社会系统等，其实都是复杂的信息系统。特别是人类社会系统，通常被认为是最高级、最复杂的系统，而之所以如此，恰恰是因为人是最杰出的信息创造者和信息实现者。他能够大规模、高层次地创造出"价值观"之类的崭新信息，并通过自己的生命活动（实践）将这些新信息[甚至包括他自己创造这些新信息的能力（智能）等]应用于客观实在的物质世界和现实生活，于是，人类社会系统才充满了最大的复杂性。可以说，没有新信息的不断涌现，系统复杂性程度兴许会大打折扣。换句话说，兴许渗透于系统各要素中的信息正是系统巨大复杂性的真正原因。具有实在性的物质，受其广延性、不可渗透性等的制约，其产生复杂性的程度往往不及不实在的信息。

然而，没有系统科学哲学复杂性理论做支撑，把握"物质和信息"双重世界及其相互作用，理解信息、信息科学技术，反思人类信息时代现实生活等思维逻辑，就很难扬弃机械决定论或还原论。在机械决定论或还原论思维逻辑下，"物质和信息"双重世界及其相互作用就只能被看作两个"实体"间的简单线性相互作用。信息将很有可能被看作与质料、能量外在并列、机械叠加的第三因素。信息科学技术则将被看作在原有科学技术基础上再增加、累积的一种科学技术成果。信息时代、信息世界也只能被看作加入了信息科学技术的工业时代或工业世界的延伸。于是，信息的主导作用，信息化所导致的人类存在方式和生存方式的巨大变革性，信息、信息科学技术的巨大渗透性和提升性，信息时代或信息世界的巨大复杂性等，都将被遮蔽。科学的信息科学化、技术的信息技术化、实践的信息实践化，以及人对现实世界的信息创造作用，人是最杰出的信息创造者和信息实现者等，也都将被看作不可理解的理论虚妄。

由此可见,信息哲学和复杂性系统科学哲学是内在统一的。缺少其中任何一个理论视野,都将无法全面理解当今现实世界和人类实践活动。换句话说,研究信息哲学自然要以复杂性系统科学哲学的思维逻辑来揭示现实世界中"物质和信息"双重存在的复杂性相互作用关系,来反思信息时代人类的实践活动及其所建构的生活世界,来创造新的生活。同样,要使复杂性系统科学哲学更加贴近人类现实生活世界,更加具有人文主义意蕴,更加具有哲学的最高普遍性。复杂性系统科学哲学也会很自然地将信息、信息科学技术纳入自己的研究领域,并站在"物质和信息"双重世界的复杂相互作用关系基础上,来思考各种复杂性问题,并揭示出人类在自己的实践活动中,通过与现实世界发生非线性相互作用关系,所创生的复杂信息系统,其复杂性、自适应性是何等奇妙、壮观和不稳定。

事实上,正是基于上述理论分析,才能从哲学上解释为什么信息化战争往往会采取联合作战、一体化作战等作战样式。其中绝不是机械地把原有的陆、海、空等各军兵种组合起来,统一对付某个作战目标那么简单,而是信息科学技术的开掘利用,使得信息在现有科学技术条件下能够发挥出主导作用。这一方面为这样的联合、一体化提供了条件。另一方面,这种科学技术的全方位渗透和对人、人的世界的巨大改变,特别是人"无机的身体"的全面扩张,使作战手段和武器装备、作战对象、作战条件、作战方式、作战目的等都发生了巨变,从而导致战争具有比以往任何时候都更加复杂的状态。在这样的情况下,只有将各方面、各层次力量综合集成起来,实现真正意义上的联合作战、一体化作战,才能更加高效地达到"消灭敌人,保存自己"的目的。能够有效使各方面力量综合集成,并使之发挥出一体化战斗力效果的,除了物质、能量等传统因素之外,还有信息,它在其中起到了关键性的主导作用:不仅包括信息的储存、传递、获取、复制,更为重要的是对新信息的加速创造和实现,包括在战争的动态过程中如何高效配置战斗力量,构建怎样的系统运行机制以便能够最高效地发挥出这个一体化联合体的最佳战斗力等。表面看,这些问题似乎只有高级指挥官才有权、有资格深入思考,但事实上越是信息化战争,越是具有指挥与作战的扁平化性质,其对新信息的加速创造就越是具有敏感依赖性。这也许有些类似于混沌系统对初始条件的敏感依赖。试想如果一个一体化联合作战体在面对快速演变的各类战况和战机时,处处反应迟钝,无法灵活变通,显然是会吃败仗的。要实现这种快速反应、灵活变通,既有必要发挥好信息的储存、传递、获取、复制等功效,更有必要激发出每个官兵的信息创造和实现活力,以便能够最优化地发挥出该一体化联合体的综合战斗力。

（三）树立马克思主义实践的哲学思维方式，在开掘现实个人实践本性中激发信息创新活力

马克思主义实践的哲学思维方式是马克思、恩格斯留给后人的宝贵思想财富，所谓"坚持马克思主义的立场、观点、方法"，说白了就是要坚持马克思、恩格斯对待人和世界及其关系所独有的根本态度或思维方式[①]。哲学思维方式"属于哲学理论的内在思维逻辑，表现着哲学对待事物的方式、理解事物的模式、处理事物的方法"[②]。思维方式本身是内在无形的，但它却像"灵魂"一样，支配着整个哲学思想的表达，并贯穿于整个哲学内容之中。被人们看重的所谓"哲学的基本原理、基本观点、基本范畴等，其实，都只不过是哲学思维方式的外在表现形式"[③]。高清海说，哲学理论的意义主要就在于其思维方式或根本思维逻辑的意义。"随着时间的推移，哲学中的原理、结论乃至许多问题的具体观点在历史激流的冲刷下大都湮没、淡忘或淘汰，能够保留下来的主要是哲学思维方式曾经发生过的影响。"[④]

马克思、恩格斯和以往哲学家在对待人和世界及其关系问题上的最大不同，就在于他们通过赋予"实践"范畴以独特意义，在"人-实践-世界"的相互作用关系中，深刻揭示出了人自己创造自己、自己发展自己、自己塑造自己本质、自己形成自己的社会关系，并在自己的实践活动中推动着历史不断向前发展等奥秘。正是在这样的思维方式基础上，他们才会如此坚信人能够通过自身的实践活动来改变世界，改变现实生活中一切不合理状态，并在这样的改变过程中实现人的自我塑造和自我提升，最终实现自由解放。在他们看来，实践既是人的活动，又是人的存在方式，还是人的生存状态。在人发展的不同阶段，随着社会分工、私有财产等的出现，人类社会进入私有制社会，人被分裂为不同的阶级。在这样的情况下，人的本质、人的实践活动、人的世界等便演化为少数剥削阶级统治者享有的特权，而广大被剥削阶级成员，则被看作"会说话的工具"、土地的附庸、机器的部件，从而在很大程度上丧失人的本质、人的实践活动、人的世界等。资本主义私有制将人的这种阶级对立推进到极点，人的实践活动甚至被扭曲为异化劳动。在这样的情况下，只有通过人实践活动的进一步展开，对私有财产加以彻底扬弃，突破私有制，才能最终打破少数剥削阶级统治者享有人的本质、人的实践活动、人的世界等特权，从而使人的本质、人的实践活动、人的世界等属人的东西重新回归于人。马克思、恩格斯对待人和世界及其关系的独特思维方式，赋予了人自我提升、自

---

①②③④　高清海：《哲学的创新》，吉林人民出版社1997年版，第82页。

我解放的理论根据,也赋予了人积极面对生活困境的勇气和变革现状的智慧。它从精神上给予人以希望,即人可以通过自身实践活动来改变自身命运,哪怕是当时社会地位最卑微的无产阶级,也能够通过投身革命的实践活动,通过自己的广泛联合,最终实现自由解放。

一些人将马克思、恩格斯的这种哲学思维方式,理解为实践哲学、实践唯物主义等,这是不准确的。实践哲学、实践唯物主义虽然突出了马克思主义实践的观点,但由于其把实践仅仅看作将原有的一个认识论范畴变为一个更重要的、与物质和精神范畴相并列的新范畴,因此其中存在的问题相当严重。

其一,它没有跳出马克思主义产生之前,旧哲学理解人和世界及其关系的传统思维方式。在旧哲学的传统思维方式下,人和世界是相互分裂的。人的最本质的东西,不是实践,而是精神;世界的最本质的东西,要么是精神,要么是不以人精神为转移的物质。但由于人和世界被看成是外在分裂的,其间没有可将二者联系起来的桥梁,于是便会很自然地产生谁决定谁、谁更为根本的问题,也才由此引发唯物主义与唯心主义的简单对峙。其中显现出来的哲学思维方式便是单极化、决定论、还原论的近代思维逻辑。马克思、恩格斯从"人-实践-世界"的复杂相互作用关系中来全面理解人和世界及其关系,这就彻底超越了旧哲学理解这一问题的单极化、决定论、还原论思维方式。将马克思主义哲学说成实践哲学、实践唯物主义等,则消解了马克思、恩格斯对传统哲学思维方式的变革,抹杀了马克思主义哲学开创人类现代哲学思维方式的历史功绩。

不可否认,也有一些学者指出将马克思主义哲学理解为实践哲学、实践唯物主义是完全错误的。在他们看来,一旦要在哲学上突出实践的作用,势必要将唯物主义"世界统一于物质"的基本原则,改变为"世界统一于实践",这显然行不通,极易滑入危险的唯心主义泥潭。于是他们坚决主张要彻底批判实践哲学、实践唯物主义。显然,这样的看法依然是在以往旧哲学思维方式的逻辑基础上,站在要么物质、要么精神的绝对对立中来思考问题的,没有从"人-实践-世界"的相互作用关系中来动态地思考问题。

其实,对于马克思主义哲学来说,"世界统一于物质"是其必须坚持的唯物主义基本立场,但这样的立场不是在非此即彼的两极对立中来坚持的,而是在"人-实践-世界"的相互作用关系中来捍卫的。它强调的是人生活其中的现实世界,对于人来说具有不以其意志为转移的客观性,人的实践活动要遵循这样的客观性;同时人的现实存在、人的实践活动等也都是在特定历史条件下,在整个人类特定实践阶段的现实存在和活动中展开。这些都具有客观性。面对这样的客观性,人并没有因此而被其束缚,他总是在自己所拥有的这些客观条件基础上,通过实践活动改变自己的生存条件,从而使他的现实世界发生改变,并在这样的改变中,提升自己、发展自己,最终使自己也发生改变。因此,正是在"人-实践-世界"的关系中,唯物辩证法联系、发展的观点才不是脱离人现实生活的抽象术语,唯物史观也才不是脱离现实个人改变自身命运的抽象公式。

其二,它割断了实践和人的内在逻辑关系,使实践成为一个外在于人的抽象概念,无法内化为人的现实生活。事实上,在马克思主义哲学中,实践和生活在具体历史条件、具体社会关系中的现实个人身上是内在统一的。如果脱离了现实个人通过其自身努力来改变命运的现实追求,"实践"就会成为一个空洞无聊的抽象概念。同样,如果脱离了现实个人改变命运的具体实践活动,那么"人"这个概念也好,"人类"这个概念也罢,统统将成为抽象的术语。因此,对马克思主义哲学,应从其独特的思维方式上来加以继承发展,透过其范畴、原理和结论,把握其对待人和世界及其关系问题的思维方式,而不是简单、机械地将这些范畴、原理和结论公式化,并到处乱套。

马克思主义实践的哲学思维方式,对于军事哲学的信息化创新具有极其重要的世界观方法论意义,原因如下:

第一,只有在马克思主义实践的哲学思维方式下,才能实现哲学对科学和哲学对自身的超越,并在此基础上深刻理解信息的哲学本质,把握信息时代的特征,从而看清信息化战争实质,为打赢信息化战争提供坚实的哲学理论支持。从现实信息化战争实践及其发展趋势来看,信息化战争并不仅仅是一种武器装备、作战技术、战争形态的信息化更新,尽管它确实表现在这些方面。信息化战争的关键是"信息",它和以往木石化、火器化、机械化等"物质"形态战争完全不同,它是"信息"形态的战争,而"信息"不是"物质",它只是物质存在方式或状态的自身显示,是"物质的间接存在"。所以,信息可以客观存在,但不"实在"。人无法通过身体触觉或触觉式机器来直接感知信息,必须通过特定编码形式,借助其他实在性载体,利用人的其他感觉器官等,才能传递、储存、获取、感知、把握信息。要从哲学世界观层面理解信息的这种本质,单纯照抄照搬信息科学对信息的定义是不够的,必须立足信息科学技术日新月异的现实实践,扬弃信息科学理解信息的描述性定义。同样,单纯站在传统哲学"物质和精神"二元对立的世界图景中,也难于理解信息的客观性。但在现实生活中,信息的客观性却并不少见,即便是通过网络传播的各种信息,也绝不会因为人们没有关注到或没有给其"赋意"就不存在。更何况像水中月、镜中花,树的年轮,生物DNA实际传递的信息,社会文化所表现出来的结构编码内容等,其客观性更是不容置疑。因此要从哲学上全面理解信息，必须立足人类当今实践，对传统哲学"物质和精神"二元对立思维模式加以扬弃超越。可以说，只有在哲学对信息科学和对自身以往哲学的双重超越中，才能全面理解"信息"的独特本质，也才能真正把握住信息时代的特征。信息时代是一个和以往农业时代、工业时代完全不同的崭新时代。在这个时代，人类的生产方式、生活方式、思维方式、信息传递与交往方式等全都发生了根本性的改变，由此还引发出人本身、人的社会关系、人的实践活动等的巨大变革，以及世界观、价值观、生命观、存在感、幸福感等的深刻变革。不抓住这些根本性改变或变革，仍然以以往物质世界的观念、态度、方式来对待世界、对待人，将很难把握住信息时代特征，更无法从哲学理论上论证为什么知识创新会如此迅猛，社会生活会如此复杂，价值观念会如此多元，生活世界会如此多样。

显然，如果军事哲学连信息本质、信息时代的特征等都无法从哲学世界观高度来加以全面、深刻把握，那么它对信息化战争的世界观指导必将是低层次的。于是，准备和应对信息化战争也就只能局限在外部表象层面，以致只能将争夺制信息权看作一种技术、战术、武器装备等策略，或者是知识、技术更新策略，而看不到其背后更具实质性的人才创生、人才吸引、人才开掘利用、人才发展等战略。因为在现实世界中，只有人才是最杰出的信息创造者和信息实现者，而新知识、新技术、新战法等不过是人创造出来的新信息，以及对这些新信息的实现罢了。

第二，只有在马克思主义实践的哲学思维方式下，军事哲学才能高扬人的实践创造本性，推崇人的创造精神，发现人实践的信息创造本质，激发人的信息创造与实现活力。人是最杰出的信息创造者，也是最杰出的信息实现者。信息化战争背后隐藏着的是人才的培养、开掘、利用，是人信息创造力的不断高扬。人的信息创造力和实现力并不仅仅来自人的天赋智力，也不是某种外在于人的神秘力量，而是人之为人的本性表达、本质力量展现。人是在实践中成为人的，也是在实践中确定自己的本质，并将自己提升、发展为自己所理想的那种"人"的。实践活动本身充满着创造性，因此人的世界才是一个区别于自然世界、展开文化演化、充满复杂性和生机活力的属人世界。对人的这种实践本性的揭示，是马克思、恩格斯在实践的哲学思维方式基础上，通过对"人-实践-世界"复杂相互作用关系的分析而完成的，也是马克思、恩格斯在哲学上所实现的重大变革。它意味着人不是生而为人的。他必须在后天的生活中不断地"做人"，而"做人"就是他的实践活动的具体展开和展现，其中包含着他的价值理想、生命规划、生活追求、生存意义等丰富的现实内容。

军事哲学要服务于打赢信息化战争,要为开掘、利用好人的这种信息创造力和实现力而摇旗呐喊,要让人充分认识到思想政治工作的力量,就是要使人在准备和应对信息化战争的不同岗位上,发挥出知识创造、技术创造、战术战法创造、教学创新等创造活力。所有这些一刻也不能背离马克思主义实践的哲学思维方式。因为只有这样的思维方式才是从根本上解放人、弘扬人、发展人的,也只有这样的思维方式,才能将人理解为自由、自觉、自主、自为的人。一句话,正是这种哲学思维方式,才从人的实践本性、本质特征、终极命运等方面,将人从僵化、被决定、不自主、不自由中解放了出来,并从哲学的"根"上阐明了命运就掌握在人自己的手中,关键就是看人如何去实践,如何在实践中展现自己的本质力量。以往哲学,不管是唯物主义还是唯心主义,其在思维方式上都不能将人的命运最深刻彻底地归还到人自己的手中。唯心主义认为世界归根结底是精神的,而这种精神要么在人之外,属于某种神秘的宇宙精神,要么在人的灵魂深处,需要通过某种神秘的启发。人通过自身的努力,至多也只能够认识到这种宇宙精神,或者获得某种神秘启发,并由此获得相对自由。绝对的自由,只属于宇宙精神和神秘启发,与人本身的努力无关。马克思主义之前的旧唯物主义,则认为世界是物质的,物质不以人的意志为转移,具有客观实在性,人的一切都由物质及其规律决定,人只有顺应并适应物质世界的规律和变化,才能把握住自己的命运。按照这样的思维逻辑,既然一切都已经由外在的物质世界及其规律所决定,那么人再怎么努力也无济于事,还有"逆天道而为之"的嫌疑。人的自由、自觉、自主、自为,也就根本没有任何根据了。这实际上也就从精神上消解了人作为"人"的那股锐气或精气神。可见,只有马克思主义实践的哲学思维方式,才是解放人、弘扬人、发展人的世界观理论。

军事哲学创新,就是要使人认清打赢信息化战争,除了配置相关的武器装备、管理程序等条件之外,还要更清醒地认识到,无论是科学技术领域的知识技术创新,还是军事领域的诸多理论创新、军事哲学创新等,全部都离不开人在信息时代的信息创造。也就是说,是人所创造的大量、有序的新信息,才构成了新知识、新技术、新军事理论、新军事哲学等。要开掘利用好人的这种信息创造活力,使每个人在其工作岗位上能够充分展示自己的这种本质力量,就有必要推进军队人才吸引力和凝聚力建设战略,更有必要结合人的实践创造本性改进军事管理、思想政治建设和教育等工作。

事实上,作为一支人民军队,其在以往历史上并不缺乏以马克思主义实践的哲学思维方式指导军事实践的成功经验,也不缺乏在这种思维方式指导下加强军队人才吸引力和凝聚力建设的成功经验,更不缺乏将这样的"软实力"转化为战斗力的经典案例。抗日战争、解放战争时期的"官兵互教""战前诸葛亮会议""战后讲评会议"等,在今天看来,都是在充分尊重和发扬官兵实践创造本性,尊重、高扬、铸造每个官兵本质力量的前提下,对其"信息创造活力"的开掘利用。可以说,如果没有马克思主义实践的哲学思维方式的指导,没有对人实践创造本性的深刻体会,没有在实际工作中通过推行官兵在政治地位上的平等、在经济地位上的一致,来具体体现这样的哲学思维方式和对人实践创造本性的充分理解与尊重,那么,"官兵互教""战前诸葛亮会议""战后讲评会议"等将很有可能流于形式,而"从奴隶到将军"的人才培养和吸引成果、"小米加步枪"战胜"飞机加大炮"的战争奇迹等,也都将成为不可能实现的虚妄。毛泽东在这方面有过精彩总结:"很多人对于官兵关系、军民关系弄不好,以为是方法不对,我总告诉他们是根本态度(或根本宗旨)问题,这态度就是尊重士兵和尊重人民。从这态度出发,于是有各种的政策、方法、方式。离了这态度,政策、方法、方式也一定是错的,官兵之间、军民之间的关系便决然弄不好。军队政治工作的三大原则:第一是官兵一致,第二是军民一致,第三是瓦解敌军。这些原则要实行有效,都须从尊重士兵、尊重人民和尊重已经放下武器的敌军俘虏的人格这种根本态度出发。"[①]

以上关于信息化战争的三大创新层次,可以说是当今信息化战争已经呈现出来的部分创新结构层次。三大创新层次之间因人的军事实践活动而构架出某种意义上的"构成"和"上下因果链"复杂相互作用关系。一方面,高层次的军事哲学理论创新,要以较低层次的军事理论创新、军事技术创新等为根据和依托,时时关注、研究这些具体领域的创新成果及其思维方式变化,但又不直接机械叠加军事理论、军事技术等创新成果。另一方面,较高层次的创新又在某种意义上,以特定方式影响或制约着较低层次的创新,即哲学层次上的信息化创新,解放和牵引着人的信息创造和实现活力,是信息化战争获得灵活多样、丰富多彩、变化万千等复杂形式的内在、不竭动力。各类军事理论的信息化创新则是人信息创造活力在军事、战争领域的理性投射,而这种理性投射的最现实结果或外在表现,便是可感可知的军事装备、军事技术、军队结构、作战样式等的变革创新、设计谋划。从这个意义上说,没有军事哲学理论的信息化创新,没有对人及其信息创造和实现活力的尊重、激发、解放,单单局限在军事理论、军事技术和军事装备等方面的创新,显然缺乏一定的深度、广度和后劲,终归不利于开创出属于自己的打赢信息化战争之逻辑和体系。

[①] 《毛泽东选集》第二卷,人民出版社1991年版,第512页。

第三节　信息化战争是信息时代的人民战争

有人认为,信息时代,伴随信息化、智能化等武器装备的快速发展,再看看美军演示过的海湾战争、科索沃战争、阿富汗战争、伊拉克战争等,很显然人民战争已经过时。然而,一旦超越单纯的军事和技术视野,从哲学的最高普遍性上来分析信息化战争与人及其新信息创造开掘的关系,就会很快得出结论:信息化战争必将是信息时代的人民战争。

一、信息时代的人民战争

毛泽东曾经指出:"决定战争胜败的是人民,而不是一两件新式武器。"[1]信息化战争确实离不开大量信息化、智能化武器装备,但这些武器装备终归离不开人的设计、维修、操作,更何况信息化战争中的"信息"二字,绝不仅限于流淌在信息网络中、依附于信息科学技术、外在于人实践创造的固有信息,更不限于单纯运用信息方面的科学技术。从更加广阔的意义上看,信息化战争很大程度上还有赖于人对新知识信息、新技术信息、新战争理论信息、新精神文化信息等新信息的创造和实现。可以说正是这些新信息的创造和实现,有力地支撑起了整个信息时代,也有力地支撑起了这个时代的军事、战争实践。

(一)信息化战争必将迫使人民群众参战应战

以往战争由于仅发生于单一物质世界,受物质客观实在性和相对简单缓慢的时空结构影响,在战争中逐渐形成"前方与后方""军与民""战争与和平"等界限,再加上工业时代逐渐丰富起来的专业化分工,各种专业界限也逐渐形成。军事、战争、国防等领域往往也被看作某些专业化的领域,让人以为信息化战争和以往一切战争一样,属于军事领域、国防领域,最多也仅涉及科技与工业领域。这样的战争是与小老百姓无关、"让女人走开"的强者领地。

"物质和信息"双重存在复杂相互作用不仅通过人对已有各类信息的开掘、理解、解释、运用,而且通过人对信息的个性化加工制作,甚至再创造、再实现,而全面渗透和作用于现实世界的人和物,以及信息时代的战争。就信息本身来看,信息作为"标志间接存在的哲学范畴",作为"物质(直接存在)存在方式和状态的自身显示"[2],具有对直接存在的依附性、存在范围的普遍性、载体的可替换性,尤其是其内容的可储存性、可传输性、可复合性和可重

---

[1] 《毛泽东选集》第三卷,人民出版社1991年版,第1195页。
[2] 邬焜:《信息哲学——理论、体系、方法》,商务印书馆2005年版,第47页。

组性,以及其内容复合和重组中的畸变性和创新性、内容的可共享性、内容理解的歧义性、内容的可耗散性等,兴许正成为突破工业时代各种界限的现实可能性。

例如,信息对直接存在的依附性和载体的可替换性,一方面表明信息本身不实在,另一方面意味着它可以通过不同载体而突破由物质实在性设定的各类界限。像以往建立于物质世界地理空间实在性和时空结构简单性基础上的战争"前方"和"后方",这两者的界限是由于地理空间相对阻隔,而战争中需要机动的时间相对较长。在这种界限分明的现实条件下,才逐渐形成了各种作战方式与方法,包括机械化战争中的各类决策筹划。信息的上述两大特性,说明信息可以借助不同的载体而突破以往"前方"和"后方"的界限,而且,由于信息可以以电子、光子等为载体,因此其突破界限的速度可以是光的速度。以往前方和后方的界限,瞬间化为乌有。以往军队作战在前方,普通百姓可以逃往后方,后方相比前方还算安全。但在信息化战争中,具有高度杀伤性的"信息炸弹",将很有可能打破普通百姓安居后方的幻想,迫使普通百姓为了自身的生命安全或各种利益而参与战争。

如果说信息的上述两大特性还只是为普通百姓的参战提供了可能的话,那么信息时代战争政治本质的复杂性,则必然会将这种可能性转化为现实性。

谁都承认战争是政治的暴力的继续,这一点在信息时代信息化战争条件下并不会发生根本性变化。然而,在"一个物质世界和三个信息世界"复杂相互作用的现实世界,政治及其暴力显然已和工业时代完全不同。正如本书第四章第二节分析过的,信息及其科学技术对政治及其复杂性具有非线性放大作用,使得政治所体现的利益除了物质利益之外,还有与物质利益紧密联系的信息方面的各种利益和权力。同时,在信息及其科学技术的广泛渗透下,政治也大有越出其在以往单一物质世界中的界限之趋势,一些看似和政治不太沾边的分散化、个体化行为或者领域,也很有可能在特定条件下被放大为政治行为、政治领域,使政治呈现出以往经验难于理解的复杂性。

战争暴力的复杂性也是如此,本书在第四章第二节分析了暴力是人本质力量的极端化、复杂化展现。人本质力量投射到何处,战争的实践活动就会指向何处,而与此同时,何处就有可能产生或遭遇这样那样的暴力;同样,人的实践活动水平发展到何种程度,人间暴力就将进化到何种水平。"暴力"总是在随着人类本质力量的不断拓展,而衍生出很多种类型和方式,包括现在人们常提到的冷暴力、硬暴力、软暴力等。从暴力的这些类型、方式来看,暴力有可能会导致对方流血牺牲,但更具有隐蔽性和强制性的却是那些导致对方精神、心理,特别是自信心、意志力等遭受毁灭性打击的暴力,其在信息科学技术支撑下,兴许更加普遍、更加疯狂。信息时代,由于政治的超级复杂性,在个体、群体、阶级、民族、国家等之间,就免不了尖锐的矛盾冲突,当人们在现有历史条件下还没有找到更好的解决这些矛盾冲突的方式方法时,暴力就会以各种人们所能想到的或者想不到的形式出现。

这意味着在以往单一物质世界中,政治利益还主要通过国家、民族、阶级等整体面目呈现,战争暴力也主要伤及与战争有关的人员和相应有限区域的无辜百姓。信息化战争的政治复杂性、暴力复杂性却会普遍地伤及无辜百姓,例如对信息网络的破坏,将影响无辜百姓的正常生产生活,甚至导致内乱,以致流离失所、丧失生命。所有这一切,都有可能将普通百姓卷入战争,甚至将其逼上信息化战场。

(二)信息化战争必将广泛开掘和凝聚人民群众的伟大力量

信息化战争对信息具有高度依赖性。这种依赖性至少有三重含义。

一是信息主导。正如人们目前已公认的,信息不仅成为战斗力基本要素之一,以及具体配置一体化联合作战的内容根据,而且成为决定物质流、能量流流向与流量的依据。信息实际已成为战斗力的倍增器。

二是信息科学技术支撑。在战争或备战状态下,信息的创生、传递、储存、接收,实现其实都是高度人-机互动、人-网互动、人-武器互动、人-物互动等一体化实践过程。要使这样的过程自然、流畅、迅速,必须有相应的信息科学技术做支撑。

三是新信息引领。"新信息"是新军事理论、新战争理论、新科技知识、新战法理念等核心内容。"新信息"并非自然天成,归根结底要靠人来创造或发现、开掘、利用。

在以上三大方面中,第三方面是前两大方面的基础,前两大方面则是从不同的角度对第三方面的外在表现。也就是说,只有在各个方面都有大量高质量的新信息被创造出来,才能最终凝结出新军事理论、新战争理论、新信息科技知识、新智能科技知识等,支撑起不断加速推陈出新的信息化战争理论和技术及其实际运用;也只有在各个方面都能够打破某些阻碍人-机、人-网、人-武器、人-物等各类互动的固有技术或人为壁垒、界限,具体作战中的信息主导才能在不栓塞不拥堵、不迷信不盲从的状态中真正发挥出其应有的作用。

信息化战争对信息的这三重依赖性,意味着打赢信息化战争单靠军队、国防等有限部门、有限力量是绝对不够的。对于一个由"物质和信息"复杂相互作用的现实社会来说,必须广泛开掘和凝聚全社会每个人的力量,使其既能应对眼前,又能有多层次、多方面、多维度的力量积蓄,以便随时能够多方面、多层次、多角度补充备份,随时可以以不同方式替补上阵,随时可以有多种多样的新领域掌控等能力。再说,战争本身就不属于单纯的决定论范畴。对于战争的很多方面,特别是对于未来战争较量的可能性把握,更是存在多种分支路径、多个方面突破的可能。单靠现有的对战争、军事的准备,不管有多少应对方案,相对于战争的突发性、现实具体性和多可能性,终将陷入决定论的窠臼。毕竟过去、现在都不能最终决定未来,有限的现实难于应对无限的可能。为此,单凭现有有限的军队国防力量,未必能够完全应对好明日的多样化战场,而在信息科学知识与技术高度浸染、高度普及下的民间力量,却恰好能成为有效突破这种决定论限制的低成本、高效率、最优化的补充。

事实上,人民群众虽然是一个整体性的概念,但要由现实的个人来组成和阐释。这种现实的个人,按照唯物史观的观点,"不是处在某种虚幻的离群索居和固定不变状态中的人,而是处在现实的、可以通过经验观察到的、在一定条件下进行的发展过程中的人"[①]。这些现实具体的人,在信息时代的今天,就是从小深受信息科学技术浸染,长大后又深受信息科学知识和技术教育,并生活于信息社会,从事着整个信息时代各种具体实践活动的个人。手机、网络、笔记本电脑,各种机器人、生物生命制品等,正成为他们生产生活的必需,成为他们身体、生命等有机组成部分。他们在各自的实践活动中,在各自具体展开的人-机互动、人-网互动、人-武器互动、人-物互动中,不仅不断增强着对信息的开掘、利用、传输、贮存等本质力量,而且激发出更加出色的信息创造和信息实现等本质活力。这些多方面、多元化的本质力量或活力,可以说是决定论模式难于发现、难于激发的。

蕴含在人民群众中的无限力量,在以往单一物质世界中就被中国共产党人成功地吸纳运用过。在信息时代的今天,这股力量不但没有削减,反而越来越壮大,对准备应对复杂多样、瞬息万变的信息化战争来说,其重要性绝不亚于军队和正规国防力量。因为对信息的理解、开掘、创造、实现都可以是多种多样的,而利用信息科学技术、信息网络空间、智能设备等进行攻击作战,也绝不仅限于正规的军事国防部门,民间力量更加分散、隐蔽、低成本。所以,从这个意义上来说,广泛开掘、凝聚、引导、运用好民间的这些力量,将民间力量通过法律法规组织成多样化模块,既可服务于社会,也可服务于国家民族安全。关键是要有目的、有意识地组织调动这股巨大力量的有效政治工作、军事工作和思想文化工作。相反,如果忽视这些工作,轻视民间随信息科

[①] 《马克思恩格斯文集》第 1 卷,人民出版社 2009 年版,第 525 页。

学技术发展而不断积聚、放大的力量,甚至打着维护安全等旗号而压制这股力量,那么不仅会给准备和应对信息化战争造成巨大的资源浪费,而且这部分力量还有可能被敌方利用、绑架,从而转化为敌方的攻击性力量。从这个角度来考虑,信息化战争也必将开掘、凝聚最广泛的人民群众的力量,甚至包括敌方的人民群众的力量。

二、信息时代人民战争的信息化特征

信息时代人民战争不仅具有以往单一物质世界中的诸多特点,而且在信息、信息科学技术、信息社会等的共同作用下,至少会具有以下新的特征。

(一)人人皆"人才"

习近平指出,强军之道,要在得人。人是最杰出的信息创造者和信息实现者。在信息化战争实践中,人的这种信息创造与实现活力将作为最优质的战略资源而被空前组织、激发、提升和运用。"人才"与"普通人"的界限将被彻底打破。人民再也不是消极被动、知识贫乏、只能充当军队辅助力量的普通人,而是在各个方面都掌握着最先进科学知识和技术,在社会生活中具有极高主体性、创造性的"人才"。

在以往的人才观中,似乎只有"人才"才有权、有可能、有能力创造新信息。至于普通人,他们在生产生活中的创造发明,由于太过细小、琐碎,又由于对这些太过细小、琐碎的发明创造尚缺乏某些放大条件或机制,因此普通人的发明创造时常被忽视,直至湮灭在历史的长河中。能够在历史上留下深刻印记的发明创造,大多是少数能够深刻影响人类生产生活的极其重大的发明创造。对于这些做出重大发明创造的人,人们更是将其神秘化、神圣化,甚至将其视为"天才"。这样一来,"人才"这个概念就更加远离普通个人。这表现在现实生活中,就是人们往往眼盯"人才"不见人,遥望"人才"不自知,甚至总以为"外来的和尚会念经"。在此逻辑影响下,人们经常以高薪、高条件引进外来人才,而对以往引进到本单位、本部门的现有人才,视而不见,乃至毫不珍惜、毫不尊重,甚至杀鸡取卵式地浪费人才。这种将"人才"与"现实的人"割裂开来,将"人才"与实际工作中兢兢业业干事业的现实个人割裂开来的认识和做法,极大地浪费着人才资源,消解着单位、部门的凝聚力、向心力,腐蚀着人才的事业心,必将被信息时代生产方式、社会交往方式、战斗力生成方式等彻底颠覆。

从普通人成为"人才"的社会基础看,文艺复兴、启蒙运动为人摆脱蒙昧,确立独立、自主、自强、创造等主体性奠定了思想理论基础。资本主义工业化、市场化、现代化为人主体性的造就奠定了现实生活基础。社会主义作为资本主义的"对立面",是在扬弃资本主义工业化、市场化、现代化的现实生活基础上，克服资本主义对人性的异化而产生的。社会主义力图通过社会建设而将人的主体性进一步推进到人自由而全面的发展。即便是在中国这样的社会主义初级阶段，经过改革开放四十多年的社会主义工业化、市场化、现代化建设，人们的主体性、创造性都正在社会主义市场经济的现实生活、开放的国际交往中，高水平地确立起来。从这个意义上说，人民再也不是消极被动的社会生活参与者，而是积极主动、将个人利益与社会利益高度融为一体的社会建设者，是真正现实而全面的"人才"。

从普通人将自己打造为"人才"的物质技术基础看，信息时代信息、信息科学技术、信息社会等对新信息的非线性放大作用，将使普通人在各自岗位上的细小、琐碎的发明创造更加有效地被储存起来，更加方便、快捷、广泛地被传播出去，甚至更加非线性地被放大。普通人在不同方面、不同层次的看似微不足道的发明创造，可以被放大、衍生为有重大影响力的大发明、大创造。这为普通个人确证自身"人才"地位、坚定自身成为"人才"的信心，为全社会树立追求成为"人才"的价值观等，都奠定了现实可行的物质技术基础。

从普通人成为"人才"的方式和路径看，信息时代信息、信息科学技术及信息社会的开放性、可共享性、低成本性等，为普通人成为"人才"，开辟了多样化的方式和路径。就拿网络技术、多媒体技术、智能技术等的发展来说，这些技术不仅拓宽了每个人获取知识、技能的渠道，而且大大降低了普通个人与生产资料相结合的门槛，为普通人根据自身兴趣、爱好来从事某方面职业，并在其中充分发挥自身的新信息创造优势和实现优势，提供了现实的生产方式基础。这意味着普通人新创造出来的信息，可以在这些信息化、智能化技术和与之相关的信息社会法律法规体制下，转化为整个社会实践创造的一部分。这有效克服了以往单一物质世界条件下，普通个人与生产资料相结合的间接性和释放实践创造活力的艰难性。在这样的条件下，每个人都可以在各自的实践活动中成为各个方面的人才。

信息化战争由于突破了以往一维物质世界战争的固有界限，因此，围绕各方面利益，特别是最根本的经济利益，大凡需要通过人本质力量的较量来加以捍卫和维护的东西，都将有可能引发一场不太像传统战争定义的真正战争，包括贸易战、货币战、意识形态战、心理战、网络战、科技成果战等战争。要有效规避和应对如此多样化、表现方式不确定化的战争，单靠像军队这样的正规武装力量及其有限的备战方式，其实是远远不够的，唯有及时发掘、组织、运用蕴含在人民中的大量专业力量，才能主动并及时赢得这样的战争。

（二）人民战争样貌大改观

一旦"人才"与"普通人"的界限被消解、突破，信息时代人民战争的样貌就会发生根本性改变。各个身怀不同"绝技"的普通人，只要他愿意，都有机会以他的专长为切入点，向他的攻击对象发起攻击，并在媒体、网络等的放大下，引发更广泛的社会参与和关注讨论，像一些人站在维护社会公平正义立场，向某些方面发起的攻击，倒逼着社会在隐私保护、信息安全、粮食安全、明星税收等方面做出更明确详细的规范。这在一定程度上确实推动了社会发展。

同时应该看到，这些现实的普通个人，他们的行动在媒体网络的放大下，会引发出某种类似混沌理论所描述的"混沌河""混沌海"现象，直至对整个社会产生严重深刻影响，像前些年引发阿拉伯社会巨大动荡的"阿拉伯之春"事件。其实，像"阿拉伯之春"这样的全局性群体事件，它既有信息时代人民群众参与社会变革的性质，又有人民群众缺乏正确的理论武装、缺乏捍卫自身利益的核心领导等性质，还有被其他势力利用而给自己的社会生活带来巨大灾难的性质。因此，从这一点看，信息时代确实赋予了人民群众更广泛、更切实的参战应战机会，但要让其真正发挥好作用，还必须加以正确的组织和引导。

其实，这些在各行各业从事自身实践活动的普通个人，他们既可以由所属公司、企业、政党等实体形式引导、组织起来，同时可以被信息网络（诸如多样化的微信群或者其他什么信息群）引导、组织起来，共同在"物质和信息"双重存在的现实世界发挥出人民的积极作用。此时，无论是以哪种形式组织起来的人民大众，他们在人民战争中的力量和作用都将远远超越以往在单一物质世界中的战争。他们可以像以往那样成为军队等正规武装力量的有力补充，更有能力和途径在多个方面、多个层次和维度上深度融合于这些正规武装力量之中，并由此带来正规武装力量的整体性跃升，甚至在思想观念、知识技术、信息开掘和创造等方面，他们还很有可能发挥出先进的引领作用。

除此之外，由于"人才"与"普通人"的界限被突破，信息科学技术又将人民的力量不断放大，因此信息时代的人民战争还很有可能变正规军事力量为干扰视听、迷惑敌方的"掩护色""诱饵""伪装的主力"等。真正的信息攻防力量却如同吸足水的"海绵体"一样积聚在民间，并且可以通过非对称的攻防方式，展开力量较量。毕竟正规军事力量及其活动终归是在明处，而民间的大量高手、人才，他们总是以普通人面目出现，总是在暗处。如果不加注意，谁会专门对这些小人物的细微创新进行大数据分析、云计算整合、智能化识别呢？

可见，正因为信息时代在不断地消解着"人才"与"普通人"的界限，同时放大着人民在多方面、多层次的力量，再加上信息化战争本身所具有的非对称性、不确定性、对信息的高度依赖性与敏感性等,人民群众正日益成为世人万不可轻视的重大力量,而这股力量是绝对不会自生自灭的。正因如此,才很有必要从"加快形成军民融合深度发展格局"①高度,来加以通盘引导、长远规划。

(三)军民深度融合一体发展

党的十九大报告强调要"形成军民融合深度发展格局,构建一体化的国家战略体系和能力"②,军民融合深度发展、一体化的国家战略体系和能力之所以可能,原因有三:

一是信息时代,战争日益延伸到与普通民众生产生活息息相关的诸多领域,令传统意义上战争领域与非战争领域的界限模糊、难于区分。像网络空间,它不仅是信息时代人们赖以生产生活、配置资源、交往沟通等的现实空间,又是各种利益集团、各方权力布局角逐的现实场所。此外,像海洋、太空、生物、新能源等,都既涉及军事战略制权,又涉及普通民众的生产生活。可以说这些新领域,不管是对于军事战争,还是对于普通民众的生产生活,其本身就属于一体化领域。"军"与"民"的区分,其实也仅有相对的意义。习近平说:"海洋、太空、网络空间、生物、新能源等领域军民共用性强,要在筹划设计、组织实施、成果使用全过程贯彻军民融合理念和要求。"③实现军民融合深度发展,统筹构建一体化的国家战略体系和能力,所有这些都是对信息时代战争发展新要求的积极响应。

二是信息与智能科学技术的深入发展,为消除"军"与"民"这两大传统部门之间的界限,奠定了现实可行的技术基础。在以往单一物质世界中,"军"与"民"之间,由于缺乏能够将这两大方面安全、方便、迅速、高效、低成本联系起来,实现资源共享、人员互动等的平台,因此那时即便提出军民共建、军民融合等将"军"与"民"联系起来的战略,但实际实行起来很多时候只能达到某种浅层次、简单化、外在化的拼凑式结合水平。"军"与"民"的界限比起不同专业分工、不同学科分类等都要明显深得多。即便同属企业,由于生产服务对象的不同,也还要分为军工企业和非军工企业。同样都是武装力量,但依然要分出正规军和民兵。同样是生产物质产品,可还是要划分出"军品""民品"。如此分明的界限,既是对一维物质世界及其客观性、实在性的现实遵循,又是对这种单一物质世界所规定的各类存在事物及其界限的正确反映。

---

① 《习近平谈治国理政》第二卷,外文出版社2017年版,第412页。
② 《习近平谈治国理政》第三卷,外文出版社2020年版,第42页。
③ 《习近平谈治国理政》第二卷,外文出版社2017年版,第413~414页。

否则,相应的安全维护、生产经营管理等都难以为继。

信息科学技术、智能科技等的飞速发展,从根本上突破了以往人类世界的单一维度。"物质和信息"双重存在的现实世界被开掘建构出来。这让"军"与"民"相互隔离的状态发生了根本性改变。信息、信息科技、智能科技等在开掘建构信息世界的同时,也在重新开掘、建构、组织、整合物质世界,使现实物质世界发生着根本性改变。例如,各类智能化信息网络平台的相继建立,使信息得以在快速、高效、流动中,重组、配置各类具有实在性的物质资源或物质实体,并由此成为生产力高度发展的一大契机,从而带动整个社会生产关系(经济基础)、上层建筑、人的思想观念、思维方式、行为方式等的巨大改观。所有这些,又反过来通过人的具体实践活动作用于人的现实世界,使现实世界进一步发生更加具有信息化、智能化特点的新变化。

事实上,伴随信息、信息科技、智能科技等的深入发展,在人们生活的现实物质世界中,由信息、信息科技、智能科技等搭建起来的各类能够连通、配置、组织不同实在性物质体的平台正逐渐形成。在今天的人类实践活动中,这类平台作为社会生产生活的公共基础设施,正在被加速创造、加速设计、加速建立。这些平台尽管其本身终归具有独特的实在性,但其所发挥的功能,却是以信息为主导,从不同方面、不同层次来实现不同实在性物质体之间的物质、能量、信息等交换,从而使得这些性质各异、内容不同的物质体能够在信息主导下,通过动态的物质、能量、信息等交换,安全、方便、快捷、有机、高效地实现统一。其中,"军"与"民"之间的物质、能量、信息等交换,同样能够在相关安全规范设置前提下,通过这些各具特色的平台来加以实现。

此外,单就这些信息科技、智能科技等技术平台本身来看,它们其实早已兼具"军"与"民"双重性质。在其发挥信息、智能科技功能的同时,既服务于军事、战争,又服务于广大民众。从世界各国信息基础设施建设中就可发现,这些基础设施往往留有许多重要接口、网络站点、控制中心。这些设施其实都属于军民融合、军民一体且深度发展的信息系统或平台,其目的就在于为人民群众发挥其应有的作用提供有利条件。当然,这也从某种程度上反映了这些基础性、公共性平台的设计者对信息时代"物质和信息"双重世界运动规律的遵循,以及对未来信息化战争的战略考虑。

三是信息世界、信息社会深入发展,为实现"军"与"民"的内在统一,奠定了坚实的现实生活基础。"军"与"民"绝非只是两个抽象孤立的概念或两个非此即彼、完全不相干的部门。在人类军事、战争实践中,早期的战争发生在不同部族之间,由于生产、技术水平限制,除了性别、年龄等对参战人员设定的自然界限外,"军"与"民"在其他方面,包括武器装备方面等,可以说并无严格意义上的界限。真正意义上"军"与"民"界限的形成和发展,应该是社会分工的产物。柏拉图《国家篇》中曾提到,武士阶层或军队的出现是城邦专业分工①以及"抵抗和驱逐入侵之敌"②需要的产物。在他看来,打仗是"一门技艺和一种职业","需要有更多的闲暇,需要的知识和训练也最多"③,而"正义就是做自己分内的事和拥有属于自己的东西"④。"如果一个人生来就是工匠或商人,但却在财富、权力、体力,或其他类似的优势的诱惑下,试图进入军人的等级,或者一名军人试图进入议员和卫士的等级"⑤,"或者说一个人同时承担了各种功能"⑥,那么"这种交换和干涉意味着国家的毁灭"⑦。马克思主义认为,军队是"国家为进攻性或防御性战争而保持的有组织的武装人员的集团"⑧。它在人类历史上并非从来就有,而是随奴隶制国家的建立,为奴隶主阶级实现阶级统治的工具。军队作为"有组织的武装人员的集团",其"武装"就不仅包括各类武器装备,而且包括各种军事、战争思想理论,整个军事组织管理,以及军事训练、军事技能、军事素质等。从这个意义上说,军队实际已是由这些有组织的武装人员集团整合、带动起来的一整套系统或体系,其目的就在于应对各类进攻性或防御性战争。基于这样的认识,可以发现:

"军"与"民"的分裂和社会分工、阶级、国家的产生发展直接相关,并且伴随生产力的发展、社会分工的精细化(特别是阶级矛盾、阶级斗争的尖锐化)更趋明显,直至工业时代在机械化战争的大规模实施中,真正演化为两大不同的领域。

然而,"军"与"民"的相互分裂,恰恰和许多在历史上产生出现的事物一样,既是生产力高度发展,从而引发整个社会关系,特别是生产关系的大发展的产物,又是生产力、生产关系,乃至整个人类社会关系等发展不充分的产物。在生产力发展极为充分,并由此引发生产关系、社会上层建筑等都充分发展的情况下,这些在历史上产生、出现的事物的存在条件就将逐渐由"具备"过渡到"不太具备",再过渡到"不再具备",逐渐失去其存在的基础。其中,包括阶级、国家,以及由此衍生出的"军"与"民"的对立与界限。当然,这样的消亡,并非使"军"与"民"再回到原始的直接同一状态,而是在新的历史条件下,以新的方式或状态实现着辩证的统一。人民军队的创建、人民共和

---

① 《柏拉图全集》第二卷,王晓朝译,人民出版社2003年版,第331页。
② 《柏拉图全集》第二卷,王晓朝译,人民出版社2003年版,第332页。
③ 《柏拉图全集》第二卷,王晓朝译,人民出版社2003年版,第333页。
④⑤⑥⑦ 《柏拉图全集》第二卷,王晓朝译,人民出版社2003年版,第410页。
⑧ 《马克思恩格斯全集》第14卷,人民出版社1964年版,第5页。

国的建立都已为这样的辩证统一奠定了最坚实的政治基础。当今"物质和信息"双重复杂世界的整体性发展,也为这样的辩证统一提供了不断丰富、快速演进的现实社会生活基础。

因为,"物质和信息"双重复杂世界的开掘建构,使以往在单一物质世界中无法连通的实体性事物,很有可能在信息世界中,通过信息的连接与流动而连通起来,并由此实现对物质世界实体性事物的再次重组与连通。这样的机制不仅为连通"军"与"民"架起了更加丰富、便捷的通道、桥梁,而且将以往在单一物质世界中形成的"战争领域"与"非战争领域"连通了起来,导致战争本身的形态从传统一维物质世界的以武力征服为主,快速演进到人类本质力量所能触及的各个方面的全面比拼与较量。在这样的情况下,单纯在"军"与"民"的界限范围内来捍卫国家和社会的安全,就会暴露出以军队现有的有限力量或准备,来应对即将发生的具有无限多种可能性的战争,或者说是以现有的具有确定性的各种备战谋划与设计,来应对未来具有巨大不确定性的多种战争形式等问题。这样的问题,在逻辑结构上非常类似于休谟的归纳问题,单纯根据经验论的方法,根本无法解决。唯有在现实实践基础上,将现实经验和人类理性辩证统一起来,积极突破传统"军"与"民"的固有界限,才能在积极引导和开掘蕴含在人民群众中的无限力量基础上,真正打好有准备之仗。

三、打赢信息时代的人民战争

唯物史观认为,人民群众是历史的创造者。中国共产党人根据这一基本原理,开创性地形成了群众观点、群众路线,并在此基础上,依靠人民群众的力量取得了革命和建设事业的伟大胜利。当今中国特色社会主义建设事业已进入新时代,打赢信息化战争也将在这样的时代大背景下全面展开。

(一)以唯物史观的根本态度对待人民群众

毛泽东说:"革命战争是群众的战争,只有动员群众才能进行战争,只有依靠群众才能进行战争。"[1]信息化战争和以往战争一样,也有正义与非正义、革命与反革命之分。站在正义和革命的立场上打赢信息化战争,必须充分尊重和调动好人民群众的力量,充分激发出人民群众的积极性和创造性。要做到这一点,就必须"关心群众生活,注意工作方法"[2],而最为根本的是"从尊重士兵、尊重人民和尊重已经放下武器的敌军俘虏的人格这种根本态

---

[1][2] 《毛泽东选集》第一卷,人民出版社1991年版,第136页。

度出发"①。有了这根本态度,才能有正确的"政策、方法、方式。离了这态度,政策、方法、方式也一定是错的,官兵之间、军民之间的关系便决然弄不好"②。如果连和人民群众的关系都处理不好,又何谈动员和依靠人民群众、打赢信息时代的人民战争?这种对待人民群众根本态度的问题,从哲学上看,就是世界观方法论问题。

马克思主义产生之前的所有哲学,都没能为尊重人民群众这一根本态度奠定最坚实的哲学理论基础。其中的原因主要在于这些哲学在思维方式上往往满足于从人及其社会历史发展的表面现象上看问题,未能深入人及其社会历史发展的本质。这些哲学认为,人只不过是有理性、会制造使用工具、有思维、有语言符号等的动物。人类社会无非也和动物群体一样,要么遵循丛林法则等自然法则,要么讲求道德、宗教、法律等原则。推动人类社会向前发展的最终力量,要么是某种神秘的自然力量,要么是某种神秘的精神力量(像黑格尔的绝对精神)。英雄人物正是这些法则、原则,乃至神秘力量的具体体现。显然,在这样的哲学中,除了少数英雄人物之外,是根本没有广大从事生产实践活动的人民群众身影的。

唯有马克思主义通过对人及其实践活动的深入剖析,深刻阐明了人、人类社会、人类历史、人的现实世界、人的精神意识等的产生及其动态演化,为尊重人民群众这一最根本的态度奠定了最坚实的哲学理论基础。

其一,在马克思主义看来,人是通过自己生产自己所需生活资料而将自己打造为人的。在生产生活资料过程中,人们建立起各种社会关系,这样的关系随着人的生产实践活动的深入发展而不断地在深度和广度上发展。人通过生产实践活动,不仅创造了自己和不断发展的社会及其历史演化,而且创造了更加适于人自己生存发展的现实世界,并推动其进一步发展。正是伴随着人创造自己、创造社会、创造现实世界的这一系列创造性的生产实践活动及其深入发展,人的语言、人的精神意识才得以真正产生和发展。

其二,在马克思主义看来,在生产实践活动中从事着上述这一系列伟大创造的人,他们都是生活于人类社会各个历史时期,从事着生产实践活动的现实的、活生生的个人。所有这些个人的集合,可用一个概念来概括,那就是"人民群众"。

其三,在人、人类社会、人类历史、人的现实世界、人的精神意识等整个的实践创造中,人民群众都是主体。他们的实践活动为人类社会创造了丰富的物质财富和精神财富。除此之外,人民群众还通过他们具体的实践活动,推

---

①② 《毛泽东选集》第二卷,人民出版社 1991 年版,第 512 页。

动着人类社会各层次、各类别关系,特别是生产关系的深刻变革。

人民群众及其实践创造作用为人民群众赢得尊严和社会尊重提供了坚实的事实基础,而马克思主义从哲学理论的最高普遍性上揭示出人民群众的实践创造真相,为人民群众赢得尊严和社会尊重奠定了最坚实的哲学理论基础。这两大基础在打赢信息时代人民战争中,都要求以马克思主义的根本态度尊重人民群众及其实践创造。

中国有14亿人。他们不仅是人民群众的巨大构成要素,也是人民群众巨大创造力量的源泉所在。人是最杰出的信息创造者和信息实现者。经过改革开放40多年的发展,14亿中国人的思想更加解放,眼界更加开阔,胸怀更加开朗。他们不仅是各类新事物的追捧者、学习研究者,而且更加乐于和善于创造各类新事物,更加期盼成为创造各种有益于人类的新事物的领军者。因此14亿人绝不仅仅意味着巨大的消费市场、巨大的劳动力资源或人口红利,更是意味着14亿个具有新时代不断追求美好生活特征,又具有信息时代新信息创造和实现活力的鲜活的头脑及其丰富具体的实践创造。这些头脑和实践创造广泛分布在东西南北中或世界各个地方、各个领域、各个层面。这些头脑及其实践创造如果能够被充分尊重,其创造活力能够被充分激发、引导和调动,那么其中必将迸发出无限巨大的力量。到那时,"兵民是胜利之本"①就将在"物质和信息"的双重世界中,被更全面具体地整合为具有信息社会各类特征的"胜利之本"。这对争取世界和平意义重大。

(二)以最真挚的情感感召人民群众

以唯物史观的正确态度对待人民群众,深刻理解人民群众在社会历史发展中的作用,就是要在最深刻的理性认识基础上,确立起对人民群众的最真挚情感。这种情感只有建立在最深刻理性认识基础上,才能是发自内心、自然而然、恒定不变,在任何情况下都不动摇的。也只有在这样的真挚情感中,才能深刻理解人民群众的心声、人民群众的根本利益和梦想愿望,也才能真正为人民群众的根本利益奋斗不息。同样,只有对人民群众怀有最真挚的情感,才能从容自然地深入人民群众,为其排忧解难,并为人民群众所接受、爱戴。在具体实践中,也才能在团结、带领人民群众的过程中,逐渐成为人民群众信得过、靠得住的主心骨。

信息时代,伴随"物质和信息"复杂现实世界的开掘建构,人民群众的实践活动也在这双重复杂世界中全面展开。在各种新信息大量涌现、急速传播

---

① 《毛泽东选集》第二卷,人民出版社1991年版,第477页。

的今天，人民群众不仅在整个认知水平、情感交融、实践创造等方面获得全面提升，而且他们在社会生活中的权利意识、参与意识、主体意识都更加强烈。可以说，在信息及其科学技术的支撑下，人民群众比历史上任何时代都更加富有聪明才智。如果对人民群众没有真挚情感，仅仅将其看作牟取政绩、业绩的工具手段，那么他们迟早都会以信息或者非信息的手段来揭穿其中的事实真相，变革其中不合理的状况，最终倒逼出一个真正尊重、爱戴人民群众的全新社会。

其实，任何生活在现实社会中的人，都是有情感的。作为现实具体的人，他们本质上是"一切社会关系的总和"。从动态的实践活动看，他们总是在实践活动中不断建立新的社会关系，并在这些不同社会关系中进一步展开他们的实践创造活动。在这现实具体的实践活动中，特别是在人与人的实践交往中，人与人之间真挚的情感得以产生、传承和发展，并在此基础上，进一步反作用于人的实践创造活动，使人的实践创造能够持之以恒。

信息时代对信息世界的开掘建构，尽管以手机、微信、QQ等形式改变了人与人之间传统的面对面交往，将人的情感表达变得相对间接、碎片化、简单，但是，人们真挚的情感依然存在，只不过其表现方式越来越离不开信息网络。人们面临的生活工作压力因信息科学技术的飞速发展而不断增加，这让人与人之间的交流沟通更加需要真挚情感，哪怕这样的交流沟通仅仅是在信息网络空间。

人民群众在信息时代不断深化的情感需要，意味着打赢信息时代的人民战争，必须以最真挚的情感感召人民群众，使之能够将自己的实践创造及其活力自觉自愿地投入打赢信息化战争的各个方面、各个细节、各个层次，并自觉自愿地组织起来，发挥出在不同专业、不同技术、不同方面、不同层次等的作用。

（三）以科学有效的方式凝聚好人民群众的力量

有了唯物史观对待人民群众的正确态度，就能在这样的态度下通过科学合理的政策、方法、方式组织、引导好人民群众，以使其实践创造及其活力真正聚焦到打赢信息化战争上。事实上，即便是在尊重人民群众的根本态度基础上科学制定出的政策、方法、方式，也绝不会是一劳永逸、万古不变的。因为人民群众的实践活动在信息时代的今天正在加速发展变化。信息化、智能化以及其他的诸多"化"，正全面渗透于人民群众的各种具体实践活动中，并由此引发整个实践活动的主体构成、展开结构、推进方式、实施进程，乃至客体内容等的巨大改变。要将所有这些迅速变动的实践活动有效凝聚、整合为打赢信息化战争的力量，必须在尊重人民群众及其创造活力的基础上,实事求是,不断调整、变革既有的政策、方法、方式。只有这样,才能最大限度地吸引、组织、引导好人民群众,最大限度地发挥出人民群众实践创造的力量。为此,在具体政策、方法、方式的制定、实施中,还需用好以下辩证法。

第一,一与多的辩证法。在现实生活中,人民群众其实是由社会生活中占人口绝大多数的"现实的个人"构成的。这些现实的个人为了在现实世界过上较为满意的生活,必定会根据各自的实际情况在社会上从事一定的职业,谋取相应的职位,扮演不同的社会角色,展开形式、内容各不相同的实践活动。这意味着人民群众的实践创造及其活力其实是以非常个性化、多样化、丰富化、复杂化的形式,通过人民群众所扮演的多方面、多层次、多类型社会角色展现出来的。其实践创造的成果,同样会是多方面、多层次、多类型的。从这个意义上说,人民群众的实践创造及其活力释放,总是与他们的具体实践紧密结合,只要社会生活具有多样性,其就会同样具有多样性。这样的多样性,从相互作用、相互转化,甚至动态演化、生成涌现的视角看,其实已具有极大的突破固有界限,由此走向"无限"的逻辑韵味。如果能够对这样的多样性加以有效开掘、组织和利用,那么面对未来不确定、不可精确预知的信息化战争,就将有多种预案、多重备份、多层次应对或设计。这样一来,人民战争的汪洋大海,将会在更高层次、更复杂的环境中,以更加精彩的形式显现。这就是"多"的意蕴,也是"复杂""无限"的意蕴。

人民群众的实践创造及其活力是打赢信息化战争的不竭力量。但在现实生活中,这些不竭力量却往往分散于社会生活的不同行业、不同职业、不同岗位,分散于不同地域、不同阶层、不同文化,甚至分散在像邬焜提出的"三大信息世界"[①]的无限时空之中。这些力量只有被有效开掘、组织、凝聚起来,才能真正转化为打赢信息时代人民战争的不竭力量。否则,任其自由散漫地自生自灭,一旦战争来临,难免相互掣肘、相互消解,直至成为不堪一击的"一盘散沙"。唯有以正确的思想理论教育武装人民群众,并在此基础上凝聚统一意志,才能化分散、个别的实践创造为集中、整体的力量。马克思主义从哲学的最高普遍性、政治经济学的最大具体性和科学社会主义的最强现实性等方面,为开掘、激发人民群众的实践创造活力,为反映广大人民群众的根本利益,为无产阶级和广大人民群众的自由解放,都奠定了最坚实的理论基础。中国共产党人正是在马克思主义理论指导下,将马克思主义普遍真理同中国革命和建设具体实践相结合,开创性地形成毛泽东思想、邓小平理论、"三个

---

① 参见本论著第三章第二节。

代表"重要思想、科学发展观和习近平新时代中国特色社会主义思想。这些理论既和马克思主义理论一脉相承,又实事求是地反映、表达时代要求和人民群众的利益、意愿,因而在不同历史时期才总能为广大人民群众所接受,并化作凝聚人民群众实践创造活力和坚强意志的最强有力的思想理论武器。这正是"一"的魅力所在。

打赢信息时代的人民战争,需要在"物质和信息"双重存在复杂相互作用的现实世界,将上述"一"与"多"的辩证法实事求是地统一起来。不能因为现实个人的力量过于分散、微小而视而不见,更不能因为现实个人过于普通,过于在乎其现实利益,而对他们的实践创造嗤之以鼻,对他们的实践创造活力不加引导。唯有将党的教育、引导、带领作用,通过关心其生活等最基层、最细微、最现实的方式和途径加以发扬,才能取得多方面、多层次、多样式的打赢信息化战争力量。

第二,疏与堵的辩证法。人民群众多种多样、丰富多彩的实践创造及其不竭活力,就其本身来说,也具有二重性。因为现实的个人总是身处不同的社会阶层结构,有着不同的生产生活需求,追求着不同的物质生活与精神生活等利益。这些现实具体且高度个性化的利益,有的很有可能和整个社会的公共利益相违背,甚至是相对抗的。在这样的情况下,就有必要对人民群众的实践创造加以正确引导,特别是在信息时代的今天,某些有损整个社会公共利益的个人实践活动,往往会在信息、网络、智能机器人等的作用下被瞬间放大,由此给整个社会公共利益带来巨大伤害,甚至巨大灾难。因此有必要对现实个人的实践创造加以实事求是和前瞻性的具体分析,以便做到疏与堵的辩证统一。对于那些有益于国家、民族乃至整个社会公共利益的,有益于打赢信息化战争的实践创造,应积极疏通引导,并大力开掘激发。对于那些有损国家、民族以及社会公共利益的行为,则必须采取严格的规范措施加以堵截。绝不能因为某些个人实践活动会对社会公共利益造成危害,而一概否定、压制、堵截全社会所有个人的实践创造活动。如若一味堵而不疏,则14亿中国人所蕴含的打赢信息化战争的无限力量也就被浪费,甚至还有可能被某些敌对势力、恐怖主义转化为自我毁灭的力量。这一点在信息时代尤为重要,亦即人民群众实践创造的无限力量越是在信息时代,就越是兴盛,任何压制、堵截的方式都将无济于事。面对这种取之不尽、用之不竭,且充满旺盛生命活力的战略资源,如果正义的事业不去占领、控制或者积极开掘、组织、引导、运用,那么其就很有可能为非正义事业占领、煽动、控制、利用,最终给广大人民群众的生产生活带来灾难性后果。前些年,一些国家发生的"颜色革命"便是前车之鉴。

第三，新与老的辩证法。群众路线、人民战争都是中国共产党人的伟大创举。正是在这样的伟大创举下，中国共产党人团结、带领全国人民探索并开创了中国特色社会主义的伟大事业，不仅取得了革命和建设的伟大胜利，而且迎来了国家的兴旺发达、人民的幸福安康。也正是在这样的伟大创举下，经过改革开放四十多年的探索和努力，中国特色社会主义伟大事业进入一个崭新时代，人民群众建设中国特色社会主义的实践活动也已进入新的征程。与这一新时代、新征程交织一体，且不断成为新时代、新征程重要展开背景的正是信息时代。信息时代对"物质和信息"双重现实世界的开掘建构，既是中国特色社会主义建设事业进入新时代、开启新征程的人类文明大背景，又是全体中国人书写中国特色社会主义建设事业新篇章、为整个人类信息文明做出新贡献的实践创造。要在这样的时代背景下打赢信息时代的人民战争，群众路线、人民战争的老法宝、老传统不仅不能丢，而且必须在新的时代背景、新的历史条件下探索出新的、多样化的实现方式。绝不能因为信息时代，智能机器人将大量取代传统人力劳作方式，机器人部队也将成为新的武装力量，就将人民群众、人民战争视为过时的老战法而置之不理。

事实上，信息、信息科学技术、信息世界的开掘建构，不仅以全新的装备形式武装着部队，改变着部队编成、部队管理方式和作战方式，而且更重要的是这一系列新变化，同样改变、提升、塑造着基层官兵，以及全社会的每一个"现实的个人"。这由此也塑造出了信息时代崭新的人民群众，使得人民群众的力量得以从以往单一物质世界跃升到"物质和信息"的双重复杂世界，并在这样高级复杂的世界中酝酿、聚集、释放。

人民群众及其力量的如此新发展，意味着传统的群众工作必须跟上信息时代的新形势，随着人民群众实践活动的变化，同步开创出新的路径和方式，由以往局限在单一物质世界中开展的工作，深入发展到在"物质和信息"双重复杂世界中开展的丰富具体的群众工作。从宣传教育群众、动员组织群众到武装带领群众等，都必须在"物质和信息"的双重复杂世界中，结合信息时代新的具体实践要求，全面探索创新。所有这些创新，都必须让人民群众始终深刻体会并领略到打赢信息化战争，就是要维护、捍卫好人民群众在信息时代的根本利益，保卫好人民群众在信息时代同样来之不易的美好生活。绝不能以脱离甚至伤害人民群众的根本利益、人民群众对美好生活的向往等为代价，来抽象地谈论和设计打赢信息化战争的各项政策措施。一旦失去部队最基层官兵和社会最广大人民群众的支持，那么即便信息化、智能化装备再先进，也难以赢得信息化战争的最后胜利。

以上三大辩证法，是信息化战争依靠、动员人民群众的方法论，是全面理解信息时代人民群众、人民战争的根本立场、观点和方法,是在打赢信息化战争的具体实践中需要把握好的基本思维逻辑。在凝聚人民群众力量的现实具体实践中,三大辩证法其实是内在统一的,它们归结起来就是在信息时代依然要站在人民立场、发挥人民智慧、打赢人民战争。

结　　论

　　和以往所有科学技术革命都完全不同的是,信息科学技术开掘建构出的信息世界正深刻改变着人类以往习以为常的现实世界——从以往单一的物质世界,跃升到"物质和信息"双重存在复杂相互作用的崭新现实世界。其中,在"物质和信息"的复杂相互作用关系中,信息甚至发挥着重组、重构各种具体物质形态的主导作用。人类在这样的现实世界中展开其战争,必定会让信息流成为配置各种物质流、能量流的现实根据。这也正是军事学家们讨论信息化战争的初步看法。当然,围绕战争对信息、信息科学技术更加全面、深刻的运用,军事学家们对信息化战争有了更加丰富、具体、深刻的理解和认识。

　　本论著无心在军事学家们关于信息化战争的诸多理论成果的基础上,再增添某些具体的研究成果,而是力图为军事学家们关于信息化战争的诸多研究努力,提供或奠定一个初步的马克思主义哲学理论基础。众所周知,马克思主义哲学虽然产生发展于近代以来的工业时代,但其理解人和世界及其关系的根本思维方式或思维逻辑,却是立足于现实的人及其实践活动的变化发展的。这意味着只要现实的人及其实践活动不终结,马克思主义哲学理解人和世界及其关系的根本思维方式或思维逻辑就不会过时,更不会终结。马克思说:"任何真正的哲学都是自己时代精神的精华。"①当人类进入信息时代,人们生活的现实世界正逐步演化为"物质和信息"双重存在复杂相互作用的世界,马克思主义哲学在其自身的发展中,也在逐渐创建属于自己的新形态,以便深入研究信息时代人的现实世界及其巨大变化,并在此基础上建立符合信息时代特征的新世界观和方法论。国内外有不少学者在做这项工作,到目前为止,对马克思主义哲学根本思维逻辑坚持最到位的,对信息时代的世界变革从哲学最高普遍性上研究最早、最全面、最彻底、最系统完整的,在我们

---

①《马克思恩格斯全集》第1卷,人民出版社1956年版,第121页。

看来,邬焜的信息哲学应是其中之一。正因如此,本论著在初步分析介绍邬焜信息哲学基础上,按照马克思主义哲学的根本思维逻辑和邬焜信息哲学的相关理论,来进一步从哲学角度探究信息化战争的实质,以便为军事学家们的诸多研究奠定一点世界观方法论基础。

通过对信息、信息化、信息化战争及其多重复杂实质或关系的初步探讨,最终获得打赢信息化战争的如下一点肤浅启示:

一、以全新的眼光看世界

自泰勒斯提出"水是万物的始基",就已开创了以全新的眼光看世界的先河。正是泰勒斯以自然的方式理解自然,才突破了古代神话世界观的一统天下,为自然哲学的产生和发展奠定了基础,有了这样的基础,也才有了今天蓬勃发展的哲学和科学。哥白尼日心说作为科学革命的重大标志性成果,显然也得益于以全新的眼光看世界。

"眼光"不仅是一种认识理解事物之"光线""光明",而且是认识理解事物的视界、视角,以及看待事物的不同层面。以全新的眼光看世界,就是要突破以往习以为常的智慧之光,以更加广阔、更加不同、更加立体、更加动态(总之就是更加全面、深刻)的智慧之光来理解自己和世界万物,以及由自己的实践活动构筑起来的自己与世界万物的动态关系。这种理解事物的智慧之光,是人类自产生之日起就逐渐在实践活动中产生、集聚、升华出来的,既是一种知识、文化、认知结构的自我积淀、自我生成,又是一种后人在新的实践活动中对前人的批判继承、自觉超越和自主建构。用当下比较时髦的话来说,就是要在实践基础上立足实际,勇于创新。

在人类科学和哲学发展史中,但凡重大成果的问世,总是离不开以新的眼光来看世界。牛顿、爱因斯坦是如此,中国天文学家南仁东历尽艰辛坚持建造"天眼",也是如此。就连马克思主义哲学的产生发展,也离不开以全新的眼光看世界,即将世界看作人和自然通过人的实践活动而相互联系、相互作用的,具有生命有机体性质、遵循客观规律的历史演化和发展过程。

信息时代的到来、现实世界新的变化,更是需要以全新的眼光看世界。信息、信息科学技术被广泛开掘发展起来之前,尽管信息伴随物质而存在,信息世界1、信息世界2、信息世界3也已存在,但它们不为人认识、开掘,由此人类一直生活在单一物质世界之中。而哲学对这一世界的理解、哲学给予人们看世界的眼光,也从来没有越出过这一维度。物质的客观实在性、精神对物质的依赖性、世界的物质统一性等,是唯物主义给予人们理解现实世界的最踏实、最可靠的根据。即便唯心主义哲学在这些问题上和唯物主义不断地唱着反调,但其所有观念、理论、思想体系等赖以成立的最根本性的逻辑前提,依然没有超越这种单一维度的世界,只不过它将这种单一维度归结为精神,并主张物质是精神的体现。在理解现实世界的最初前提性问题上,"信息"从来不进入哲学家们的视野,因为以往的哲学家们,包括马克思主义哲学的经典作家们,都不拥有我们的时代。

然而,既不是物质,又不能完全归结为精神的"信息",确实让人感到困惑,也让以往的唯物主义世界观信念面临新的问题。信息的出场,信息的被开掘和被大量使用,确实极大地改变了人的现实世界,也极大地改变了人本身及其实践活动。这一系列的大改变,让人们不得不追问:"信息"究竟是什么?"信息"和"物质"究竟是什么关系?不深刻全面地回答这类问题,唯物主义给予人们理解现实世界的理论根据就不牢靠,人们在现实世界中展开其实践活动和具体生活将不踏实,唯物主义(特别是马克思主义的唯物主义)将无法贯彻到底。一旦要在当今时代条件下来回答这些问题,必然就要在哲学理论上突破自泰勒斯以来的所有哲学前辈给予我们的智慧之光,以全新的眼光看世界便成为信息时代每一个人、每一个唯物主义者、每一个马克思主义哲学工作者和追随者不得不具备的态度。否则面对信息时代不断涌现的海量新事物,包括信息时代的新型战争,我们就会丧失主动权。

在信息科学技术支撑下,信息的全面渗透性,彻底打破了战争与非战争领域的传统界限,也打破了战争与和平的传统界限、军与民的传统界限。这一系列界限的突破,同样需要军事学家们以全新的眼光看世界,以全新的眼光看战争。事实上,自海湾战争以来,军事学家们就在力争以全新的眼光看战争,并且取得很多现实成果。但由于现实世界本身的演进已真正到达"物质和信息"双重存在复杂相互作用的状态,如果军事学家们的各种理论对这种现实世界本身的跃迁式发展体现不到位,那么他们对战争的新思考,终将在范围、深度和层次上有所欠缺。从这个意义上说,军事学家们以全新的眼光看战争,还真是离不了以全新的眼光看世界。

二、改变对待人的根本态度

信息时代前,人们生产生活于单一维度的物质世界,并在这样的物质世界中认识、理解着这一世界的万事万物,即便是唯心主义对这一世界的荒谬、歪曲的理解,也终归没能跳出这种单一维度的世界。在这样的世界中,尽管人们通过自己的实践活动,使世界逐渐由蛮荒的自然世界,发展到充满生机与活力,并经历了农业时代、工业时代洗礼的复杂"属人世界",但在对待人自身的根本态度问题上,除马克思主义经典作家之外,人们总是习惯于直观地见"物",不见"人"。这种直观态度反映到军事、战争方面,就是只见先进的武器装备,不见构思、设计、操作这些先进武器装备的"人"。这样的重物轻人态度,在信息时代,在打赢信息化战争中,将很有可能让人陷入以机械化思维逻辑准备和应对信息化战争的窠臼之中。

其实,以往人们在现实生产生活、军事实践中采取重物轻人态度,将关注的重心放在"物"的身上,并以"物"为中心来配置人力资源,所有这些都是对单一物质世界及其客观规律的正确反映。在单一物质世界,物质作为不依赖人的意识而独立存在的客观实在,总是通过万事万物及其相互作用关系等具体形态来显示。除了这些相互作用关系(包括人和人之间建立的具有客观实在性的社会关系,特别是生产关系等)之外,具体到以质料、能量等实体形式存在的事物,如土地、矿藏、机器、厂房、石油、电力等,这些具体物质形态的"实在性"同时规定了其珍贵性或珍稀性。其一,在占用、使用等方面,像土地、矿藏、机器、厂房、石油、电力等具有实在性的事物,总是具有严格的排他性。一旦被人占用,其他人便难以再去分享。这在很大程度上甚至直接成为以往单一物质世界战争的根源,即争夺这些被看作有限资源的东西。其二,在创造、再生方面,某些作为燃料、原料的实在事物,一旦被消耗,便无法再被复制、被消耗。像煤炭被燃烧过后,便转化成为炭渣,而炭渣是难于再燃烧的。当然,还有的事物是人们通过实践活动创造出来的,像人工合成之物。但人工合成这些新事物所需的原材料,像石油等,也是不可再生的。自然科学物质(质量和能量)守恒定律已明确"世界上的物质既不能消灭也不能创造",人们通过其实践活动其实也只是转化了物质各形态的存在形式[1],并没有创造出真正意义上的这类"物质"[2]。一些具体物质形态,如果其转化是不可逆的,那么它们一旦被消耗,便不可再生。

具有实在性的物质,除了上述珍贵性或珍稀性之外,其作为实体性存在,还具有广延、不可入等特性。西方近代哲学家在关于"物质"的讨论中时有论及。霍布斯就曾站在唯物主义立场上认为,哲学的对象是物体,而物体就是"不依赖于我们思想的东西,与空间的某个部分相结合或具有同样的广延"[3]。笛卡儿在阐述其心-物二元论思想时,指出有两个相互独立的实体,即物质实体和精神实体。在说明物质实体时,他认为物质实体的唯一本质属

---

[1] 邬焜:《信息哲学——理论、体系、方法》,商务印书馆2005年版,第326页。
[2] 参见本论著第三章第二节。
[3] 北京大学哲学系外国哲学史教研室:《西方哲学原著选读》上卷,商务印书馆1981年版,第392页。

性是广延,即占有空间,遵循自然规律而运动①。霍尔巴赫在《自然的体系》中对物质的共同特性描绘得更为全面:"一切物质的共同特性是广延、可分性、不可入性、形状、可动性,或为某个物质的运动所引动的性质。"②哲学家们描述的物质的这类特性,显然代表着各种实体性的物质形态。除了微观世界的基本粒子之外,现实生活中的实在之物,其占据的空间相对宏大,其不同广延之间构成界限,其直接运动的速度相对光速而言较为缓慢。如果要以"人"为主导来配置这些实体性物质形态,显然困难重重、效率低下。

由此可见,实体性物质形态所具有的上述性质,都规定着单一物质世界的"人-物"关系,这意味着"物"对于"人"来说,不仅是客观的、值得珍惜的,而且是独立在"人"之外,能够方便、高效地主导和组织、配置人的实践力量的强大客观因素。因此,在单一物质世界中,人们才会在具体实践活动中采取重物轻人的态度,并将关注的重心放在"物"的上面,让人围绕着"物"来行事。这反映在军事、战争实践方面,便是将主要的注意力放在武器装备的变更上,并将具体作战人员"镶嵌"在各种武器装备之中,随武器装备的机动而机动。至于"人"的作用,则更多体现在作战人员的战斗精神、作战经验与技能等方面。新武器装备的研发,则更多地被划分在军事、战争等界限之外,被理解为非战斗人员的工作。因为研发新武器装备与使用新武器装备属于广延性、内在质的规定性等完全不同的两大门类,具有明确的界限。

信息时代信息世界的开掘建构、信息化战争的出现,信息在组织、配置物质形态和人的实践力量、人力资源等方面的主导作用,战争中信息流对物质流、能量流的控制支配作用,所有这些都彻底改变了单一物质世界单纯由"物质"来发挥控制主导作用的格局。伴随信息科学技术的深入发展,信息对"物质"各具体的实体性形态,日益发挥着更大的主导作用。信息的不实在性、可复制重组性、可保存性、可传输性、可创造性、可分享性、载体的可替换性等,又很大程度上克服了物质实在性给人生产生活带来的局限和不便。从这个意义上说,由"信息"来发挥主导作用,从而弥补"物质"主导作用下人们生产生活的缺陷,也就势在必行。

然而,信息并不全是自然天成、外在于人的。对于人的生产生活、军事战争实践等来说,真正有重大意义的信息,很大程度上来源于人的开掘和创造。人是最杰出的信息创造者和信息实现者。他通过生产实践活动,创造出大量新信息,再通过他实实在在的身体活动,甚至是生命活动,将这些新信息赋予

---

① 邓晓芒、赵林:《西方哲学史》,高等教育出版社2004年版,第147页。
② [法]霍尔巴赫:《自然的体系》上卷,管士滨译,商务印书馆1964年版,第36页。

实在物质的各种具体形态，最终创造出原有自然世界完全没有的新事物，创造出更加适于其生存发展的新现实世界。

人的信息创造、信息实现，使信息的主导作用，正逐渐转化为人信息创造、信息开掘、信息使用与实现等的主导作用。这意味着在信息时代，在"物质和信息"双重复杂现实世界中，人在新信息创造与实现（包括新信息的开掘、使用和实现等）方面所发挥的作用将越来越突出。在这样的情况下，改变以往对待人的根本态度也就是大势所趋。当然，这并不是说在具体实践中可以忽视"物"的基础性作用，而是说在信息主导下，要更方便、高效地发挥好"物"的基础性作用，还要高度重视"人"这个最活跃、最具有创造性的信息创造者和实现者的作用。

事实上，马克思主义经典作家们早就通过对"实践"这个与人生命活动内在统一的范畴的深刻阐述，实现了对人及其实践活动本质的深刻理解，从哲学的最高普遍性上奠定了解放人、重视人、开掘人、激发人的理论基础。但以往单一物质世界给人们在思想意识方面带来的局限，使人们并未真正广泛地意识到马克思主义哲学解放人的这种理论作用，在某些方面，甚至还对其做出了带有某种机械唯物主义色彩的还原式解读。在信息时代，当人们直观地发现人在这个时代的重要作用，并开始在各地抢夺各路人才的时候，当中国政府为应对人口老龄化而出台放开二孩、三孩生育等政策的时候，不少人尚未意识到我们真正应该做的是在马克思主义哲学基础上，改变以往对待人的根本态度，确立人是最杰出的信息创造者和信息实现者，确立人是信息时代最精致、最美妙、最取之不尽的战略资源等观念。

打赢信息化战争，更是要高度重视"人"这一重大战略因素。在信息化战争条件下，这一因素既可以是取之不尽用之不竭的战略资源，还可以是信息化战争"攻心"术或意识形态战的攻击对象，以致其可以被轻而易举地转化为敌方的帮凶。对于这样一种重大战略因素，爱好和平、维护正义的力量若不去积极武装和占领，那么它必将为穷兵黩武、恐怖邪恶等非正义力量所欺骗利诱，导致"颜色革命"之类的严重后果。

要开掘、激发、武装好"人"这一重大战略因素，不能简单沿袭以往单一物质世界的某些态度和经验，而是应当在充分理解现实人的实践本性基础上，在"物质和信息"双重复杂世界基础上，有所升级、有所创新。人在实践创造中的那种自我超越性、自由自主性、动态可变性等，恰好意味着以往在单一物质世界中所采取的以对待"物"的态度或方式来对待管理"人"等做法，将越来越适得其反，越来越成为打赢信息化战争、抵抗"颜色革命"之类攻击的桎梏。因为信息时代的人，早已生活于"物质和信息"的双重复杂世界，早已掌握着最先进的信息科学技术,其自身也早已成为"物质和信息"复杂相互作用的双重世界。只有充分认清这一点,才能在维护人根本利益的基础上,以维护和平正义、解放人的先进理论武装思想,并积极开掘、凝聚实践创造力量,有效激发、引导好实践创造激情与活力,使信息时代人的实践创造,真正化作人民群众的伟大力量,化作信息化战争的"胜利之本"。正是从这个意义上说,要打赢信息化战争,单有信息化的武器装备、战略战术、体制编制等还远远不够,更艰巨的任务还在于站在维护和平、捍卫正义等价值观制高点上,塑造、引导好信息时代的"人"。为此,在马克思主义实践的哲学思维方式下,在充分领略信息时代人及其现实世界以及二者关系的巨大变化中,继承、发扬、升级人民军队增强凝聚力、战斗力和创造力等各项优良传统,早已是迫在眉睫。

三、确立打赢信息化战争的大战争观

战争是政治的继续,是私有制条件下经济利益根本对立的产物。只要私有制及其在当今的主要表现形式(如资本主义、帝国主义、霸权主义、强权政治、恐怖主义等)依然存在,国家、民族、阶级之间就会在某种意义上存在根本利益上的对立。如果以帝国主义、霸权主义、强权政治、恐怖主义等逻辑和方式来解决这些对立,那么战争不可避免。正如习近平所说:"今天,和平与发展已经成为时代主题,但世界仍很不太平,战争的'达摩克利斯之剑'依然悬在人类头上。"[①]今天,人类虽然已经步入信息时代,但战争不仅没有消失,反而升级为瞬息万变、形式多样、精准打击、破坏广泛、影响持久的信息化、智能化战争。要全面理解和应对这样的战争,必须树立不同于以往战争观的大战争观。唯有如此,才能赢得打赢信息化战争的主动权,实现"能战方能止战"的辩证法。

(一)战争与战争观

战争作为一种人类社会交往实践活动,属于社会生活的重要组成部分。认识理解战争,就是要对这样的社会交往实践活动进行反思批判。这样的反思批判总是在特定的战争观指导下进行的,因此战争观对于认识理解战争具有十分重要的指导作用。

战争观是人们在长期的实践活动,特别是在长期的战争实践活动中抽象、提炼出来的理解和对待战争的总体看法和最根本态度或思维方式、思维逻辑,是人们理解战争及其相关问题的前提性立场、观点和方法。战争观是人们世界观方法论在战争领域的体现,也是对战争本身的最高、最普遍、最根本、最深刻的理解和认识。战争观不同,分析战争爆发根源、目的、性质,寻求

---

① 《习近平谈治国理政》第二卷,外文出版社 2017 年版,第 446 页。

打赢战争方式方法、手段途径,以及把握战争本质,研究战争制胜机理,处理战争与和平关系等,也都会大不相同。

例如,英国哲学家 A. C. 葛瑞林(A. C. Grayling),受英国经验论哲学思想的影响,注重对战争现象及联系的描述,因而,其战争观不仅带有经验主义倾向,而且不乏某些战争伦理方面的空想。在这样的战争观支配下,他将战争理解为"国家之间,或者在一国之内,身份认同一致的、有组织的、规模较大的、特点突出的不同群体之间发生的武装冲突状态"①。在此,所谓"武装冲突状态"其实是大有文章的。因为,何为"武装"？何为"冲突"？这些问题在不同历史条件和科技发展水平下,其包含的内容是不同的,其所谓"状态"也就各不相同。至于不同群体之间发生武装冲突的背后根源更是涉及战争本质,需要深入探讨。这些问题却不在他的深入分析之中。

事实上,对于人类战争实践及其所显露出来的状态和现象,不同的战争观往往会因理解战争、研究战争的不同逻辑前提、不同思维方式,而得出不同的认识理解和研究结果。因此,要深入理解、深入研究人类信息时代的战争,就必须确立与这个时代相协调一致的战争观。

(二)战争观与"大战争观"

"大战争观"是在马克思主义战争观指导下,结合当今人类社会进入信息时代,人类战争演进到信息化战争,对战争及其新特点的反映和哲学思考。

1. 马克思主义战争观

马克思主义通过对人生命活动独特性质的研究,揭示了人的生命生存与人实践活动的内在联系及其相互规定关系,并由此开创出实践的哲学思维方式。这种思维方式要求人们在实践基础上全面理解人、人的生命、人的社会及其历史演化规律,并由此创立能够全面理解人类社会及其历史演化的唯物史观。

马克思主义战争观就是在实践的哲学思维方式、唯物史观的基本原理和要求基础上来全面理解战争,揭示其中规律,指导战争实践的。马克思主义战争观深刻揭示了人类战争的起源、本质、目的、性质、方式方法和手段的演进,以及人类在不同历史条件下对战争与和平诸问题的具体历史解答,是人类迄今为止最深刻全面揭示战争本质及其规律的战争观,也是正确指导无产阶级和广大劳动群众捍卫自身利益,打赢各种非正义战争的强大思想理论武器。

然而,不论是马克思、恩格斯还是列宁,他们对战争的理解研究主要反映

---

① [英] A. C. 葛瑞林:《战争的本质》,吴奕俊译,海南出版社 2020 年版,第 6 页。

的是信息时代之前,人类在单一物质世界中爆发的战争。这时的人类战争主要经历了由冷兵器时期到热兵器时期的发展,而机械化战争形态也不过就是热兵器时期战争发展的最先进样式[1]。

信息时代,伴随信息科技、智能科技的飞速发展,"物质和信息"双重复杂世界被迅速开掘建构出来。人类战争在继承发扬冷兵器和热兵器时期各传统战争形态基础上,被全面建构于"物质和信息"双重复杂的现实世界之中,并相应地由热兵器时期深入发展到包含信息化、智能化战争的"智兵器"时期[2],由此掀开了信息时代复杂、高端战争的帷幕。

信息时代的战争终归是信息化战争,智能化战争不过是信息化战争的必然升级形式。信息化战争及其智能化的升级形式,不仅改变了以往在单一物质世界中的作战形式(如对体能和化学能的运用),而且在"物质和信息"双重复杂世界中,通过突出对信息和"人类智能的物化运用和替代"[3],而将人类所有可能的能量加以综合集成式释放,并由此全面深刻地展现出人类战争对抗的实质,即人本质力量的最全面、最残酷的较量。

于是,理解战争定义中的"武装"二字,就不能再简单地局限于以往对战争体能和化学能的开掘、延伸和利用上,而是要深入对人类可能掌握和拥有的各种能量(能力)的开掘、延伸和利用等各个方面。这意味着战争实际上已经突破了以往单一物质世界人们的固有认知和界限,并且已经更加充分地显露出"战争是流血的政治",只不过这个"流血"有可能不再由敌方直接导致,而是由敌方通过某些政治和非政治手段,引发己方内部动荡而致。

今天,当人们回过头来反观战争时,不难发现,人类本质力量的发展及其成果无不以最快速度、最高水平运用于战争,并通过战争表现出来。冷兵器、热兵器、智兵器的具体战斗力体系及其作战武器与装备等的采用,反映出的是人本质力量对冶炼、火药、机械等技术,以及对信息、智能科技的综合性掌握。将这些技术运用于战争,恰恰又反映出这样一种关系:人的本质力量发展到什么程度,战争的样式或形态就能随之演进到什么程度;人的本质力量投射到哪里,战争的形式也就能相应地指向哪里。这样一来,战争形态也就随着"人类社会形态发展进步而不断呈现由简单到复杂、由单一到多样的演

---

[1] 庞宏亮:《21世纪战争演变与构想——智能化战争》,上海社会科学院出版社2018年版,第15、25页。

[2] 庞宏亮:《21世纪战争演变与构想——智能化战争》,上海社会科学院出版社2018年版,第20、26页。

[3] 庞宏亮:《21世纪战争演变与构想——智能化战争》,上海社会科学院出版社2018年版,第27页。

进趋势"①。这样的趋势在当今信息时代的战争实践中更是如此。从战争主战武器、战斗力生成状态等综合发展趋势看,信息化、智能化战争极有可能在信息智能科技的发展和支撑下,生成演化出各种全新的、前所未有的战争新形态和新样式,使得战争"不确定性、联动性、综合性凸显"出来②,既给人类生产生活带来不可估量的损失和破坏,也为人类以新的智慧探索和平,以新的眼光看待战争与政治关系提供了可能。

总之,战争正在跃出传统的学科界限,也正在跃出前线和后方、战场和非战场的固有边界,表明人类战争实践的发展正在跃进到一个新的阶段。这些都向爱好和平的人们全面理解战争,积极探索维护和平的新方式、新方法等,提出了全新的挑战。这些挑战却是马克思主义经典作家们不曾面临的,因为他们毕竟不拥有我们的时代。作为马克思主义战争观的坚定拥护者和实践者,大有必要在马克思主义实践的哲学思维方式、唯物史观基本原理基础上,实事求是地研究信息时代战争的新问题,探索人类走向和平的新路径,并在此基础上确立起马克思主义信息时代大战争观。

2."大战争观"

"大战争观"是在马克思主义战争观指导下,对信息时代人类战争新特点的哲学思考,也是对马克思主义战争观的继承发展。之所以在战争观前面冠以"大"字,主要是因为在信息、智能科技推动下,人类战争演化到能够大量制造和使用"智兵器"的新时期。这一时期的战争日益呈现出某种程度的"大战争"状态,并朝更加复杂无边的"大战争"方向演进。这使得理解战争的思维方式只有及时跟进到与这种"大战争"状态和演进趋势相适应的层面,才能更深刻全面地理解战争,做好打赢战争的各方面准备。

从战争状态上看,由于信息时代的战争是在"物质和信息"双重复杂世界中展开的,而信息的不实在性意味着人们可以通过各种技术手段,将信息非线性地渗透到整个实在物质世界之中。因此,以往在单一物质世界中所形成的天然的战争界限,如地域界限、时空界限、学科门类界限等,在不实在信息的渗透中介下,都将逐渐消失。信息化、智能化,或者其他的什么"化"战争正在不断地跃出传统战争的界限,这不仅表现在极短时间内的陆、海、空、天、电、网、脑等作战空间的多维拓展,前线与后方的边界模糊,作战时间的急速缩短,而且更突出地表现为战争范式本身的跨学科、跨领域跳跃。战争再也不仅仅局限在军事、军队、军人的世界中了,而是越来越广泛地爆发于人类社会生活的各个领域、各个方面,像经济、政治、文化、生态、社会、科技等具体领域的某些具体方面。一

---

①② 傅婉娟、许炎:《今天,我们应该有怎样的战争观》,《解放军报》2018年12月20日,第7版。

且触发某些特定条件,战争就会以某种新的形式极速地在某具体环节和具体方面展现出来,最终呈现出摧毁现有一切社会秩序的综合性状态。

从战争演化趋势上看,战争从冷兵器经由热兵器发展到今天,人类已真正进入信息时代的智兵器时期。战争在这个时期的最大特点就在于不管主战武器如何变化、战斗力体系如何生成、战争样态如何显现,整个战争都已从以往主要局限在具有客观实在性的单一物质世界,跃升到在"物质和信息"双重复杂世界中铺开和施展。物质的客观实在性虽然在这样的双重复杂世界起着基础性、决定性作用,但是信息的不实在性、光速传播性、可共享性等特性,却是信息时代的战争设计谋划、防范预警等所不可忽视的。信息时代的战争,哪怕就是以木石为武器,以血肉之躯为铜墙铁壁,其爆发都绝不简单地仅限于以往单一、实在的物质世界。信息、智能手段的全面使用,使得大量不实在的武器装备、大量非直接的攻防方式等都能够被开掘和广泛采用。其中,科技的力量、开放型社会交往的力量、人们创造性前瞻性思维的力量、金钱资本的力量等,都将成为比以往任何时代都更加具有决定性作用的综合性参量。

此外,还应看到,人类以往在战争中所使用过的主战武器、战斗力体系、战场观念、战争理论等,在信息时代的战争中不是被彻底抛弃,而是在信息化、智能化等科技手段和各类平台的支撑下,被全面渗透、扬弃、整合和创新,最终形成最强大且加速演变的武器装备系统、战场观念系统、战斗力生成系统、战争理论系统等。

信息时代战争的这种突破固有界限,且在"物质和信息"双重复杂世界中全面展开的特点,充分说明信息时代的战争是某种和以往人类战争完全不同的"大战争"。只有确立起与之相适应的"大战争观",才能正确反映其规律并更有效地指导好打赢信息化战争工作。

可见,"大战争观"就是在马克思主义实践的哲学思维方式下,以唯物史观基本原理和马克思主义战争观为指导,紧密结合信息时代"大战争"特点及其复杂性,来深刻反映和揭示"大战争"规律及其制胜机理,深刻反思批判人类在信息化战争问题上所表现出来的各种错误思想和观念,为人们能够更加全面、开放,更具前瞻性地理解和应对包括信息化、智能化战争在内的信息时代"大战争",提供方法论支撑。

(三)"大战争观"的特点

结合信息时代人类战争的"大战争"特点,不难发现"大战争观"至少应具有以下基本特征:

第一,更加注重从"人-实践-世界"三者的非线性复杂相互作用关系中来研究有关信息时代战争的相关问题。

"人-实践-世界"三者复杂相互作用,最早由马克思通过对人生命活动性质、特点、重大历史作用等的深刻揭示,以唯物史观基本理论科学全面地展现出来。但以往人们主要生活于单一物质世界,因而"人-实践-世界"三者复杂相互作用关系,更主要被理解为某种决定论关系。人以物的方式活动,换来物以人的方式存在,是人们对这种"三体"关系的基本信念。当然支撑起这一基本信念的是近代建立在简单性、确定性等基础上的牛顿经典力学。

人类的战争实践活动,正是不同国家、不同民族、不同阶级紧紧围绕其根本利益问题,在"人-实践-世界"三者关系上最现实、最具体、最充满暴力血腥的展开。由于是在单一物质世界,人们主要将三者关系理解为某种线性决定论关系,再加上人们更乐于按照牛顿力学第三定律方式来直观理解三者关系,几乎不能自觉地意识到这种"三体"关系本身就包含着"内在随机性",对于发生在这种单一物质世界的战争,自然也会更多倾向于以某种决定论方式来加以理解。于是,战争被看成是更加"遵循确定性原则,基于必然性、规律性、应对性思维框架,战略方向、主要对手、未来战场都是确定的,甚至作战样式也是确定的","一言蔽之,一切都是确定的"。[①]

信息时代的战争,包括人们通常理解的信息化、智能化战争,其所处的现实世界其实已是由信息-智能科学技术深入发展所建构起来的"物质和信息"双重复杂世界,在这样的世界中,物质起到信息源泉、信息载负体的作用,依然是第一性的。可信息在人实践活动的创造、开掘、使用中,在信息科学技术、智能科技等的作用下,却能起到重组、配置物质各具体形态,甚至使物质本身拥有各种信息能力的作用。又由于信息具有不实在性、可载负性、可复制性、可重组性、可传输性、可创造性、可分享性,以及载体的可替换性等特点,于是,人们便可通过不断发展信息科学技术、智能科技等来最充分地挖掘、利用信息的这些特性,以便构筑起一个更加方便、舒适、快捷、高效的现实世界。其中,虚拟化、智能化、网络化、大数据化、无人化、自主化,以及未来还将出现的其他什么"化"都将应运而生。于是,"人-实践-世界"三者的复杂关系,便会在如此虚拟化、智能化、网络化、大数据化、无人化、自主化等条件下,被非线性放大,乃至完全暴露出某种确定系统的内在随机性。信息时代的战争,就发生在如此复杂的现实世界中。把握其中的不确定性、内在随机性,以及在"人-实践-世界"中衍生、展开的各类关系的非线性等,都将成为全面思考信息时代人类战争实质、性质、目的、形式、战略、战术、人才培养、力量结

[①] 董子峰:《虚拟时代需要什么样的战争观——对"虚拟战争观"的探索与思考》,《解放军报》2019年1月3日,第7版。

构、管理艺术、成败等的重要现实背景。

第二，更加关注信息科学技术、智能科技等的特点及其在信息时代人类战争实践中的革命性意义。

信息科学技术不仅大大提升了人类认识事物、获取信息的能力，而且帮助人类全面开掘、建构出了一个以往人类从未意识到的"信息世界"，让自然物的信息呈现、人类主观精神的信息创造与呈现、人类文化的信息展现等，全都可以借助某些技术手段而相互作用、相互促进，甚至相互激励和放大，由此汇聚出某种能够重新组织、配置、再造物质世界的信息流，从而形成崭新的、智能化的物质世界。

大数据、云计算、智能算法等技术成果的问世，让诞生于1956年的人工智能技术获得了飞速发展的新思路、新契机。人工智能技术从其目的来看，就是要赋予机器等"物"以人一般的活动能力，其中特别包括人一般的信息获取、信息加工、信息传递、信息储存、信息创造等能力。如果说信息科学技术在其最初阶段的发展，还只是帮助人们更广泛、更方便、更舒适、更快捷地获取、加工、传递、储存、创造信息的话，那么人工智能技术则更注重赋予"物"本身以信息和活动的能力，让"物"本身变得像人一般聪明能干。

"智能"既属于信息范畴，又属于将信息"外赋予物"的人类实践活动范畴。从这个意义上说，智能科学技术实际上是信息科学技术发展的更高级阶段，即在提升人的信息能力基础上，进一步地通过人类实践活动而赋予"物质"本身以信息能力和活动能力，使"物质"的基础性、决定性、第一性等作用在"自己决定自己""自己规定自己"等哲学意义上更加具有合理性和完备性。

如果说以往的人类战争，都还只是在"物质和信息"不甚完整的相互作用关系中进行的话，那么伴随信息化的不断发展，特别是智能化战争的产生发展，人类战争已经在信息、智能科技推动下进入一个全新的阶段。在这个阶段，战争已是在"物质和信息"最为完整的相互作用关系中全面展开。人们在战争实践中，不仅可以利用信息与智能科技搜集、挖掘、储存、传递、创造各种信息，将其用于具体的新式武器装备研发、新战斗力体系生成、新式战法设计、新军事作战理论等之中，而且可以通过实践活动，进一步赋予各种武器装备与平台等"物"以相当高的信息能力和活动能力，包括新信息挖掘、分析和创造等能力，以便自主地展开各种类型的战斗攻击。在此基础上展现出的"物"本身在人类战争实践的塑造下，逐渐成为无人化、自主化、智能化的"智慧型"存在。

英国哲学家A. C. 葛瑞林说："在历史上，让战争发生最显著变化的正是科技——长矛、制造剑和盾的冶金技术、装甲、弩、火绳枪、大炮、小型速射火器、飞机、导弹、用于移动部队和物资的后勤设备等发明,都代表着人类在危急时刻被激发出的创造力。凡是在战争中拥有先进技术的人,都有更高的可能性获胜。"①今天,对信息时代整个战争起主战支撑作用的武器装备,也许早已不再是人类历史上的这些器械,而是那些具有超强信息能力的平台装置和超级智能化的作战工具。但是,如果看不到信息智能科技给战争带来的根本性变化,将信息智能科技仅仅理解为继近代以来一般物质性科技的又一新成果,就会停留于从单一物质世界看问题,从而忽视信息智能科技在"物质和信息"双重复杂世界中对人类社会及其战争的全面塑造和建构等作用,那么备战打仗难免会陷于被动。

第三,更加重视"人"自身在信息时代的战争中的复杂作用。人不仅是最杰出的信息创造者、信息挖掘者和信息分析者,最优秀的信息传播者和贮存者,而且是最了不起的物质世界改造者、智能化物质形态研创者。不管是信息智能科技的研发、创造,还是信息化、智能化战争的设计谋划和实施,人都在其中发挥着实践主体、创造主体的作用。这些作用之所以可能,则完全在于人独特的以实践为内容的生命活动。

自人猿揖别到今天,人通过自身实践活动不仅创造生成了适于其生存发展的世界,而且创造生成了人自己。实践创造的本质,恰恰在于新信息创造,以及将这些新创造的信息再通过人的生命活动赋予万物②,使万物不仅发生形式、状态上的改变,而且在人工智能高速发展的今天,正被赋予各种各样的信息能力,"使物质具有生命力的精神力量"③得以完满实现。当然,这里所说的新信息创造,归根结底来源于现实世界已有的大量信息,包括自然事物本身显示出来的各类信息,社会生活展现出来的各类关系信息,前人创造的知识、文化、精神、思想类信息等。离了这些信息,实践创造将难以为继,而本质上属于信息生产的物质资料生产也将难于进行。

人通过实践活动而具备如此高的信息能力,特别是信息创造和信息的"外赋予物"能力,使人同时成为极其复杂的生命存在。这样的复杂性在信息时代的战争中其实已具有两面性:一方面,人的信息创造及信息外赋能力,让人成为极其杰出精妙的信息创造者、信息"外赋予物"者,从而成为打赢信息化、智能化战争的取之不尽、用之不竭且丰富多样的战略资源;另一方面,人对信息、信息科学技术、智能科技等的高度依赖,使得人极易受到信息化、

---

① [英] A. C. 葛瑞林:《战争的本质》,吴奕俊译,海南出版社 2020 年版,第 192 页。
② 邬焜:《辩证唯物主义新形态——基于现代科学和信息哲学的新成果》,科学出版社 2017 年版,第 555 页。
③ [德] 克劳塞维茨:《战争论》,盛峰峻译,武汉大学出版社 2014 年版,第 57 页。

智能化战争攻击,并为敌方控制,在这一切都已经发生之时,人却很有可能并不自知,乃至产生和创造出某些更加有利于敌方的新信息与自身无法控制的新型物质形态,像失去控制的无人装备或自主式武器等,而所有这些又最终使人面临自我毁灭等灾难性后果。

"大战争观"必须充分认识到"人"的上述两面性,既要开掘、利用好这样的优质战略资源,又要防止其遭受敌方对"人"信息创造中心(即大脑)的信息化、智能化精准攻击。对此,应站在唯物史观人民群众历史创造者基本立场上,深入研究和理解人民群众,包括信息化、智能化参战官兵等的情感、意志、意愿,反映和实现他们的根本利益,并从信息时代所处的"物质和信息"双重复杂世界的现实境况中来深入研究、剖析"人"及其所包含的矛盾,特别是要深入剖析人的精神意识、思想观念等的信息控制机理。

(四)树立"大战争观"的现实意义

确立打赢信息时代"大战争"的"大战争观",这在当今已不仅限于学理性探讨。党的十八大以来,中国军队在党的领导下,为打赢信息化、智能化战争所采取的一系列战略部署和改革措施,无不反映出这种"大战争观"。如对"全心全意为人民服务"宗旨和初心的坚决捍卫、"总体国家安全观"的提出和深入人心;再如中国军队所实现的军事力量结构大调整、体制编制大改革、实战化军事训练大练兵,以及军民深度融合大发展、构建一体化国家战略体系和能力的全面部署等,都体现出这种大格局、大视野、大战略的信息时代"大战争观"。

第一,树立"大战争观"有利于更深刻全面理解信息时代的人类战争。

信息时代的人类战争是超越了以往战争边界的"大战争"。"大战争观"不过是对信息时代伴随信息智能科技发展,人类战争已经显现出的"大战争"端倪的反映,是为适应信息时代战争实践新发展、新要求而做出的有益探索。信息、智能科技的加速发展,推动着"物质和信息"双重复杂世界加速演化,而战争形态和样式也随之加速演进和拓展。已经出现过的各种战争形态或形式、战法和谋略等,都不足以完全表达和反映未来战争的面貌。未来战争中的各种"意外",又恰好可能成为某种制胜关键[1]。因为,"信息"是物质存在方式或状态的自身显示,是"物质"的"间接存在"形式[2]。信息、智能科技和以往所有的科学技术相比,其最不同的地方就在于揭示出了信息所具有的广

---

[1] 董子峰:《虚拟时代需要什么样的战争观——对"虚拟战争观"的探索与思考》,《解放军报》2019年1月3日,第7版。

[2] 邬焜:《信息哲学——理论、体系、方法》,商务印书馆2005年版,第45~46页。

泛渗透性及其在实践中的重大意义,让"科学的信息科学化"①、技术的信息-智能科技化成为现实。

一方面,信息科学技术发展到今天,已由某种科学范式全面渗透于当今各门学科的研究领域中;另一方面,信息科学技术又通过"科学—技术—生产"等一体化进程,迅速演变为某种智能科技范式,智能生产范式,并快速渗透于技术创新、生产革新之中,使得"互联网+""人工智能+"等成为现实。

当信息、智能科技全面介入对人本质力量的更全面、更深刻、更立体化提升,并由此进一步引发人本质力量在"物质和信息"双重复杂世界全面投射,乃至在此基础上快速全面地作用于军事、战争等各个方面、各个方向、各种可能性时,大量战争制胜的关键性"意外"就会出现。要变这些关键性"意外"为关键性机遇、关键性预案、关键性措施,就必须走在信息科学技术、智能科技发展的最前列,以面向未来的多样化理论、多样化设计和多样化谋划来尽可能谋得战争制胜的权力。为此,"大战争观"将充分拓展人们理解战争的视野和思路,使人们从更广泛的领域、学科、空间等来思考、准备和应对未来战争。

第二,树立"大战争观"有利于从战争视角看待当代世界经济、政治、文化、社会、生态环境、科学技术等的发展问题,为国家和社会积极应对无硝烟战争提供方法论支撑。

"大战争观"在继承发扬马克思主义实践的哲学思维方式和马克思主义战争观基础上,立足智兵器时期战争展开的"物质和信息"双重复杂世界,突破以往人们理解战争的固有模式和学科、领域、方面等界限,以更加广阔的视域看待战争和备战工作。这对于从战争视角来理解、审视、积极应对当代世界经济、政治、文化、社会、生态环境、科学技术演变发展的诸多问题,为国家安全、民族振兴提供更加广泛的战略支撑,具有方法论意义。

信息时代战争所具有的"大战争"性质,意味着战争正在突破以往人类理解战争的各类固有边界和认知,成为人们解决利益冲突、夺取权力的日常性手段。这一方面为人类消除战争、走向和平提供了某种程度的新契机,毕竟战争和政治的联系是如此紧密;可另一方面,在现有社会历史条件,特别是私有制条件下,在帝国主义、霸权主义基础上的丛林法则等依然盛行。信息时代战争突破以往关于战争的固有边界和认知的现实状况,很有可能将人类社会生活的方方面面都卷入某种新型状态的战争。因为,当今世界各国各民族在经济全球化背景下,其经济、政治、文化、社会、生态环境、科学技术等方面的发展,必然打破以往形成的各种力量平衡和格局,由此引发各方面、各领域

---

① 邬焜:《信息哲学——理论、体系、方法》,商务印书馆 2005 年版,第 23 页。

新的冲突。这些新冲突在当代信息、智能科技的推动下,往往会被非线性地放大,并在帝国主义、霸权主义挑拨利用下,被置于私有制框架和丛林法则中来解决。而这必然会引发最残酷的看不见的硝烟,能造成具有极大破坏并置人于死地的战争。像目前在经济领域已经显露出来的贸易战、货币金融战,政治领域的外交战、舆论战、法律战,文化领域的意识形态战,社会生活领域的疫苗战、粮食战,生态环境领域的环境资源战、气候战,科学技术领域的专利战等。这些没有硝烟的战争,虽然其爆发点在不同领域,但其波及的范围却是全面的。一旦某领域爆发这类战争,其他各领域都将被波及。当然,从战法上看,这同样意味着其他各领域的主打战法,都可相应地被采用和跟进。正像2019年美国对中国发动的贸易战,虽然其爆发点在经济领域,但给中国人民带来的损害却很有可能并不仅限于经济领域。在这样的情况下,如果不是中国共产党带领全体中国人民,积极采用各领域的主打战法,在"全国一盘棋"中来积极应对,那么美国发动的这种贸易战将很有可能给整个社会生产生活带来一系列的严重后果。事实上,正是因为有党的坚强领导和全体人民在"全国一盘棋"中的战法与跨领域应对,中国才维护了社会稳定,避免了社会内部的动荡、损耗,还从中抓住了发展自己的大好机遇。这样的战果说明中国共产党和中国人民正是在以某种"大战争观"思路来认识和把握信息时代"大战争"规律。

从以上分析可知,其一,在对待经济、政治、文化、社会、生态环境、科学技术等各领域的问题时,应积极主动地突破学科领域等界限,将各领域问题纳入整个国家安全和社会健康发展的整体中来考虑,尤其不能忽视各领域潜在的、可能引发无硝烟战争的爆发点,以及其对整个国家安全和社会健康发展可能带来的严重毁伤。其二,目前存在于经济、政治、文化、社会、生态环境、科学技术等各领域的具体战法形式,绝不可局限于相应的领域。对于维护整个国家安全和社会健康可持续发展,各领域的具体战法形式都可以围绕相应的问题而被跨领域地协同使用。其三,经济、政治、文化、社会、生态环境、科学技术等领域的深入发展,各领域、各方面专业人才的多样化培养等,不仅具有各专业领域和社会发展的意义,而且具有维护国家总体安全和打赢未来战争的战略意义。

第三,树立"大战争观"有利于更自觉地克服经验主义直观思维逻辑。

信息时代的战争,是信息全面发挥主导作用的战争,而信息却不仅仅属于现存世界。事实上,更能够对战争发挥出主导作用的信息,往往是人们在某种理论架构中,对新信息的深入挖掘和创造,而这些理论架构本身也属于信息。在这个意义上可以说,要使信息真正能够发挥出主导作用,就必须围绕战争及其发展,前瞻性地创造出多样且大量的基础性、前提性信息,包括新的战争理论、新的科技理论、新的战法设计、新的武器装备设计、新的战场时空设计、新的运筹谋划等。这些基础性、前瞻性信息是无法通过单纯总结、归纳过去和现有经验事实来直接获得的,必须依靠人头脑的理性建构。这绝不是唯心主义的危言耸听。因为唯物主义和唯心主义的分野,并不简单地在于是否承认人头脑的理性建构,而在于是否能立足现实、实事求是地来发挥人的主观能动性。立足现实、实事求是就是对唯物主义物质第一性原理的捍卫,而发挥好主观能动性,建构好面向未来的战争新理论、科技新理论、战法新设计、武器装备新蓝图、战场时空新设计、运筹谋划新路径等,则是在战争实践基础上,通过充分发挥人的主观能动性而对唯物主义基本原理的辩证运用。

因此,研究军事、研究战争,在信息时代的今天已不能仅仅满足于对过去的战史、战例分析,更不能满足于在现有成熟、权威的军事哲学、军事理论等框架范围内来做简单的演绎推理。关注由信息、智能科技建构的"物质和信息"双重复杂世界及其中"人-实践-世界"三者的非线性复杂相互作用关系,关注信息-智能科技本身的最前沿性发展及其对人本质力量的全面提升,并在此基础上理解、设计、谋划可能的各种战争形式、战争形态,提出打赢信息化战争的多种预案措施,更有利于在将来的各类战场赢得主动。

相反,经验主义直观思维逻辑在信息时代的备战中,在面向未来战场方面存在致命缺陷。由于其坚持一切知识归根结底来源于经验,将已有的经验作为一切理论、知识的最根本前提,看不到在人类实践活动基础上人的主观能动性对事物演化必然性、普遍性等的全面把握,因此,这种经验主义直观思维逻辑往往将人的思维限制在过去和当下已有的经验范围内,并以这些经验来应对事物未来的发展,从而忽视对事物演化必然性、普遍性的深入思考和预判。

不可否认,打赢信息化战争,确实离不开对经验事实的分析描述,离不开对过去成功经验、失败教训的总结概括。但若就此而形成某种固有思维定式,并陷入某种过去决定现在、现在决定将来的经验主义逻辑框架,以致重事实描述而轻理论构建,重眼前绩效而轻长远谋划,重局部成功而轻整体设计等,那么这样的备战看似表面轰轰烈烈,实则已丧失战略主动。对此,在信息时代的备战工作中,非常值得注意英国哲学家休谟对归纳问题的总结和质疑:过去的经验不能决定未来的成功,有限的事实不能决定无限的可能。唯有在总结概括经验事实基础上,面向未来战争实践的多种可能性,积极进行多样化理性谋划、多样化理性创造和多样化理性设计,才能在准备和应对信息化战争中掌握主动权,特别是制胜权。对此,"大战争观"以更加广阔和长远的视野来积极探索信息时代战争演化的内在必然性,将更有利于人们摆脱经验主义直观思维逻辑的支配。

(五)"大战争观"的基本要求

信息时代的"大战争观"是建立在对"物质和信息"双重复杂世界深刻理解基础上的战争观。以"大战争观"看问题要求做到:

第一,在"物质和信息"双重复杂世界中来全面理解战争。以"大战争观"看问题,就是要在马克思主义实践的哲学思维方式下,在唯物史观基本原理和马克思主义战争观指导下,紧密结合战争在"物质和信息"双重复杂世界全面展开的现实,以及信息日益发挥战场主导性作用,智能化、自主性武器装备及各种平台全面融入战争的现状及发展趋势,以更加开放、更加面向未来的眼光来全面理解战争,全面准备和应对各种形式的战争,全面探索维护世界和平和伸张人类正义的新途径。

第二,高度重视信息时代战争的巨大不确定性。受各种主客观条件影响,加之人们对战争艺术的创造性发挥,人类战争从来都具有高度不确定性。以往单一物质世界中的战争是如此,在"物质和信息"双重复杂世界中展开的战争更是如此。信息的不实在性、可共享性、光速传播性,可通过人的实践活动对物质世界进行智能化重塑和改造等,都将以不同方式进一步地放大战争的不确定性,特别是人们还在不断地通过自身实践活动的深入发展,力图将自身获取信息、创造新信息的各种能力再赋予万物。这些都将导致信息时代的战争更加具有不确定性。为此,"大战争观"要求树立系统整体演化思想,注重战争与社会生活各领域、各方面、各环节之间的非线性相互作用关系,让战争巨大的不确定性能够更大程度地转化为消除战争、赢得世界和平的重大机遇。

第三,突破以往直观、孤立、静态、决定论、被动式理解战争的思维习惯。中华民族向来爱好和平,从不为了征服掠夺别的国家而积极主动地设计、谋划战争。但面对具有前瞻性、不确定性、设计谋划性的信息化战争威胁,所有的备战工作都不得不既立足现实,又面向更加长远的未来。为此,"大战争观"要求以更加广阔的视野和思路理解和对待战争,打破直观、静态、决定论、分裂看待战争与和平、前线与后方、军事学科领域与其他各个学科领域等关系的思维习惯。将军事、战争等放在信息时代"物质和信息"复杂相互作用的整个社会历史大背景中,结合信息时代的战争所引发的各种新问题来加以深入研究和全面理解,以"能战方能止战"的辩证思维逻辑来指导现实各领域实践活动,以赢得维护世界和平的主动权。

第四，积极主动、具有前瞻性地研究未来战争可能的爆发点及应对措施，做到防患于未然。以"大战争观"看问题，要求在现实生活中既从战争视角审视现有社会生活各方面、各层次、各环节，特别是从国际国内政治、经济、社会、文化、科技等发展演进态势及其与军事战争的关系中，发现人类有可能爆发的超越以往一切边界或界限的"大战争"端倪；更要在此基础上进一步预判这种"大战争"可能的演进趋势，并多方位、多视角地设计、谋划出应对这种"大战争"的各类预案和措施，以便能够做到有备无患。

附　　录

附录一　钱学森系统思想与"信息化战争"概念

从表面上看,"信息化战争"概念似乎只是一个区别于外军"信息战""信息时代的战争"等提法的简单、孤立概念。但如果深入分析该概念的提出者钱学森及其系统思想等理论背景与实践背景,那么就可以发现钱学森的"信息化战争"概念实际包含着非常深刻而丰富的内容。这不仅对全面理解钱学森对中国军事和国防事业所产生的深远影响具有十分重要的意义,而且对当今打赢信息化战争具有非常重要的指导意义。

一、钱学森系统思想与方法

钱学森对系统科学不仅有深入的研究,而且在系统科学基础上形成了他独到的系统思想和方法。钱学森认为,极其复杂的研究对象都可以被称为"系统"。

一般系统论创始人路德维希·冯·贝塔朗菲(Ludwig von Bertalanffy,1901~1972)认为,系统是"处于一定的相互作用关系中并与环境发生关系的各组成部分的总体"[1]。钱学森则更明确地提出,系统是"由相互作用和相互依赖的若干组成部分结合的具有特定功能的有机整体"[2]。这个有机整体"本身又是它所属的一个更大系统的组成部分"[3]。这就比贝塔朗菲更好地

---

[1] [美]贝塔朗菲:《一般系统论——基础、发展和应用》,林康义、魏宏森等译,清华大学出版社 1987 年版,第 240 页。
[2] 钱学森等:《论系统工程》,湖南科学技术出版社 1982 年版,第 10 页。
[3] 钱学森、许国志、王寿云:《组织管理的技术——系统工程》,《文汇报》1978 年 9 月 27 日。

突出了系统这种整体所具有的、像生命有机体那样的整体性质,即系统不仅其自身各构成部分相互关联协调,具有不可分割的统一性,而且对其他系统有着像生命有机体那样的特定功能。

对于系统科学,钱学森认为,系统科学是"与自然科学、社会科学、数学科学、思维科学、人体科学、艺术科学、军事科学等相平行"的学科门类或学科群。为此,他着力建立系统科学体系。在他看来,系统科学体系包括四个层次的内容:最基础的是系统的工程技术层次(如各门系统工程、通信技术、自动化技术等);其上是系统的技术科学层次(包括控制论、信息论、运筹学);再上一层则是系统的基础科学层次(包括将运筹学与控制论、信息论相结合的系统学);最上层是哲学层次,即系统观,是沟通系统科学与马克思主义哲学之间的桥梁,"是关于系统的一般哲学、方法论观点"[1]。这种从具体工程层次到最高哲学方法论层次的科学整体化思想,既是对系统科学本身思想实质的深刻把握,又是对系统科学哲学与方法论的开创。

与上述系统思想相协调,钱学森的系统方法在理论上和实践中都极具创见。在理论上,20世纪70年代末,钱学森就主张把还原论方法与一般系统论方法结合起来。他说我们所提倡的系统论,"既不是整体论,也非还原论,而是整体论与还原论的辩证统一"[2]。钱学森在此基础上,形成了系统论方法。用他的话说,就是系统论方法既克服了还原论方法只注重部分的片面性,又避免了一般系统论方法只注重整体的方法论局限。

20世纪80年代末90年代初,在研究开放复杂巨系统过程中,钱学森发现巨系统有简单巨系统和复杂巨系统之分。对于简单巨系统问题,经过适当修改的还原论方法大体可以解决,可对于复杂巨系统问题来说,还原论和其他派生方法基本上就失去效力了,而在现有的科学体系中尚没有适当的方法可用。因此,钱学森意识到,"必须在马克思主义哲学指导下,创造新的思想、原理、方法"。于是,他开创性地提出"从定性到定量综合集成方法",以及该方法的实践形式"从定性到定量综合集成研讨厅体系",他特意将运用这套方法的集体称为"总体部",其中充满了他对马克思主义唯物辩证法的深刻理解。除此之外,他还针对具体的工程技术提出了"系统工程"方法论,并在1982年出版了《论系统工程》一书。书中指出,系统工程是"组织管理系统的规划、研究、设计、制造、试验和使用的科学方法,是一种对所有系统都具有普

---

[1] 刘大椿:《科学技术哲学导论》,中国人民大学出版社2000年版,第207~208页。
[2] 钱学森:《人体科学与现代科技发展纵横观》,人民出版社1996年版。转引自于景元:《钱学森综合集成体系》,《西安交通大学学报》(社会科学版)2006年第6期,第42页。

遍意义的方法"。

在实践上,早在20世纪60年代初,钱学森就提出了把系统思想与华罗庚运筹学理论和管理学理论统一起来,运用在实践中,即总体设计部的成立和运行,由此使国防尖端科技的研究工作取得了迅速发展①。同时,这种"总体部"的思路和运行逻辑,又使得从定性到定量的综合集成方法不再停留于理论,而是很快进入现实实践活动之中。从本质上看,"综合集成方法就是把专家体系、信息与知识体系以及计算机体系有机结合起来,构成一个高度智能化的人-机结合与融合体系,这个体系具有综合优势、整体优势和智能优势"②。正如钱学森指出的,综合集成方法"能把人的思维、思维的成果,人的经验、知识、智慧以及各种情报、资料和信息统统集成起来,从多方面的定性认识上升到定量认识"③。这就使人们对开放复杂巨系统的研究从此有了行之有效的操作方法,也使得综合集成方法本身的实质得以展现。

钱学森对系统科学与方法有如此深入的研究,早在1982年"系统论、信息论、控制论中的科学方法与哲学问题讨论会"上,钱学森所作的"系统思想、系统科学和系统"的长篇报告就在与会的一千多位代表中产生了巨大影响,很好地推动了中国系统科学、系统哲学的快速发展。

二、在钱学森系统思想方法指导下全面把握"信息化战争"

1991年,海湾战争的爆发揭开了人类战争新形态的序幕。和许多国防、军事专家一样,钱学森也高度关注这场战争,并对其展开深入研究。1995年在国防科工委首届科技学术交流大会上,钱学森在其书面发言中指出:"在现阶段和即将到来的战争形式为核威慑下的信息化战争。"④"信息化战争"概念由此得到国内大多数军事专家的积极采纳。从表面上看,"信息化战争"这一概念似乎只是一个区别于外军"信息战""信息时代的战争"等的简单、孤立概念。海湾战争后,伴随信息科学技术的飞速发展,只要对军事战争问题稍加留意,都有可能提出这样的概念。然而,这样的概念是在日常经验中被直观地提出,还是在某种深厚的科学知识背景下被提出,其意义是不同的。在日常经验中直观地提出"信息化战争"概念本身并不算太难,也就是一个单独的概念而已。然而,只有在深厚的科学知识的支撑下,经过深思熟虑、反复推

---

① 杨建军:《科学研究方法概论》,国防工业出版社2006年版,第102页。
②③ 钱学森:《人体科学与现代科技发展纵横观》,人民出版社1996年版。转引自于景元:《钱学森综合集成体系》,《西安交通大学学报》(社会科学版)2006年第6期,第43页。
④ 汪维余、杨继军、李合生:《信息化战争论研究》,国防大学出版社2008年版,第20页。

敲而最终凝练出的"信息化战争"概念,才能真正包含丰富、深刻的内容,对实践也才具有深刻的指导作用。这正如黑格尔所说,同样的故事,由老人和孩子讲出来,其味道是不一样的。老人讲出的故事,已经渗透并饱含了老人一生的经历和智慧。"信息化战争"是钱学森在其毕生的科学研究事业中,在其丰富知识背景、学术积淀基础上,经过深入思考、反复推敲提出来的,饱含了钱学森毕生的学术主张。从其系统思想对"信息化战争"概念的支撑就可见一斑。

(一)"信息化战争"属于开放复杂的巨系统

按照钱学森对系统的理解,这种在多样化核威慑下全面渗透着信息的战争,将很有可能在深度和广度上远远超越传统战争的边界,成为影响整个人类发展全局、将人类一切实践活动统统卷入其中的巨型复杂战争,说其是信息"化"的战争,并不为过。因为战争本身就可以被看作极其复杂的"巨系统",而这样的巨系统在当代科学技术的推动下,对社会、经济、政治、文化等的破坏作用将极其惨烈巨大。它既受到日益复杂化、多样化核武器等的威慑,又受到加速发展的信息化浪潮的渗透洗礼。于是,整个战争系统的演化将呈现出开放复杂巨系统整体演化状态。从全局上理解和把握这种具有开放复杂巨系统性质的"信息化战争",其关键而巧妙之点就在"信息化"这三个字中,特别是"化"字。毛泽东曾经针对延安许多人提倡的"民族化、科学化、大众化"而对"化"字有过这样的解释:"'化'者,彻头彻尾彻里彻外之谓也。"[1]如果用毛泽东对"化"字的理解,那么信息化的战争,显然意味着信息对整个战争系统彻头彻尾彻里彻外的全面渗透,并在这样的战争系统中发挥着主导性作用。不过,其一,信息对人类现实生活究竟"化"到什么范围和程度,这取决于人们信息科学技术和实践活动的发展水平和状态;其二,伴随这种信息化的推进,因"信息"的渗透而被拖入战争范畴的领域,也将随着信息化的深化而呈现出不断扩大的趋势。

当今,信息化浪潮对人类现实世界各领域的全面渗透,使信息化战争很有可能全面溢出传统战争的固有边界,使以往那些与战争看似毫不沾边的领域,像经济、文化等领域,在围绕"制信息权"的争夺中正逐步成为战争控制、争夺的高地。与战争直接相关的武器装备、人员管理、指挥控制、后勤保障、人才培养等的全面信息化建设,实际上正成为打赢这种"信息化战争"的基本配置。然而,拥有了这些基本配置,却未必一定能打赢信息化战争。因为这种战争系统是开放的复杂巨系统,其内部各要素之间和外部各系统之间都充

---

[1] 《毛泽东选集》第三卷,人民出版社1991年版,第841页。

满着非线性复杂相互作用。在这种相互作用下,"新质"战斗力的涌现、"新质"战争状态的涌现、"新质"交战关系的涌现、"新质"人-机-人关系的涌现等,很有可能让人应接不暇。这些新涌现的战争与作战方式,在信息与信息科学技术的支撑下,还很有可能在人的实践努力下呈现某种自适应机制和状态,并由此引发出诸多不确定性。就像前些年勒索病毒对全世界数百国家和地区用户文件的锁定,已然就是躲在电脑操作系统后面的某黑客组织,对全世界用户发起的以网络攻击为表现形式的一次信息化战争。人们对这场战争的应对,虽显被动,却也表现出了一定的自适应性和不确定性。可见,"信息化战争"将绝不是一个仅仅局限于现有军事国防领域,且边界明确、表现形式与面貌都固定不变的战争样态。这种战争的范围和程度都将是一种紧随整个人类信息化发展水平和现实实践发展而变化的历史性变量。因此,对于国家、民族乃至整个人类来说,及早从战略高度来研究这样的巨型复杂化战争系统,将对人类的未来与国家军事战略发展、国防安全提升等产生重大而深远的影响。

(二)在分析还原与系统整体的辩证统一中全面把握"信息化战争"

海湾战争爆发至今,美军已通过科索沃战争(1999年)、阿富汗战争(2001年)、伊拉克战争(2003年)不断地在向世人暗示,只有他们才有资格引导信息时代的人类战争。国外军事专家更是提出了信息战、电子战、心理战、舆论战、智能战等具体概念,并展开相应研究。从方法论上看,这些提法带有较为强烈的分析还原色彩。因为对于现实具体的作战,只要条件许可,只要能打赢,别说是信息战、电子战、心理战、舆论战、智能战等已知作战形式,就是还没有被意识到的新作战形式也很有可能在具体作战中被人们创造发明出来。国外军事专家之所以要分门别类地研究信息战、电子战、心理战、舆论战、智能战等具体战法,是因为要更好地发挥出这些具体战法在实际作战中的最佳效能。

显然,钱学森的"信息化战争"概念是一种整体、综合性的战争概念。这应当是与他前期创立的综合集成方法及其实践运用紧密联系的。但"信息化战争"概念却并不简单地排斥国外军事专家对信息战、电子战、心理战、舆论战、智能战等具体作战形式的深入研究。因为按照钱学森的系统论方法,特别是综合集成法来思考问题,就是要将还原论方法与一般系统论方法有机地结合起来。钱学森的"信息化战争"就是要在国外军事专家的这种分析还原方法论基础上,通过系统整体的方法论原则,来达到对当代战争形态的综合集成式的全面把握。所以"信息化战争"不仅不排斥在传统分析还原方法论基础上深入研究信息战、电子战、心理战、舆论战、智能战等具体作战形式,还要为人们在新的战争实践中提出、创建全新的作战形式开辟新的道路和空间。

与此同时,"信息化战争"的概念在对待信息时代的战争问题上,突破了单纯分析还原的方法论局限,使人们在立足信息时代军事实践,特别是战争实践的整体上,对人类围绕信息、争夺"制信息权"的这类战争能有一个更加开阔、高远的思想境界,达到对"制信息权"的独到而深刻的理解和把握,从而在实际战争中,真正实现对"制信息权"的掌握和控制。

(三)理解"信息化战争"必须具有更高层次的哲学境界

钱学森认为,系统科学体系包括四个层次的内容,最上层是哲学层次,即系统观,是系统科学与马克思主义哲学之间的桥梁,"是关于系统的一般哲学、方法论观点"。这意味着仅仅从系统科学、系统方法层面来看待"信息化战争",恐怕还难于达到理解"信息化战争"的最高层次,只有从系统的一般哲学、方法论观点,即系统观的层面来理解"信息化战争",才有可能达到对这种复杂巨系统战争形态本质规律的深刻理解。如果这样的解读成立,那么钱学森的"信息化战争"概念就将给予我们这样一个启示,即研究、准备和应对信息化战争,绝不能单纯局限在科学技术的领域,以及军事或战争的范畴,而是要从整个马克思主义哲学与系统科学,以及包括信息科学在内的其他科学的综合集成中,全面、系统、深刻地把握信息化战争实质和规律,以便从战略全局的高度和具体备战的细节等方面的相互融通中,做好打赢信息化战争的各项工作。

三、在钱学森系统思想方法指导下全面理解"信息化战争"概念的意义

在钱学森系统思想方法指导下全面理解"信息化战争"概念,主要具有以下几方面的意义:

(一)更加全面地认识钱学森对中国军事国防事业所产生的深远影响

钱学森为中国军事国防事业的创建和发展做出了杰出贡献,也产生了极为深远的影响。这不仅表现在"两弹一星""载人航天"等巨大成就,以及他对中国系统科学、系统哲学和其他学科的推进,而且表现在他对中国"信息化战争"概念和方法的确立。面对海湾战争以来美国人所演绎的信息时代战争,英美学者往往基于其分析还原的学术传统,大谈信息战、电子战、舆论战、心理战等具体战法,国内不少学者也紧随这样的分析传统,对信息战、电子战、舆论战、心理战等具体战法展开深入研究。这虽有助于人们理解和把握信息时代的新型战争,有助于军事国防事业的迅速转型,但是如果在实践中

不对这种战争形态形成一种有机、整体、协调的全局性观念,没有基于新型战争这一有机整体来展开信息战、电子战、舆论战、心理战等具体战法研究,那么这些具体战法就有可能在战争实践中因缺乏战法之间的对接口、融通点,而达不到整体协同的最优化作战效果,甚至还会出现相互消解战法优势、抵消传统优势的后果。钱学森"信息化战争"概念,则是要在这种由上而下的分析还原基础上,引导人们调整思路,以达到对信息时代整个战争实质的全面把握。同时,在钱学森深厚科学背景基础上的"信息化战争"概念,也绝非只是面向现当代已经被人演绎过的那几场堪称信息化战争的封闭、孤立的战争概念,而是面向未来、面向未知的开放性、无定型、无固有模式的未来战争。从这个意义上说,钱学森对中国军队打赢信息化战争可以说是起到了打破思想禁锢和西方分析传统,面向未来、面向未知的开山辟路的作用。

(二)更加深入地理解信息时代的战争实质

在信息科学技术的广泛渗透下,人们不仅开掘出了一个全新的信息世界,而且真正实现了将这样的世界转化成人"无机的身体"①,与人们传统生活中的物质世界协同并进。可以说,信息时代,人们正生活在由物质和信息相互作用而成的极其复杂的世界。信息化战争正是在这样的世界中进行的。由于信息、信息世界的广泛渗透和作用,因此,这样的战争绝不仅仅局限在传统军事领域或战争领域,它或许在信息的渗透下,涉及整个现实世界的各个方面或领域。要打赢这样的战争,如果没有系统化、全局化、综合化、开放化、最优化的战略、策略与方法,那么面对如此复杂、瞬时、全面的信息生成与流变,单方面的信息作战方法是很难有效应对的。因此,通过钱学森系统思想来理解其"信息化战争"概念,在打赢信息化战争中具有全局性、战略性的意义。

(三)更好地发挥综合集成方法在打赢"信息化战争"中的作用

钱学森综合集成方法及其在实践中的有效运用和已取得的显著成果,实际上是为准备和应对"信息化战争"提供了坚实的方法论基础。信息与系统并不是两个互不干涉、独立外在、并行不悖的东西。一方面,信息可以全面渗透于系统,也可以通过要素间的信息交换,构成具有特定整体性和全新功能的新系统;另一方面,系统本身及其演化可显示某方面的信息,而系统的整体功能性作用,又可向其外界环境传递或吸收、储存信息。当信息全面渗透到人们的现实生活中时,它对人类世界、现实社会及其生活、人类文化等的影

---

① [德]马克思:《1844年经济学哲学手稿》,人民出版社2000年版,第56页。

响,都将呈现出系统整体的综合形式并发挥出综合效应。在这样的情况下,信息化战争一旦爆发,就会广泛波及人们现实生活的各个领域。要打赢这样的战争,需要将全社会看作具有整体性的复杂巨系统,并在这样的复杂巨系统的综合演变中,赢得战争胜利。目前,在实践中能够有效调节、支配、推动这种复杂巨系统的,应该就是钱学森的综合集成方法。也就是说,打赢信息化战争,需在实践中有效地综合集成整个国防系统、军事系统,乃至整个社会其他系统的有效力量,将14亿人的智慧、力量和整个国家现有的物质力量、信息(包括精神)力量综合集成为最优化的战斗力体系,而不同层级的"综合集成研讨厅""总体部"等恐怕都是不可或缺的新型模式或架构方法。从这个意义上说,新型军民融合形式、新型作战形式、新型国防力量形式等,恐怕都将逐步表现出对综合集成方法的不同层级、不同方面等的运用,甚至在具体实践中还将出现不同模块的"综合集成研讨厅""总体部"等形式。

总之,理解钱学森的"信息化战争"概念,不能脱离钱学森的整个科学和哲学思想,特别是他的系统思想与方法。否则,这一概念中所包含的打赢信息化战争智慧,将被忽视或被遮蔽。如果在准备和应对信息化战争中,一味沿着国外军事专家的分析还原思路进行,那么,我们将很有可能因失去自身特点与独立性,而打不出真正意义上的信息化战争。甚至还很有可能中别人的"信息战"圈套,将大量人力、物力、财力耗费在某些看似极其先进、重要的信息装备、信息模式、信息套路中,从而在大战略方面陷入被动、遭受猛击。这一点上,苏联当年被拖入的太空军备竞赛,恐怕是前车之鉴。

附录二　马克思主义哲学经典形态的多种表现形式

作为建立在实践基础之上,并以实践的哲学思维方式来理解对待人和世界及其关系的哲学,在面临人类实践活动的不断变化发展中,其理论自然也会随着实践的变化发展而变化发展,并表现出不同的理论形式或形态,否则,其理论在逻辑上就是自相矛盾的。这正是马克思主义哲学区别于其他哲学的一个重要特征。如果面对人们实践活动的变化发展,死守或照搬照套马克思、恩格斯的现成结论,而不去分析新情况、解决新问题、提出新理论,这样的做法恰好背离了马克思主义实践的哲学思维方式,当然也就不属于马克思主义哲学了。马克思、恩格斯创立了马克思主义哲学,他们的理论和概念逻辑系统构成了马克思主义哲学的经典形态。随着实践的发展,大量新情况、新问题需要马克思主义深入回答,在这样的历史条件下,马克思主义的后继者们在马克思主义实践的哲学思维方式下,在马克思主义哲学经典形态的概念逻辑框架下,围绕他们各自时代现实人的自由解放问题,展开了一系列的理论和实践创新,使马克思主义经典形态在实践基础上表现出多种理论形式。

一、马克思主义哲学之列宁主义

列宁主义是在马克思主义实践的哲学思维方式指导下形成发展起来的马克思主义新理论形式之一。它充分反映了19世纪末20世纪初人类实践的新变化、新成果和俄国无产阶级争取自由解放的伟大实践。

19世纪末20世纪初,人类实践经历了第二次产业革命,在经济、政治、哲学思想理论等各个方面都发生了巨大变化。在经济上,电力的广泛使用,大大促进了资本主义生产力的发展,使资本主义由自由竞争阶段进入垄断阶段。在政治上,一方面资产阶级已由以前的反封建的革命进步阶级逐渐转向了维护本阶级统治和垄断利益,背弃自由、平等、民主、正义等社会理想,镇压无产阶级革命的反动阶级。为了追求高额垄断利润,他们大肆推行殖民主义,结成垄断同盟,划分势力范围。另一方面,无产阶级自19世纪30年代起,成为一股独立政治力量登上历史舞台,经过1848年革命洗礼、1871年巴黎公社起义,在反对资产阶级的斗争中逐渐成长。

俄国于1861年才废除农奴制,但在19世纪末20世纪初,却迅速进入帝国主义阶段。废除农奴制虽然大大解放了生产力,但从整个社会关系看,却形成了资本主义与残余的封建农奴制关系相混合的"封建帝国主义"关系,使广大劳动者既受到资本家的剥削压榨,还受到封建地主阶级残余力量的盘剥。除此之外,俄国作为一个多民族国家,各族人民还受到沙皇政府所推行的俄罗斯民族主义和民族屠杀政策的迫害,处在"民族牢狱之中"。沙皇俄国又与西方帝国主义互相勾结,成为侵略和掠夺东方各国的"国际宪兵"。各种矛盾错综复杂地交织在一起,使俄国成为帝国主义链条中的薄弱环节,"俄国无产阶级成为国际革命无产阶级的先锋队"。[①]

在哲学思想理论上,一方面,马克思主义哲学自产生以来,伴随国际工人运动的高涨而被广泛传播;另一方面,随着帝国主义时代的到来,随着资产阶级由革命到保守的转变,整个资产阶级的思想理论体系也开始衰退,出现了新康德主义、实证主义、庸俗进化论、主观社会学、马赫主义、实用主义和宗教

---

① 《列宁选集》第一卷,人民出版社1972年版,第245页。

神秘主义等思潮。特别值得一提的是整个19世纪被誉为科学的世纪①。经典科学理论大厦的建立,科学对生产生活所发挥出的巨大作用,奠定了人们对科学的信心信念。在人们看来,科学就是绝对正确的真理。唯物主义就是建立在科学真理基础之上的。然而,1895年X射线的发现,1896年放射性元素镭的发现,1897年电子的发现,不仅标志着人类对物质现象的认识已从宏观发展到微观,而且动摇了原子不可再分、原子不可变等传统观念,并由此动摇了传统唯物主义的物质观念。以马赫主义为代表的唯心主义乘机向唯物主义发起进攻,认为物质消失了,唯物主义被彻底打败了。大批科学家由于其唯物主义世界观是建立在自然科学的自发性基础上的,他们不懂得人类实践及其中所包含的辩证法,纷纷摇摆于自然科学唯物主义和唯心主义之间②。这些思潮也侵入无产阶级队伍内部,造成思想的混乱。与此同时,第二国际以伯恩斯坦为首的修正主义者,却将资产阶级的这些思潮装扮成马克思主义,企图对马克思主义哲学理论进行全面篡改。

列宁坚持以马克思主义实践的哲学思维方式来观察分析当时国际无产阶级革命所面临的现实问题。列宁说,"我们完全以马克思的理论为依据",但是,"我们绝不把马克思的理论看作某种一成不变的和神圣不可侵犯的东西","因为它所提供的只是总的指导原理,而这些原理的应用具体地说,在英国不同于法国,在法国不同于德国,在德国又不同于俄国"。③

1908年,针对俄国无产阶级队伍中流行的马赫主义及其变种经验批判主义,列宁专门写作了《唯物主义和经验批判主义》一书,对马赫主义和经验批判主义的主观唯心主义展开批判。列宁指出:"生活、实践的观点,应该是认识论的首要的和基本的观点。这种观点必然会导致唯物主义,而把教授的经院哲学的无数臆说一脚踢开。"④他从认识论角度阐明了实践的观点和唯物主义的内在联系,即只要立足实践,以实践的哲学思维方式看问题,必然会走向唯物主义。

针对当时唯心主义高喊的"物质消失了"等观点,列宁站在人类实践不断向前发展的立场,明确指出,"物质正在消失"这句话的意思是说:"迄今我们认识物质所达到的那个界限正在消失,我们的知识正在深化;那些从前以为是绝对的、不变的、原本的物质特性(不可入性、惯性、质量等),正在消失,现

---

① 吴国盛:《科学的历程》第二版,北京大学出版社2002年版,第390页。
② 余源培:《马克思主义哲学的理论与历史》,复旦大学出版社2000年版,第309页。
③ 《列宁选集》第一卷,人民出版社1972年版,第202、203页。
④ 《列宁选集》第二卷,人民出版社1972年版,第142页。

在它们显现出是相对的,仅为物质的某些状态所特有的。"①他认为能够导致认识物质的界限消失和知识深化的只能是实践。

在实践基础上分析、研究、解决现实问题,是马克思主义实践的哲学思维方式的现实体现。列宁在理论创新和实践创新方面都为我们做出了表率。为了从理论上驳倒当时的主观唯心主义思潮,列宁创造性地为唯物主义物质范畴做出了哲学规定:"物质是标志客观实在的哲学范畴,这种客观实在是人通过感觉感知的,它不依赖于我们的感觉而存在,为我们的感觉所复写、摄影、反映。"②"物质的唯一'特性'就是:它是客观实在,它存在于我们的意识之外。"③这从哲学上和唯心主义、形而上学、不可知论等划清了界限。

列宁说:"没有革命的理论,就不会有革命的运动。"④俄国无产阶级革命要在新的时代条件下取得成功,迫切需要深刻把握马克思主义哲学的精神实质。为此,列宁下大功夫深入研究黑格尔、费尔巴哈和其他哲学家著作,并再次研读马克思、恩格斯著作,写下大量批注札记,构成《哲学笔记》重要内容。在《哲学笔记》中,列宁集中论述了唯物辩证法问题,明确提出对立统一规律是辩证法的实质核心的观点,概括地阐述了辩证法的基本要素,提出了辩证法、逻辑学、认识论三者同一的思想,并在人类实践的基础上具体论述了人类认识的辩证运动,丰富和发展了马克思主义的哲学理论。

列宁以马克思主义实践的哲学思维方式创新发展马克思主义的另一重大成果,就是在对当时资本主义经济生活进行详细研究基础上,于1916年发表的《帝国主义是资本主义的最高阶段》。在该论著中,列宁将资本主义的垄断阶段概括为帝国主义阶段,并指出如果必须给帝国主义下一个尽量简短的定义,那就应当说:"帝国主义是资本主义的垄断阶段。"⑤"帝国主义最深厚的经济基础就是垄断。"⑥列宁将这种资本主义的主要特点概括为:"(1)生产和资本的集中发展到这样高的程度,以致造成了在经济生活中起决定作用的垄断组织;(2)银行资本和工业资本已经融合起来,在这个'金融资本'的基础上形成了金融寡头;(3)与商品输出不同的资本输出有了特别重要的意义;(4)瓜分世界的资本家国际垄断同盟已经形成;(5)最大资本主义列强已把世界上的领土分割完毕。"⑦

在列宁看来,帝国主义虽然已将地球上的领土瓜分完毕,但是各个帝国

---

①③ 《列宁选集》第二卷,人民出版社 1972 年版,第 266 页。
② 《列宁选集》第二卷,人民出版社 1972 年版,第 128 页。
④ 《列宁选集》第一卷,人民出版社 1972 年版,第 241 页。
⑤⑦ 《列宁选集》第二卷,人民出版社 1972 年版,第 808 页。
⑥ 《列宁选集》第二卷,人民出版社 1972 年版,第 817 页。

主义国家之间的经济政治发展却并不平衡,它们为了争夺殖民地、重新划分势力范围,必然会产生大量的矛盾和冲突,由此引发帝国主义国家之间的战争。这种战争削弱着帝国主义的力量,导致帝国主义链条上出现薄弱环节,因而"社会主义可能首先在少数或者甚至在单独一个资本主义国家内获得胜利"①。后来,列宁在革命斗争实践中,更明确地阐述了他的这一具有突破性的思想:"资本主义的发展在各个国家是极不平衡的。而且在商品生产大条件下也只能是这样。由此可以得出一个确定不移的结论:社会主义不能在所有国家内同时获得胜利。它将首先在一个或者几个国家中获得胜利,而其余的国家在一段时期内仍然是资产阶级的或者资产阶级以前时期的国家。"②这实际上已经在理论上彻底突破了马克思、恩格斯针对自由资本主义阶段资本主义社会经济政治特征而主张的观点,即"共产主义只有作为占统治地位的各民族'一下子'同时发生的行动在经验上才是可能的,而这是以生产力的普遍发展和与此相联系的世界交往为前提的"③。列宁在理论上的这一突破,符合当时帝国主义阶段的实际情况,创造性地坚持和发展了马克思主义以实践为基础来分析解决问题的精神实质,很好地运用了马克思主义实践的哲学思维方式。列宁于1917年撰写的《国家与革命》更是捍卫和发展了马克思主义国家与革命学说,批判了机会主义者对马克思主义国家理论的歪曲,为夺取十月社会主义革命的胜利奠定了坚实的理论基础。

由此可见,列宁主义是马克思主义实践的哲学思维方式的现实运用和崭新体现,是马克思主义在资本主义发展到帝国主义阶段这一新历史条件下的新形式。

二、马克思主义哲学之毛泽东思想

毛泽东思想是马克思主义与中国革命和建设事业相结合的产物,是马克思主义实践的哲学思维方式在中国大地上的现实运用和创造性发挥,是马克思主义哲学在中国革命和建设方面的新形式,是马克思主义中国化发展史上的第一次历史性飞跃所形成的第一个重大理论成果,它充分反映了1840年之后中国人民争取民族独立、人民解放和实现国家富强、人民富裕的伟大实践。

习近平在纪念毛泽东诞辰120周年座谈会上的讲话中指出,毛泽东思想

---

① 《列宁选集》第二卷,人民出版社1972年版,第709页。
② 《列宁选集》第二卷,人民出版社1972年版,第873页。
③ 《马克思恩格斯文集》第1卷,人民出版社2009年版,第539页。

以独创性理论丰富和发展了马克思列宁主义。毛泽东思想不仅在新民主主义革命、社会主义革命、社会主义建设时期发挥了重要作用，也为新的历史时期开创和建设中国特色社会主义发挥了重要作用。任何时候都不能动摇高举毛泽东思想旗帜的原则，我们将永远高举毛泽东思想的旗帜前进。

中国是一个历史悠久的东方大国，曾经创造出辉煌灿烂的古代文明。从1840年开始，中国遭到外国资本——帝国主义列强的入侵，逐渐沦为半殖民地半封建社会。帝国主义和中华民族的矛盾、封建主义和人民大众的矛盾是社会的基本矛盾，而帝国主义和中华民族的矛盾是主要矛盾。面对严重的民族危机和社会危机，无数仁人志士、中国社会的各阶级纷纷登上历史舞台。太平天国农民革命、洋务运动、义和团运动、资产阶级改良运动、辛亥革命都失败了，各种各样的救国强国主义、理论和主张在实践中也纷纷"流产"。中国的出路在何方？没有革命的理论，就没有革命的行动。要领导中国革命取得胜利，必须用新的科学的指导思想来解决在中国这种特殊国情下发生的特殊革命所遇到的特殊问题与困难。

1917年俄国十月社会主义革命爆发。俄国十月社会主义革命的胜利，开创了世界历史的新纪元，标志着伟大的无产阶级革命时代的到来。中国共产党诞生后，以马克思列宁主义为指导思想，并使之与中国革命的具体实际相结合，努力运用它来指导中国革命运动，正确判断近代中国社会的性质、对象、任务、动力，科学认识中国革命的规律，制定适合中国情况的革命路线、方针，从根本上正确解决马克思列宁主义原有结论中没有给予现成答案的中国革命的特殊问题。这种新的理论即中国化的马克思列宁主义，就是毛泽东思想。

毛泽东注重以马克思主义实践的哲学思维方式来观察分析中国革命所面临的现实问题，自始至终将实践的哲学思维方式贯穿在各个时期、各个阶段的实践活动中。毛泽东将马克思主义理论应用于中国革命的具体实践当中，深刻地剖析了中国的国情，从实际出发，按照实事求是的原则，分析了中国的历史概况和中国当时的社会现状，把握住了中国革命的发展特点和中国革命道路发展的规律，发展了马克思列宁主义。

第一，在哲学思想上毛泽东始终坚持把马克思主义的普遍原理和中国具体国情相结合，并从理论上科学论证了这种结合的现实性与合理性。早在1930年，毛泽东就写了《反对本本主义》，提出"没有调查，就没有发言权"，"离开实际调查就要产生唯心的阶级估量和唯心的工作指导，那末，它的结果，不是机会主义，便是盲动主义"。[①] 他在1937年又写了《实践论》《矛盾

---

① 《毛泽东选集》第一卷，人民出版社2008年版，第112页。

论》。毛泽东坚持物质第一性、意识第二性这一唯物主义基本立场,强调实践的观点是辩证唯物论的认识论之第一的和基本的观点。实践是认识的基础和前提,实践是认识的检验标准。"唯心论和机械唯物论,机会主义和冒险主义,都是以主观和客观相分裂,以认识和实践相脱离为特征的。以科学的社会实践为特征的马克思列宁主义的认识论,不能不坚决反对这些错误思想。"[1]毛泽东揭示了认识发展的普遍规律,他指出:"通过实践而发现真理,又通过实践而证实真理和发展真理。从感性认识而能动地发展到理性认识,又从理性认识而能动地指导革命实践,改造主观世界和客观世界。实践、认识、再实践、再认识,这种形式,循环往复以至无穷,而实践和认识之每一循环的内容,都比较地进到了高一级的程度。这就是辩证唯物论的全部认识论,这就是辩证唯物论的知行统一观。"[2]《实践论》从理论和实践的统一上论述了马克思主义的普遍原理与中国革命的实践相结合的重要性,澄清了党内错误思想,提高了全党理论水平,为日后系统提出实事求是的思想路线奠定了理论基础。马克思主义创立了辩证唯物主义和历史唯物主义,毛泽东用中国语言概括为"实事求是"。"实事"就是从实际出发,"求"是探索、追求,"是"即事物的本质及规律。实事求是的思想路线的确立,使中国共产党摆脱了教条主义的精神枷锁,实现了一次思想大解放。《矛盾论》运用唯物辩证法总结了中国共产党斗争的实践经验,从两种宇宙观、矛盾的普遍性和特殊性、矛盾的主要方面和次要方面、矛盾的同一性和斗争性、对抗在矛盾中的地位等方面,深刻地论述了对立统一规律是唯物辩证法的实质和核心的思想。这些论述从哲学上揭露了主观主义及"左"右倾机会主义的思想根源,尤其是教条主义的错误,教育全党从思想上、理论上分清正确路线和错误路线,坚持实事求是的思想路线。

此外,在《论十大关系》中,毛泽东总结了中国社会主义建设的经验,对适合中国情况的社会主义建设道路进行了初步的探索。他强调不要机械搬用外国的经验,而要从中国是一个农业大国这种情况出发,以农业为基础,正确处理重工业同农业、轻工业的关系,充分重视发展农业和轻工业,走出一条适合中国国情的中国工业化道路。要处理好经济建设和国防建设、大型企业和中小型企业、汉族和少数民族、沿海和内地、中央和地方、自力更生和学习外国等各种关系;处理好积累和消费的关系,注意综合平衡。

在《关于正确处理人民内部矛盾的问题》中,毛泽东运用马克思主义实践

---

[1] 《毛泽东选集》第一卷,人民出版社2008年版,第99页。
[2] 《毛泽东选集》第一卷,人民出版社2008年版,第296~297页。

的哲学思维方式和方法,分析研究了社会主义社会的基本矛盾及其存在形态、性质、特点和解决途径。他指出:社会主义制度下,人民的根本利益是一致的,但人民内部还存在着各种矛盾,必须严格区分和正确处理敌我矛盾和人民内部矛盾。他提出人民内部要在政治上实行"团结—批评—团结",在党与民主党派的关系上实行"长期共存、互相监督",在科学文化工作中实行"百花齐放、百家争鸣",在经济工作中实行对全国城乡各阶层统筹安排和兼顾国家、集体、个人三者利益等一系列正确方针。这些论述丰富和发展了马克思列宁主义关于社会主义社会的学说,为社会主义社会的改革奠定了哲学基础。

第二,分析中国社会各阶级的状况及对待革命的态度,弄清楚革命的基本问题,阐明无产阶级在民主革命中的领导权和革命道路的合理选择。

社会存在决定社会意识,人们的社会意识是对社会存在的反映,毛泽东从实际出发,揭示了人们对待革命不同态度背后深刻的经济根源,弄清了革命的首要问题。毛泽东最早在《中国社会各阶级的分析》中指出,"谁是我们的敌人?谁是我们的朋友?这个问题是革命的首要问题。中国过去一切革命斗争成效甚少,其基本原因就是因为不能团结真正的朋友,以攻击真正的敌人"①,"我们要分辨真正的敌友,不可不将中国社会各阶级的经济地位及其对于革命的态度,作一个大概的分析"②。他由此得出结论:"一切勾结帝国主义的军阀、官僚、买办阶级、大地主阶级以及附属于他们的一部分反动知识界,是我们的敌人。工业无产阶级是我们革命的领导力量。一切半无产阶级、小资产阶级,是我们最接近的朋友。那动摇不定的中产阶级,其右翼可能是我们的敌人,其左翼可能是我们的朋友——但我们要时常提防他们,不要让他们扰乱了我们的阵线。"③毛泽东对各个阶级的分析,随着实践的发展,也越来越深刻。抗日战争时期,敌人营垒发生了破裂,中国共产党因时制宜调整了政策,反对关门主义,建立了最广泛的抗日民族统一战线,并且坚持共产党的领导权,坚持统一战线中的独立自主,既统一,又独立,把矛盾的普遍性与特殊性、同一性与斗争性运用得炉火纯青。同样,解放战争时期,为了推翻国民党反动派的专制统治,中国共产党领导建立了包括工人、农民、城市小资产阶级、民族资产阶级等在内的广泛的人民民主统一战线,为推翻国民党反动派统治,建立新中国,发挥了重要作用。正是由于建立了最广泛的统一战线,团结了一切可以团结的力量,我们取得了抗日战争、解放战争的伟大胜利。

中国特色的革命道路是一条从实际出发走向胜利的道路。在《中国社会

---

①② 《毛泽东选集》第一卷,人民出版社 2008 年版,第 3 页。
③ 《毛泽东选集》第一卷,人民出版社 2008 年版,第 9 页。

各阶级的分析》《湖南农民运动考察报告》《中国的红色政权为什么能够存在》《星星之火,可以燎原》《论反对日本帝国主义的策略》《中国革命战争的战略问题》《〈共产党人〉发刊词》《新民主主义论》《论联合政府》《目前形势和我们的任务》等著作中,毛泽东阐明了无产阶级在民主革命中的领导权的思想,提出了无产阶级领导的,以工农联盟为基础的,人民大众的,反对帝国主义、封建主义和官僚资本主义的新民主主义革命的理论。毛泽东认为:"中国的特点是:不是一个独立的民主的国家,而是一个半殖民地的半封建的国家;在内部没有民主制度,而受封建制度压迫;在外部没有民族独立,而受帝国主义压迫。因此,无议会可以利用,无组织工人举行罢工的合法权利。在这里,共产党的任务,基本地不是经过长期合法斗争以进入起义和斗争,也不是先占城市后取农村,而是走相反的道路。"①中国的武装斗争是无产阶级领导的以农民为主体的革命战争。农民是无产阶级最可靠的同盟军。农民受压迫严重、革命性强,但农民阶级不是先进的阶级。从经济上看,农民是分散的个体小生产者,目光短浅;从政治上看,农民阶级不可能提出切实可行的革命纲领;从思想上看,农民阶级没有科学的理论作指导;从组织上看,农民阶级很难形成统一的、坚强的领导核心。无产阶级有可能也有必要通过自己的先锋队用先进思想、组织性和纪律性来提高农民群众的觉悟水平,发动农民建立农村根据地,长期在农村进行革命战争,发展和壮大革命力量,迎来革命的高潮。

第三,立足中国现实,总结中国长期革命战争的经验,系统解决了如何将一支以农民为主要成分的军队,建设成为具有无产阶级性质,且纪律严明、能够同人民群众始终保持亲密联系的新型人民军队的问题。毛泽东在《关于纠正党内的错误思想》《中国革命战争的战略问题》《抗日游击战争的战略问题》《论持久战》《战争和战略问题》等军事著作中,系统地提出了建设人民军队的思想,规定了全心全意为人民服务是人民军队的唯一宗旨,确立了是党指挥枪而不是枪指挥党的原则,制定了三大纪律八项注意,强调实行政治、经济、军事三大民主,实行官兵一致、军民一致和瓦解敌军的原则,提出和总结了一套军队政治工作的方针和方法,提出了依靠广大人民群众、建立农村根据地、进行人民战争的思想。在战略战术上,毛泽东把游击战争提到了战略的地位,指出中国革命战争在长时期内的主要作战形式是游击战和带游击性的运动战,并论述了要随着敌我力量对比的变化和战争发展的进程,正确地实行军事战略的转变。毛泽东提出了在敌强我弱的形势下实行战略的持久战和战役、战斗的速决战,把战略上的劣势转变为战役、战斗上的优势,集中优势

---

① 《毛泽东选集》第二卷,人民出版社 2008 年版,第 542 页。

兵力、各个歼灭敌人等一系列人民战争的战略战术。此外,他在解放战争中总结的"十大军事原则",更是极大地丰富发展了马克思列宁主义军事理论。在中华人民共和国成立以后,毛泽东所提出的加强国防,建设包括海军、空军以及其他技术兵种在内的现代化革命武装力量,发展包括用于自卫的核武器的现代化国防技术等重要思想,都紧密地切合了中国社会的现实发展。

第四,根据中国革命斗争实践的实际情况,全面阐明了中国革命的政策和策略。在《目前抗日统一战线中的策略问题》《论政策》《关于打退第二次反共高潮的总结》《关于目前党的政策中的几个重要问题》《不要四面出击》《关于帝国主义和一切反动派是不是真老虎的问题》等著作中,毛泽东精辟论证了政策和策略在革命斗争中的极端重要作用,指出政策和策略是党的生命,是革命政党一切实际行动的出发点和归宿。他认为必须根据政治形势、阶级关系和实际情况及其变化制定党的政策,把原则性和灵活性结合起来。针对统一战线问题,毛泽东指出:弱小的革命力量在变化着的主客观条件下能够最终战胜强大的反动力量。战略上要藐视敌人,战术上要重视敌人。要掌握斗争的主要方向,不要四面出击。对敌人要区别对待、分化瓦解,实行利用矛盾、争取多数、反对少数、各个击破的策略。在反动统治地区,把合法斗争和非法斗争结合起来,在组织上采取隐蔽精干的方针。对被打倒的反动阶级成员和反动分子,只要他们不造反、不捣乱,都给以生活出路,让他们在劳动中改造成为自食其力的劳动者。无产阶级及其政党要实现自己对同盟者的领导,必须具备两个条件:一是率领被领导者向着共同的敌人作坚决斗争并取得胜利;二是给以被领导者物质利益,至少不损害其利益,同时给以政治教育,等等。

第五,在中国优秀传统文化和革命文化、现代文化的具体结合中,阐明思想政治工作和文化工作的基本方针。在《新民主主义论》中,毛泽东指出:"一定的文化(当作观念形态的文化)是一定社会的政治和经济的反映,又给予伟大影响和作用于一定社会的政治和经济;而经济是基础,政治则是经济的集中表现。"因此,思想政治工作是经济工作和其他一切工作的生命线,要实行政治和经济的统一、政治和技术的统一、又红又专的方针。为此,他在《青年运动的方向》《大量吸收知识分子》《在延安文艺座谈会上的讲话》《纪念白求恩》《为人民服务》《愚公移山》等一系列著作中要求知识分子要同工农相结合,通过学习马克思列宁主义,在学习和工作实践中树立无产阶级世界观。对于文化建设,毛泽东指出"为什么人的问题,是一个根本的问题,原则的问题",强调要全心全意为人民服务,对革命工作要极端负责,要艰苦奋斗和不怕牺牲。他主张发展民族的、科学的、大众的文化,实行百花齐放、推陈出新、古为今用、洋为中用的方针。

毛泽东思想博大精深、内容丰富。以上几点，仅仅是其中的极少部分。正如习近平在纪念毛泽东诞辰 120 周年座谈会上的讲话中指出的，毛泽东思想活的灵魂是贯穿其中的立场、观点、方法，有三个基本方面，即实事求是、群众路线、独立自主。实事求是，就是一切从实际出发，理论联系实际，把马克思主义普遍真理同中国革命具体实践相结合，在实践中检验和发展真理。实事求是是毛泽东思想的根本点，是党的思想路线的核心。群众路线，就是一切为了群众，一切依靠群众，从群众中来，到群众中去。群众路线是以毛泽东为代表的中国共产党人创造的、具有中国特色的科学领导方法和工作方法，是对马克思主义的重大发展。独立自主，是从中国实际出发，主要依靠自己的力量发展革命和建设事业，是我们立国、建国的一个根本方针。

毛泽东思想的本质特征及最显著的特点就是在马克思主义实践的哲学思维方式指引下，将马克思列宁主义同中国实际相结合。正如刘少奇在中共七大上所指出的，毛泽东思想既是马克思主义的，又是中国的。毛泽东思想完全是马克思主义的，是与马克思列宁主义一脉相承的科学体系，与马克思列宁主义在世界观、方法论、宗旨、目标等方面，都是完全一致的，它们都代表着无产阶级和广大人民群众的最大利益，是无产阶级和广大人民群众翻身求解放的锐利思想武器。毛泽东思想是在革命和建设实践过程中，创造性地丰富和发展了马克思列宁主义的理论成果。毛泽东思想又完全是中国的。中国革命需要马克思列宁主义，但是马克思主义经典作家的著作并没有具体论述中国革命及建设的实际问题。因此，在中国进行革命和建设，必然会遇到许多特殊的、复杂的问题，这绝不是靠熟读背诵马克思列宁主义的一般原理和照搬外国经验就可以成功的，必须使马克思列宁主义同中国实际紧密结合起来，必须使马克思主义中国化。毛泽东思想就是中国化的马克思主义，是中国共产党人关于中国革命和建设的正确的理论原则和经验总结，它完全是中国的。毛泽东思想是马克思列宁主义同中国实际的完美结合和高度统一，这是不可分割的两个方面，片面肯定或夸大某一方面，而否定或忽视另一方面，都是形而上学的，都是错误的。

三、马克思主义哲学之中国特色社会主义理论体系

马克思曾经说过："一切划时代的体系的真正内容都是由于产生这些体系的那个时期的需要而形成起来的。"① 中国特色社会主义理论体系是马

---

① 《马克思恩格斯全集》第 3 卷，人民出版社 1974 年版，第 544 页。

思主义实践的哲学思维方式在当代中国的现实运用和创新性发展,是马克思主义中国化的又一新形式,它充分反映了在"和平与发展"时代主题下,中国改革开放和社会主义现代化建设的伟大实践。

(一)邓小平理论

20世纪80年代末90年代初,两极格局解体,世界进入了新的历史时期。尽管局部冲突不断,但向往和平已成为各国人民普遍愿望,特别是第三世界国家对发展经济的要求十分迫切,基于经济的国际交往日益频繁。因此,维护和平与谋求发展已成为世界性潮流,尤其是新科技革命推动了生产力的巨大发展,同时导致世界范围内人们的生产方式、生活方式、思维方式等发生了深刻的变化。邓小平坚持以马克思主义实践的哲学思维方式来观察分析当代国际形势的深刻变化,做出了和平与发展成为时代主题的科学判断。他指出:"国际上有两个问题非常突出,一个是和平问题,一个是南北问题。还有其他许多问题,但都不像这两个问题关系全局,带有全球性、战略性的意义。"①"现在世界上真正大的问题,带全球性的战略问题,一个是和平问题,一个是经济问题或者说发展问题。和平问题是东西问题,发展问题是南北问题。概括起来,就是东西南北四个字。南北问题是核心问题。"②

面对国际形势和时代条件的深刻变化,邓小平坚持以马克思主义实践的哲学思维方式来观察分析中国在社会主义建设过程中所面临的现实问题,确立了解放思想、实事求是的思想路线。在探索社会主义建设道路的过程中,各种主客观方面的原因,使中国偏离了实事求是的思想路线,导致了诸如"大跃进"、人民公社化运动等一些脱离实际、急躁冒进的错误决策,致使发生了持续十年之久的"文化大革命"。粉碎"四人帮"之后,在拨乱反正的过程中,又遇到了"两个凡是"的严重障碍。在这重大历史性转折的关键时刻,如何纠正"文化大革命"和长期"左"的错误,统一全党的思想,开辟社会主义建设新局面,成为中国共产党的重要课题。邓小平从马克思主义哲学实践观的重新确立入手,"以非凡的理论勇气和政治魄力,领导和支持了实践标准问题大讨论,重新确立了实践是检验真理的唯一标准这一马克思主义认识论原理,并将实践观自觉转化为党的实事求是的思想路线"③。1978年12月,邓小平在为党的十一届三中全会做准备的中央工作会议上发表了《解放思想,实事求

---

① 《邓小平文选》第3卷,人民出版社1993年版,第96页。
② 《邓小平文选》第3卷,人民出版社1993年版,第105页。
③ 于洪刚、王从德:《实践观:邓小平理论的哲学基础》,《山东医科大学学报》(社会科学版)1998年第4期,第47页。

是,团结一致向前看》的重要讲话,他指出:"目前进行的关于实践是检验真理的唯一标准问题的讨论,实际上也是要不要解放思想的争论。"①他在重新确立实事求是思想路线的过程中,特别强调解放思想的重要性。他说:"一个党,一个国家,一个民族,如果一切从本本出发,思想僵化,迷信盛行,那它就不能前进,它的生机就停止了,就要亡党亡国。""只有解放思想,坚持实事求是,一切从实际出发,理论联系实际,我们的社会主义现代化建设才能顺利进行。"②以这一精神为指导的十一届三中全会,否定了"两个凡是"的思想路线,抛弃了"以阶级斗争为纲"的错误方针,恢复了马克思主义实事求是的思想路线,把党的工作重点转移到经济建设上来,标志着中国进入了改革开放和社会主义现代化建设的新时期。

以马克思主义实践的哲学思维方式思考问题,在实践基础上分析、研究、解决现实问题,是邓小平一贯的方法。面对改革开放和社会主义现代化建设实践中所面临的一系列新问题,他开始思考"什么是社会主义"和"怎样建设社会主义"这类关系到国家和民族命运的根本性问题,为实现马克思主义基本原理同中国实际和时代特征相结合的第二次理论飞跃奠定了基础,中国特色社会主义理论体系开始形成。

在实践基础上分析、研究、解决现实问题,是马克思主义实践的哲学思维方式的现实体现。在中国现代化建设过程中,邓小平提出了"发展是硬道理"③的著名论断,使改革开放进入了一个新的时期,迎来了建设中国特色社会主义的新实践。正如十八大以来习近平指出的,"坚持和发展中国特色社会主义是一篇大文章,邓小平同志为它确定了基本思路和基本原则"④。

东欧剧变、苏联解体,世界共产主义运动遭受重大挫折,此时的改革开放开始受到姓"资"姓"社"问题的极大困扰。面对复杂的国际国内局势,在社会主义现代化建设和推进改革开放的关键时期,邓小平在 1992 年视察武昌、深圳、珠海、上海等地,发表了一系列的"南方谈话",要求全党进一步解放思想,加快改革开放的步伐,指出发展是解决中国所有问题的关键。邓小平指出,改革开放"胆子要大一些","看准了的,就大胆地试,大胆地闯"。⑤ "改革开放迈不开步子,不敢闯,说来说去就是怕资本主义的东西多了,走了资本主义道路。要害是姓'资'还是姓'社'的问题,判断的标准,应该主要看是否有利于发展社会主义社会的生产力,是否有利于增强社会主义国家的综合国力,是否有

---

①② 《邓小平文选》第 2 卷,人民出版社 1994 年版,第 143 页。
③ 《邓小平文选》第 3 卷,人民出版社 1993 年版,第 377 页。
④ 《习近平谈治国理政》,外文出版社 2014 年版,第 23 页。
⑤ 《邓小平文选》第 3 卷,人民出版社 1993 年版,第 372 页。

利于提高人民的生活水平。"①"三个有利于"标准是邓小平对马克思主义唯物史观基本立场观点的运用。这一标准的提出,激发了社会生产力的巨大活力,丰富了社会的物质财富,改善了人们的物质生活,推进了社会历史的进步。

在姓"资"姓"社"问题上,邓小平指出:"计划多一点还是市场多一点,不是社会主义与资本主义的本质区别。计划经济不等于社会主义,资本主义也有计划;市场经济不等于资本主义,社会主义也有市场,计划和市场都是经济手段。社会主义的本质,是解放生产力,发展生产力,消灭剥削,消除两极分化,最终达到共同富裕。"②他强调要通过解放和发展生产力来体现社会主义的优越性。

在如何发展生产力问题上,马克思说"科学技术是生产力",邓小平进一步提出:"科学技术是第一生产力。"③科学技术是生产力要素中的渗透性因素,它渗透到生产力实体性要素中,对生产实践有着巨大的推动作用。在当代掌握了科学技术的制高点,就赢得了经济发展和社会进步的先机。

在邓小平"发展是硬道理"的著名论断指导下,党的十四大明确提出建设社会主义市场经济,并在此基础上成功实现了从计划经济向社会主义市场经济体制的转变,实现了从封闭、半封闭到全方位改革开放的伟大实践。改革开放使中国发生了翻天覆地的变化,中国人初步富了起来。正如习近平《在庆祝改革开放40周年大会上的讲话》中指出的:"党的十一届三中全会以后,以邓小平同志为主要代表的中国共产党人,团结带领全党全国各族人民,深刻总结我国社会主义建设正反两方面经验,借鉴世界社会主义历史经验,创立了邓小平理论,作出把党和国家工作中心转移到经济建设上来、实行改革开放的历史性决策,深刻揭示社会主义本质,确立社会主义初级阶段基本路线,明确提出走自己的路、建设中国特色社会主义,科学回答了建设中国特色社会主义的一系列基本问题,制定了到21世纪中叶分三步走、基本实现社会主义现代化的发展战略,成功开创了中国特色社会主义。"④

(二)"三个代表"重要思想

进入21世纪,中国面临全新的挑战,国际环境极为复杂,主要表现在政治多极化、经济全球化、文明多样化和科技信息化。从国内看,随着改革开放的深入和社会主义市场经济的发展,社会经济成分、组织形式、利益分配和就业方式的多样化进一步加深。在社会改革方面,旧的平衡被打破,新的平衡

---

① 《邓小平文选》第3卷,人民出版社1993年版,第372页。
② 《邓小平文选》第3卷,人民出版社1993年版,第373页。
③ 《邓小平文选》第3卷,人民出版社1993年版,第374页。
④ 习近平:《在庆祝改革开放40周年大会上的讲话》,《人民日报》2018年12月19日,第2版。

尚处于建立和完善过程之中,人民内部矛盾也日趋复杂化和多样化。与此同时,部分党员、干部党性意识淡漠,立场不坚定,理想信念动摇;思想认识僵化,本本主义依然存在;组织观念涣散和纪律观念松弛,不能严守党的规矩;工作作风飘浮,成效不能落实到基层等。这些问题,一定程度上削弱了党的执政基础。针对这些问题,以江泽民同志为主要代表的中国共产党人,在马克思主义实践的哲学思维方式下,立足当时的改革开放实际,在理论上将"与时俱进"与"解放思想,实事求是"统一起来,使之成为中国共产党立足现实、指导实践的基本思维逻辑。江泽民指出:"马克思主义具有与时俱进的理论品质。如果不顾历史条件和现实情况的变化,拘泥于马克思主义经典作家在特定历史条件下、针对具体情况做出的某些个别论断和具体行动纲领,我们就会因为思想脱离实际而不能顺利前进,甚至发生失误。"[1]在这样的思想认识基础上,中国共产党围绕中国特色社会主义建设事业和执政党建设等问题提出了一系列的新思想。其中"三个代表"重要思想,即"中国共产党必须始终代表中国先进生产力的发展要求,必须始终代表中国先进文化的前进方向,必须始终代表中国最广大人民的根本利益",既是对邓小平"三个有利于"思想的继承与深化,也符合世情、国情、人民的愿望。"三个代表"重要思想,具有鲜明的时代特征,是中国共产党的立党之本、执政之基、力量之源。在"三个代表"重要思想的指引下,中国共产党带领中国人民进一步完善了社会主义市场经济体制,不断加强党的建设,把中国特色社会主义伟大事业成功推向 21 世纪。

(三) 科学发展观

新世纪新阶段,中国正处于一个经济快速发展的时期,但同时暴露出了很多问题。例如长期积累的环境问题尚未解决,新的问题又在不断产生。一些地区、部门和党的领导干部片面追求 GDP 增长,使生态环境进一步恶化,资源消耗与浪费进一步加重。地区之间、城乡之间的发展不平衡,贫富差距不断加大,人民群众的生活质量受到较大影响。面对这些新情况、新问题,以胡锦涛同志为主要代表的中国共产党人及时提出"科学发展观"新思想。这一新思想是在全球化背景下,结合中国建设实际,对可持续发展理论的创新和发展。科学发展观的第一要义是发展,核心是以人为本,基本要求是全面协调可持续,根本方法是统筹兼顾。它把科学发展作为检验中国特色社会主义建设的标准,全面回答了中国要发展、为什么发展和怎样发展的重大问题,是中国共产党人对人类社会发展规律、社会主义现代化建设规律和共产党执

---

[1] 《江泽民文选》第 3 卷,人民出版社 2006 年版,第 282~283 页。

政规律认识的新里程。在发展"依靠谁""为了谁"的问题上,科学发展观提出要"以人为本",这既坚持了人是实践的主体,是社会实践的主体,又要求在社会发展中从人的因素入手,关注和解决人的问题,推进社会主义和谐社会建设,推进人的自由全面发展。在科学发展观指导下,中国共产党人开始转变以往片面追求GDP的增长方式,更加关注社会的和谐和提升人民群众的生活品质。因此,科学发展观是新世纪、新阶段对马克思主义实践的哲学思维方式的现实而具体的运用,在人类社会谋发展的问题上丰富和发展了马克思主义,坚持了马克思主义与时俱进的理论品质。

四、马克思主义哲学之习近平新时代中国特色社会主义思想

党的十八大以来,世界经济政治格局发生了一系列新变化,呈现出百年未有之大变局。经济全球化、世界多极化、文化交流交融交锋、社会转型加速、生态环境日益恶化、信息智能科技迅猛发展,所有这些既给世界各国发展带来新机遇,又使世界各国"挑战频发、风险日益增多;经济增长乏力,金融危机阴云不散;发展鸿沟日益突出,'黑天鹅'事件频出;贸易保护主义倾向抬头,'逆全球化'思潮涌动;地区动荡持续,恐怖主义蔓延肆虐"[①]。

中国在经历数十年改革开放和社会主义市场经济建设中,于各方面都取得了巨大成就,在谋求人民幸福、民族复兴过程中,在国际社会逐渐发挥出较大作用。但中国自身的发展,也走到了由高速增长转向高质量发展的历史关口。"发展方式粗放、创新能力不强、城乡区域发展不平衡、资源约束趋紧、生态环境恶化趋势尚未得到根本扭转、基本公共服务供给不足、收入差距较大"[②],这些问题制约着中国的健康发展。

面对国内外形势的变化和中国各项事业发展出现的一系列新问题,必须从理论和实践结合上更为全面、系统、深刻地回答坚持和发展什么样的社会主义、怎样坚持和发展中国特色社会主义等一系列重大问题。习近平新时代中国特色社会主义思想正是在马克思主义实践的哲学思维方式下,围绕这类重大时代课题,取得的重大理论创新成果,是从哲学根本思维方式上对马克思列宁主义、毛泽东思想、邓小平理论、"三个代表"重要思想、科学发展观的全面继承和创新发展。这一成果将马克思主义实践的哲学思维方式高妙精

---

① 赵银平:《"一带一路"——习近平之道》,2017年5月19日,http://news.xinhuanet.com/politics/2017-05/19/c_129607528.htm。
② 辛向阳:《习近平总书记系列重要讲话与马克思主义中国化》,《中共浙江省委党校学报》2017年第3期,第17页。

湛地运用于在世界百年未有之大变局中来积极谋求中华民族伟大复兴,在实事求是谋划、解决当今国际国内复杂问题中,将马克思主义中国化推进到更高层面,充分展示出中国当代马克思主义的理论和实践风采,为21世纪马克思主义的新发展树立了光辉典范。

(一)坚持以人民为中心

马克思主义认为,人民群众是实践主体,是历史的创造者。人民群众不仅是物质财富和精神财富的创造者,还是社会变革的决定力量。人民性是马克思主义最鲜明的政治立场,也是马克思主义政党区别于其他政党的显著标志。马克思主义政党奉行"人民至上",把人民放在心中最高位置,一切奋斗都致力于实现最广大人民的根本利益。坚持以人民为中心的发展思想是习近平新时代中国特色社会主义思想的最突出部分,是对马克思主义人民性的继承和发展,体现了新时代中国共产党的根本政治立场和基本价值指向。"中国共产党人的初心和使命,就是为中国人民谋幸福,为中华民族谋复兴。"①

经过长期的努力,中国特色社会主义进入新时代。中国社会的主要矛盾转化为"人民日益增长的美好生活需要和不平衡不充分的发展之间的矛盾"②。党把人民对美好生活的向往作为奋斗目标,从根本上回答了党"为了谁"的问题。新时代,只有坚持以人民为中心,才能不断改善人民的生活,保证人民的幸福,才能不断促进人的全面发展,实现全体人民的共同富裕。党也才能真正得到人民的拥护和支持。党的十八大以来,中国共产党人正是坚持以人民为中心,践行全心全意为人民服务的根本宗旨,才始终以经济建设为中心,大胆开拓创新,带来了城乡居民收入的快速增长;也正是始终坚持以人民为中心,才在不断改革探索中基本建立和完善了覆盖城乡居民的社会保障体系,并经受住了新冠肺炎疫情的大考验;正是始终坚持以人民为中心,带领人民艰苦奋斗,才最终打赢了脱贫攻坚战,迎来一派欣欣向荣的美丽景象。

习近平指出:"人民是创造历史的动力,我们共产党人任何时候都不要忘记这个历史唯物主义最基本的道理。"③对于中国共产党人来说,"江山就是人民、人民就是江山,打江山、守江山,守的是人民的心。中国共产党根基在人民、血脉在人民、力量在人民"④,没有人民的拥护和支持,社会主义伟大事业就不能推向前进。

---

①② 习近平:《决胜全面建成小康社会 夺取新时代中国特色社会主义伟大胜利——在中国共产党第十九次全国代表大会上的报告》,《人民日报》2017年10月28日。
③ 中共中央宣传部:《习近平总书记系列重要讲话读本》,学习出版社、人民出版社2016年版,第128页。
④ 习近平:《在庆祝中国共产党成立100周年大会上的讲话》,《求是》2021年第14期。

（二）贯彻新发展理念、构建新发展格局、推动高质量发展

立足现有的实践状态和实践基础，积极发掘和解决实践中的新问题，谋求实践的新突破，是马克思主义"在批判旧世界中发现新世界"①实践逻辑的现实体现。当然，这里的"旧世界"已不仅是简单地指资本主义旧世界，也泛指一切不合理的、陈腐的、制约人自由全面发展的因素或状况。

改革开放以来，中国取得了举世瞩目的成就。中国经济保持中高速增长，在世界主要国家中名列前茅。党的十八大以来，中国特色社会主义进入新时代。但是中国仍然是世界上最大的发展中国家，发展依然是当代中国人的第一要务。人的生存就是发展，人总是在发展中谋生存的。怎样发展，怎样在新时代新的实践条件下谋得更加切合中国当代实际、更加高质量的发展，成为中国共产党人要面对的更加现实、具体的问题。理念是行动的先导，新发展阶段需要新发展理念来牵引。党的十八届五中全会立足中国的发展实际和实践特点，针对发展中面临的新情况、新问题，提出了"创新、协调、绿色、开放、共享"五大新发展理念。党的十九大报告则进一步强调："发展是解决我国一切问题的基础和关键，发展必须是科学发展，必须坚定不移贯彻创新、协调、绿色、开放、共享的发展理念。"②这一理念科学回答了"为谁发展""如何发展"的问题，将马克思主义实践的哲学思维方式具体灌注到了新时代中国特色社会主义发展观上。

坚持新发展理念，就是要在经济社会发展中坚持创新发展、协调发展、绿色发展、开放发展、共享发展。其中，创新发展主要解决经济发展的动力或活力问题；协调发展主要解决发展过程中的不平衡、不协调、不全面诸问题；绿色发展主要解决经济发展同环境保护的关系问题，即人与自然和谐共生问题；开放发展主要解决发展的内外联动等问题；共享发展主要解决社会公平正义，特别是分配的合理性等问题。正是在新发展理念指导下，尽管受到新冠肺炎疫情的影响，但中国依然赢得了经济社会的全面发展，特别是夺得了脱贫攻坚战的全面胜利，让"9 899 万农村贫困人口全部脱贫"③。

党的十九届五中全会提出全面建成小康社会、实现第一个百年奋斗目标后，要乘势而上开启全面建设社会主义现代化国家新征程、向第二个百年奋斗目标进军。这标志着中国社会主义现代化建设进入新的发展阶段。根据

---

① 《马克思恩格斯全集》第 1 卷，人民出版社 1956 年版，第 416 页。
② 习近平：《决胜全面建成小康社会　夺取新时代中国特色社会主义伟大胜利——在中国共产党第十九次全国代表大会上的报告》，《人民日报》2017 年 10 月 28 日。
③ 习近平：《在全国脱贫攻坚总结表彰大会上的讲话》，2021 年 2 月 25 日，https://www.gov.cn/xinwen/2021 - 02/25/content_5588869.htm。

现阶段现实实践所面临的国际大循环动能减弱、国内大循环活力随内需潜力不断释放而日益强劲,且两大循环呈现出此消彼长的新态势,以习近平同志为核心的党中央提出了加快构建以国内大循环为主体,国内国际双循环相互促进的新发展格局。这不仅成为贯彻落实好新发展理念的重大举措,更是从发展的战略高度探索出了一条掌握自身未来发展主动权的思想理路,即立足自身现实实践,设计谋划适合自己发展的现实格局。可以说,这样的思想理路,正是马克思主义实践的哲学思维方式在探索国家发展中的创造性运用。

总之,不管是新发展理念,还是新发展格局,其目的都在于为进入新时代、新阶段的中国特色社会主义建设事业谋得更高质量的发展,以便更好地实现好、捍卫好广大人民群众的根本利益。

(三)坚持走中国特色强军之路

在全面推进国防和军队现代化建设方面,马克思主义实践的哲学思维方式更是在习近平新时代中国特色社会主义思想,特别是强军思想中得到最充分体现。

第一,针对世界军事大变革和党的十八大前人民军队内部出现的一些严重背离人民军队宗旨、性质的问题,以习近平同志为核心的党中央勇于直面问题,狠抓军队建设。为此,习近平多次召开重大会议,并亲临部队,教育广大官兵。他明确提出:"必须毫不动摇地坚持党对人民军队的绝对领导。"① 这一点关系到人民军队的性质、宗旨,"关系社会主义前途命运、关系党和国家长治久安,是我军的立军之本和建军之魂"②。在此基础上他进一步提出:"建设一支听党指挥、能打胜仗、作风优良的人民军队,是党在新形势下的强军目标。"③这为人民军队在新的历史条件下,积极备战、争取和维护和平奠定了政治上、思想上、组织上、作风纪律上的基础。

第二,根据现代战争,特别是信息化战争的一系列新特点,突出自主创新和抓好实战化军事训练。习近平强调,"面对信息化战争快速发展的大势,我们必须有自己的创造"④,特别是在作战方面,他要求"深入研究信息化战争制胜机理,研究现代作战指挥规律,构建具有我军特色、符合现代战争规律的先进作战理论体系"⑤。作战离不开军事训练。根据信息化战争特点,他指

---

①② 《习近平谈治国理政》,外文出版社2014年版,第217页。
③ 中共中央宣传部:《习近平总书记系列重要讲话读本》,学习出版社、人民出版社2014年版,第132页。
④ 转引自郭武君:《实现强军目标必须着力建设新型司令机关》,2014年9月26日,http://military.people.com.cn/n/2014/0926/cloll-25741733.html。
⑤ 《习近平:加快构建具有我军特色的联合作战指挥体系》,2016年4月20日,http://www.xinhuanet.com/politics/2016-04/20/c_1118686436.htm。

出:"要加强战略谋划和顶层设计,扎实推进军事训练转型。要强化战训一致,坚持以战领训、以训促战,做到按实战要求训练,实现作战和训练一体化。"①在这些思想指导下,全军上下掀起一股思战谋战、实战化军事训练热潮。

第三,为了将军队、军人的各项实践活动都聚焦到打赢信息化战争上面,习近平特地将马克思主义唯物史观生产力标准具体落实为战斗力标准。他指出:"军队是要准备打仗的,一切工作都必须坚持战斗力标准,向能打仗、打胜仗聚焦。"②这对从根本上遏制军队容易滋生的官僚主义、形式主义、腐败之风,从根本上铸造和营造人民军队风清气正、一心谋打赢的内在品质和实践环境具有深远意义。

第四,根据唯物辩证法事物发展连续性和非连续性辩证统一关系,立足中国军队实际情况,科学合理规划设计中国军队实现现代化发展、建设世界一流军队的三大步骤。十九大报告明确提出:"确保到二〇二〇年基本实现机械化,信息化建设取得重大进展,战略能力有大的提升。"③同国家现代化进程相一致,全面推进军事理论、军队组织形态、军事人员、武器装备的现代化④,"力争到二〇三五年基本实现国防和军队现代化,到本世纪中叶把人民军队全面建成世界一流军队"⑤。这三大步骤既规定了中国军队现代化、信息化发展方向,又客观务实、实事求是;既脚踏实地不冒进,又目标清晰不空泛。要真正实现这三大步骤,就必须"全面推进政治建军、改革强军、科技强军、人才强军、依法治军"⑥。

第五,针对中国军队几十年未打大仗,"和平积弊"有所露头的严重现实问题,习近平在马克思主义唯物辩证法基础上,深刻分析战争与和平关系:"能战方能止战,准备打才可能不必打,越不能打越可能挨打,这就是战争与和平的辩证法。"⑦这一思想,极大地激发了广大官兵积极练兵备战的自觉性。

第六,在关于战争与政治的关系问题上,习近平结合现代战争特点,进一步指出:"筹划和指导战争,必须深刻认识战争的政治属性,坚持军事服从政治、战略服从政略,从政治高度思考战争问题。"⑧习近平的这些论述,是马克

---

① 《习近平在中央军委军事训练会议上强调 全面加强实战化军事训练,全面提高训练水平和打赢能力》,2020年11月25日,http://www.xinhuanet.com/politics/2020-11/25/c_1126786197.htm。

②③④⑤ 《习近平谈治国理政》第三卷,外文出版社2020年版,第42页。

⑥ 《中国共产党第十九届中央委员会第五次全体会议公报》,2020年10月29日,http://www.gov.cn/xinwen/2020-10/29/content_5555877.htm。

⑦⑧ 《用好用活军事这一手——关于强军打赢的科学方法论》,《解放军报》2022年9月26日。

思主义战争观在信息时代的新发展。它不仅阐明了政治对战争的基础性、决定性作用,而且进一步强调了现代战争与人的筹划指导及其思想进路的内在联系,对突破某些官兵以经验主义、单纯军事观点等看问题的狭隘视界,具有重大方法论意义。

第七,立足信息化、智能化战争实际,针对官兵对人和武器装备关系的困惑,开创性地论证了人和武器的辩证关系。习近平指出:"在战争制胜问题上,人是决定因素。同时也要看到,随着军事技术不断发展,装备因素的重要性在上升,人的因素、装备因素结合得越来越紧密,人与装备已经高度一体化,重视装备因素也就是重视人的因素。"[①]在信息化迅速升级到智能化的时代,人和武器在加速一体化发展,"人机一体""物我一体"正成为信息时代各类作战的基本样式,而要打好这样的仗,真正实现这种一体化基础上的灵活自如,除了先进武器装备外,人更要在不同岗位铸造出"有灵魂、有本事、有血性、有品德"的当代革命军人品质,否则即便武器装备再先进,人的因素发挥不到位,依然会引发准备和应对信息化战争的木桶效应。

正是在习近平的这一系列强军思想指导下,中国军队在实践中通过深化改革,实现力量体系的重塑,通过大力推进自主创新,不仅在体制编制、武器装备等方面取得一列举世瞩目的发展成就,而且在全军范围内初步形成了思备战、谋打仗、风清气正的良好局面。

(四)坚持党对一切工作的领导与坚持全面从严治党

人民群众是实践主体,他们又总是在特定文化传统、历史条件下现实、具体地隶属于社会不同阶层、不同组织、不同团体。人民群众不是"乌合之众",要使人民群众发挥好实践主体的作用,就一刻也不能离开由其先进分子构成的政党及其核心的组织领导。这是以马克思主义实践的哲学思维方式理解人民群众发挥其实践主体作用的应有之义。

加强党的领导和全面从严治党是习近平新时代中国特色社会主义思想的重要内容,也是对马克思主义实践的哲学思维方式的具体运用。党的十九大报告,将加强党的领导和全面从严治党分别放在"十四个坚持"中的第一和第十四条,使之处于十四条坚持的首尾两头,足见其分量。

一方面,坚持党对一切工作的领导,必然要求"党政军民学,东西南北中,党是领导一切的"[②]。为此"必须增强政治意识、大局意识、核心意识、看齐意

---

① 《习近平在出席全军装备工作会议时强调:加快构建适应履行使命要求的装备体系 为实现强军梦提供强大物质技术支撑》,2014年12月5日,http://cpcpeople.com.cn/n/2014/1205/c64094-26151796.html。
② 《习近平谈治国理政》第三卷,外文出版社2020年版,第16页。

识,自觉维护党中央权威和集中统一领导,自觉在思想上政治上行动上同党中央保持高度一致"①;而"坚持党要管党、全面从严治党"②,则要求"勇于自我革命,从严管党治党"③。习近平指出:"在新的历史起点上坚持和发展中国特色社会主义,我们党面临的执政考验、改革开放考验、市场经济考验、外部环境考验是长期的、复杂的、严峻的,精神懈怠危险、能力不足危险、脱离群众危险、消极腐败危险更加尖锐地摆在全党面前。"④面对这"四大考验"和党员队伍建设中存在的"四大危险",历史和现实都要求党必须坚持全面从严治党。

另一方面,习近平自上任以来,坚决改变管党治党宽松软的状况,坚持反腐无禁区,以零容忍态度惩治腐败,一批批"老虎""苍蝇"纷纷落马。与此同时,通过严明党的政治纪律和政治规矩,层层落实管党治党政治责任,不断完善党内法规制度体系,"不敢腐的目标初步实现,不能腐的笼子越扎越牢,不想腐的堤坝正在构筑,反腐败斗争压倒性态势已经形成并巩固发展"⑤。这样的反腐败行动,纯洁了党的队伍,也振奋了党心民心。党还把作风建设融入党的思想建设、组织建设、反腐倡廉建设、制度建设之中。党的十八大以来,全党先后开展了"党的群众路线教育实践活动"和"三严三实"专题教育,推进"两学一做"学习教育常态化制度化,推动全面从严治党由党的领导机关向基层延伸,增强党员自我净化、自我完善、自我革新、自我提高的能力。全体党员理想信念更加坚定,党性更加坚强。

总之,习近平新时代中国特色社会主义思想内容丰富、理论创新的亮点除了上述几大方面之外,还有诸如坚持总体国家安全观、坚持推动构建人类命运共同体等思想理论。这些思想理论很好地体现了习近平新时代中国特色社会主义思想在马克思主义实践的哲学思维方式统领下,结合当今时代国际国内现实情况和面临的新问题,坚定站在广大人民群众的立场上,实事求是,并在理论创新基础上,积极推进实践创新,为中国人民和世界人民的美好生活,为中华民族和人类未来的长远发展做出了巨大贡献。

---

① 《习近平谈治国理政》第三卷,外文出版社2020年版,第16页。
② 《习近平谈治国理政》第三卷,外文出版社2020年版,第48页。
③ 《习近平谈治国理政》第三卷,外文出版社2020年版,第20页。
④ 习近平:《在党的群众路线教育实践活动总结大会上的讲话》,《人民日报》2014年10月9日。
⑤ 习近平:《决胜全面建成小康社会 夺取新时代中国特色社会主义伟大胜利——在中国共产党第十九次全国代表大会上的报告》,《人民日报》2017年10月28日。

参 考 文 献

著作类

[1] 汪维余、杨继军、李合生：《信息化战争论研究》，国防大学出版社 2008 年版。

[2] 汪维余：《信息化战争哲理》，国防大学出版社 2011 年版。

[3] 刘伟：《信息化战争作战指挥研究》，国防大学出版社 2009 年版。

[4] [法] 米歇尔·福柯：《规训与惩罚：监狱的诞生》，刘北成、杨远婴译，生活·读书·新知三联书店 1999 年版。

[5] [古希腊] 亚里士多德：《形而上学》，吴寿彭译，商务印书馆 1983 年版。

[6] 《马克思恩格斯全集》第 21 卷，人民出版社 1965 年版。

[7] 《马克思恩格斯文集》第 1 卷，人民出版社 2009 年版。

[8] 《马克思恩格斯全集》第 3 卷，人民出版社 1974 年版。

[9] 郭贵春：《自然辩证法概论》，高等教育出版社 2013 年版。

[10] [美] N. 维纳：《控制论》，郝季仁译，科学出版社 1963 年版。

[11] 郭贵春、殷杰：《爱思唯尔科学哲学手册·信息哲学（上）》，殷杰、原志宏、刘扬弃译，北京师范大学出版社 2015 年版。

[12] 邬焜、李琦：《哲学信息论导论》，陕西人民出版社 1987 年版。

[13] 邬焜：《信息哲学——理论、体系、方法》，商务印书馆 2005 年版。

[14] 李国武：《邬焜信息哲学思想研究》，中国社会科学出版社 2015 年版。

[15] [俄] K. K. 科林：《信息科学中的哲学问题》，邬焜译，中国社会科学出版社 2012 年版。

[16] 邬焜、成素梅：《信息时代的哲学精神——邬焜信息哲学思想研究与讨论》，中国社会科学出版社 2016 年版。

[17] 《马克思恩格斯全集》第 1 卷，人民出版社 1956 年版。

[18] 《毛泽东选集》第一卷，人民出版社 1991 年版。

[19] 肖峰：《信息主义及其哲学探析》，中国社会科学出版社 2011 年版。

[20] 邬焜、肖峰等：《信息哲学的性质、意义论辩》，中国社会科学出版社 2013 年版。

[21] 《马克思恩格斯文集》第 2 卷，人民出版社 2009 年版。

[22] 邬焜：《信息世界的进化》，西北大学出版社 1994 年版。

[23] [美] 沃尔兹:《信息战原理与实战》,吴汉平等译,电子工业出版社 2004 年版。
[24] 安永庆、田安平、张军:《军事理论概要》,解放军外语音像出版社 2007 年版。
[25] [美] 诺伯特·维纳:《维纳著作选》,钟韧译,上海译文出版社 1978 年版。
[26] 《列宁选集》第二卷,人民出版社 1972 年版。
[27] 陈嘉映:《哲学 科学 常识》,东方出版社 2007 年版。
[28] 康兰波:《人的实践本性与信息时代人的自由》,中国社会科学出版社 2013 年版。
[29] 王磊、吕彬、程享明等:《美军武器装备信息化建设管理与改革》,国防工业出版社 2016 年版。
[30] 张占军:《论信息中心战》,国防大学出版社 2007 年版。
[31] 《毛泽东选集》第三卷,人民出版社 1991 年版。
[32] [德] 马克思:《1844 年经济学哲学手稿》,人民出版社 2000 年版。
[33] 赵敦华:《现代西方哲学新编》,北京大学出版社 2001 年版。
[34] 周树智:《价值哲学发展论》,陕西人民出版社 2009 年版。
[35] 高清海:《哲学的奥秘》,吉林人民出版社 1997 年版。
[36] 熊先树、邬焜:《信息与社会发展》,西南财经大学出版社 1998 年版。
[37] [美] 托马斯·库恩:《科学革命的结构》,金吾伦、胡新和译,北京大学出版社 2003 年版。
[38] 黄顺基:《自然辩证法概论》,高等教育出版社 2004 年版。
[39] 李宗荣:《理论信息学概论》,中国科学技术出版社 2010 年版。
[40] [德] 克劳塞维茨:《战争论》,盛峰峻译,武汉大学出版社 2014 年版。
[41] 《马克思恩格斯文集》第 4 卷,人民出版社 2009 年版。
[42] 《马克思恩格斯文集》第 3 卷,人民出版社 2009 年版。
[43] 《列宁军事文集》,战士出版社 1981 年版。
[44] 《毛泽东选集》第二卷,人民出版社 1991 年版。
[45] 《列宁选集》第四卷,人民出版社 1972 年版。
[46] 赵小芒:《面对未来战争的中国军事哲学》,解放军出版社 2012 年版。
[47] 吴国盛:《科学的历程》第二版,北京大学出版社 2002 年版。
[48] 李莉:《现代战争方程式——科技进步与百年战争演变》,人民出版社 2015 年版。
[49] [英] W.C. 丹皮尔:《科学史及其与哲学和宗教的关系》上册,商务印书馆 1975 年版。
[50] 本书编写组:《马克思主义基本原理概论》,高等教育出版社 2021 年版。
[51] 邬焜:《辩证唯物主义新形态——基于现代科学和信息哲学的新成果》,科学出版社 2017 年版。
[52] 北京大学哲学系外国哲学史教研室:《西方哲学原著选读》下卷,商务印书馆 1981 年版。
[53] [德] 马克思:《资本论》第一卷,人民出版社 2004 年版。
[54] 《马克思恩格斯选集》第 1 卷,人民出版社 1995 年版。
[55] [美] 马尔库塞:《单向度的人》,刘继译,上海译文出版社 1989 年版。

[56] 军事科学院战争理论和战略研究部：《马克思主义战争观与当代战争》，军事科学出版社 2007 年版。
[57] 蔡风震、田安平等：《空天一体作战学》，解放军出版社 2006 年版。
[58] 张晖：《信息时代军事训练论》，国防大学出版社 2016 年版。
[59] 乔良、王湘穗：《超限战》，中国社会出版社 2005 年版。
[60] 高清海：《哲学的创新》，吉林人民出版社 1997 年版。
[61]《习近平谈治国理政》第二卷，外文出版社 2017 年版。
[62]《柏拉图全集》第二卷，王晓朝译，人民出版社 2003 年版。
[63]《马克思恩格斯全集》第 14 卷，人民出版社 1964 年版。
[64] 北京大学哲学系外国哲学史教研室：《西方哲学原著选读》上卷，商务印书馆 1981 年版。
[65] 邓晓芒、赵林：《西方哲学史》，高等教育出版社 2004 年版。
[66] [法]霍尔巴赫：《自然的体系》上卷，管士滨译，商务印书馆 1964 年版。
[67] [美]贝塔朗菲：《一般系统论——基础、发展和应用》，林康义、魏宏森等译，清华大学出版社 1987 年版。
[68] 钱学森等：《论系统工程》，湖南科学技术出版社 1982 年版。
[69] 刘大椿：《科学技术哲学导论》，中国人民大学出版社 2000 年版。
[70] 杨建军：《科学研究方法概论》，国防工业出版社 2006 年版。
[71]《列宁选集》第一卷，人民出版社 1972 年版。
[72] [英]A. C. 葛瑞林：《战争的本质》，吴奕俊译，海南出版社 2020 年版。
[73] 庞宏亮：《21 世纪战争演变与构想——智能化战争》，上海社会科学院出版社 2018 年版。
[74] 余源培：《马克思主义哲学的理论与历史》，复旦大学出版社 2000 年版。
[75]《邓小平文选》第 3 卷，人民出版社 1993 年版。
[76]《邓小平文选》第 2 卷，人民出版社 1994 年版。
[77]《江泽民文选》第 3 卷，人民出版社 2006 年版。
[78] 中共中央宣传部：《习近平总书记系列重要讲话读本》，学习出版社、人民出版社 2016 年版。
[79]《马克思恩格斯全集》第 25 卷，人民出版社 2009 年版。
[80]《马克思恩格斯全集》第 2 卷，人民出版社 1957 年版。
[81]《马克思恩格斯选集》第 3 卷，人民出版社 1995 年版。
[82]《习近平谈治国理政》第三卷，外文出版社 2020 年版。
[83] 中共中央宣传部：《习近平总书记系列重要讲话读本》，学习出版社、人民出版社 2014 年版。

杂志类

[84] 程勤：《信息化战争的基本形态》，《决策和信息》2008 年第 6 期。

[85] 巨乃岐、王建军:《信息作战的本质探析》,《求实》2006 年第 1 期。

[86] 曲磊:《信息化战争的特点及其要求》,《国防资料信息》2009 年第 5 期。

[87] 于峰:《信息化战争复杂性初探》,《战术导弹技术》2011 年第 6 期。

[88] 王辉:《信息化战争是"软"战争吗?》,《国防科技》2002 年第 6 期。

[89] 苗东升:《复杂性科学与战争转型》,《首都师范大学学报》(社会科学版)2009 年第 1 期。

[90] 赵晓哲、郭锐、杜河建:《复杂适应系统理论与信息化战争研究》,《军事运筹与系统工程》2005 年第 2 期。

[91] 胡晓峰:《战争复杂性与信息化战争模拟》,《系统仿真学报》2006 年第 12 期。

[92] 袁秀丽、周谷、翟志国、彭翔:《信息化战争的发展趋势》,《信息化研究》2014 年第 1 期。

[93] 康兰波、程秋君:《"实践"与"现实的人"》,《理论与改革》2011 年第 6 期。

[94] 康兰波:《信息哲学与信息时代的哲学——从两个"信息哲学"范式说起》,《天府新论》2008 年第 3 期。

[95] 刘啸霆:《简介〈哲学信息论导论〉》,《自然辩证法报》1989 年第 16 期。

[96] 丛大川:《建立信息哲学的大胆尝试——〈哲学信息论导论〉评价》,《情报·科研·学报》1990 年第 3 期。

[97] [法]约瑟夫·布伦纳:《邬焜和信息元哲学》,王健、刘芳芳译,《西安交通大学学报》(社会科学版)2012 年第 3 期。

[98] 周理乾、[丹]索伦·布赫尔:《具有中国特色的信息哲学——评邬焜教授的信息哲学体系》,《哲学分析》2015 年第 1 期。

[99] 康兰波:《对邬焜和肖峰两个信息哲学观的比较研究——读邬焜〈信息哲学——理论、体系、方法〉和肖峰〈信息主义及其哲学探析〉》,《重庆邮电大学学报》(社会科学版)2014 年第 1 期。

[100] 康兰波:《邬焜"存在领域的分割"理论及其意义》,《重庆邮电大学学报》(社会科学版)2016 年第 1 期。

[101] 吴彤、张昌芳、吴东坡、匡兴华:《军队信息化建设的几个基本理论问题》,《国防科技》2010 年第 3 期。

[102] [意]L.弗洛里迪:《信息哲学的若干问题》,刘钢编译,《世界哲学》2004 年第 5 期。

[103] 蔡曙山:《论数字化》,《中国社会科学》2001 年第 4 期。

[104] 刘金婷:《"互联网+"内涵浅议》,《中国科技术语》2015 年第 3 期。

[105] 邬焜:《科学的信息科学化》,《青海社会科学》1997 年第 2 期。

[106] 苗东升:《申论作为四论之一的信息科学》,《北京大学学报》(哲学社会科学版)2000 年第 6 期。

[107] 蒋骁飞:《什么是政治?》,《领导文萃》2013 年第 16 期。

[108] 房宁:《为什么说政治是经济的集中表现》,《前线》2003 年第 7 期。

[109] 刘晨:《社会暴力的起因、类型与再生产逻辑——以"吴妈事件"与麻城 T 村的调

研为基础的讨论》，《山西高等学校社会科学学报》2016 年第 9 期。

[110] 杨晓明、余滨：《信息化战争特点浅析》，《国防科技》2003 年第 9 期。

[111] 周敏龙、余滨、段采宇：《信息化战争条件下军事需求分析 信息化战争相关概念与特点》，《国防科技》2007 年第 1 期。

[112] 李兴斌：《战争形态演变与中国国家战略安全》，《济南大学学报》（社会科学版）2014 年第 1 期。

[113] 林东：《"互联网＋"与中国特色军事变革》，《新华文摘》2016 年第 7 期。

[114] 魏宏森：《复杂性研究与系统思维方式》，《系统辩证学报》2003 年第 1 期。

[115] 刘卫平：《系统思维：构建和谐社会的思维范式》，《湖南大学学报》（社会科学版）2006 年第 2 期。

[116] 苏承英：《系统论视域中的和谐社会及其构建》，《学校党建与思想教育》2012 年第 22 期。

[117] 南小冈、安宗旭：《战斗力生成模式转型的系统筹划》，《军事运筹与系统工程》2011 年第 3 期。

[118] 刘继贤：《军事能力建设与军事系统工程》，《军事运筹与系统工程》2010 年第 4 期。

[119] 于景元：《钱学森综合集成体系》，《西安交通大学学报》（社会科学版）2006 年第 6 期。

[120] 于世刚、王从德：《实践观：邓小平理论的哲学基础》，《山东医科大学学报》（社会科学版）1998 年第 4 期。

[121] 辛向阳：《习近平总书记系列重要讲话与马克思主义中国化》，《中共浙江省委党校学报》2017 年第 3 期。

报纸类

[122] 郭若冰、邬鹏、李景卫：《信息化战争的新特点及启示：由实体摧毁变为体系破击》，《学习时报》2013 年 6 月 3 日，第 7 版（军事国防版）。

[123] 王握文：《用工程化方法解析未来战争》，《解放军报》2010 年 7 月 8 日，第 12 版。

[124] 李杰：《"智能化战争"正扑面而来》，《环球时报》2014 年 11 月 20 日。

[125] 康兰波：《超越经验主义樊篱 培养新军事人才》，《中国社会科学报》2013 年 5 月 8 日，军事学版。

[126] 柯大文：《洞察战争变化 探寻制胜机理——"现代战争制胜机理"学术论坛综述》，《光明日报》2014 年 9 月 10 日，第 7 版。

[127] 康兰波、赵杰：《把握信息化战争的创新层次》，《中国社会科学报》2019 年 5 月 9 日，军事学版。

[128] 傅婉娟、许炎：《今天，我们应该有怎样的战争观》，《解放军报》2018 年 12 月 20 日，第 7 版。

[129] 董子峰：《虚拟时代需要什么样的战争观——对"虚拟战争观"的探索与思考》，《解放军报》2019 年 1 月 3 日，第 7 版。

［130］钱学森、许国志、王寿云：《组织管理的技术——系统工程》，《文汇报》1978 年 9 月 27 日。

［131］习近平：《决胜全面建成小康社会 夺取新时代中国特色社会主义伟大胜利——在中国共产党第十九次全国代表大会上的报告》，《人民日报》2017 年 10 月 28 日。

［132］本报评论员：《让全面小康激荡中国梦》，《人民日报》2015 年 2 月 26 日，第 1 版。

［133］习近平：《在党的群众路线教育实践活动总结大会上的讲话》，《人民日报》2014 年 10 月 9 日。

其他

［134］赵银平：《"一带一路"——习近平之道》，2017 年 5 月 19 日，http://news.xinhuanet.com/politics/2017-05/19/c_129607528.htm。

［135］《习近平在中央军委军事训练会议上强调 全面加强实战化军事训练，全面提高训练水平和打赢能力》，2020 年 11 月 25 日，http://www.xinhuanet.com/politics/2020-11/25/c_1126786197.htm。

［136］《中国共产党第十九届中央委员会第五次全体会议公报》，2020 年 10 月 29 日，http://www.gov.cn/xinwen/2020-10/29/content-5555877.htm。

［137］《习近平在出席全军装备工作会议时强调：加快构建适应履行使命要求的装备体系 为实现强军梦提供强大物质技术支撑》，2014 年 12 月 5 日，http://cpcpeople.com.cn/n/2014/1205/c64094-26151796.html。

后　　记

　　本论著从开始涉足相关领域的研究至今,初步算来已八年有余。回想2013年我和我们教研室的栗英、张玮两位年轻女教员组成课题组,申报下了学院的一个与信息时代战争研究相关的课题。在为期一年的深入研究中,我们发现理解和打赢信息化战争不能拘泥于单纯的军事和技术视野,必须从哲学的最高普遍性上来反思整个人类战争实践的巨大变化。

　　值得庆幸的是我们三个政治理论女教员首次涉足这方面课题,便在年终学院组织的课题成果评审中,以第一名的成绩被评为优秀课题,使我们信心大增。在来年学院的相关课题申报中,李丹、程彦芬这两位教研室最年轻的女教员也加入了我们的团队。当时我们想申报一个用哲学观点看信息化战争的课题,可学院提供的参考选题里并没有相关选项,而且当时学院要求最好在其已列出的题目中来选择。于是我们经过深入思考,只得申报一个与管理相关的课题,试图阐明管理如何更好地激发出人的信息创造活力。

　　随后,在学院组织的课题论证会上,当我把我们的想法和受制于学院选题的困惑报告予各位专家后,专家们经过讨论,最后在秦宗仓教授、张立主任的提议下,将我们的选题确定为"哲学视阈下的信息化战争实质研究",并作为当年学院相关理论研究的一个重点课题来加以立项。

　　经过一年的深入研究,我们对从哲学最高普遍性上看待、理解信息化战争已形成一些初步观点。当年的研究成果也再次以第一名的成绩被评为优秀课题。说实在的,我们几个女政治教员当时别提有多高兴啦! 接下来2015年,我们又在此基础上申报并完成了一个与思想政治工作相关的课题,并被相关部门评为优秀课题。

　　经过连续三年的深入研究,我们不仅产生了许多新的想法,而且手上积累了十余万字的书稿。2016年,在学院科研部门张立主任的建议下,我们着手申报国家社科基金后期资助项目,并于当年申报成功。可是,当我们看到五位匿名评审专家的评审意见和建议后,才深感万里长征似乎连半步也没迈出!

在此后的开题报告会和对相关专家的咨询中,我们听取和吸收了各方面专家学者的大量意见和建议,并紧紧围绕五位匿名评审专家的评审意见和建议,对原来的书稿进行了全面重塑。书稿于2019年6月完稿,共计三十余万字,并以匿名送审稿形式连同相关结题表格等,一并按要求于2019年7月上交。

书稿完成后,伴随信息化战争迅速升级到智能化战争,我们又对其中一些问题进行了更加深入的研究和重写。这次的书稿就是在2019年6月送审稿基础上,经过进一步的丰富、修改、完善而形成的。

整个书稿的任务分工按照工作量和撰写难度排序如下:

康兰波主要负责全部书稿的总体思想和基本逻辑框架搭建,以及主体内容写作、全书统稿工作,包括:绪论;第一章第一节第一部分"马克思主义哲学的经典形态及其实质";第二章第五节"邬焜信息本质思想的世界观方法论意义";第三章"哲学视阈下的'信息化'";第四章"哲学对战争和信息化战争实质初解";第五章"关涉'信息化战争实质'的两大哲学问题";第六章第一节第二部分"信息化战斗力体系'新质'内涵"、第三部分"多维多向、立体互动、优化协同的信息化战斗力体系"、第四部分"信息化战斗力体系的基本特征",第二节"信息化战争'制信息权'辨析";第七章"全面把握信息化战争实质";结论;附录一"钱学森系统思想与'信息化战争'概念",附录二"马克思主义哲学经典形态的多种表现形式"中有关列宁主义部分。

张玮主要负责搜集资料、协调与联络等工作,同时完成部分书稿写作,包括:第二章第一节"信息哲学对信息本质的概括"、第二节"信息哲学对信息形态的分类"、第三节"信息哲学关于信息的特性和功能"、第四节"信息哲学关于信息系统的一般模型";第六章第一节第一部分"系统思维方式及其对信息化战斗力体系生成的意义"等。

栗英主要负责搜集资料,并完成部分书稿写作,包括:第一章第一节第二部分"马克思主义哲学经典形态的多种表现形式";第四章第一节第一部分"克劳塞维茨对战争实质的刻画及其思维方式局限"的一部分内容,第二节第三部分"在信息时代复杂现实世界中展开的信息化战争";附录二"马克思主义哲学经典形态的多种表现形式"中有关毛泽东思想部分等。

程彦芬主要负责搜集资料、重要观点的梳理总结、经费管理与协调和其他相关事务,并完成部分书稿的写作,包括:第一章第一节第二部分"马克思主义哲学经典形态的多种表现形式";附录二"马克思主义哲学经典形态的多种表现形式"中有关"三个代表"重要思想、科学发展观和习近平新时代中国特色社会主义思想部分等。

　　李丹主要负责整理资料、重要观点的梳理总结和课题组其他相关事务，并完成部分书稿写作，包括：第一章第一节第二部分"马克思主义哲学经典形态的多种表现形式"；附录二"马克思主义哲学经典形态的多种表现形式"中有关邓小平理论部分。

　　在整个书稿的写作过程中，我们参阅了大量论著，听取了各方面专家学者的意见建议，在此深表感谢！其中，尤其要感谢秦宗仓教授、张立主任、本项目的五位匿名评审专家，以及参与本项目开题报告和咨询的校外专家邬焜教授、袁祖社教授、李建德教授等。没有他们的鼓励支持，没有他们宝贵的意见建议，这项研究不仅不会一步一个脚印地深入下去，而且不会拓展和精进到今天这个程度。可以说，今天这部书稿的完成，得益于他们的精心指导和大力帮助。同时，我们还要感谢上海社会科学院出版社及其编辑包纯睿女士，以及帮助我们完成本项目及书稿但暂时不便留下姓名的诸多专家学者、工作人员、同事、朋友和家人，是他们的辛勤付出，才成就了我们这部书稿。在此，我谨代表课题组全体成员，向帮助过本项目及书稿的所有专家学者、工作人员表示衷心感谢！

康兰波
2021 年 10 月 14 日